EUROPEAN
CULTURE STUIDES
COLLECTION

欧洲
文化
丛书

高宣扬◎主编

# 美在自由
## ——中欧美学思想比较研究

Beauty As Liberty

Comparative Studies in Sino-European Aesthetics

张世英◎著

人民出版社

# 目　录

# 序

　　近 20 年来,我联系我所主张的哲学是追求人生最高境界——审美境界之学的观点,做了一些关于欧洲美学思想及其与中国美学思想相结合问题的研究。本书收集的 28 篇论文,就是这方面的一点研究成果。

　　人生在世的"在世结构",大体上可分为"主体—客体二分"式和"人—世界融合"式两种。后者约略相当于中国文化传统所讲的"天人合一"。欧洲文化传统长期以不同程度的"主客二分"式占主导地位,其美学思想亦长期(特别是文艺复兴以后)建立在"主客二分"的基础之上,重理性美——"典型"美,强调人的主体性和自我表现,"美在自由"的思想亦长期占主导地位,这是欧洲传统美学的优点;其缺点在于它以显现超感性的理性概念为美,其所追求的自由尚具有抽象性,审美意识脱离生活和现实。直至现当代或所谓"后现代",欧洲美学思想才转而倡导"人—世界融合"式的"在世结构",重视对人与世界、显现与隐蔽、在场与不在场融为一体之领悟、玩味,从而重视超理性之美,审美意识得以生活化、现实化。"美在自由"之自由,在后现代美学思想中由抽象走向具体。但欧洲人背负"主—客二分"——非此即彼的思想传统的压力过重,欲达到对人与世界融为一体之真切的领悟、玩味,却非易事。他们不免有由一个极端走向另一个极端的倾向,有的人竟至为了使美生活化而放弃美的艺术,甚至走上了审美庸俗化、生活庸俗化的道路。

　　和欧洲不同,中国传统文化长期建立在原始的"天人合一"的"在世结构"基础之上,重含蓄美——"隐秀"美,把人的自我湮没于混沌的天人合一之整体中。"美在意象"的美学思想长期占主导地位,其所崇奉的"无我"、"忘我"的境界诚高远而令人陶醉,然中国传统美学思想的发展,是"美在自由"的思想长期受儒家名教纲常的压抑而力求自拔的历史。

　　为中欧审美意识各自的未来发展计，我以为，就中国而言，要更多地发掘和伸展"意象"说中自由思想的因素，给"无我"之美增添一点自我表现的神采。中国传统的"意象"之美，过于含蓄了，需要随着时代的步伐而展翅飞扬。就欧洲而言，传统的自我专制主义过于跋扈了，需要有点中国式的"无我"之美加以节制。当今的欧洲人，为了使自由之美更具体化，还应更深入地学习一点中国"意象"说中彼此融通、浑然天成的气象。

　　我考虑到中欧两种传统"在世结构"各自的优点和局限性，主张把两者结合起来。我认为真正的（最高层次的）审美意识应建立在超越"主客二分"的、高级的"人—世界融合"的"在世结构"（非原始的天人合一，也许可以称为高级的天人合一）基础之上，而反对那种把美单纯地建立在"主—客二分"的"在世结构"之上，以致认为美学不过是认识论的旧观点。

　　我受黑格尔精神现象学把美—艺术列入人生旅程中超越有限之后的无限领域的思想的启发，并在批评其概念哲学的基础上，提出了人生最高境界是审美境界的观点。我的"人生四境界"说强调审美意识包含欲求、求知和道德意识而又高于此三者，是人生最自由的境界。

　　我对欧洲"美在自由"的思想作了一些历史性的探索和理论上的说明，并作出了新的诠释。我认为"美在自由"之"自由"需要经过三重超越。

　　美的最低层次是声色之美，它是对人生最低级的欲求之超越。这一最初层次的超越使人超越（不是抛弃）了低级欲求的限制而获得最初步的自由。

　　声色之美属于"感性美"。感性形式总是个别的，因而也是有限的。人性的自由本质总是趋向于超越有限而向往无限。人的精神意识由感性到理性的发展就是一个由有限朝向无限的发展过程。通过理性而获得的概念、理念是一切有限的感性东西的概括，因而具有无限性。审美意识于是进而认为美在于通过有限的感性的东西显现无限的理性概念。典型美—理性美由此而产生。此种美是对有限的感性形式的超越，人在这一重超越中获得了较高层次的自由。

　　"理性美"的无限性仍然具有一定的局限性。这是因为理性概念必然是对某类事物的界定，界定就是划界、限定，而世界上的事物是一个更为宽广无垠、相互联系、相互隶属的整体，划界、限定就是彼此限隔，只在理性概念中讨生活的人并非最自由的人，也非达到了美之极致。审美意识的进一步发展于是由"理性美"提升到了"超理性之美"。我所谓"超理性之美"就是通过感性的东西和理性的东西,进而达到一种对万有相通(相互联系、相互隶属)的整体或者说对万物一体的领悟。此种领悟不是单纯的理性—理解所能达到的,而是一种"超理性"的产物。"超理性"就是一种想象力,这里所谓想象,特指把本身不出场的东西置于直观中而与在场的东西综合为一体的能力,非指一般说的联想之类的能力。审美想象甚至可以把逻辑上不可能出场的东西纳入万物一体之中。此种美的境界通过对理性的超越即第三重超越而比"理性美"的境界更自由,它是人生最充分的自由的境界。

本书各篇,曾以单篇论文形式发表。此次成书,大体上以写作和发表时间先后为序,各篇内容和观点未作根本性的改变(但作了较多编辑上和文字上的增删和加工),以便读者从中窥见我的美学思想发展的足迹。

关于注释,由于本书所收各篇论文原发表的时间跨度较大(长达20年),而且各刊物的编辑要求不一,有的论文采用当页注的形式,有的采用文末注的形式,有的注释中所引外文书名和出版社是原文和中译夹杂,有的是全用外文原文。本书尽量做到既保持原来的风貌,又做到全书的体例、格式的大致统一。

错误和不当之处,衷心希望读者指正。

人民出版社编辑洪琼先生对拙著书稿,做了大量细致的编辑加工的工作。他的敬业精神、编辑水平和学术水平,都令我敬佩。特此向他致以衷心的谢意。

张世英

2011 年 9 月 25 日

于北京北郊静林湾

# 第一编　审美意识的哲学基础

# 第一章 中欧两种不同的"在世结构":"主—客二分"式和"人—世界融合"式<sup></sup>

## 一、"主—客二分"和"人—世界融合"
### 两种在世结构的含义、区别与关系

在中欧哲学史上,关于人与世界万物的关系问题的看法,粗略说来,占主导地位的有两类:一是把世界万物看成是与人处于彼此外在的关系之中,并且以我为主(体),以他人、他物为客(体),主体凭着认识事物(客体)的本质、规律以征服客体,使客体为我所用,从而达到主体与客体的统一。欧洲哲学把这种关系叫做"主客关系",又叫"主客二分",用一个公式来表达,就是"主体—客体"结构。其特征是:(1)外在性。人与世界万物的关系是外在的。(2)人类中心论。人为主,世界万物为客,世界万物只不过处于被认识和被征服的对象的地位,这个特征也可以称之为对象性。(3)认识桥梁型。意即通过认识而在彼此外在的主体与客体之间搭起一座桥梁,以建立主客的对立统一,所以有的哲学家把主客关系叫做"主客桥梁型"。由此也可以看到,主客关系或主客二分并不是只讲主客的分离、对立,不讲统一,像有些人所误解的那样;只不过这种统一是在本质上处于外在关系的基础上靠搭桥建立起来的统一。对于主客关系也许大家比较容易理解,我们近半个世纪以来,大家讲哲学原理,一般都是按照主客关系来讲人与世界的关系。人与世界万物的另一种关系是把二者看成血肉相连的关系。没有世界万物则没有人,没有人则世界万物是没有意义的。人是世界万物的灵魂,万物是肉体,人与世界万物是灵与肉的关

---

<sup></sup> 原载《哲学研究》1991 年第 1 期,原题为"天人合一与主客二分"。

系,无世界万物,人这个灵魂就成了魂不附体的幽灵;无人,则世界万物成了无灵魂的躯壳,也就是上面所说的,世界是无意义的。美国当代哲学家、神学家梯利希(P. Tillich,1886—1965)说:"我—自我与世界的相互依赖,就是基本的本体论结构,它包含了其他的一切。……没有世界的自我是空的,没有自我的世界是死的。"所谓"空的"就是没有内容的、魂不附体的幽灵之意,所谓"死的"就是无灵魂的躯壳之意。梯利希把人与世界万物的这种融合关系称为"自我—世界结构"以区别于"主体—客体"结构。① 本章标题中的"人—世界"就是从梯利希的"自我—世界"引申来的。梯利希的观点,直接来源于海德格尔。海德格尔的"此在与世界"的关系就类似这种灵魂与肉体的关系。海德格尔说的"此在"是"澄明",是世界万物之"展示口",又颇有些类似我国明代王阳明所说的"天地万物与人原本是一体,其发窍之最精处是人心一点灵明"。"我的灵明便是天地鬼神的主宰。……天地鬼神万物离却我的灵明,便没有天地鬼神万物了。我的灵明离却天地鬼神万物,亦没有我的灵明。"② 这种关系的特征也可归结为三点:(1)内在性。人与世界万物的关系是内在的。人是一个寓于世界万物之中、融于世界万物之中的有"灵明"的聚焦点,世界因人的"灵明"而成为有意义的世界,用中国哲学的语言来说,这就叫做"人与天地万物一体"或"天人合一"(天人合一在中国哲学中有多种含义,"天"的歧义亦多,我这里只是借用它以避免海德格尔所说的"此在与世界"的术语之晦涩)。(2)非对象性。人是万物的灵魂,这是人高于物的卓越之处,但承认人有卓越的地位,不等于认定人是主体,物是被认识、被征服的客体或对象,不等于是人类中心论。在"人与天地万物为一体"的关系中,人与物的关系不是对象性的关系,而是共处和互动的关系。(3)人与天地万物相通相融。人不仅仅作为有认识(知)的存在物,而且作为有情、有意、有本能、有下意识等在内的存在物而与世界万物构成一个有机的整体,这个整体是具体的

---

① 参见《20 世纪西方宗教哲学文选》,上卷,上海三联书店 1991 年版,第 827、819 页。
② 王阳明:《传习录下》。不能一见到中国哲学谈到人心与万物,就说这是区分主体与客体的思想。欧洲的主客关系式,说的是主体与客体原本二元对立、相互外在,但主体是中心,世界万物是客,处于被认识、被征服的对象地位,只是靠主体的认识和支配征服才使主客达到对立统一。这种思想是中国传统的"天人合一"说所缺乏的(不是说完全没有)。王阳明所说的"天地万物与人原是一体,其发窍之最精处是人心一点灵明",这里虽然谈到人心与万物,但显然不是主客关系式的思想。

人生活于其中的世界(生活不仅包括认识和生产斗争、阶级斗争的实践,而且包括人的各种有情感、有本能等的日常生活中的活动,这是一种广义的实践),可以叫做"生活世界"。倒过来说,此世界是人与万物相通相融的现实生活的整体,不同于主客关系中通过认识桥梁以建立起来的统一体或整体,那是把客体作为对象来把握的整体,用哈贝马斯的话来说,后者叫做"认识或理论的对象化把握的整体",前者叫做"具体生活的非对象性的整体"。我们不能像有的人所误解的那样,因为两者都讲无限和整体,就把它们混为一谈,不能因为讲主客的统一就认为那是中国的天人合一论或欧洲现当代一些哲学家所说的超主客关系。

关于"主体—客体"与"人—世界"两种结构的区别和关系,狄尔泰(Wilhelm Dilthey,1833—1911)早有说明:"我们的自我意识的根基乃是这样一个不变的事实,即没有世界,我们就没有这样一种意识,而无此意识,就没有为我们而存在的世界。在这种接触中所发生的,是生活而不是一种理论的过程;它是我们叫做经验的东西,即压力与反压力,向着可以反过来作回应的事物的扩张,一种在我们之内和围绕着我们的生命力,此生命力是在苦和乐、恐惧和希望、对不可更易的重负的忧伤以及在对我们从外面接受的礼物的欢欣之中所经验到的。所以此我并不是坐在舞台之前的一个旁观者,而是纠缠在作用与反作用之中,……"①人不是站在世界之外"旁观"世界,而是作为参与者"纠缠"在世界万物之中,而这种"纠缠"就是"生活",这些都说明狄尔泰把人的生活看成人是与世界万物融为一体的观点,而不是主体与客体二分的观点。狄尔泰还认为"生活"比主客二分和认识更根本、更原始。"一切沉思、严肃的探索和思维皆源于生活这个深不可测的东西。""一切知识都植根于这个从未充分认识的东西。"②狄尔泰的这些话都说明生活、实践是最根本的,思维认识是派生的。

关于上述两种结构的区别与关系,海德格尔作了更生动的说明。海德格尔说:人"在世界之中存在"(In-der-Welt-sein)(这句话颇类似中国人的一句

①　转引自里克曼(H. P. Rickman):《狄尔泰——人的研究的先驱》(*Pioneer of the Human Studies*),加利福尼亚大学出版社1979年版,第113页。

②　转引自Rudolf A. Makkreel and John Scanlon合编:《狄尔泰与现象学》(*Dilthey and Phenomenology*),华盛顿1987年版,第79页。

口头语"人生在世"),这句话里所谓"在世界之中"的"在之中"(In-Sein)有两种不同的含义。这两种含义实际上也就是关于人和世界的关系的两种不同的理解。海德格尔认为一种意义是指两个现成的东西,其中一个在另一个"之中",例如水在杯子"之中",椅子在教室"之中",学校在城市"之中"。按照这种意义下的"之中"来理解人和世界的关系,那么,人就不过是一个现在的东西(人体)在另一个现成的东西(世界)"之中"存在,这两者的关系是两个平等并列的现成的东西彼此外在的关系。即使把人理解为以肉体为根基的精神物,只要把人和世界看成是两个现成的东西,那也还是属于这种意义的"之中"关系。在这样的"之中"关系中,人似乎本来是独立于世界的,世界似乎是碰巧附加给人的,或者说,是碰巧与人聚会在一起的。海德格尔认为,欧洲哲学传统中主客的关系就是这样的"之中"关系:客体是现成的被认识者,主体是现成的认识者,两者彼此外在。这样看待人与世界的关系,必然产生一个问题,即,主体怎么能够从他的内在范围走出来而进入一个外在的客体范围中去? 也就是说,内在的认识怎么能够有一个外在的对象? 主体、认识怎么能够超越自己的范围? 或者再简单一点说,主体怎么能认识客体? 与"主体—客体"式的"在之中"相对应的,是另一种意义的"在之中",海德格尔称之为"此在和世界"的关系。这种意义的"在之中"不是一个现成的东西(主体)在另一个现成的东西(客体)之中。按照这种意义的"在之中",人乃是"融身"在世界之中,"依寓"于世界之中,世界乃是由于人的"在此"而对人揭示自己、展示自己。人生在世,首先是同世界万物打交道,对世界万物有所作为,而不是首先进行认识,换言之,世界万物不是首先作为外在于人的现成的东西而被人凝视、认识,而是首先作为人与之打交道、起作用的东西而展示出来。人在认识世界万物之先,早已与世界万物融合在一起,早已沉浸在他所活动的世界万物之中。世界万物与人之同它们打交道不可分,世界只是人活动于其中的世界。所以,融身于世界之中,依寓于世界之中,繁忙于世界之中,——这样的"在之中",乃是人的特殊结构或本质特征。"此在"(人)是"澄明",世界万物在"此"被照亮。至于"主体—客体"式的"在之中"关系,在海德格尔看来,必须以这里所说的"此在和世界"的"在之中"关系为基础才能产生,也就是说,认识植根于这第二种意义下的"在之中"关系之上。为了使世界万物作为现成的东西而可能被认识,人首先必须有与世界万物打交道的活动,然后才从制作、操作等活动中抽出空来，逐步走向认识，这样，人才不致因主客彼此外在而弄得主体不可能越出自己的范围使认识成为不可能之事。按照海德格尔的这种解释，认识之所以可能，是因为人一向就已经融合于世界万物之中，亦即一向生活于、实践于世界万物之中。海德格尔的语言比较晦涩，他的基本思想和意思还是比较清楚的：生活、实践使人与世界融合为一，人一生下来就处于这种一体之中，所谓"一向"如此，就是指一生下来就是如此，所以"此在与世界"融合为一的这种关系是第一位的。至于使用使人成为认识的主体，世界成为被认识的客体的这种"主体—客体"关系则是第二位的，是在前一种"一向"就有的关系的基础上产生的。"此在—世界"的结构产生"主体—客体"的结构，"天人合一"（借用中国哲学的术语）产生"主客二分"，生活实践产生认识。这些就是我对海德格尔的上述思想观点的解读。梯利希根据他对海德格尔的理解明确断言："自我—世界的两极性是理性的主体—客体结构的基础。""理性的主客结构是植根于自我—世界的相互关联之中，并从其中发展起来的。"产生认识的"主体—客体结构得以可能的东西"是"自我—世界"相互融合的结构。① 总之，只有在生活、实践中人与世界融合为一这个大前提，然后，人才可能作为主体而认识客体，没有这个大前提，主体是不可能越出自己的范围而认识外在的客体的，也就是说，不可能达到主客的统一。主客的统一植根于人与世界的融合、合一。这就是"主体—客体"结构和"自我—世界"结构的关系。

## 二、两种"在世结构"在中西哲学史上的表现

"人—世界"结构和"主体—客体"结构是人与世界的两种不同关系，两者既表现于个人精神意识的成长和发展过程中，也表现于人类思想史中。这里专门谈谈两种结构在中国哲学史和欧洲哲学史上的表现。"主体—客体"或"主客二分"虽然不是中国传统哲学的专门术语，但已为当代中国哲学界所熟悉，"自我—世界"和"此在与世界"之类的术语则对于我们中国哲学界还比较生疏。为了通俗和方便起见，我借用中国哲学的术语，姑称之为"天人合一"

---

① 参见《20 世纪西方宗教哲学文选》，上卷，上海三联书店 1991 年版，第 828、827、825 页。

式。"自我—世界"的融合关系与中国的"天人合一"确有某种相似相通之处，只是我再重复前面说过的一点，就是，中国各派思想家对"天"的解释有多种，我这里所用的"天"只是取其世界万物或自然之义。另外，梯利希的"自我—世界"的概念和海德格尔关于"此在和世界"的理论同中国的"天人合一"说有重大的区别，例如两者认为人与世界万物一体相通，但在如何息息相通、融为一体的问题上，是大不相同的。就"天人合一"的这种最广泛、最粗略的意义来说，我们可以认为，中欧哲学史各自都兼有"天人合一"式与"主客二分"式的思想，不过欧洲哲学史上较长时期占主导地位的旧传统是"主体—客体"式，中国哲学史上长期占主导地位的思想是"天人合一"式。

欧洲哲学史在苏格拉底、柏拉图以前，早期的自然哲学关于人与世界、自然的关系的学说，主要是"人—世界"合一式。柏拉图的"理念论"，从认识论的角度讲客观的理念是"认识"的目标，实开"主—客"式思想之先河。明确地把主体与客体对立起来，以"主客二分"式为哲学主导原则，乃是以笛卡儿为真正开创人的欧洲近代哲学之事；但笛卡儿的哲学也包含有"人—世界"合一的思想因素，他的神就是人和世界万物之共同的本根或创造主。黑格尔是近代哲学的"主—客"关系思想之集大成者，他的"绝对精神"是主体与客体的最高统一，但他的"绝对精神"不仅是认识的最高目标，最终极的真理，也是世界万物之最终的本根或创造主，它是最高的客观精神，也是人类精神的最高形态，人与世界相通。黑格尔哲学所讲的最高的主客统一包含着"人—世界"合一的思想因素，为他死后的西方现当代哲学特别是人文主义思潮的哲学思想铺设了道路。总起来说，从笛卡儿到黑格尔的欧洲近代哲学的原则是"主体—客体"式。

黑格尔以后，从主要方面来说，大多数欧洲现当代哲学家还有一些神学家，则贬低以至反对"主—客"式，其中，海德格尔是一个划时代的人物，他把批评"主—客"式同批评自柏拉图至黑格尔的旧形而上学传统联系起来，认为这种旧形而上学传统的根基是"主—客"式。海德格尔可以说是欧洲现代哲学中"人—世界"合一思想和反旧形而上学思想的一个主要代表。欧洲现当代哲学，特别是人文主义思潮的哲学思想，其主要的共同倾向是超越"主体—客体"式，达到一种类似中国的"天人合一"的境界。

不过，海德格尔绝非一味否定"主—客"式的哲学家。如前所述，海德格尔明确地主张"此在与世界"的"在之中"关系优先于"主体与客体"的"在之中"关系，亦即"人—世界"合一式优先于"主—客"式，而且，他还论述了"主—客"式以"人—世界"合一式为根基的道理。显然，海德格尔的这个思想是欧洲"主—客"式思想长期发展之后的产物，它和古希腊早期的"人—世界"合一思想，有明显的高低之不同。如果说古希腊早期自然哲学的"人—世界"合一是原始的"人—世界"合一，那么，海德格尔等人的哲学则可以说是经过了"主—客"式和包摄了"主—客"式的一种更高一级的"人—世界"合一。从古希腊早期自然哲学的"人—世界"合一思想，经过长期的"主—客"式思想发展过程到以海德格尔为主要代表的现当代哲学的"人—世界"合一思想，正好走了一个否定之否定的路程，这也可以说是从古到今的整个西方哲学史的特征之一。

从这个角度来看，中国哲学史走的是一条什么样的路程呢？

中国哲学史长期以"天人合一"的思想为主导，"天人相分"的思想有类似"主—客"式之处，但在中国哲学史上没有占主导地位。我用主导一词，就表示不是唯一的意思。就一个哲学家来说，也可以是天人合一与天人相分兼而有之，但亦有主导与非主导之分。

中国哲学史上的"天人合一"的思想在西周时期的天命论中就有了萌芽。天人相通的哲学观念起于孟子。他主张天与人相通，人性乃"天之所与"，天道有道德意义，而人禀受天道，因此，人性才是有道德意义的。人之性善有天为根据。秦汉之际儒家的著作《中庸》也认为天乃人道之源。

老庄也是主张"天人合一"说的。他们认为"道"是宇宙万物之本根，人亦以"道"为本。《老子》："人法地，地法天，天法道，道法自然。"（上篇）自然是自然而然的意思。《庄子·外篇》："汝身非汝有也。……孰有之哉？曰：是天地之委形也。生非汝有，是天地之委和也。性命非汝有，是天地之委顺也。孙子汝非有，是天地之委蜕也。"（《知北游》）人的一切皆非独立于自然，而为自然之物。在谈到人的最高境界时，老庄之"天人合一"的思想则更为明显。《老子》之轻视知识、提倡寡欲和回复到婴儿状态或愚人状态，实际上是要人达到一种"天人合一"境界。庄子更是明确地主张通过"坐忘"、"心斋"，即一种忘我的经验、意识，取消一切区别，以达到"天地与我并生，而万物与我为一"的"天人合一"境界。庄子称此种境界为"玄德"。《老子》之婴儿状态或愚人状态实际上可以说是包括而又超过知识和欲望的状态。庄子的"玄德"亦非真正的"昏"、"愚",而只是"若昏"、"若愚",这也是包括而又超过知识和愿望之意。但我们是否可以说,老庄的"天人合一"境界达到了海德格尔所主张的"在之中"的水平呢? 不能这样说。海德格尔的"此在—世界",即他所谓的人融身于世界、依寓于世界的关系学说,如前所述,乃是欧洲"主客二分"式思想长期发展之后的高一级的"人—世界"合一,老庄的"天人合一"是未经"主—客"式思想洗礼的原始的"天人合一";海德格尔明确地给予"主—客"式和认识论以一定的地位,并作了详细的、系统的论述,只不过"主—客"式要以"此在—世界"为根基,"此在—世界"优先于"主—客"式而已,老庄哲学则少有"主—客"式思想和认识论,我们只是根据他们的一些只言片语,通过我们的分析推论,才说他们的思想包含有知识的因素。老庄哲学和海德格尔哲学的区别不仅是中国哲学与欧洲哲学的区别,而且是古代哲学和现代哲学的区别。

老庄的"天人合一"与孟子的"天人合一"显然有不同之处:第一,在孟子看来,人之所本,有道德意义,而老庄的"道"则是没有道德意义的,它只是自然而然,所谓"道法自然"。第二,由于孟子的"天"有道德意义,所以达到"天人合一"境界的方法也有道德意义,这个方法就是"强恕"、"求仁";而庄子的方法是"心斋"、"坐忘",这是没有道德意义的忘我的经验、意识。

孟子之以人伦道德原则为本根的"天人合一"说,至宋明道学而发展到了高峰。

张载的"天人合一"说是宋代道学之开端。张载说:"大其心则能体天下之物。物有未体,则心为有外。世人之心,止于闻见之狭。圣人尽性,不以闻见牿其心,其视天下,无一物非我。孟子谓尽心则知性知天以此。天大无外,故有外之心不足以合天心。见闻之知,乃物交而知,非德性所知。德性所知,不萌于见闻。"(《正蒙·大心篇》)张载这一段话似乎涉及了"主—客"式与"天人合一"式的关系。"见闻之知,乃物交而知",就是说,"见闻之知"乃主体与客体相互作用的结果。若停止在"主—客"式上,则是在主体(心)之外尚有现成的客体,这是"以闻见牿其心",即用闻见的知识把主体封闭在自身之内,这叫做"心为有外"或"有外之心","有外"者,在心(主体)外尚有现成的客体之意。"有外之心"当然"不足以合天心",不能"体天下之物",也就是不能达到"天人合一"。只有破除主客之间的障隔,打开此"牿",而"大其心",才能"体天下之物","视天下无一物非我",从而达到"天人合一",即所谓"合天心"的境界,这种境界如果也叫做"知",那就是"德性所知",而不是"见闻之知"。张载明确指出,"德性所知,不萌于见闻"。张载显然主张"德性所知"高于"见闻之知","天人合一"高于"主—客"式。当然,他不可能像海德格尔那样分析、说明后者怎样以前者为根基而产生。

道学的"天人合一"说,在张载以后,逐渐分为程朱理学与陆王心学两派。

程伊川和朱子以万物之本根为"理","理"是老庄的"道"之变形,不过程朱赋予了"理"以道德意义,此程朱理学之大不同于老庄哲学之处。程朱主张人禀受形而上的理以为性,故天人相通。据此,程伊川和朱子的"天人合一"的最高境界便是"与理为一"。"与理为一",从人来说,就是人遵循理,从天来说就是理体现于人。

陆王心学的"天人合一"说,不同于程朱理学,陆王强调理不在心之上或之外,认为人心即是理。王阳明明确否认有超乎人心和具体事物之上的形而上的理的世界,主张唯一的世界就是以人心为天地万物之心的天地万物。王阳明这种融人心于世界万物的"天人合一"说,大大超过了程朱的思想。程朱所主张的本根("理")是形而上的东西,他们的"天人合一"都是形而上的东西与形而下的东西之结合,而在王阳明这里,则只有一个现实的世界,此世界是人心与天地万物之彻底融合,人与世界万物之息息相通、融为一体的程度,比起程朱哲学来要深刻得多。(早在周秦之际的儒家作品《礼运》中,虽然已有"人者,天地之心也"之说,与王阳明所说一样,但《礼运》此语的意思没有像王阳明那样阐发得明确详细。)王阳明似乎是中国哲学史上"天人合一"说的一个典型性的代表,其地位同海德格尔的"此在—世界"的思想在西方哲学史所占的地位相类似。但王阳明作为中国哲学家和古代哲学家,与海德格尔作为欧洲哲学家和现代哲学家,两人的"天人合一"思想又有根本的区别。

第一,最根本的一点是,王阳明的"天人合一"说具有中国古代哲学的特点,即缺乏"主—客"式的思想。中国哲学史上虽然也有类似"主—客"式的"天人相分"说,但一直不占主导地位,而且语焉不详,后期墨家的认识论中"主客二分"的思想一直要到王阳明之后的王船山那里,才得到比较明确的阐发。而海德格尔的人与世界思想，已如前面所说过的，是欧洲"主—客"思想长期发展之后的产物。①

第二，王阳明的人心有道德意识，而且是封建的伦理道德意识；海德格尔的"此在"则无道德意义，他的"此在"是一般与世界万物打交道的活动与作为，其内容非常广泛。

第三，王阳明的人心是理，属于理性，只不过专指道德理性；海德格尔"此在"不仅是思，属于超理性的东西。

第四，王阳明的人心是"人同此心"之心，"心同此理"之理，故王阳明思想中没有个人的自由选择，海德格尔的"此在"则是个体性，"此在"是个人根据自己的"本己"而"自由存在的可能性"，是自由选择。

第五，王阳明哲学缺乏与"主—客"式相联系的认识论；海德格尔明确承认认识的地位。

王阳明与海德格尔的哲学思想之间的这些区别，颇能说明整个中国哲学与西方哲学的"天人合一"思想之间的区别。

明清之际以后（早一点说），主要是自鸦片战争以后，万物一体、天人合一的思想愈来愈受到批判。19 世纪末 20 世纪初的一批先进思想家们主张向西方学习，谭嗣同主张区分我与非我，强调心之力，梁启超大力介绍和赞赏笛卡尔和康德的主客关系说和主体性哲学，孙中山的精神物质二元论更明确地是宣扬西方主客二分的思想。中国近代哲学史上先进的思想家们向西方寻找的真理，从哲学上来说，就是学习西方近代哲学的"主—客"思维方式及其与之

①　有一种意见认为，原始人没有自我意识，没有觉察到人与自然的区别，一旦文明时代开始，人就有了自觉，就能区分人与自然，因此，要说孟子等中国古代哲学家这样的人物不能区分自然与人，不能区分天人，那是不可能的。持这种意见的人便由此断言，中国古代哲学家的"天人合一"说是在区别天人基础上再肯定天人统一，是高级的天人合一。这种意见显然不了解，个人发展到区分主客的自我意识阶段并不等于整个人类思想或一个民族的思想发展到了以区分主客的自我意识为哲学原则的阶段。个人从出生到能区分主客，能有自我意识，其所需的时期只不过以月计，而整个人类思想或一个民族的思想发展，由不能区分主客的无自我意识阶段到区分主客的有自我意识的阶段，则往往要以百年计或千年计。个人或某哲学家能区分主客，也不等于他就能建立以主客式或自我意识为基本原则的哲学。古希腊早期自然哲学家，就其个人来讲，当然能区分主客，当然有自我意识，但他们并未达到以"主—客"式为哲学基本原则的水平；同理，孟子等中国古代哲学家的情况也类似。我这里并无意认为，中国自孟子到王阳明的"天人合一"说与古希腊早期自然哲学是同一种情况。

相联系的主体性哲学,具体地说,就是学习科学,发挥人的主体性,以认识自然、征服自然;学习民主,以发挥人的主体性,反对封建统治者的压迫以及各种变相的封建压迫。

# 第二章 审美意识的"在世结构"：
## 人与世界的融合[*]

我在前文已经论述了人对世界的两种结构——"人与世界融合"与"主客关系"以及这两者之间的关系问题。本章拟根据第一章中关于"人与世界融合"和"主客关系"的界定和观点，讨论一下审美意识，或者说，美感的问题。我的基本观点是，按主客关系式看待人与世界的关系，则无深层的审美意识可言；审美意识，从根本上来讲，不属于主客关系，而是属于人与世界的融合，或者说"天人合一"。

## 一、审美意识：人与世界融合的产物

学者们一般都把审美意识放在主客关系中来讨论：有的主张审美意识主要源于主体；有的主张审美意识主要源于客体；有的主张审美意识是主客的统一。不管这三种观点中的哪一种，都逃不出主客关系的模式。其实，主客关系式的特点归根结底，在于把主体与客体二者都看成是两个彼此外在、相互独立的实体。主体的本质是思维，他是一个能思维—能认识的思维者或认识者。尽管按照主客关系的模式来看待人与世界的关系的各派哲学家们，没有一派不采取某种途径以求达到主客之间的统一，但这种统一都是在主客关系式的基础上达到的统一，即是说，都是主体对原本在主体以外的客体加以认识、思维的结果。

---

　＊ 原载《国故新知》，北京大学出版社 1993 年版，原题为《审美—超越—自由》。此文曾于 1992 年在北京大学哲学系一次讲演会上作过报告。

　　主客关系式就是教人（主体）认识外在的对象（客体）"是什么"。可是大家都知道，审美意识根本不管有什么外在于人的对象，根本不是认识，因此，它也根本不问对方"是什么"。实际上，审美意识是人与世界的交融，用中国哲学的术语来说，就是"天人合一"，这里的"天"指的是世界万物。人与世界万物的交融或天人合一不同于主体与客体的统一之处在于，它不是两个独立实体之间的认识论上的关系，而是从存在论上来说，双方一向就是合而为一的关系，就像王阳明说的，无人心则无天地万物，无天地万物则无人心，人心与天地万物"一气流通"，融为一体，不可"间隔"，这个不可间隔的"一体"是唯一真实的。我看山间花，则此花颜色一时明白起来，这"一时明白起来"的"此花颜色"，既有人也有天，二者不可须臾"间隔"，不可须臾分离；在这里，我对此花的关系，远非认识上的关系，我不是作为一个植物学家去思考、分析、认识此花是红或是绿，是浅红或是淡绿，等等。我只是在看此花时得到了一种"一时明白起来"的意境，我们也许可以把这意境叫做"心花怒放"的意境吧。这个用语不一定贴切，但我倒是想借用它来说明这意境既有花也有心，心与花"一气流通"，无有"间隔"。这里的心不是认识、思维，而是一种感情、情绪、情调或体验。我们说"意境"或"心境"、"情境"，这些词里面都既包含有"境"，也包含有"心"、"情"、"意"，其实都是说的人与世界的交融或天人合一，审美意识正是一种天人合一的"意境"、"心境"或"情境"。中国诗论中常用的情景交融或情境交融，其实都是讲的这个道理。南朝·梁刘勰《文心雕龙·物色篇》："情以物迁，辞以情发。"这里已有情景合一的思想。唐皎然认为诗人的真性情须通过景才能表现，情景合一才能构成诗的意境。司空图主张"思与境偕"。明清之际的王夫之关于情景合一的理论更有系统性。他说："情不虚情，情皆可景；景非虚景，景中含情"（《古诗评选》卷五）。这就是说，无景之情和无情之景皆不能形成审美意象。中国古典诗论中的情景合一说是中国美学思想中的一个重要组成部分。这里不打算在这方面作详细的论述。我倒是想举几个例子，具体说明为什么审美意识是天人合一、情景合一的产物。李白的《菩萨蛮》："平林漠漠烟如织，寒山一带伤心碧，暝色入高楼，有人楼下愁。"山本无所谓寒，碧亦无所谓伤心，"寒山"与"伤心碧"皆因一个"愁"字而起，是"愁"的心情与"碧山"之境交融的一种情境或意境，也就是一种天人合一。我们不妨举李白另外两首诗为例，也许更能说明问题。《早发白帝城》："朝辞白帝彩云间,千里江陵一日还。两岸猿声啼不住,轻舟已过万重山。"如果简单地把这首诗理解为描写三峡水流之急速,那就不过是按照主客关系模式对客体(三峡水流)的一种认识,未免太乏诗意,太乏审美意识。这首诗的意境主要在于诗人借水流之急速表现了自己含冤流放,遇赦归来,顺江而下的畅快心情。这里,水流之急速与心情之畅快,"一气流通",无有间隔,完全是一种天(急速的水流)人(畅快的心情)合一的境界,哪有什么主体与客体之别?哪有什么主体对客体的思维和认识?当然也无所谓主体通过思维、认识而达到主客的统一。李白的另一首诗《秋浦歌》之四:"两鬓入秋浦,一朝飒已衰。猿声催白发,长短尽成丝。"猿声通过一个"催"字与白发融为一体,这"催"字所表达的意境是猿声与白发的融合,也是一种天人合一的境界,远非主客关系所能说明。有趣的是,与前面一首诗相比较,似乎是,那首诗里的猿声与心情之畅快联系在一起,这首诗里的猿声却与暮年的慨叹联系在一起,这是否意味着审美意识仅只源于人的主观心情呢?我以为不完全如此。前一首诗里的猿声是在飞速的动态中听到的,"啼不住"者,舟行太快,余音未尽之意也,这正足以表现诗人的畅快之情。后一首诗里的猿声,虽未明言动静,但看起来似乎是在静态中听到的,静态中听白猿啼叫声,自然使人倍增愁绪。《秋浦歌》之二:"秋浦猿夜愁,黄山堪白头。"静夜中听猿声,当然更令人感到婉转凄绝。这两首《秋浦歌》里的猿声与"两岸猿声啼不住"的猿声显然不是完全一样的。从《早发白帝城》和《秋浦歌》的对比可以看到,审美意识或意境既非单方面的境,亦非单方面的情或意,而是人与世界,天与人"一气流通"、交融合一的结果。

　　人生之初,都有一个原始的天人合一或不分主客的阶段,在这个阶段中,谈不上主体对客体的认识,或者说谈不上知识,随着岁月的增长,人逐渐有了自我意识,有了主体与客体之分,因而也有了认识和知识,能说出这是什么,那是什么,这是人的成长过程之必然。但仅只认识到这是什么,那是什么,则无论你认识到的"什么"如何之多,无论你的知识如何之宏富,也不能说你是诗人,说你有诗意或审美意识。知道不可能代替审美意识。也许就因为人在日常生活中,出于日常生活的需要,过多地、过久地习惯于用主客关系的模式看待人和世界的关系,所以大多数人在一般情况下,都缺少诗意或审美意识,只有少数人才成为诗人和艺术家。这少数"优选者"的诗意或审美意识从何而来？我想做一个简单的回答，就是超越主客关系式，达到更高一级的天人合一境界。谁多一分这样的境界，谁也就多一分审美意识。中国传统哲学之不同于西方传统哲学的一个特点就在于前者重天人合一，而后者重主客关系。也许就是因为这个缘故，中国成为一个公认的诗的国度。《老子》教人复归于婴儿，教人做愚人，其实不是真正的婴儿和愚人，而是超越了知识领域的高一级的婴儿或愚人，也就是超越了主客关系模式的天人合一境界。诗人可以说是高级的"婴儿"或"愚人"。《老子》的这套理论我以为不仅是一般的哲学观点，而且可以看做是一种美学理论。这个理论很可以说明审美意识之产生的根源。婴儿在其天人合一境界中，尚无主客之分，根本没有自我意识，这种原始的天人合一，我把它姑且叫做"无我之境"；有了主客二分，从而也有了自我意识之后，这种状态，我且称之为"有我之境"；超越主客关系所达到的更高一级的天人合一，应该说是一种"忘我之境"。审美意识都是忘我之境，也可以说是一种物我两忘之境。物我两忘者，超越主客之谓也。诗人都是忘我或物我两忘的愚人。所以审美意识的核心在于"超越"二字。这里要注意的是，超越不是抛弃，超越主客关系不是抛弃主客关系，而是高出主客关系，超越知识不是不要知识，而是高出知识。

## 二、审美意识的特点：超越性

我们平常说，审美意识有直觉性、创造性、不计较利害和愉悦性等特点，其实，这些特点都可以用我这里所说的超越主客关系的超越性来说明。

审美意识具有直觉性，但不能认为所有的直觉都是严格意义的审美意识，初生婴儿的直觉就是如此。任何对于事物的原始的感性直觉，如对于一片红色的感性直觉，对于一块坚硬的石头的感性直觉，其本身都不能构成审美意识。马致远的小令《秋思》："枯藤老树昏鸦，小桥流水人家。古道西风瘦马。夕阳西下，断肠人在天涯。"这里的藤、树、鸦、桥、水、家、道、风、马等，就其本身而言，都是感性直觉中的一些零星对象，无审美意识可言；即使把这首小令归结为"藤是枯的"，"树是老的"，"水是流动的"，"道是古的"等认识上的述语，那显然也是极其平庸乏味、滑稽可笑的。这些述语不过是主客二分模式的产物。这首小令的诗意在于通过审美直觉的感性直接性表达了超越认识对象

（不是离开或抛弃认识对象）之外的思致，即诗人的惆怅之情。小令所描绘的绝非认识对象或事物性质的简单罗列，而是一幅萧瑟悲凉的情境。藤之枯，树之老，鸦之昏，桥之小，道之古，等等，根本不是什么独立于诗人之外的对象的性质，而是与漂泊天涯的过客之凄苦融合成了一个审美意识的整体，这整体也是一种直接性的东西，是一种直觉，但它是超越原始感性直接性和超越认识对象的直觉和直接性。可以说，不经过原始直觉，不经过主客二分而认识到藤之枯、树之老、鸦之昏等，不可能有审美意识，但要达到审美意识，又必须超越它们，达到更高的天人合一。

　　这里顺便谈谈思与诗或审美意识的关系问题。思属于认识。原始的直觉是直接性的东西，思是间接性的东西，思是对原始直觉的超越，而审美意识是更高一级的直接性，是对思的超越。如前所述，超越不是抛弃，所以审美意识并不抛弃思，相反，它包含着思，渗透着思。可以说，真正的审美意识总是情与思的结合。为了表达审美意识中思与情相结合的特点，我想把审美意识中的思称之为"思致"。致者，意态或情态也，思而有致，这种思就不同于一般的概念思维或逻辑推理。审美意识不是通过概念思维或逻辑推理得到的。所谓"形象思维"，如果说的是思想体现于或渗透于形象中，那是可以的；如果说的是思维本身有形象，这种流行看法我以为不可取。黑格尔说过，思想活动本身是摆脱了表象和图像的，思想是摆脱了图像的认识活动。① 黑格尔的说法是对的。我所说的"思致"不是一般流行的所谓"形象思维"。"思致"是思想—认识在人心中沉积日久已经转化（超越）为感情和直接性的东西。审美意识中的思就是这样的思，而非概念思维之思的本身。伽达默尔认为，艺术的象征就是感性现象和超感性意义的合一状态。这超感性的东西就是思，就是他所说的概念。但这种与感性现象处于合一状态的概念，我以为不是概念本身，而是已经转化为感情的东西了。

　　有一种说法，认为审美意识比逻辑推理更能认识真理。这个提法仍然有混淆主客二分模式和天人合一之嫌。审美意识本身是一种天人合一的境界，根本不管认识，不管认识论或符合说意义下的真理和非真理，审美意识中的思或诗人的思只是一种思绪，其中包含有观点和看法，这些，在审美意识中，在诗

---

　　① 参见张世英：《论黑格尔的精神哲学》，上海人民出版社 1986 年版，第 56 页。

人那里，都是真挚的，但不可以认识论意义下的真理或非真理来论述。虽然有的哲学家说审美意识能认识真理，但实际上他所说的认识不是指一般的科学认识或概念认识，他所说的真理也不是指一般的科学真理或规律。也许他们实际上是指的本体论意义下的真实。

前面说审美意识既经过对原始直觉的超越，又经过对思维和认识的超越，这两者的结合也可以说是原始的直觉性经过间接性达到更高一级的直接性。这里应该注意两点：第一，在实际的审美意识中，这双重超越并不是依时间先后次第进行的，而是一次完成的，诗人的意境并非在时间上先有原始直觉，然后进行思维和认识，最后再达到审美意识。第二，从原始的直觉性经过间接性达到高一级的直接性，这似乎就是黑格尔所讲的直接认识经间接认识再到直接认识的过程。但实际上，两者大不相同，黑格尔所讲的过程，其基础是主客关系的模式，他的原始直觉可算是原始的天人合一之境，但他的间接认识和最后达到的高一级的直接认识均属主客关系式的思想、认识。他说的高级的直接性是主体与客体的对立统一，是他所谓最高真理或最高认识。作为情与思或情与境相结合的审美意识在他那里是作为真理和认识的一个低级环节来看待的。他主要的是一个理性主义者，他把美视作理念、概念的感性显现，他所尊崇的是理念，是理性。我以为审美意识是要把思想认识转化为感情，而黑格尔则是要把感情提升为思想、概念；我以为天人合一（不是指原始直觉的天人合一）高于主客关系式，黑格尔则是要把天人合一纳入主客关系式（包括主客的对立统一公式）之内。

审美意识的创造性，简单一点说，就是指的一次性或不可重复性。在主客关系的模式中，主体所认识的对象（客体）总是可以重复的。这是因为主客关系式所追问的问题是，"它是什么？"这个"什么"必须是可以重复的，才有正确与真理之可言。如果我说它是如此，你说它是如彼，或者我今天说它是如此，明天说它是如彼，那就没有认识出它究竟"是什么"，也就是说没有真正地认识。但认识所要求的这个"是什么"，正好不是审美意识所要追问的。审美意识是天与人的合一，情与境的交融。人在审美意识中能超越周围事物之所"是"，发现其所"不是"，能超越周围事物之常住不变性，发现其异常的特征。所以审美意识所见到的总是全新的，因而也是特异的，而这就是创造。姜夔《点绛唇》："数峰清苦，商略黄昏雨。"这"清苦"、"商略"的意境，便是诗人的新发现和创造。主客关系式所告诉我们的不过是:黄昏时候,山雨欲来而已。但审美意识却远远超越了这个所是,而发现了其所不是,即"清苦"、"商略"的意境。不能把"清苦"、"商略"理解为诗人主观上强加的,那是一种肤浅之见。超越不是主观强加,不是简单的拟人化。这意境既不能说是客观的东西,也不能说是主观的东西,但它又是确实的、真实的东西,只有有审美意识的人才能发现它,创造它,至于只知主客关系式的人则不可能发现它,创造它。主客关系式的模式只能见到重复的、共同的东西,只有有审美意识的人才能发现这是只能一次出现的奇珍。从这个意义来说,相比之下,那一味沉溺于主客关系式的人,其生活未免太贫乏、太平庸了,而有审美意识的人真可说是有别人所没有的、所不能重复的享受。我们平常说的"美的享受",必然具有这样的特点,这也是"美的享受"的珍贵之所在。这里的关键在于"超越"。人不可能离开主客关系式,不可能离开认识,甚至可以说,一般人主要是按主客关系式看待周围事物(尽管人实际上都生活在天人合一之中),唯有少数人(一般人则只有在少有的情况下)能独具慧眼和慧心,超越主客关系,创造性地见到和领略到审美的意境。这也就是为什么诗人总是极少数,一般人只是偶尔才真有点诗意或者一辈子从无真正诗意的缘故。科学家也可以有创造、有发现,但科学家作为科学家,其创造发现的意义不同于审美意识的创造发现。科学家创造、发现的结果仍然是可以重复的东西,规律、定理就是如此。

　　愉悦性是审美意识的另一特征。我这里用"愉悦性"一词主要是为了从俗。愉悦性一词似乎可以区别于快感一词,但实际上很难区别。一般流行的用法"美的享受",或者说得文一点叫做"审美享受",也许可以比较贴切地表达"愉悦性"的含义。且不去纠缠名词用语吧。我所要说明的主要意思是,审美意识既非经验主义所说的生理上的快感,亦非理性主义所说的理性的概念。生理上的快感和理性的概念,或属于感性认识,或属于理性认识,总归都是主客关系式的认识的结果。审美意识不是这些,而是超越主客关系达到与周围事物交融合一境地的一种感受,这种感受是人的生命的激荡,人因这种激荡,特别是这种激荡得到适当形式的表现和抒发形式而获致一种精神上的满足感,这种满足感就是所谓"美的享受"。这种"享受"不是处于低级感性认识阶段的快感或痛感,也不是处于高级理性认识阶段的完善或不完善,而是它们的超越或升华。苏轼的《前赤壁赋》:"客有吹洞箫者……其声呜呜然,舞幽壑之潜蛟,泣孤舟之嫠妇。"这里不是什么快感或痛感,也不是什么完善或不完善,而只是诗人生命的颤动。在呜咽的箫声中,诗人的血脉似乎与幽壑之潜蛟,孤舟之嫠妇,以至与整个宇宙处于共振共鸣之中。诗人的这种感受就是一种"审美享受"。

审美意识之不计较利害的特性也是超越主客关系式的表现。主客关系式关心客体的存在,而计较利害的实用性活动归根结底属于认识领域(指广义的认识,平常说的实践也包括在内),属于主客关系式,因而也关心客体的存在。欲望就是要占有存在、攫取存在。没有客体的存在,欲望就无法得到满足。审美意识则不关心存在,或者像康德所说的那样,对于对象的存在,采取淡漠的态度。这并不是说,审美意识完全起于人的主观意识,而只是说审美意识不过问对象的存在与否。我们说审美意识超越利害,从理论根源上说,就因为它超越了存在与否的问题,也就是说,它超越了主客关系式。《老子》里"昭昭""察察"的俗人就是指的一心沉溺于知识和欲望之人。"昭昭察察"就是过于精明计较之意。《老子》里"昏昏"的"愚人"则是指的超越主客关系而有了天人合一境界的人,这种人超越了利害得失的干扰,故能"淡兮其若海,飂兮若无止",也就是不受具体功利之束缚而逍遥自得,这也就是有审美意识的人。陶渊明《饮酒》诗里的"一士长独醉,一夫终年醒",说的也是这个意思。"醒"者锱铢必较,斤斤于现实存在物,但得到的是生活的平庸和贫乏;"醉"者超越现实存在物,不论得失,但得到的却是美的享受。前者过于"昭昭察察",病在一个"醒"字,后者"混混沌沌",贵在一个"醉"字。看来,"醉"是审美意识的一个特点。

总之,审美意识的直觉性、创造性、愉悦性,以及不计较利害的特性,归根结底,都离不开对主客关系式或认识的超越。我并不认为审美意识与知识、真理相互对抗,并不认为天人合一与主客关系相互对抗,我认为前者是对后者的超越。超越主客关系,其实,也就是超越有限性:按主客关系的模式看待周围事物,则事物都是有限的,一事物之外尚有别事物与之相对,我(主体)之外尚有物(客体)与之相对。我在前面说主客关系是"有我之境",也就是指在我之外尚有客体限制我。可是在审美意识中,在天人合一中,一切有限性都已经被超越了,万物一体,物我一体,人不意识到自己之外尚有外物限制自己,所以我在前面把审美意识称为"物我两忘"或"忘我之境"。审美意识的这种超越颇似宗教上的超越，两者都是要超越有限，但宗教上的超越是人与神的合一，审美意识的超越是人与宇宙合一，与周围事物合一；宗教上的超越往往以灵魂不灭或轮回为达到永恒的途径，而审美意识的超越，既非灵魂不灭，也非轮回（尼采的永恒轮回究竟应如何看待，是一个复杂问题，兹不具论，我个人不赞成他的永恒轮回的思想）；既非上帝的永恒，也非欧洲传统形而上学所谓超感性的抽象本质世界（即尼采所斥责的"真正的世界"）之永恒，而是有限的人生与宇宙万物"一气流通"，融合为一，从而超越了人生的有限性。人在这种"一气流通"中忘了一切限制，获得了永生，就这个意义来说，人变成了无限的，即无限制的。当然，审美意识中的这种无限性，只是精神上的、理想性的，而绝非肉体上的和生理上的。我想，艺术家们所谓对无限性的追求，应当作这样的理解。

超越不是一件易事，不是人人都能做到的，也不是经常能做到的。人们在日常生活中习惯于按主客关系式看待周围事物，所以要想超越主客关系，达到审美意识的天人合一，就需要修养。这里的修养就是美的教育。美的教育不是教人知识，而是教人体验生活，体验人生的意义和价值，锻炼在直观中把握整体的能力，培养超凡脱俗的高尚气质，等等。所有这些，归结起来无非是教人超越主客关系，超越知识和欲望，回复（不是简单回复）到类似人生之初的天人合一境界，或者用《老子》的话来说，就是教人"学不学"、"欲不欲"，"复归于婴儿"。所谓诗人不失其赤子之心，其哲学理论基础在此。

## 三、审美意识给人以自由

哲学家们都认为审美意识给人以自由。康德说："诗使人的心灵感到自己的功能是自由的。"[①]黑格尔说："审美带有令人解放的性质。"[②]这里引起我们提出一个问题：自由究竟来自认识还是来自审美？或者用《老子》的话来说，究竟来自"学"？还是来自"学不学"？我们平常说自由是对必然的认识，这就是主张自由来自"学"。但学得了知识，就等于获得了自由吗？我以为尽

① 康德：*The Critique of Judgment*，Oxford，1952，translated by J. C. Meredith，第191—192页。
② 黑格尔：《美学》，第1卷，商务印书馆1979年版，第147页。

管认识必然性比盲从必然性要自由得多，但有了对必然性的认识，还得更进而有超越必然性的自由意识或境界。认识不等于境界，认识必然不等于进入自由境界。康德着重论证了自由境界之超越必然性知识的本质，对西方传统形而上学，作了一次冲击，但康德的自由境界具有超验的性质。黑格尔虽然承认审美有令人解放的性质，并力图让自由不脱离必然，但他的概念哲学最终还是把自由变成了永远不可企及的幽灵。要真正获得自由的意识和境界，则必须超出西方近代哲学史上自笛卡尔到黑格尔其中也包括康德的传统的主客关系模式。

主客关系式是以主客彼此外在为前提，主体受客体的限制乃是主客关系式的核心，因此，不自由便是主客关系式的必然特征。只有超越，才有真正的自由。原始感性的直觉认识中的悲痛、流泪是一种限制，一种不自由，但因一首诗、一曲戏的感动而流泪、而悲怆，则是一种自由的享受。关键在于审美意识中的悲怆、流泪是原始感性直觉中的悲痛、流泪的超越，我们平常称之为"升华"。欲念中利害的计较给人以烦恼、痛苦，原因也是由于主客关系式给人以限制，即使是生理上的快感，也是一种限制，它不过是欲念的满足，而"欲壑难填"，欲望与限制相伴而行。如能做到不"以物累形"，不"以心为形役"，那就有了自由，这里的关键也在于超越，我们平常称之为"超脱"。认识的结果只是关于必然性的知识，而审美意识的创造性则可以显示无限的可能性，这是一种不受限制的自由，一种最大的自由，这里的关键同样在于超越，所谓"游乎方外"，除了超脱世事或利害之外，似亦包含无限可能性的意义在内。

总之，超越了主客关系，就会从欲念、利害以至整个认识领域里逻辑因果必然性的束缚下获得解放和自由，这就是自由的理论根据。我在前面把人生之初原始的天人合一境界叫做"无我之境"，主客二分的自我意识叫做"有我之境"，超越主客二分的天人合一叫做"忘我之境"。按自由的观点来看，"无我之境"既然无自觉，也就无自由的意识可言；"有我之境"则是不自由；"忘我之境"则是审美意识，是自由。

除审美意义上的超越之外，平常认为还有宗教意义的超越和道德意义的超越，因此自由除审美意义上的自由外，还有宗教意义的自由和道德意义的自由。我不懂宗教，宗教上的超越是否给人以自由，就我个人来讲，我至少持怀疑态度。道德上的超越是否给人以自由？康德用绝对命令解释道德，把道德放在自由的领域,固有一定的道理,但用"绝对命令"解释道德,毕竟是不现实的,道德总是受制约、受限制的。康德虽然想通过审美自由以克服感官世界与道德世界的二元论,但毕竟不如谢林明确地把艺术自由放在最高的地位。孔子注重"礼教"、"乐教",极力要把审美意识和仁义道德结合起来,反对无道德内涵的审美意识:"礼云礼云,玉帛云乎哉? 乐云乐云,钟鼓云乎哉?"(《论语·阳货》)他还说:对于仁义道德"知之者不如好之者,好之者不如乐之者"(《论语·雍也》),孔子似乎懂得一点审美意识高于认识和知识的道理,但他却因此而想通过审美意识把封建道德原则变成心灵的内在追求,实际上破坏了审美意识的超越性,限制了人的自由。我这里绝无教人不道德之意,但我以为审美意识的自由高于道德上的自由。一个真正有审美意识的人,一个伟大的诗人,都是最真挚的人,他们中有的人虽不谈论道德,甚至主张非道德(例如西方的尼采,中国的李贽),但他们的真挚,或者用李贽的话来说,他们的"童心",一句话,审美意识,使他们成为最高尚、最正直、最道德、最自由的人。光讲德育,不讲或不重美育,则很难教人达到超远洒脱、胸次浩然的自由境界。

# 第三章　审美意识的灵魂:惊异<sup>*</sup>

## 一、传统哲学把哲学与惊异对立起来

知与无知相对。人是怎样由无知到知的？如果处无知而不自知其无知，则不可能兴起求知欲，不可能有对知识的追求。一旦意识到无知，立刻就开始了求知欲。惊异就是对无知的意识，或者说是求知欲的兴起。"正方形的对角线的不可计量性对于一个不知其缘故的人，是可惊异的。"①"一个有惊异感和困惑感的人，会意识到自己无知。"②所以惊异像牛虻一样，有刺激人想摆脱无知而求知的作用。亚里士多德正是在讨论知识——讨论探究终极原因的知识即哲学时谈到惊异的。惊异是求知的开端，是哲学的开端，——这个断语成了此后哲学工作者所最熟知的成语之一。这句话的原文是这样说的:"人们现在开始并首先在过去开始做哲学探索，乃是通过惊异。"③我们平常笼统地把亚里士多德这句话理解为"哲学开始于惊异"就完事，而不再追问亚里士多德这句话为什么只说"现在"与"过去"，而不提"将来"。美国教授、欧洲大陆哲学专家 John Sallis 深刻地看到了这个问题。④ 他在征引了亚里士多德的那句话之后提出了疑问:为什么惊异只在知识追求的开始，而"不属于知识追求

---

\* 原载《北京大学学报》1996 年第 4 期。

① 亚里士多德:《形而上学》，第 1 卷 983a12–13，译自 John Sallis，*Double Truth*，State University of New York Press，1995，第 195 页。

② 亚里士多德:《形而上学》，第 1 卷 983a12–13，译自 John Sallis，*Double Truth*，State University of New York Press，1995，第 194 页。

③ 亚里士多德:《形而上学》，第 1 卷 983a12–13，译自 John Sallis，*Double Truth*，State University of New York Press，1995，第 194 页。

④ 参见 J. Sallis，*Double Truth*，第 194 页。

之所向的将来?"①原来亚里士多德认为知识追求必然引导到惊问开始时的"反面"②,即不再惊异,不再无知。这样,惊异在本质上就与无知联系在一起,"最终,知识与惊异相对立。尽管人是通过惊异才起而追求知识,但这个追求的最终结果却是消解惊异。归根结底,在知识中将没有惊异的地位,……哲学将会是靠结束惊异而完成其目的。"③J. Sallis 所看到的问题及其对问题的这一分析,颇富启发意义。

惊异只属于哲学的开端吗? 惊异与哲学的展开和目的是对立的吗? 这是一个关系到哲学为何物的大问题。

柏拉图把世界分为可理解的世界和可感觉的世界,在他看来,哲学就是对外物的本质的知识性追求,哲学的目的就是"认识理念"。在柏拉图那里,惊异只是由于感性事物中对立面的混合、混杂所引起,或者说,是由于对立面的混合、混杂这样一种感性表象所引起,而在可理解的世界中,对立面则不再是混合、混杂在一起,而是疏理清楚了的,哲学也就在这里展开。④ 这也就是说,哲学的展开和目的不是惊异于感性世界的感性表象,而是在于可理解的世界中关于对立面的梳理。柏拉图在西方哲学史上为把哲学的目的与惊异对立起来的观点开了先河。

自柏拉图以后,欧洲旧形而上学传统都把超感性的形而上的本体世界当做哲学所追求的最高目的,哲学于是越来越远离了惊异。黑格尔在这方面是一个集大成者。黑格尔说:"希腊精神之被激起了惊异,乃是惊异于自然中自然的东西。希腊精神对这自然的东西并不是漠然把它当做某种存在着的东西就完了,而是把它视为首先与精神相外在的东西,但又深信和预感到这自然的东西中蕴涵着与人类精神相亲近和处于积极关系中的东西。这种惊异和预感在这里是基本的范畴。但希腊人并不停滞在这里,而是把预感所追寻的那种内在的东西投射为确定的表象而使之成为意识的对象。……人把自然的东西只看做是引起刺激的东西,只有人由之而出的精神的东西才对人有价值。"⑤

----

① John Sallis,*Double Truth*,State University of New York Press,1995,第 195 页。
② 《形而上学》983a12。
③ John Sallis,*Double Truth*,State University of New York Press,1995,第 194 页。
④ 参见柏拉图:《泰阿泰德》,154b—155d;《理想国》,第 7 章。
⑤ 《黑格尔著作集》(理论版),第 12 卷,Suhrkamp Verlag,1970,第 288—289 页。

这里,黑格尔显然是把惊异理解为只是激起精神的东西的开端,而不是对人真正有价值的、值得追求的目的即精神的东西本身。惊异只是处于意识刚刚从不分主客到能看到自然的东西与精神的东西"相外在"的初醒状态;换言之,惊异意味着刚刚从无自我意识中惊醒,至于真正清醒的状态,即"精神的东西"本身,则不属于惊异。

如果说上面的引文还只是代表黑格尔对古希腊人所说的惊异的理解,那么,下面的一段话就可以直接说明黑格尔自己对惊异的理解和观点。黑格尔在讲到认识过程的初级阶段"直观"(Anschauung)时说:"直观只是知识的开端。亚里士多德就直观的地位说,一切知识开始于惊异(Verwunderung)。在这里,主观理性作为直观具有确定性,当然只是未规定的确定性,在此确定性中,对象首先仍然满载着非理性的形式,因此,主要的事情乃是以惊异和敬畏来刺激此对象。但哲学的思想必须超出惊异的观点之上。"①黑格尔在这里再明显不过地表达了他自己关于哲学的目的不是惊异而是要超出惊异的观点。在他看来,惊异只属于直观这个初级认识阶段(他干脆把亚里士多德的惊异界定为直观的地位),一旦认识越出了直观的阶段,惊异也就结束。而且黑格尔非常强调认识进展过程中的否定性的作用,认为"推动知识前进的,不是惊异,而是否定性的力量"。② 这就比亚里士多德更进一步把知识、哲学的目的与惊异对立起来了。

黑格尔还扩大了惊异是哲学之开端的含义,认为不仅哲学,而且艺术、宗教,总之,"绝对知识"的三个形式都只是以惊异为开端,至于三者的展开和目的则都远离惊异。黑格尔说:"如果就主体的方式来谈论象征型艺术的最初出现,那我们就可以回想起那句旧话,即艺术意识一般和宗教意识——或者毋宁说是二者的统一——以致科学研究都起于惊异,尚未对任何事物发生惊异的人,生活在蒙昧状态中,对任何事物都不发生兴趣,任何事物都不是为他而存在,因为他尚未把他自己从对象及其直接单个存在中区分和解开。但在另一方面,不再有惊异的人,则已把全部的外在生……都看得清楚明白并从而使对象及其具体存在转化为在自身内的精神的自我意识的洞见。与此相反,人

---

① 《黑格尔著作集》(理论版),第 10 卷,Suhrkamp Verlag,1970,第 255 页。
② J. Sallis, *Double Truth*, State University of New York Press, 1995, 第 196 页。

只有摆脱了直接的、最初的自然联系和欲望的迫切单纯的实际关系,从而在精神上从自然和他自己的单个存在中撤回并在事物中寻求和看到了普遍的东西、内在的东西和常住的东西,才会发生惊异。"①黑格尔这段话是在专门分析艺术的最初形式即象征型艺术的起源问题时说的。他认为,象征型艺术或者说整个艺术,起源于惊异,起源于人从不分主客的"蒙昧状态"到能区分主客、能看到外物的对象性的状态之间。黑格尔强调,惊异只是开端或起源,过此以往,艺术就进到"不再惊异"的阶段,因此,黑格尔认为,"象征型的整个领域一般只属于前艺术(Vorkunst)"②,至于哲学,则不仅超越了艺术,而且超越了宗教。哲学把艺术特别是把作为艺术之开端的惊异远远抛到了他的最高范畴之后。

## 二、审美意识的惊异主要因超越主客二分而激起

关于审美意识或诗意的产生,我们平常有一个广泛意义的说法:"人天生都是诗人。"这当然不是说,人从母胎里呱呱落地之时起就是诗人。婴儿在尚无自我意识,尚不能区分主客,尚不能意识到外物时,不可能是诗人。只有在从混沌未分状态到能区分主客的过渡时刻才有惊异、惊醒之感而开始了诗兴。这也就是说,在此时刻之前不可能有诗兴,在此过渡时刻之后,就其处于明白地区分主客的状态这一方面来说,也没有诗兴。黑格尔把这种主客明白二分的态度称为"对于对象性世界的散文式的看法","但此种二分总是出现在较晚的阶段,而对真实的东西的初始认识则处于沉浸在自然中的完全无精神性和彻底摆脱自然束缚的精神性之间的中间状态。……总之,正是这种中间状态成为与散文式的理解力相对立的诗和艺术的立场。"③任何一个人的意识发展过程都必须经历这样一个作为"诗和艺术的立场"的"中间状态"的阶段,也正是在这个意义上,我们才说"人天生都是诗人",或者说,每个人都有诗兴。

但人是否在意识发展到完全明白的主客二分或者说"散文式的看法"之

---

① 《黑格尔著作集》(理论版),第13卷,Suhrkamp Verlag,1970,第408页。
② 《黑格尔著作集》(理论版),第13卷,Suhrkamp Verlag,1970,第408页。
③ 《黑格尔著作集》(理论版),第13卷,Suhrkamp Verlag,1970,第410页。参见黑格尔:《美学》,第2卷,朱光潜译,商务印书馆1982年版,第24—25页。

后，就不可能再兴发诗兴呢？不是的。事实上，真正的诗人（不是广泛意义下"人天生都是诗人"的诗人）都是有清楚的自我意识、有自觉、有知识、能明白区分主客的人。但一般人在对世界能够采取明白的主客二分的"散文式的看法"阶段里，往往不再前进而停滞在这个阶段，而真正的诗人则通过教养、修养和陶冶，能超越主客二分的阶段，超越知识，达到高一级的主客浑一，对事物采取"诗意的看法"，就像老子所说的超欲望、超知识的高一级的愚人状态，或"复归于婴儿"的状态，亦即真正的诗人境界。所谓诗人不失其赤子之心，就是这个意思。当然，真正的诗人只能是少数"优选者"，不可能要求人人做到。

海德格尔强调："人诗意地栖居着"，我想这句话不仅仅是指"人天生都是诗人"，而且也指人皆可以经过教养、修养和陶冶而成为真正的诗人或成为真正有诗意的人。

人不仅在从无自我意识到能区分主客这一"中间状态"中能激起惊异，兴发诗兴，而且在从主客二分到超主客二分、从有知识到超越知识的时刻，同样也会激起惊异，兴发诗兴。两个阶段的诗兴皆因惊异而引起。如果说前一阶段的惊异能使人自然地见到一个新的视域或新的世界，则后一种惊异可以说是能使人创造出一个新的世界（当然，从广义上说，前一种惊异也可说是创造）。中国美学史上所说的"感兴"，其实就是指诗人的惊异之感。① "感者，动人心也。"（许慎：《说文解字》）"兴者，有感之辞也。"（挚虞：《文章流别论》）心有所感而抒发于外，就成为艺术，其中也包括诗。儿童即使不经父母教导，也可以在听到音乐时手舞足蹈，这就是一种"感兴"，属于上述前一种惊异；真正的诗人"感时迈以兴思，情怆怆以含伤"（夏侯湛：《秋可哀》），这种"感兴"属于上述后一种惊异。这后一种惊异是一种创造性的发现，诗人在这里超越了平常以"散文式的态度"所看待的事物，而在其中发现了一个新世界、好像是第一次见到一样，这就是创造。叶燮说："凡物之美者，盈天地皆是也，然必待人之神明才慧而见。"（《集唐诗序》）事物还是原来的事物，但诗人因"感兴"——"惊异"而"见"到其中的"美"，这是诗人之"神明之慧"所创造发现的新奇之处。新奇乃是惊异的结果和产物。

————————

① 参见《现代美学体系》一书关于"感兴"的分析，北京大学出版社 1988 年版，第 169、170、219、221 页。

啊！惊异！

有多少美妙的造物在这里！

人类多么美丽！啊！鲜艳的新世界

有这样的人们住在这里！①

惊异终结之日，也就是新奇结束之时。

## 三、缺乏审美意识或诗意的传统哲学的终结

　　欧洲哲学史自柏拉图起，特别是从笛卡尔到黑格尔的近代哲学史，其占主导地位的思想是把主客二分——主体性当做哲学的最高原则，并从而发展出一套旧形而上学(尽管其中有各式各样的形式，甚至相互反对)。在这种形而上学家看来，个人的意识发展也好，整个人类思想的发展也好，都只不过是从原始的主客不分到主客关系的过程而已，他们似乎不知道有超主客关系的高一级的主客不分。旧形而上学哲学家所谓主客统一只是认识论上的统一，只是通过认识把两个彼此外在的东西(主体与客体)统一在一起，完全不同于超主客关系的有审美意识的"诗意的"境界。这也就是为什么黑格尔把"惊异"和"诗和艺术的立场"只限于从原始的主客不分到主客二分的"中间状态"的原因。惊异终止了，新奇也结束了，世界只是"散文式"的，人们最终能达到的只是一些表达客体之本质的抽象概念，就像黑格尔的由一系列逻辑概念构成的"阴影王国"。哲学成了(除了在开端之外)远离惊异、新奇和诗意的枯燥乏味、苍白无力、脱离现实的代名词。黑格尔虽然承认他的哲学体系的三部分中，以"精神哲学"——关于人的哲学——为最高、最具体的学问，而讲逻辑概念的"逻辑学"是片面的，这是他的哲学的有生气的方面，值得今人大书特书，但他的"精神哲学"中关于"绝对知识"的三种形式(艺术、宗教、哲学)的论述，恰恰以远离惊异、远离艺术、审美的抽象概念为依归。

　　黑格尔死后，以主客二分——主体性为最高原则的欧洲近代哲学基本上终结了，作为概念王国之王的"绝对理念"垮台了，惊异不再只是哲学的开端，

---

　　①　The Tempest V, i, 181-184；译自 J. Sallis, *Double Truth*, State University of New York Press, 1995, 第 193 页。

而应该成为贯穿哲学之始终的目标和任务。这里的关键在于打破欧洲哲学史上长期占统治地位的以主客关系为最高原则的旧传统，建立超主客关系的有审美意识的诗的哲学。尼采，特别是海德格尔，在这方面做了不朽的工作，对破坏旧形而上学，建立诗意哲学起了划时代的作用。

　　尼采大力批判了主体、主体性、主客二分和超感性的所谓"真正的世界"。他明白宣布应该"摒弃主体的概念"，"摒弃""主体—客体"的公式。他斥责柏拉图抬高理念世界、贬低感性世界，是因为"柏拉图在现实面前是懦夫"。他明确主张艺术家比那些旧的传统形而上学哲学家"更正确"，艺术家"热爱尘世"、"热爱感官"，而旧形而上学者"把感官斥为异端"，他们像基督徒一样"使人变得枯竭、贫乏、苍白"。① 尼采提倡人应该"学习善于忘却，善于无知，就像艺术家那样"②，这也就是提倡超主客关系、超知识，以达到他的最高境界"酒神状态———种超越个体、与万物为一的、在更高基础上融主客为一的境界，但这种境界又不是超感觉、超时空的，而是现实的。"尼采所贬斥的哲学和哲学家，实指旧传统形而上学和旧形而上学家，他有他自己的哲学，他的哲学所追求的是艺术的境界，诗的境界。这样，在尼采这里，审美意识不再先行于哲学，而是哲学的目的。从此，哲学从"理念世界"、"自在世界"、"绝对理念"之类的"天国"回到了尘世，哲学变得有生气了。不过尼采由于矫枉过正，过分地贬低了主客二分和知识的地位，这是我们不能同意的。尼采是西方哲学史上后主体性——后主客二分哲学中的过激派。

## 四、惊异是哲学和审美意识（诗意）的灵魂

　　旧形而上学的终结既然把世界还原为唯一的现实世界，惊异也就必然在哲学中占有更重要的地位。海德格尔在这方面作了非常精辟的、正面的论述，这也是他超出尼采的重要论点之一。海德格尔说："说哲学开始于惊异，意思是：哲学本质上就是某种令人惊异的东西，而且哲学越成为它之所是，它就越

---

① 尼采：《悲剧的诞生》，三联书店 1986 年版，第 331、364—365、361 页。
② 尼采：《悲剧的诞生》，三联书店 1986 年版，第 231 页。

是令人惊异。"①这就明确告诉我们,惊异不只是哲学的开端(且不谈海德格尔把希腊文的开端一词理解为开端的持续),而且哲学本身令人惊异;尤有进者,越是真正的哲学,越令人惊异。海德格尔在《哲学何物?》的讲演中断言:"惊异是存在者的存在在其中敞开和为之而敞开的心境(Stimmung)。"②海德格尔认为惊异就是惊异于"人与存在的契合"(Entsprechen,"适应"、"一致"、"协和"),或者说,人在与存在契合的状态下感到惊异。原来在日常生活中,一般总是采取主客关系的态度看待事物,把自己看做是主,他人他物是客,彼此相对;一旦有了人与存在相契合的感悟,人就聆听到了存在的声音或召唤,因而感到一切都是新奇的,不同于平常所看待的事物,而这所谓新奇的事物实乃事物之本然。所以海德格尔说:"哲学就是与存在者的存在相契合。"③又说:"诗人就是听到事物之本然的人。"④海德格尔显然把哲学与诗结合成了一个整体,诗的惊异就是哲学的惊异,都是指人与存在相契合的"心境"或境界。惊异在海德格尔这里完全成了哲学和审美意识的灵魂与本质。海德格尔哲学的一个重要的有名的观点,大家都知道,就是自柏拉图以来,存在被遗忘了。其实,我们还可以替他补充一句,自柏拉图以来惊异也被遗忘了。海德格尔恢复了存在,恢复了惊异,从而也恢复了哲学的生气和美妙(Wonderful,令人惊异)(即海德格尔所说的"哲学本质上就是某种令人惊异的东西")。

　　这里值得特别提出的是,海德格尔认为,惊异不是指在平常的事物之外看到另外一个与之不同的令人惊异的新奇事物,他批评了这种对惊异的看法,他自己的看法是:"在惊异中,最平常的事物本身变成最不平常的。"⑤所谓"最平常的",就是指平常以主客关系态度把事物都看成是与主体对立的单个存在者(beings)。海德格尔认为以此种态度看待事物,存在不可能"敞开"。他的原话是:"由于对意识的高扬(在近代形而上学看来,意识的本质便是表象),

---

①　《海德格尔全集》(*Frankfurt a. M. Vittorio Klostermann*)第45卷,1975年版,第163页;转译自 J. Sallis,*Double Truth*,State University of New York Press,1995,第207页。

②　海德格尔:*Was ist das-die Philosophie*? Pfullingen,Günther Neske,1956,第26页。

③　海德格尔:*Was ist das-die Philosophie*? Pfullingen,Günther Neske,1956,第23页。

④　《海德格尔全集》,第39卷,1975年版,第201页;译自"Reading Heidegger",Indiana University Press,1993,第185页。

⑤　《海德格尔全集》,第45卷,1975年版,第166页;译自 J. Sallis,*Double Truth*,State University of New York Press,1995,第208页。

表象的地位与对象的对立也被高扬了。对于对象的意识被拔得愈高,有此意识的存在者便愈多地被排斥在世界之外。……人不被接纳到敞开之中,人站在世界的对面。"①反之,在"人与存在契合"的"惊异"中,同样的平常事物就被带进了"存在者的整体"(das Seiende im Ganzen),事物不再像平常所看到的那样,成为被意识人为地分割开来的东西,而显示了"不平常性",这种"不平常性"就是惊异所发现的。海德格尔进一步指出,正是这种"不平常性","敞开"了事物之本然——"敞开"了事物本来之所是。所以只有在超主客关系的"人与存在契合"的"惊异"或"心境"中,存在才能"敞开"。② 当代德国海德格尔哲学专家 Klaus Held 教授说:"惊异使世界变得好像是第一次出现的","惊异使人的经验回复到了新生婴儿一样,世界的光亮才刚破晓。"③Held 的比喻和体会很像是老子所说的"欲不学"、"学不学"亦即超知识、超欲望而"复归于婴儿"的思想。要达到这种"惊异"或"心境"的关键在于把平常的主客关系的态度转化和提升为"人与存在相契合",或者说得简单一点,关键在于超越主客关系,这里的超是指对同一现实事物的态度的变换。

　　海德格尔对惊异的看法,和文学家是一致的,只不过是文学家没有作那么多的哲理分析。柯勒律治说:"渥兹渥斯先生给自己提出的目标是,给日常事物以新奇的魅力,通过唤起人对习惯的麻木性的注意,引导他去观察眼前世界的美丽和惊人的事物,以激起一种类似超自然的感觉;世界本是一个取之不尽、用之不竭的财富,可是由于太熟悉和自私的牵挂的翳蔽,我们视若无睹,听若罔闻,虽有心灵,却对它既不感觉,也不理解。"④文学家柯勒律治的这段话如果用哲学家海德格尔的哲学和语言来概括,那就可以这样说:世界本是一个"人与存在相契合"的整体,在这个整体中,事物的意蕴是无穷的,只因人习惯性地以主客关系的态度看待事物,总爱把事物看成是主体私欲的对象,人对这样观察下的事物熟悉到了麻木的程度,以致受其遮蔽,看不到这平常事物中的不平常的魅力,看不到其中的美丽和惊人之处。海德格尔一反西方旧形而上

　　① 《海德格尔诗学文集》,华中师范大学出版社 1992 年版,第 98 页。
　　② 《海德格尔全集》,第 45 卷,1975 年版,第 168—169 页。
　　③ Klaus Held:《基本情绪和海德格尔对当代文化的批判》,载 J. Sallis, *Reading Heidegger*, Indiana University Press,1993,第 294 页。
　　④ 《十九世纪英国诗人论诗》,人民文学出版社 1984 年版,第 63 页。

学,把哲学和诗结合在一起,所以他关于惊异是在平常事物本身中发现其不平常性的观点和论述,与诗人、文学家不谋而合。

　　任何一个哲学家,即使是主张以主客关系——主体性为最高原则的哲学家,其本人实际上也都有自己的"与存在相契合"的境界。如果我们的哲学家都能像诗人创作诗的作品一样,创作出表现个人独特境界的新颖的、"令人有惊异之感"的哲学作品,那该是一幅多么美妙而令人惊异的景象啊! 人类的生命和生活本来是美妙而令人惊异的(Wonderful)。

# 第四章　艺术中的隐蔽与显现<sup>*</sup>

## 一、典型说及其哲学基础

主体—客体关系要求作为主体的人把本来外在于主体的客体作为对象来加以认识,从感性认识到理性认识,最终认识到特殊事物所共有的普遍性即本质、概念,从而能说出某事物是"什么"。这"什么"就是各种特殊事物的本质、概念。例如,当认识到或者能说出某物是"桌子"时,这里的"桌子"就是各种特殊的桌子的普遍性,是它们的本质、概念。可以说,"什么"乃是主—客式所要达到的目标,主—客式由此而崇尚理性、概念,故如前所述,这种哲学又叫做概念哲学。

欧洲传统艺术哲学基本上以所谓典型说为其核心,典型说就是以概念哲学为其理论基础的:典型就是作为普遍性的本质概念,艺术品或诗就在于从特殊的感性事物中见出普遍性、见出本质概念。柏拉图认为感性事物是概念("理念")的影子,而艺术品或诗不过是对感性事物的摹仿,因而是影子的影子,故他拒斥诗人、画家于他的国门之外。亚里士多德认为历史学家描述已发生的事情,诗人则描述可能发生的事情,因为诗所言说的大多带有普遍性,而历史所说的则是个别的东西。① 亚里士多德所说的普遍性就是典型,诗就是要写出典型。亚里士多德还把典型与理想联系起来,认为艺术品应当按事物"应然"的理想去摹仿,例如画美人就要画出集中美人之优点的理想的美人。这种典型显然是以本质概念为依归,实源于柏拉图的"理念"。"理念"本来就

＊　原载张世英:《进入澄明之境——哲学的新方向》,商务印书馆1999年版。
① 　参见亚里士多德:《诗学》,第9章。

有普遍性、理想性的意思,艺术品应以"理念"为原型来加以摹仿。欧洲近代
流行的"典型"一词与柏拉图的"理念"有密切关系。康德虽然承认审美意象
所包含的意蕴远非明确的普遍性概念所能充分表达,这比亚里士多德把诗人
所描述的可能性限制在同类的普遍性范围之内的思想要前进了一步,但康德
没有充分发挥这一思想观点,而且他的哲学中的"规范意象",显然未脱旧的
追求普遍性概念的窠臼。近代艺术哲学的典型观已经把重点转到特殊性,重
视普遍与特殊的统一,但即使是强调从特殊出发的歌德,也主张在特殊中显出
普遍,所谓"完满的显现"就是要显现出本质概念,这种艺术观仍然是走的概
念哲学的旧路。西方艺术哲学中有所谓艺术摹仿自然的主张,不用说,是以自
然为原型,以艺术品为影像的主—客式的表现。黑格尔虽然批评摹仿说,认为
摹仿说意在复制原物,而实际上摹仿总是"落后于原物"①,但黑格尔所谓"美
是理念的感性显现",仍然是要求艺术品以追求理念即普遍性的本质概念为
最高目标,凡符合艺术品之理念的就是真的艺术品,尽管他也要求典型人物应
是有血有肉的活生生的人。我国文艺理论界近半个世纪以来所广为宣讲的典
型说,认为只有能显现一件事物之本质或普遍性的作品才是真正的艺术品,此
种艺术观完全是西方传统典型说之旧调重弹,其理论基础是西方旧的概念哲
学,它的要害就是把审美意识看成是认识(即认识事物的本质概念,认识事物
是"什么"),把美学看做是主—客关系式的认识论。在 30 多年前的那场美学
争论中,有的参与者曾明确宣称,美学的哲学基本问题是认识论问题。这就充
分点出了他们所崇奉的旧的艺术哲学的核心。

## 二、显隐说及其哲学基础

　　黑格尔逝世以后的一些西方现当代哲学家如狄尔泰、尼采、海德格尔等
人,都不满意传统的主—客式的概念哲学,而努力寻求一种超越主—客式、超
越概念哲学的道路。这是欧洲哲学的一次新的重大转向。尼采认为世界万物
不过是相互联系、相互作用、相互影响,根本没有什么独立的实体或本质概念。
海德格尔则明确地要求返回到比主—客关系更本源的境域,或者说是一种先

---

　　①　参见黑格尔:《美学》,第 1 卷,商务印书馆 1979 年版,第 53 页。

于主客区分的本源。此境域我以为就是由普遍的"相互联系、相互作用、相互影响"（用尼采的话来说）"构成"的，每个人都是这种联系、作用、影响的聚焦点。借用佛家所讲的"因缘"来说，一事一物皆因缘和合而生，有直接与以强力者为因，有间接助以弱力者为缘，事物皆与其境域相互构成。这里没有任何二元之分，包括主客之分、物我之分。这万物一体的境域是一切事物之所以可能的本源或根源，它先于此境域中的个别存在者，任何个别存在者因此境域而成为它之所是。人首先是生活于此万物一体的"一体"之中，或者说天人合一的境域之中，它是人生的最终家园，无此境域则无真实的人生。但人自从有了区分主客的自我意识之后，就忙于主体对客体的追逐（无穷尽的认识与无穷尽的征服和占有）而忘记了对这种境域的领会，忘记了自己实际上总是生存在此境域之中，也就是说，忘记了自己的家园。

　　诗意或者说审美意识，就是要打开这个境域，获得一种返回家园之感，也可以说，就是回复或领会到天人合一、万物一体。人自脱离母胎以后，先总是有一个短期的不分主客的无自我意识的阶段，然后才区分主客，产生自我意识，至于领会到万物一体、天人合一，从而超越主客二分，则是有了审美意识的人或少数诗人之事。黑格尔青年时期曾经把艺术、审美意识置于哲学、理性概念之上，到了他的哲学成熟期则反过来把哲学、理性概念置于艺术、审美意识之上。他在阐述其成熟期的这套理论时曾明确地把主客"二分"的态度看成是"对于对象性世界的散文式的看法"而与"诗和艺术的立场""相对立"。①从黑格尔这里也可以看到我国三十多年前关于美是主客二分关系的观点之陈旧。黑格尔贬低艺术，他是主客式的散文哲学家，而非诗人哲学家。在以黑格尔为代表的主—客式的旧形而上学者看来，真实的世界只能是"散文式的"，人们最终能达到的只是一些表达客体之本质的抽象概念。哲学成了远离诗意的枯燥乏味、苍白无力、脱离现实的代名词。海德格尔一反黑格尔集大成的主—客式的主体性哲学，强调对"人与存在的契合（Entsprechen）"的领悟或感悟，认为人一旦有了这种感悟，就是聆听到了"存在"的声音或呼唤，因而感到一切都是新奇的、"令人惊异的"，都不同于按平常态度所看待的事物，而这所谓新奇的事物，实乃回复到天人合一、万物一体的事物之本然。所以海德格尔

①　*Hegel Werke* 13,Suhrkamp Verlag,1970,第410页。

说:"诗人就是听到事物之本然的人。"①海德格尔显然把哲学和诗结合成了一个整体。

　　旧形而上学家的概念哲学要求说出事物是"什么",与此相对的是,新的哲学方向则要求显示事物是"怎样"("如何")的,也就是要显示事物是怎样从隐蔽中构成显现于当前的这个样子的。"什么"乃是把同类事物中的不同性——差异性、特殊性抽象掉而获得的一种普遍性,"怎样"则是把在场的东西和与之不同的、包括不同类的不在场的东西综合为一,它不是在在场与不在场之间找共同性。这里的"怎样"不是指自然科学如生物学、化学等所研究的动植物怎样生长、化合物怎样化合的过程,而是从哲学存在论的意义上显示出当前在场事物之背后的各种关联,这些背后的"怎样"关联,并不像自然科学所要求的那样需要出场和证实。例如,一座古庙基石上的裂痕所显示的,是隐蔽在它背后的千年万载的风暴的威力以及与之相联系的无穷画面。从梵·高(Von Gogh,1853—1890)画的农鞋显示出隐蔽在它背后的各种场景和画面即各种关联:如农夫艰辛的步履,对面包的渴望,在死亡面前的颤栗,等等。正是这些在画面上并未出场的东西构成在场的画中的农鞋。总之,"怎样"说的是联系,是关系(显隐间的联系或关系),或者用佛家的话说,是"因缘",而不是现成的东西——"什么"。这些关联的具体内容就是"何所去"、"何所为"、"何所及"之类的表述关系,表述相互纠缠、相互构成的语词。例如酒壶,如果按照传统形而上学,酒壶由泥土做成,是壶形,可以盛酒,如此,就说明了酒壶是"什么"。但是按照海德格尔的观点,酒壶的内涵更重要的是在于它可以用来敬神或增进人与人之间的友谊或者还可以借酒浇愁……这样,就从显隐之间的各种关联的角度显示了酒壶是"怎样"构成的,酒壶的意义也就深厚得多。从这里也可以看到,把美学看成是认识论,把审美意识归结为把握"什么"的认识活动,这种旧的艺术哲学观点该多么贫乏无味,多么不切实际。

　　"怎样"的观点,说明显现与隐蔽的同时发生和不可分离性。对一件艺术品的欣赏,乃是把艺术品中显现于当场的东西放进"怎样"与之相关联的隐蔽中去,从而得到"去蔽"或"敞亮"的境界。倒过来说,"去蔽"或"敞亮"就是把

---

① 　海德格尔:*Gesamtausgabe*,第 39 卷,Frankfurt a. M. : Vittorio Klostermann,1977,第 201 页;译自 *Reading Heidegger*,Indiana University Press,1933,第 185 页。

隐蔽的东西带到当场或眼前。离开了"怎样"与之相关联的隐蔽,根本谈不上在场的"敞亮"。也可以说,是"怎样"打开了"敞亮"。所以海德格尔一再申言,宁要保持着黑暗的光明,不要单纯的一片光明,一千个太阳是缺乏诗意的,只有深深地潜入黑暗中的诗人才能真正理解光明。只要我们能把在场的东西放回到不在场的隐蔽处,我们就可以领略到诗意无穷。我们不要希求从这无穷的诗意中找到一个什么人生的最终的根底、答案或结论以规避我们对无穷性的追逐(这里所说的追逐完全不是指对知识的无穷追逐,而是一种无穷的玩味),当然,我们更不要希求从这种无穷的诗意中得到某种训诫式的教条。这无穷的玩味本身就给我们以美的享受和精神上的满足,因为隐蔽着的诗意乃是无穷尽的未看到的、未说到的东西对看到、说到的东西的一种"许诺"或"预示",①这"许诺"或"显示"是无声之声,或者强名之曰"天听",唯有能领会诗意的人能与这种"许诺"或"预示"相契合,——能聆听到这种声音而感到愉悦,通常人或没有诗意的人对于这种声音不过是聋子的耳朵。德里达说:"诗人坚定地聆听原始地、本能地发生的东西以及一般如其所'是'的东西。"②"诗人的耳朵所听到的这'是'","乃是按照古希腊'是'这个词所表示的'集合'之意"。③"是就是集合"。④ 诗人所聆听的就是在场与不在场之"集合",是一即一切,一切即一,是敞亮着又同时隐蔽着的东西。

诗意或艺术品的审美意义所隐蔽于其中的不可穷尽性和不在场性,乃是我们的想象得以驰骋的空间和余地。一首诗或一件艺术品所留给我们的这种想象空间越大,它的意味也就越深长,其审美价值也越高。而且,这想象的空间之大小和内容,或者说,潜入黑暗的深度,会随着各人的水平而异。一个毫无审美意境的人,再好的艺术品也激发不起他的想象。他只能盯住一点在场的东西。

西方传统的形而上学和艺术哲学之弊就在于割裂"敞亮"与"隐蔽",把"敞亮"绝对化、抽象化而奉单纯在场的永恒性(本质概念就是永恒的、单纯在场的东西)为至高无上的东西。海德格尔所代表的新的艺术哲学方向就是要

①　参见 Otto Pöggeler, *Heideggeler's Path of Thinking*,第 233 页。
②　John Sallis 编:*Reading Heidegger*,Indiana University Press,1993,第 185 页。
③　John Sallis 编:*Reading Heidegger*,Indiana University Press,1993,第 185 页。
④　John Sallis 编:*Reading Heidegger*,Indiana University Press,1993,第 184 页。

强调隐蔽对敞亮、不在场对在场的极端重要性。美的定义于是由普遍概念在感性事物中的显现转向为不出场的事物在出场的事物中的显现。

# 三、真理的场所——艺术品

在场与不在场、显现与隐蔽相互构成的境域是万物之本源,也就是说,不在场的、隐蔽的东西是显现于在场的东西的本源。按照这种新的哲学方向和观点来追究一事、一物之本源,则需要从在场者追溯到不在场者,而不是像旧的概念哲学那样到抽象的概念中去找本源,这里的不在场者不是概念,而是与在场者一样具体而现实的东西。哲学由旧方向到新方向的转变就这样把人从抽象的概念王国转向具体的现实王国,由天上转向人间,由枯燥、贫乏、苍白的世界转向活生生的有诗意的生活世界。人本来就是诗意地栖居在这大地上。这样,哲学本身就是艺术哲学。通常把艺术哲学(或者用我们通常所用的术语来说,美学)看成是哲学的一个分支的看法应该说是过时了。

按照这种新的方向和观点,文艺作品不再是以写出具有普遍性的典型人物、典型性格为主要任务,而是要求通过在场的东西显现出不在场的东西,从显中看出隐。只有在显隐相互构成、人与世界相互构成的整个联系、作用、影响之网络中,在此本源中,才能看到一事物的真实性。诗不简单是个人情感的表达,而是引发、(或者用老子的话来说)是"反"回到作为本源意义的境域,也就是看到真理。所以海德格尔说,有诗意的艺术品乃是"真理的场所"。真与美在海德格尔看来,是一而二、二而一的东西。去蔽说的真理,其实就是这里所讲的艺术的真、诗意的真、审美意识的真。例如一块顽石的"顽"性(坚硬、沉重、块然、粗蛮、古朴等①),就是一种"自我隐蔽"、"自我封闭"的性质,这种性质并不能靠科学技术显示出来:我们诚然可以用计量的方式来把握石头的沉重性,这似乎是对石头作了精确规定,但计量的数字终究不等于、也不能代替石头的沉重性本身,也就是说,不能让石头的沉重性本身显现出来。同理,对石头颜色的波长所作的定量分析也不能代替石头的颜色本身,不能显现石

---

① 参见海德格尔:*Gesamtausgabe*,第 5 卷,Frankfurt a. M.: Vittorio Klostermann, 1977,第 7 页。

头的颜色。总之,无论科学怎样精细又精细地对石头进行对象化的观察实验,
石头的"隐蔽"的根本特性仍不能"显现"。① 通过技术把石头制成可供使用
的器具例如石斧,是否可以把石之"隐蔽"性"显现"出来呢? 也不能。使用一
物,意味着消耗该物,使用石像意味着消耗石头,这里的关键不在于斧之石性
(stoneness)而在于它的有用性、服务性(serviceability),因此,随着科学技术的
进步,石头制成的斧已为金属制成的斧所代替。石头可以被金属所代替,说明
石之"隐蔽"的特性仍然没有"显现"出来。②

　　与科学技术对待石头的情况不同,石头在艺术品中,其"自我隐蔽"的本
性(顽性)就确实显现出来了。例如一座石庙之石,就显现了它的隐蔽的特
性。海德格尔说:石庙这一艺术品"展开了一个世界而没有让材料(即石——
引者注)消耗掉",石庙倒是让石头"第一次在世界中显现出来","让石头第一
次按石头之本然显现出来",让石头在石庙这一艺术品中"显现其为石头",更
简捷一点说,就是第一次显现了石之"顽"性或者说石之"自我隐蔽"、"自我封
闭"的本性。③ 试看"石庙之矗立"既"显现了在它上面肆虐的风暴的威力",
同时又"在其对风暴威力的抗拒中"生动而具体地"显现了石之沉重和自我支
撑"的本性。④ 从另一角度来说,石的这种"顽"性在石庙的艺术品中敞开了
一个"世界":"石的光彩和闪烁使白昼之光、天空之宽广、夜之黑暗第一次出
现。"倒过来说,这第一次出现的"世界"是石庙这一艺术品中之石所显现、展
开出来的。海德格尔由此得出结论说:天空的空间原是不可见的,但"石庙的
矗立却使不可见的空间成为可见的"。⑤ 海德格尔关于石庙的这些描述和论
述告诉我们:顽石一旦进入了艺术品,就恰恰由于其"顽"而显现出一个生
动具体的景象("世界"),也可以说,在艺术品中的顽石,正因其"顽"而"通

----

①　参见海德格尔:*Gesamtausgabe*,第 5 卷,Frankfurt a. M.:Vittorio Klostermann,1977,第 33
页。

②　参见海德格尔:*Gesamtausgabe*,第 5 卷,Frankfurt a. M.:Vittorio Klostermann,1977,第 32
页。

③　参见海德格尔:*Gesamtausgabe*,第 5 卷,Frankfurt a. M.:Vittorio Klostermann,1977,第 32
页。

④　参见海德格尔:*Gesamtausgabe*,第 5 卷,Frankfurt a. M.:Vittorio Klostermann,1977,第 28
页。

⑤　参见海德格尔:*Gesamtausgabe*,第 5 卷,Frankfurt a. M.:Vittorio Klostermann,1977,第 28
页。

灵",当然,这里的"通灵"不同于小说传奇中所说的通灵之意,而是指"顽"所显现出的"世界"之生动具体性。大概也就是因为这个缘故,尽管今天由于科学技术的进步,钢材、玻璃、水泥建成的摩天大楼已遍布全球,人们不再用石头建筑大厦,但人们总还是想欣赏顽石而回到古代的石庙建筑那里去。①

按照常识的理解,石头的光彩和闪烁是"由于阳光的恩赐而放射出来的",是先有天空、白昼和黑夜等自然现象,然后才有艺术品石庙之光彩和闪烁,但海德格尔却颠倒了艺术和自然的常识上的关系,认为是先有了石庙这艺术品,然后,它才使天空、白昼、黑夜等真实地显现出来——使它们"成为可见的"。由此类推,雕刻的神像这一艺术品要比神的肖像更容易显现神本来的样子,前者"让神自己出场"。② 海德格尔据此而得出结论说:"正是石庙之矗立,才第一次给予事物以神色,给人以对其自身的看法。"③换言之,只有艺术品才照耀出人和万物之本然,才使万物"升起"、"发生"( φμ´στξ ,Aufgehen)。

西方传统的艺术观认为,艺术作为模仿乃是从属于自然的。这种观点自柏拉图以后就占有优势。黑格尔对模仿说的批评,反对了艺术对自然的从属地位,他认为艺术是精神的感性表现,艺术之美产生于精神,因而高于自然。但是正如美国哲学教授 John Sallis 所指出的:"黑格尔式的颠倒只不过从另一角度重建了艺术的次性地位,而不是根本取消艺术的次性地位:艺术虽不再次于自然,但次于精神。……海德格尔的颠倒则不同:它不是由精神的概念来规定的,而是如海德格尔告诉 Kraemer Badoni 的那样,是由'真理的本质之规定中无底的差异'来规定的。海德格尔的颠倒既不是自然简单地先于艺术,也不是精神简单地先于艺术,……甚至也不是真理先于艺术……艺术乃是真理在其中发生的诸方式之一,虽然不是唯一的方式,并且,真理并不先于它的发生而存在。"④简言之,真理、真实性在艺术品中才得以发生,是艺术品使事物显现其真实面貌,显现其真理,是艺术品提供了真理得以显现、照耀的场所。就像前面所说的,是石庙的艺术品第一次使天空、白昼、黑夜最真实地、最生动

① 参见 John Sallis,*Stone*,Indiana University Press,1994,第 112 页。
② 海德格尔:Gesamtausgabe,第 5 卷,Indiana University Press,1994,第 29 页。
③ 海德格尔:Gesamtausgabe,第 5 卷,Indiana University Press,1994,第 29 页。
④ John Sallis,*Stone*,Indiana University Press,1994,第 107—108 页。

具体地显现出来,第一次使之"成为可见的"。陶渊明的诗:"采菊东篱下,悠然见南山。山气日夕佳,飞鸟相与还。"这里似乎都不过是说的一些自然景象,但实际上陶渊明不是为了简单地描写自然美,这幅景象是诗人与自然合一的整体,它已化成显现"真意"("真理")的艺术品。"此中有真意,欲辨已忘言。"这里的"真意"不是通常所说的同美(和善)相对峙的科学认识或理论活动意义下的真理,而是类似海德格尔所说的"显现"或"去蔽"状态。"此中有真意",就是说秋菊、东篱、南山、飞鸟之类所敞开的世界,是一个美的、有诗意的世界,是一个艺术品,而此美、此艺术品又显现着最真实、最本然的东西。《庄子·渔父》:"真者,所以受于天也,自然不可易也。故圣人法天贵真,不拘于俗。"这里的自然似可解释为本然之意。陶渊明所说的"真意",可以说是一种艺术的真实、审美意义的真实。诗作和艺术品似乎是把我们从已经习以为常的现实中抽离出来而置入梦幻之中,但实际上,诗人、艺术家所言说的才是最真实的,它比日常生活的现实更真实,比单纯的自然之物更真实,这种真实是一种更深刻意义下的真理,甚至如某些思想家和诗人所说的那样,缺乏诗意和艺术修养的人倒是生活在梦幻中。在真正的诗人和艺术家面前,顽石会为之"点头"的。

人和其他任何事物一样,原本植根于隐蔽的无穷尽性之中而与之合一,这合一的整体就是人生的家园。自从有了自我意识从而能区分主体与客体之后,人一般地就把事物当成外在的客体、对象而加以认识、加以占有和征服,人在这种认识、占有和征服的不断追逐的过程中反而觉得失去了万物一体的庇护,失去了家园。人于是又总想回到自己植根于其中、出生于其中的整体和家园中去,从中找到最终的庇护。如果说主客关系式的生活方式是一种开化的生活方式,那就可以把我们对整体和家园的思慕看成是一种对原始的向往。大概就是因为这个缘故,文明人总欢喜回到自然的原始中去,而且文明程度越高的人越有这种爱好。久居钢筋水泥和玻璃建成的高楼大厦的人们之所以不辞劳苦要到高山雪峰上去赏玩,从深层来看,这不是为了欣赏黑格尔所批评的自然之美,也不是为了把握黑格尔所推崇的美的概念或思念,毋宁是自觉不自觉地出于一种归根寻源、思慕人生家园的感情。高山雪峰不是经过文明开发了的钢筋水泥和玻璃制成的,而是最原始的顽石之巅,它下面坐落在坚实的大地上,上面直指无垠的天空,它象征着万物的根源(例如安培多克勒所说的

"四根":火、水、地、气)的集合点,①人在这里似乎回到了家园。我们是"顽石"之子,是"大地"之子,是它产生出我们,也永远看护着我们,直至死后。人为什么一般地爱在死者的墓地上立一块石头以作纪念? 这墓石不仅是为了埋葬死者,而且更重要的是它有着庇护死者不因时间而堙没的象征性意义。②顽石和高山雪峰在诗人眼里不是单纯的自然之美,而是有诗意的艺术品。

这里需要特别说明的是,强调隐蔽、思慕家园、回复到与万物合一的整体,绝不是要提倡回到自然,反对文明,绝不是要回到主客关系以前的原始状态(无论就个人来说,还是就整个人类思想发展的道路来说)。这在事实上也是不可能的。我们的中心意思无非是要在艺术中超越主客关系,以回到人生的家园,回到前面所说的"顽石"、"大地"所表示的隐蔽的无穷尽性(我们所说的"整体",乃是一个无穷尽性的整体)之中。这里的关键在于艺术修养或美的陶冶和教育。可以说,人生的家园只有在艺术中、在审美意识中,或者更确切地说,在诗意中才能达到。

# 四、中国古典诗论的"隐秀"说

隐蔽的东西的无穷尽性给我们带来了对艺术品的无穷想象—无穷玩味的空间。过去,我国有的文艺理论家认为,只要从个别事物中写出和看出普遍性,这就为我们提供了言有尽而意无穷的艺术哲学上的根据。其实,如前所述,一种普遍性概念所界定的事物范围无论如何宽广,总是有限度的,我们从这种艺术作品中所能想象—玩味的,充其量只能是与此个别事物同属一类的其他事物,因此这种艺术品所给人留下的可供想象—玩味的可能性的余地显然也是有限度的,而不是无穷的。新的艺术哲学方向要求从显现的东西中所想象—玩味的,不仅冲破某一个别事物的界限而想象—玩味到同类事物中其他的个别事物,而且冲破同类的界限,以想象—玩味到根本不同类的事物。两相比较,真正能使我们想象—玩味无穷的艺术品显然是后者而非前者。莫里哀的《伪君子》倒是写出了典型人物或者说同类人物的普遍性特点,而不是某

---

① 参见 John Sallis, *Stone*, Indiana University Press, 1994, 第 15—16 页。
② 参见 John Sallis, *Stone*, Indiana University Press, 1994, 第 18 页。

一个别的精确画面,但它给人留下的想象—玩味的空间并不是无穷的。

尤有进者,旧的典型说在崇奉普遍性概念的哲学指引下,总是强调把现实中不同人物的不同性格作集中的描写,写英雄就把现实中各种英雄的性格集中于英雄一身,写美人就把现实中各种美人的美集中于美人一身,于是艺术作品中的人物、性格都被普遍化、抽象化了,虽然也能在一定限度内给人以想象和启发,但总令人有某种脱离现实之感。新的艺术哲学方向所要求显示的在场者背后的不在场者,与在场者一样,仍然是现实的、具体的东西,这样的艺术作品所描写的人和事和物也都是活生生的、有血有肉的具体现实,而非经过抽象化、普遍化的东西。当然,它也不能是具体现实的照搬,否则,就不能给人以想象和玩味了。

中国古典诗在从显现中写出隐蔽方面,在运用无穷的想象力方面,以及在有关这类古典诗的理论方面,实可与海德格尔所代表的艺术哲学互相辉映,或者用人们当前所习用的话来说,两者间可以实行中西对话、古今对话。

刘勰《隐秀篇》云:"情在词外曰'隐',状溢目前曰'秀'。"他所讲的隐和秀,其实就是讲的隐蔽与显现的关系。海德格尔的艺术哲学——显隐说未尝不可以译为隐秀说而不失原意。文学艺术必具诗意,诗意的妙处就在于从"目前"的(在场的)东西中想象到"词外"的(不在场的)东西,令人感到"语少意足,有无穷之味"。这也就是中国古典诗重含蓄的意思。但这词外之情、言外之意不是抽象的本质概念,而仍然是现实的,只不过这现实的东西隐蔽在词外、言外而未出场而已。抽象的本质概念是思维的产物,词外之情、言外之意则是想象的产物,这也就是以诗的国度著称的中国传统之所以重想象的原因。元稹的《行宫》:"寥落古行宫,宫花寂寞红;白头宫女在,闲坐说玄宗。"诗中的一个"在"字用得很妙,它点出了白头宫女的在(场),却显现了(在想象中的显现)昔日宫中繁华景象的不在(场),从而更烘托出当前的凄凉,然而后者只是言外之意、词外之情,既是隐蔽的,却又是现实的,而非抽象的普遍性概念。柳宗元的《江雪》:"千山鸟飞绝,万径人踪灭;孤舟蓑笠翁,独钓寒江雪。"这首诗所描写的画面真是状溢目前,历历可见,可谓"秀"矣。但如果仅仅看到这首诗的画面,显然还不能说领会到了它的诗意。实际上这首诗的妙处就在于它显现了可见的画面背后的一系列不畏雨横风狂而泰然自若的孤高情景,这些情景都在诗人的言外和词外,虽未出场,却很现实,而非同类事物的抽象普遍性,虽未能见,却经由画面而显现。当然这首诗的"孤舟"、"独钓"之类的言词已显露了孤高之意,有不够含蓄之嫌,但这只是次要的,其深层的内涵仍然可以说隐蔽在言外词外而有待人们想象。柳宗元的另一首诗云:渔翁夜傍西岩宿,晓汲清湘燃楚竹;烟消日出不见人,欸乃一声山水绿。回看天际下中流,岩上无心云相逐。(《渔翁》)此诗的前四句本已通过一幅历历如在目前的画面令人想象到了渔翁那种悠闲自在的境界,但作者偏要在最后用"无心"这样的概念来作一概括,就反而了无余味,因为前四句让人想象到的那种人与自然合一的高超境界,可以引起许许多多的生动的画面,绝非渔翁的"无心"所可以简单概括的。这首诗之所以遭到后人批评,实因共缺乏"隐秀"之意,当然,从这方面来说,白居易的许多诗作之概念化的毛病就更多了。

诗人之富于想象,让鉴赏者从显现的东西中想象到隐蔽的东西,还表现在诗人能超出实际存在过的存在,扩大可能性的范围,从而更深广地洞察到事物的真实性。我们通常把这叫做夸张。李白《秋浦歌》之十五:"白发三千丈,缘愁似个长。"这里的极度夸张,其实就是想象的一种极端形式"幻想",按胡塞尔的说法是一种对实际存在中从未出场的东西的想象。白发竟有三千丈之长,此乃实际世界中从未有过的,诗人却凭幻想,超出了实际存在的可能性之外,但这一超出不但不是虚妄,反而让隐蔽在白发三千丈背后的愁绪之长显现得更真实。当然,诗人在言词中已经点出了愁字,未免欠含蓄,但这当另作评论。一个毫无想象力的人也许会凭感觉直观和思维作出白发一尺长或两尺二寸长这类的符合实际的科学概括,但这又有什么诗意呢?如果说科学家通过幻想,可能作出突破性的发现和创造性的发明,那么诗人则是通过幻想以达到艺术的真实性;如果说科学需要幻想是为了预测未来(未来的未出场的东西),因而期待证实,期待未出场的东西的回答,那么诗意的幻想则不期待证实,不期待未出场的东西的回答,它对此漠不关心,而只是把未出场者与出场者综合为一个整体,从中显示出审美意义和审美价值。

杜甫《春望》:"国破山河在,城春草木深。"司马光《续诗话》对这两句诗作了深刻的剖析:"古人为诗贵于意在言外,使人思而得之,……近世诗人惟杜子美最得诗人之体,如'国破山河在,城春草木深。感时花溅泪,恨别鸟惊心'。'山河在',明无余物矣;'草木深',明无人矣。……"从司马光的剖析中可以看到:"山河在"和"草木深"都是"状溢目前"的在场者("秀"),但它们却显现了不在场（"隐"）的"词外之情"——"无余物"和"无人"的荒凉情象。值得注意的是,这里的显现是想象的显现,想象中的东西仍保留其隐蔽性,只有这样,这两句诗才有可供玩味的空间。若让想象中的东西在言词内出场,把杜甫的这两句诗改成为国破无余物,城春无人迹,那就成了索然无余味的打油诗了。杜甫的这两句诗是中国古典诗中重言外意的典型之一,司马光的赏析则深得隐秀说之三昧,可与海德格尔显隐说的艺术哲学相呼应。像杜甫这样的由在场想象到不在场的中国古典诗,显然不是西方旧的典型说所能容纳的,其所给人留下的想象空间也不是按典型说所写的艺术作品所能比拟的。

　　总括以上所说,我以为从以主客关系的在世结构到超主客关系的在世结构,从重在场（显）到重不在场（隐）,从典型说到显隐说,乃是当今艺术哲学的新方向。把中国的隐秀说和中国古典诗词同西方现当代艺术哲学联系起来看,则虽古旧亦有新意,值得我们特别加以重视并作出新的诠释。

## 五、超越在场与功利追求

　　从重在场（显）到重不在场（隐）的转化,绝不意味着不需要对在场的东西的功利追求。功利追求不等于功利主义。功利主义是把功利追求当做第一位的,而我们则一方面主张人离不开功利追求,另一方面又强调以审美意识、特别是以显隐说的审美态度超越在场的东西,从而超越功利之心。梵·高的农鞋在不能超越在场的常人眼里,黑洞洞,破旧不堪,完全是一双无用之物,毫无价值可言,因为常人看事物,或者说以常人的眼光看事物,目的在于攫取存在者,而不在场者或隐蔽着的不可穷尽性只是虚幻的、不可攫取的东西。常人的眼光是缺乏或较少想象力的。反之,一个能超越在场的东西、富于想象力的鉴赏家则如康德所说,"对于一个对象的存在是淡漠的"①,实际上也就是对于在场者是淡漠的。有的美学家认为审美对象具有"虚幻性",或者说,审美对象是"虚幻的时间",其实,更确切地说,审美对象是不在场者的潜在的出现,是隐蔽着的敞亮,是时间诸环节的自身越出。"虚幻"一词未免容易引起虚构的误解,实际上,审美对象正是在事物隐蔽处——在事物所隐蔽于其中的不可穷

_____

① 　康德:《判断力批判》,上册,商务印书馆1985年版,第46页。

尽性中显示、敞亮其最真实的面貌。审美对象并不是一般事物以外的另一种特殊事物,它乃是任何事物的最真实的面貌,或者说,是在真实性中的事物。

功利追求是对在场者的直接攫取或索取的追求,所以功利追求似乎对人最切近,所谓切身利益,就是此意;超功利以审美态度对待事物,似乎是"把对象推向远方",①是与对象拉开距离。但人为什么在功利追求之余又总觉得有失去家园之感? 这就是因为事物不是单纯在场的东西,而是与隐蔽的不可穷尽性"集合"在一起、纠缠在一起的,只有这种"集合"才使事物具有真实的意义,——具有海德格尔所说的"天地神人四合一"的意义,也类似中国人所说的"天人合一"的境界,人正是生活在这样"集合"的家园中。超越在场,一方面是与对象拉开距离,另一方面却正是回到自己最亲近的家园。家园比功利追求更重要。

我们也不要片面地相信只有悠闲才能作哲学思考的古老说法,不要以为审美意识就是虚静自在。任何人不能没有功利追求,不能不过日常生活,不能不做常人,哲人、诗人亦复如此。哲人、诗人不同于常人之处在于:常人安于功利追求和日常生活,哲人、诗人则既作为功利追求,过日常生活,而又总想从中挣脱出来。哲人、诗人的生活是"常"与"非常"的交织与同时发生,而这又是一种更充实、更真实的生活。在我们今天的时代,哲人、诗人更应该是热爱生活的人,而不应该是专事静观和旁观的人。情况也许是:我们越深入火热的生活,我们就越需要哲学,需要审美,需要有诗的意境。让我们回想一下康德所说的鸽子吧。柏拉图的"理念"的鸽子幻想在真空中更自由地向天空飞去,但没有空气的支持,没有大地的支持,飞翔终成泡影,鸽子也许会坠入柏拉图的"洞穴",在影子中爬行。我以为,真正哲人、诗人的鸽子应该既不安于做洞穴中的爬虫,也不要为真空的自由所诱惑。哲人们、诗人们还是做一个现实的鸽子吧,在天和地之间乘着气流飞翔!②

---

①　席勒:《审美教育书简》,北京大学出版社 1985 年版,第 131 页。

②　参见 John Sallis, *Delimitationsi*, Indiana University Press, 1995, 第 15—16 页。

# 第五章　审美意识:超越有限*

## 一、理　论

我们平常看一件事物,只是盯住眼面前的"在场的东西",对于"不在场的东西",我们一般地就不予理睬,至少在初看时是这样,我把这叫做以有限的观点看待事物。所谓有限,就是有限定的范围之意,有限显然意味着它之外还有别的东西限制着它,范围着它。艺术上的模仿说就是一种以有限的观点看事物的明显的例子:模仿说认为,艺术品就是对有限的在场事物的简单模仿,模本越是与有限的原本相似,就越具有真实性,而这种真实性就是艺术性。模仿说把例如绘画看成就像机械的照相(不包括有艺术修养的摄影家的照相)一样,仅仅模仿那点有限的在场事物,至于被模仿的事物的深层内涵则是简单的模仿所不予理睬的,就像机械的照相不能摄入对象背后隐蔽于其深层的东西一样。

其实,每一事物、每一被模仿的东西,或者把模仿一词扩大一点来说,每一被描绘、被言说的事物,都是宇宙间无穷联系的聚焦点或者说集合点,正是这种集合才使一事物成其为该事物,才使得存在者(beings)得以存在(Being)。这样,我们也就可以说,每一事物,每一被模仿、被言说的东西,都是一个涵盖无限关联的宇宙,此一事物之不同于彼一事物的特点,只在于此一事物是从独特的集合点集合着全宇宙的无限关联,彼一事物是从彼一独特的集合着全宇宙的无限关联,这就是为什么同一个宇宙中能容纳无穷的、各具特色的千千万万种事物的道理,也是每一事物的深层内涵远不止于简单模仿说所认为的那

---

　　* 原载《北京大学学报》2000 年第 1 期。

样只是有限的场者,而是包含不在场的无限关联在内的道理。把这个哲学基本观点应用于艺术,则一个真正的艺术家在模仿、描绘、言说一事物时,就不应只是对有限事物作简单的模仿或再现,而应该是表现它所包含的无限关联,这才是它的深层内涵。

宇宙间的无限关联首先是人与物的关联。艺术品都是人与物交融合一的产物。这里的人不仅指一般的人,不仅指人类社会历史,而且包括作家个人在内。即使是自然美,也具有这样的性质。

按照这样的观点看事物,我想可以称之为以无限的观点看事物。艺术的本质就是以无限的观点看事物。艺术乃是以有限的事物显现无限,以有限言说无限。艺术表面上似乎离开了有限事物本身,实际上却更深入了事物,即更深切地彰显了有限物本来就蕴涵着的深层内容。艺术更接近了事物的真实。

我们平常说,艺术的特点是表现。我以为,表现不同于简单的模仿之处就在于表现与被表现的有限事物之间的区别性,反之,简单的模仿都是强调模本与原本的同一性。表现不是复写,表现是对原本的扩充。伽达默尔说:"艺术一般来说并在某种普遍的意义上给存在带来某种形象性的扩充(einen Zuwachs an Bildhaftigkeit)。语词和绘画并不是单纯的模仿性说明,而是让它们所表现的东西作为该物所是的东西完全地存在。"①这就是说,有限事物在艺术表现中得到了它的完全的、真实的存在。只可惜伽达默尔没有指出"扩充"的具体内容是什么。我所谓的扩充,很明确地是指与有限事物之存在紧密相关的无限关联。

艺术品是人与物的交融,其中包括作家个人的特点在内,这并不意味着艺术品是主观唯心主义的东西。作家个人的特点只不过是指他从其所立足的独特的"集合点"反映着宇宙的无限关联,而无限关联的宇宙是唯一的,此作家和彼作家都处于这唯一的无限关联之中。换言之,各个作家的各不相同的艺术作品只是他们各自"集合"(显现)同一无限关联的角度和方式不一样的表现。为什么一个真正的艺术作品在经历多么久远的时代以后而仍然对人具有魅力?这魅力的源泉就在于艺术超越有限而显现了唯一宇宙的无限内涵,从而使后人对它具有共通感,尽管后人对古代艺术品的领悟又是与古人的领会

---

① 伽达默尔:《真理与方法》,第1卷,台北1993年版,第204页。

不相同的。反之,如果一件作品只是简单地复写某有限事物,不越有限事物之雷池一步,则此作品不过是一个摹本,毫无引人玩味之处。何故?原因就在于有限的东西总是转瞬即逝的,它不可能产生永恒的魅力。还是举海德格尔说所讲过的梵·高画的农鞋为例,这个例子虽然已被引用得烂熟了,但它最能说明问题。这幅画之所以具有魅力,在于它超越了有限,它不是对农鞋这个有限物本身的复写,而是凝聚、显现了与农鞋相关联的无限画面,如农人在寒风凛冽中艰辛的步履,对面包的渴望,在死神面前的颤栗,等等,所有这些,都是人们(包括作者与观赏者、古人和今人)所共同生活于其中的世界之真实的关联,任何一个稍有审美意识的人都会对这些关联产生共通感,从而在这幅画前流连不忍离去。反之,如果一幅农鞋画只是有限的农鞋的机械复写,则不会给人留下超越有限的想象空间,不但没有任何艺术魅力,而且会令人产生厌弃之感。

由此可见,真正的艺术品,包括一般的文学作品在内,与其所描绘、言说的东西之间的关系绝不是简单的原型与摹本的关系。真正的艺术品只能是把原型当做一个跳板,艺术家由此有限的跳板跳进宇宙无限关联的深渊中去,从而也让鉴赏者"听到无底深渊的声音"(德里达语),或者也可以说,让宇宙的无限关联通过艺术品而闪现在鉴赏者面前。艺术品的表现之本质在于"无底深渊"的闪现,而不在于有限的原型是如何如何。换言之,艺术品不在于指向某有限之物,而在于它的表现本身就具有自足自主的权利。[1] 这自足自主的权利相对于有限的原型来说是自足自主的,但又有其自身的来源,即来源于唯一宇宙的无限性。这唯一性就能保证艺术品不是主观唯心主义的,而是人人都能共同感觉的;但这唯一性又有容纳不同作家、不同艺术品的异彩缤纷的差异性。

我这样看待艺术品与其所描绘、所言说的有限东西之间的关系,并不是要抹杀有限东西的地位。其实,被艺术品所描绘、所言说的东西本身虽然是有限的,但一经艺术的描绘、言说之后,它就超越了自身而与无限结为一体,从而闪现了无限的光辉:有限的东西成了无限的东西的闪光点,或者倒过来说也一

---

[1] 参见 Kenneth Maly. *The Path of Archaic Thinking*, State University of New York Press, 1995, 第 176 页。

样,无限的东西正是通过有限的东西来闪现自己的光辉,从而具有魅力,为人所喜爱,这就叫做美。有限的东西因无限的东西而成其为自身之所是,无限的东西因有限的东西而闪现自身。离开了有限的东西,无限的东西是不可见的,而美的特征正在于可见的显现之中。可以说,无限的东西必须在有限的东西中而赋予自身以形体(embodiment),或者说找到自己的"化身"。柏拉图曾经指出,善(和真)必须在美的庇护之下而闪光,而为人所爱。① 美的东西具有把可理解的东西("理念")与现象加以中介的功能。当然,我这里所说的无限,不是指柏拉图的抽象概念,而是指与有限的现实物相统一的无限的、然而同样现实的东西,或者说,是指在场与不在场的统一。

说艺术品显现了有限物背后所深藏的无限关联,显然这并不意味着要像科学家和历史学家那样去追踪和证实这无限的关联。这种看法不过是把审美意识当做一种认识过程。审美意识不是认识,美学不是认识论。这里所谓以有限显现无限也不是要作出种种对无限关联的科学的或历史的证明和论证,而是指对有限与无限、人与物交融为一体("万物一体")的一种体悟和感受。梵·高的画只是让我们想象到深藏于画面背后的无限关联而进入一种"万物一体"的境界之中,我们在这里因见到了无限的光辉而感受到美的喜悦。中国人所谓"神往",也许就是指这种对无限光辉的向往与欣羡之情。如果认为这幅画的诗意不过是引导我们去探索农夫为何艰辛至此的各种社会的、历史的关联,那显然有失诗情画意的真谛,即使产生了这种效果,那对于诗意之本质来说也只能是附属的。

其实,任何一件富有诗意的作品都能引导我们进入人与万物交融合一、有限与无限相统一的境界,所谓"物我两忘"或者西方人说的"狂喜",就是对这种诗意境界的一种描述。这种境界在不同的作品中展现出多姿多彩的形式,其为以有限见到无限的光辉则一。中世纪把我们平常称之为美的东西叫做有限美,有限物之美来源于神性,神性是无限美。如果把神性代之以无限的万物一体之境界,我倒是很同意有限美源于无限美的提法,我的意思是,有限的东西之能成为美的东西,在于它表现了无限的东西的深层内涵,使人达到"万物一体"的境界。

---

① 参见 Plato,*Philebus*,64e;*Phaedrus*,250d。

　　也应当看到，艺术品之超越有限物的特点，不仅如前所述是一般地指其显现有限物之深处的无限关联的含义，而且包括其在不同观赏者那里以及在不同时代中不断更新、丰富和深化自身的内容的含义。

　　艺术品所显现的无限关联，一方面，是人人共同生活于其中的唯一的世界，因此，艺术品能为不同的观赏者包括不同时代的人所喜爱；另一方面，艺术品本身的内涵（艺术品所显现的无限关联）在不同条件下，不同境遇中（包括不同的观赏者和不同的时代）又以不同的形式而崭露自身，因此，我们又可以说，艺术品总是随着不同的条件和境遇的变迁而不断地重新规定着自身。不同的观赏者、不同时代的人都参与了艺术品本身，从而使艺术品不断地自我扩充——这也是艺术之为超越有限、扩充原本的一层意义。

　　一个历史学家如果简单地不断重述某一历史事件，必然会引起人们的腻烦与厌弃。但一个艺术品，包括富有艺术性的历史剧，则虽一再展示、一再重演，而仍能持续地为人所欣赏、所喜爱，原因就在于艺术品所显现的无限关联，既是人人所共同感受的东西，又是随着时代的不同、观赏者的不同，甚至表演者本人的不同而不断更新自身、超越自身的东西。这叫做艺术的"现时性"。其所以具有"现时性"，就因为艺术所显现的不是有限物。有限物总是转瞬即逝的，只有无限的东西才是常青的。

　　一幅有艺术价值的肖像画，关键不在于它与被画的本人如何相似，因为被画的本人是有限之物，而对有限之物的摹本或复写总是要过时的，是没有"现时性"的。肖像画的艺术价值在于它显现了它所隐藏的无限关联，给人留下无穷的想象空间，而不同时代的人、不同的观赏者可以在这个广阔的空间里任意驰骋，得到自己独特的美的享受。艺术的"现时性"使艺术品能随时随人（不同的时代、不同的观赏者）而展示不同的姿容。我们可以根本不认识被画的本人，或者从未见过他的照片，但他的肖像画（如果是一幅艺术价值的肖像画）仍能深深地吸引住不同的观赏者，原因就在这里。

　　更能说明问题的是宗教画。一幅宗教画，你能说它有什么有限物作为原型供人们对照吗？但它凝结了不仅无限多的宗教观念，而且凝结了无限的世俗关联，我们后世人都生活于其中，它以不同的姿容展现在不同人的面前，它的"现时性"吸引着古今各种不同的人们，甚至包括不信宗教的人。原因还是在于它所表现的东西是无限的。

　　我们所讲的审美或艺术在于以有限显现无限,与西方传统美学所讲的以有限显现无限有根本的区别。传统美学所要显现的无限一般地说是指普遍性概念,指超感性的抽象本质或理念,所以它的基本观点是典型说,即通过感性的具体物(有限物)写出具有普遍性的典型(无限物);我们所说的无限是指当前在场物背后所深藏的无限关联,这种观点重在通过在场的东西显现不在场的东西,这里的不在场的无限不是抽象的概念,而是具体的现实世界,只不过这被显现的具体现实世界隐而未显而已。如果说传统美学所说的超越有限一般地是要求由个别(有限)见普遍(无限),那么,我们这里所说的超越有限则要求由显现(有限)见隐蔽(无限),由在场(有限)见不在场(无限)。这里所说的在场的、有限的东西,其含义不仅指感性的个别的东西,而且包括理性的普遍的东西在内。在场的东西可以是单纯感性的东西,也可以是感性物与理性物相结合的具体统一物,但这种具体统一物的背后还有隐蔽着的无限关联,它们也是感性的东西与理性的东西的具体统一物。所以,我们这里所讲的超越有限、超越在场,不仅是指超越感性的东西,而且包括超越感性的东西与理性的东西的具体统一物。事实上,作为一个既有感性又有理性的人,其所面临的当前在场的东西,很少情况下只是单纯感性的东西,而往往是两者相结合的具体物,现实就是感性物与理性物的有机统一。一个根本没有凝结着思和理的直观中在场的东西,也不可能显现出隐蔽在其背后的无穷关联,不可能引发人们的无穷想象。梵·高画的农鞋如果没有凝结着画家本人的思,怎能引发人们由此而想象到农人的艰辛的步履,对面包的渴望,甚至对社会现象的反思,等等呢? 其实,越是凝结着深刻的思的直观,也越能激发人们对不在场者的无穷想象。康德以前,自苏格拉底—柏拉图以后,西方传统哲学一般把感性的东西(the sensible)与可理解的东西(the intelligible)分裂开来,康德看到了想象在二者间的中介作用,他通过想象把二者结合为现实的东西。西方有的专家如美国著名哲学教授 John Sallis 甚至认为,在康德那里,感性的东西与可理解的东西之分都落入感性现实世界之内。① 其用意无非是强调感性现实的东西中渗透着理性的东西。我们所说的有限的在场者与无限的不在场者都是这样渗透着理性物的感性现实。

---

　　① 参见 John Sallis,*Delimitations*. Indiana University Press,1995,第 10、172 页。

明白了上述的道理，就可以知道，一个最简单的艺术品，例如一朵花的画，固然可以通过艺术家的描绘给人以想象的空间，这是超越有限的在场者之一例；同样道理，即使是内容非常复杂的艺术作品，包括史诗、戏剧之类的文学作品，这样的作品明显地不是单纯感性的东西，而是感性的东西与理性的东西相结合的东西，但只要此作品是真正具有诗意或文学意境的，则它所言说的东西本身背后仍然有未言说的东西供人玩味，这未言说的东西不是简单的感性的东西，而是感性的东西与理性的东西的具体统一物。一部伟大的小说，例如《红楼梦》中所说出的东西，内容十分丰富，当然是感性的东西与理性的东西的统一，但人们之所以提出有说不完的《红楼梦》，绝不是限于在《红楼梦》已说出的东西的范围内转来转去。说不完者，主要是因为在《红楼梦》已说出的东西中还隐蔽着无尽的具体现实的东西能供人玩味无穷。《红楼梦》所言说出来的故事情节无论多么复杂，也是有限的，但其所深藏的、未说出来的意蕴却是无限的，是说不完的。《红楼梦》所说出来的东西本身是感性的东西与理性的东西相统一的具体现实，后世的赏析者们所说不完的东西也是感性的东西与理性的东西相统一的具体现实。传统的典型说所讲的以感性有限物显现理性无限物，乃是把人的注意力从现实引向抽象的概念世界，人们达到了最高的理念，就有"至矣尽矣"之感；我们这里所讲的美学观点则是要把人从现实引向现实，然而这现实的天地广阔无垠，意味无穷。这就是显隐说的优越性。

为什么有的作品，有人物、有故事情节，什么"名言之理"、"经生之理"，也讲得不少，而且不能说没有把感性的东西与理性的东西结合起来，但就是不能让读者或观众产生些许回味，人们只不过停留在它所言说的东西本身，看完了也就一切都完了。这样的作品的弊病就在于它没有超越有限，给人留下想象的空间和余地，或者即使留下了想象的空间和余地，但也是很有限度的。例如典型说也主张提供想象的空间和余地，但它只要求显现普遍性概念，它所提供的想象空间和余地便只限于普遍性概念之内，或者说只限于在该典型之内，因而是有限的。我们所讲的以有限的在场显现无限的不在场都包含普遍性概念于其自身，而无限的不在场的东西是无穷无尽的。典型即普遍性概念，仍然是在场的东西，只不过是一种"恒常的在场"。只要是在场的东西，就是有限的，因为在场的东西之外还有不在场的东西。因此，我们所讲的超越有限的在场物，就意味着超越了普遍性概念或典型的范围，而进入了典型说所无与伦比的广阔的想象空间。典型或普遍性概念所提供的想象空间总是恒定的,我们所讲的想象空间是无穷尽的。显然,这种对有限性的超越比典型说对有限性的超越前进了一大步。《红楼梦》也塑造了如林黛玉、贾宝玉、王熙凤等许多典型,这是《红楼梦》的艺术性和诗意的一个方面,但说不完的《红楼梦》难道就只是限于在它所塑造的各种典型上面说个没完吗? 真正讲来,大家所说不完的,更多地不在于各式各样的典型,而在于由《红楼梦》言说的东西(有限的东西)中所引发、所启发的东西(无限的东西),例如对人生意义的品味,这些东西原来隐蔽在《红楼梦》所言说的东西之中而成为《红楼梦》所蕴涵的深厚内容和无尽的诗意,人们所说不完的正是这些。说不完的《红楼梦》应能给我们的艺术哲学以启发:艺术性、诗意不在于再现现成的有限存在(包括实际发生的哪怕多么复杂的历史事件或故事),也不在于再现普遍性概念(典型),而在于由现成的有限的存在出发,通过想象,引发和表现一个意蕴无穷的新世界,从而让我们有限的人在无限中追寻。这种追寻不是绝对完满性的实现(那是根本不现实的),而是永无止境的前进过程。伽达默尔认为艺术作品的意义是永远不可穷尽的,人永远不可能把一件真正艺术品的意义"掏空"。理解、解释是一个开放的过程。我想,这也就是人们在艺术品面前流连忘返、徘徊不能离去的原因,人们面对在场的艺术品,正是在向隐蔽处无止境地追寻。

## 二、历　史

　　人首先是一个有限的存在,但他又有向往无限。人的自我实现的过程就是由有限向无限扩展的过程,但这种扩展并不是脱离有限,也不可能脱离有限。说人首先是一个有限的存在,意思是说,他首先是物质存在,首先呈现于他面前的东西是感性的东西,而这些都是有限的。但人不同于一般动物之处就在于他不甘心停止于有限的范围之内,他总想超越有限,这种超越的意识实即审美意识或诗意(诗意是美的艺术的总精神)。

　　人的最原初、最简单的超越意识是摹仿,摹仿即再现,乃人之天性,每个幼儿都喜欢游戏就是一个例证,游戏与摹仿是密切联系在一起的。摹仿在这里是指摹仿现实的事物。按亚里士多德的说法,人们在看到摹仿的东西与原来的现实事物惟妙惟肖地相似时所产生的快感有两层原因:一是由于从摹仿的东西中领悟、推断出事物是什么而产生的快感；二是摹仿的处理技巧、着色等令人对智力的运用感到惊异而产生的快感，此二者乃诗意的起源。但二者并非如某些人所解释的那样是平等并列的，按照英国新黑格尔主义者鲍桑葵的分析，这里的"第二个'原因'是用来解释第一个原因的"①。把两者联系起来看就可以见到，摹仿虽然是原来事物的再现，但就观赏者从中领悟、推断出事物的意义以及就对摹仿的技巧、智力的运用感到惊奇来说，这种再现也是对现实事物的有限性的某种程度的超越。

　　但摹仿的超越是极其初步的，它距离有限还很近很近，而距离无限还很远很远。古希腊的思想文化尚处于人类的童年时期，古希腊艺术就常被称为摹仿性艺术。例如神的雕像在古希腊人眼里就几乎很难说是无限的神秘力量的象征，而似乎是看得见的某个有限的现实人的肖像。所以，古希腊艺术的摹仿一般只限于对有限的现实事物的摹仿。当然，我们也不要把这种看法作绝对化的理解，古希腊艺术也是有一定的理想性和象征意义的。与古希腊这种摹仿性艺术相应的是，古希腊哲学家们的理论也流行摹仿说，而不重视艺术的创新方面，柏拉图关于艺术只是摹仿现实事物而非摹仿真实的理念（这里只是就柏拉图明确表现出来的主导的理论观点而言）从而断言艺术低级的理论就是一个最突出的例子。柏拉图虽然说理念是美的，但这种意义下的美不是艺术的美、诗意的美，而是与哲学上的真同义的。当然，有两点仍然是不可忽视的：第一，柏拉图毕竟提出了摹仿是形象而非事物本身，这就在艺术观上提出了一个审美形象的概念，为以后的美学理论奠定了一块重要的基石，而审美形象也正是我前面所说的对有限的现实事物一种超越：因为审美形象不关心现实事物所具有的效用意义和感性欲求的满足。第二，柏拉图提出了想象在摹仿中的作用，想象乃是摹仿的心理媒介。尽管我们根据现当代人的观点，批评柏拉图把想象纳入"原本—影像"的旧公式，②但从历史发展的观点来看，他关于想象的作用的思想，毕竟也是超越有限性的一个步骤，尽管只是初步的。

　　亚里士多德仍然认为美的艺术是摹仿的艺术，但首先，摹仿一词所包含的飞离有限的意义在上引关于摹仿给人以快感的两层原因的论述中表现得很充

---

① 鲍桑葵：《美学史》，商务印书馆 1985 年版，第 77 页。

② 参见 John Sallis, *Double Truth*, State University of New York Press, 第 170—189 页。

分了。不仅如此,亚里士多德甚至认为,摹仿的艺术如雕刻、绘画、诗歌等,即使被摹仿的对象本身并不给人以快感的时候,经艺术家描绘的该事物的形象却能给人以快感,因为人们可以从中领悟、推断到此形象即是彼事物,并对智力的运用、技巧的处理产生惊异之感。① 摹仿之超越有限事物的意义在这里得到了更深层的表述。更重要的是,当我们读到亚里士多德《诗学》第9章中关于"诗比历史更富于哲学意味和更严肃"的那段人们经常引用的话时,我们就更能清楚地看到,亚里士多德已经大大地扩展了摹仿的内涵,他所讲的艺术摹仿不是简单地摹仿现实事物的形象,而是要把有限的现实事物加以普遍化和理想化,用他本人的话来说,就是"按照事物应该有的样子去摹仿"②。显然,摹仿的概念在亚里士多德这里更远地超越了有限性的束缚,而且为西方美学理论由古代过渡到近代开辟了道路。但亚里士多德所谓按应该有的样子去摹仿,仍然是以有限的现实事物为标准,他并没有根本脱离古希腊摹仿说的窠臼。③

公元3世纪古希腊最后一个伟大思想家普罗提诺(Plotinus,205? —270)针对柏拉图的摹仿说,明确指出,艺术不是摹仿有形的东西,而是深入到"理性"。一件美的东西是由"理性"流出来的。普罗提诺的"理性"实质上是非理性的。从超越有限的角度来看,他的美学观点是对古希腊的摹仿说一个有一定突破性的步骤,但普罗提诺的整个哲学观点是柏拉图思想的运用和发展,仍属古希腊的范畴。

中世纪的圣托马斯·阿奎那认为美属于形式因,它不像善那样使欲念得到满足,它在善之外而高于善,美的形式的"光辉"来源于无限的上帝,因此,从有限事物的美可以窥见上帝的无限美。可以看到,托马斯在认定美超出有限的感性欲念方面,在认定有限事物之美象征了无限的精神方面,都远超出了古希腊摹仿说的范畴,这是超越有限的审美意识的一大进展,对于以康德为代表的关于美只关形式不关概念、欲望和外在目的的西方近代美学思想产生了很大的影响。

托马斯的从事物之有限美窥见上帝之无限美的理论观点,与基督教教义

---

① 参见亚里士多德:《修辞学》1371 b,4。
② 亚里士多德:《诗学》,第25章。
③ 参见 John Sallis,*Double Truth*,State University of New York Press,1995,第173页。

的实际情况是相应的,这种实际情况与古希腊神话形成一个鲜明的对比。谢林对于这一点讲得很清楚。谢林指出,在古代神话中,神的姿容被描绘得没有令人有更多的想象余地而遗漏了神的无限性的广度和深度,所以希腊神话可以说是在有限性之内表现无限。反之,基督或圣母玛利亚则令人想象到无限多的宗教观念,其所包含的意义之无限性非有限的感性形象所能充分表达,却可以被暗示,所以基督教教义可以说是使有限屈从于无限,或者说是无限压倒有限。① 谢林说的无限非有限所能充分表达却可以被暗示,正是与托马斯的从有限美窥见上帝的无限美的思想相符合的。

　　古希腊哲学尚无主客之分,从古希腊哲学结束到近代,则逐渐形成了主客关系的思维方式,从而在近代哲学中出现了唯理论与经验论两种思潮。这两种思潮在康德那里汇集成为一个整个近代哲学的问题,即怎样使有限的感性现实世界与无限的理性世界相结合? 这个问题体现到美学领域就是有限的感性事物如何显现无限的理性、理想而成为令人愉悦的? 这也是康德所面临的问题。

　　康德不仅系统化了前人如托马斯等所提出的美不涉及有限的感性欲念之类的思想,而且突出地提出了理想美以无限的理性为基础的观点。他的“美的理想”中所包含的两个因素不是中世纪基督教的上帝,而是“审美的规范意象”和“理性观念”。“审美的规范意象”是指同类事物的共相,“理性观念”是指永恒、自由、灵魂、上帝(不是基督教的上帝),还有坚强、宁静等经验界的观念,“理性观念”的感性形象是“审美意象”,“审美意象”能激发人从有限的感性现实上升到无限的超感性的理性世界,从而达到一种超越有限的自由。康德的这个思想为以后黑格尔关于美是理念的感性显现说开辟了道路。从康德这里可以看到,近代美学关于有限的感性事物只有在表现无限的超感性事物的意蕴时才是美的观点,鲜明地代替了古代的摹仿说。典型说在近代美学史上占了主导地位,康德的美学思想标志着近代人在超越有限的意识方面比起古代来,向前跨越了划时代的一步。

　　席勒认为在人身上存在着两种相反的要求——两种冲动:一种是“感性冲动”,它“产生于人的自然存在或感性本性”,这种冲动所感觉到的只个别

---

① 参见鲍桑葵:《美学史》,商务印书馆1985年版,第416—417页。

的、受他物限制的(有限的)东西,这样的人是一个只抓住现实性、只有感性物欲的人。人还有第二种冲动,即"理性冲动"(又叫"形式冲动"),"它产生于人的绝对存在或理性本性",这种冲动要求从时间上流逝着的个别东西之中见出和谐、法则(包括认识中判断的法则和实践中意志的法则)与永恒性。前一种冲动把人"束缚于有限的感性世界",后一种冲动使人"通向无限的自由"。席勒断言,当人处于第一种冲动支配时,存在是有限的,当人处于第二种冲动支配时,存在是无限的。① 完全被"感性冲动"支配的人是没有文化教养的人,但文化教养在培养"理性功能"的同时也要维护"感性冲动"②,也就是说,人为了发挥自己的精神作用,并不需要逃避感性物欲,只有两者的统一才是最高的独立自由。"人不只是物质,也不只是精神"。③ 单纯的"感性冲动"使人受自然的感性欲求的强迫,是一种"限制";单纯的"理性冲动"使人受法则(包括意志上的法则如义务)的强迫,也是一种"限制"。人性的完满实现则要求把两者结合起来,要求超出有限以达到无限的自由,这就是人身上的第三种冲动,席勒称之曰"游戏冲动"。席勒所说的"游戏冲动"不止于单纯的轻佻的嬉戏。"游戏冲动"的意思就是不受强迫、不受限制的自由活动,这也就是审美意识。"美是游戏冲动的对象"。④ 这样,美也就可以说是物质与精神、"感性冲动"与"理性冲动"的"结合"。人性在"游戏活动"中、在"美的直观"中就得到了"完满的实现"。⑤ 席勒由此得出结论说:"只有当人在充分意义上是人的时候,他才游戏;只有当人游戏的时候,他才是完全的人。"⑥这也就是说,只有审美的人才是真正的自由的人,才是完全的人。这个基本观点用席勒所用过的另外一种表达方式来说就是,美乃是"无限出现在有限之中",乃是在与有限感性物的"结合"中上升到无限的自由。席勒把这种境界称之为"最崇高的人性的实现"。⑦ 席勒还指出了近代诗人之不同于古代诗人的特

---

① 参见席勒:《美育书简》,第11、12、15封信。
② 席勒:《美育书简》,第13封信。
③ 席勒:《美育书简》,第15封信。
④ 席勒:《美育书简》,第15封信。
⑤ 席勒:《美育书简》,第15封信。
⑥ 席勒:《美育书简》,第15封信。译文抄自《十九世纪西方美学名著选》,复旦大学出版社1990年版,第159页。
⑦ 席勒:《美育书简》,第25封信。

点。席勒认为,古代人是从无限下到有限而获得自身的价值,近代人则是从有限不断地接近无限而获得自身的价值。古代诗人除了素朴的自然和感觉以外,再没有其他的范本,只限于摹仿现实,所以"古代诗人的力量是建立在有限物的艺术上面";而近代诗人重在对事物进行沉思,强调理想、观念,所以"近代诗人的力量是建立在无限物的艺术上面"①。席勒似乎看到了两者各有片面性而想把两者统一起来,但他对此未作进一步的说明。

谢林提出了一个关于美的总定义即"以有限的形式表现出来的无限"②。不过,谢林认为这一定义的近代意义不同于古代的意义。就古代而言,这一定义的意思是把无限缩小为有限;就近代而言,这一定义乃是指无限的内涵远比有限深而且广,因此,有限不能充分表达无限而只能向往无限,或者说只能对无限的深广内涵起暗示作用。这也就是说,按古代的意义,有限更多地保留了感性的有限性,按近代的意义,则有限更远地超越了自身而分享了无限的理想性。③ 可以看到,谢林的超越有限的审美意识与浪漫主义色彩远远地超出了康德的观点。

把无限的深广意义看做是有限所不能充分表达而只能为有限所向往和暗示,这一思想的最确切的表达,我以为是崇高,崇高正是对无限的东西的崇敬,因此,崇高应是超越有限的审美意识的高峰。席勒认为近代诗能产生崇高感,我想就包含有这样的意思。但西方近代美学理论并没有把崇高和美真正统一起来,康德是一个明显的例子。黑格尔虽然比康德进了一步,承认崇高也是一种美,但他把崇高列为低级的象征型艺术。我主张把美和崇高打通。从摹仿到崇高,是有限超越自身而向无限扩展的过程,这整个过程都是审美意识的发展,崇高是其高峰,它并非处于美之外,而是美的延续。崇高的特点在于有限自身的力量与它所向往的东西(无限)虽不相称(不能充分表达无限)却仍然为之英勇奋争的精神,这种精神令人敬仰,故谓之崇高。黑格尔只看到有限的感性形象不足以表现无限,于是贬低崇高,他显然忽视了崇高之激发有限者向着无限者奋进而令人敬仰的方面。这样看来,崇高之美不是平静和悠闲,而是一种经受得住痛苦的超越。人生的最高境界不是原始的、素朴的悠然自得。

---

① 《十九世纪西方美学名著选》,复旦大学出版社1990年版,第168—170页。
② 鲍桑葵:《美学史》,商务印书馆1985年版,第412、417、421页。
③ 参见鲍桑葵:《美学史》,商务印书馆1985年版,第412、417、421页。

我们应该强调和提倡崇敬、仰慕无限的精神,而不要仅仅停留于优美的意识。

黑格尔关于"美是理念的感性显现"的著名定义是西方近代美学理论的一个总结,他在这一定义的总的理论指导下体系化、具体化了近代关于美是以有限表现无限的基本思想:在黑格尔那里,理念是一个由有限到无限的漫长的发展过程,美是无限的,但它与无限的理念在有限的感性中的显现过程紧密联系在一起。近代美学理论中各种形式的(谢林的、席勒的、康德的,以至推得更早一点,圣托马斯的)关于以有限表现无限的观点在黑格尔这里都更加具体化而成为一个过程、一个体系,而且黑格尔更加突出了无限之超感性、超时间的性质。尽管黑格尔本人强调理念是一个"具体普遍",尽管有些新黑格尔主义者为黑格尔辩护,说黑格尔的理念不是抽象的,但从总体上看,从黑格尔死后西方现当代的主要思潮的角度来看,他的理念实质上是抽象的。黑格尔的整个哲学包括他的美学把人的注意力引向抽象的概念世界,他的艺术低于哲学、艺术必须被扬异的观点就是一种表现。谢林的"绝对",席勒的"理想",康德的"理性观念",当然更不用说托马斯的"上帝",都以不同方式、在不同程度上表现了他们的无限的超感性的性质。

欧洲现当代哲学的主要特点之一就是反对近代哲学的这种抽象性。许多现当代哲学家主张只有在时间中的现实世界,所谓超时间、超感性的永恒世界只不过是抽象的产物。他们也主张超越有限的东西,但他们认为,不仅在时间中转瞬即逝的感性事物是有限的,而且那种所谓超时间、超感性的世界也是有限的。他们所讲的超越有限,就是指把有限的在场者与无限的(无穷无尽的)不在场者综合为一个整体。把这种观点运用到美学领域,于是产生了现当代美学的新观点特别是海德格尔的显隐说。显隐说也可以用近代美学的一般术语说成是一种以有限显现无限的美学观点,但现当代的显隐说,已大大超越了近代的观点。这里的无限,不是近代典型说所强调的抽象概念,而是与有限同样具体的无穷尽性,这里的有限也包括概念在内。超越有限的审美意识从近代到现当代,显然跨越了从抽象到具体、从天上到人间的又一次划时代性的一步:如果说从古代到近代的超越有限的意思是指超越感性,是指从摹仿具体事物进展到创造典型,实即超越到抽象的超感性世界,那么,从近代到现当代则不仅是指超越感性,而且是指超越理性,是从有限的在场者(包括"永恒的在场者")超越到无穷无尽的(无限的)不在场者。古代和近代都以在场者为先、为重，属于现当代哲学家们所贬称的"在场形而上学"，而按现当代的观点，艺术的目的则重在显现隐蔽的不在场的东西。近代美学以感性与理性的结合为人性的完满实现，实际上是在感性与理性之间打圈子，不脱"在场形而上学"的老框架。

# 第六章 论想象*

## 一、从柏拉图到胡塞尔关于想象的思想发展历程

想象一词的含义很多,我们在日常用语中有时把不正常的、不可理喻的言行也说成是"不可想象",这不属于我要讨论的范围。这里主要是从认识论的角度,更多地是从审美意识的角度,谈谈想象的哲学意义。

人们一般说来,都是首先盯住当前的、在场的东西(the present),认为当前的、在场的东西才是最真实、最根本、最切实的,凡不在场的、非当前的东西(the absent)就不真实或不够真实,从而也是不重要、不切实的。这也就是说,人们一般都缺乏飞离在场的意识。适应这种情况,人们首先总是重视感性直观而贬低想象。想象,不管在哲学史上、心理学史上、美学史上有各式各样的界定,但都有飞离在场的意思。

代表人类思想发展童年时期的柏拉图哲学把想象看做是他所谓认识过程四阶段中的最低阶段,就是贬低想象、贬低飞离在场的意识的一个最古典的例子。想象在柏拉图哲学中不过是感性直观中在场的东西的影像,感性直观中在场的东西,看得见、摸得着,是原本,它比影像(想象中的东西)要真实。"原本—影像",这就是柏拉图关于想象的公式。① 就是在这种关于想象的观点指引下,从事想象的诗人、画家被逐出柏拉图的哲学家城市之外。柏拉图讲的认识过程的四个阶段(想象→信念→理智→理性)是一个由想象的不在场的影像到感性在场的实际事物,再到数学概念,以至于最后到永恒在场的理性的纯

　* 原载《江苏社会科学》2004 年第 2 期。
　① 详见张世英:《哲学导论》,北京大学出版社 2002 年版,第 51 页。

粹概念(理念)的发展过程。愈是低级的阶段,愈多影像性,愈多不在场性;愈是高级的阶段,愈具有在场性,愈少影像性,而最高的"理念"则是永恒的、原本的在场,它是纯粹的在场,完全没有影像性。柏拉图这种以在场为先、为重的形而上学观点在欧洲传统哲学中长期占统治地位,一直到 18 世纪末 19 世纪初的康德才有了突破。

康德把想象力分为两种:一是"再生的想象力"(reproduktive Einbildungskraft);二是"创造的想象力"(produktive Einbildungskraft)。第一种想象力是指回忆或联想的能力,它"只是受制于经验规律即联想律的"①。这种想象力不是康德所强调的,它和康德以前的一些经验主义哲学家把想象理解为联想的心理过程是一回事,并没有脱离柏拉图的"原本—影像"公式的窠臼。康德关于想象的独特见解在于第二种想象力即"创造的想象力"。"创造的想象力"在认识方面有两种作用:一是把在时间中先后呈现的各种感觉因素结合为单一整体的感觉对象的能力,例如把一条线的第一段、第二段等与最后一段综合成作为整体的一条线的能力,或者把一个数所包含的第一个单位、第二个单位等与最后一个单位综合成作为一个整体的数的能力,就是一种创造的想象力。康德在《纯粹理性批判》第一版"主观演绎"中把想象力的这种综合称为"想象中再生的综合"。② 由于在这种想象的综合中,凡在感性直观中先前(指时间上的先前)呈现的因素(例如一条线的前面各段,或一个数的前面的各个单位)在整体中只是潜在的出现(出场、在场),或者说是不出场的出场,所以这种出现、出场也可以说是一种想象的出现、出场。康德由此便在《纯粹理性批判》第二版"客观演绎"中对想象下了这样一个著名的界定,并强调指出这样界定的想象是"创造的想象力",而非"再生的想象力"。他说:"想象力是把一个本身并不出场的对象放在直观面前的能力"(*Einbildungskraft* ist das Vermoegen,einen Gegenstand auch *ohne dessen Gegenwart* in der Anschauung vorzustellen)。③ "创造的想象力"的第二种作用是连结感性直观和知性概念。康德反对柏拉图把纯粹概念("理念")与感性直观中的东西分裂为二,而主张把二者结合起来,这就要求把知性中的纯粹概念加以直观化、感性化、图式化,其

① 康德:《纯粹理性批判》,B152,并参见《判断力批判》第 22、49 节。
② 参见张世英:《哲学导论》,北京大学出版社 2002 年版,第 48—50 页。
③ 康德:《纯粹理性批判》,B151。

间的桥梁就是康德所谓的"图式"（Schema），"图式"是一种介于概念与感性形象之间的结构，它是想象力（"创造的想象力"）的产物。在康德看来，正是想象力才使知性概念与感性直观结合为经验知识。举个例子来说，当我看到我面前的一本书时，我的经验就体现了想象的一种综合作用（康德称之为"想象力的先验综合"，又称"形象综合"），正是想象的这种作用使我把感觉中直观到的东西和"书"这个概念综合为一个单一的经验——看到一本书的经验。①

　　想象力除了在认识方面有上述两种作用外，它还在审美意识方面起着重要的作用。康德认为审美意识（"审美判断"中的心境）是审美形象适合人的两种认识功能（即与想象力和知性），从而引起这两种认识功能的自由活动所达到的一种愉悦心情、情感。审美意识中的想象力是有创造性的，它既与知性规律相符合，又由于它的自由创造而不受某种固定的、刻板的知性概念所约束，它是自由地与知性概念的规律性协调一致的，是自由地、自发地按照知性概念的规律活动着的。它如果有意识地、明确地按照某种外在的"应该如何如何"的概念来活动，那就只不过是善而不是美。因此，那使想象力自由活动的美的东西总是新颖。再美的东西，如果按某种概念把它固定下来，机械地重复，那也会使人厌倦。② 所以审美想象力的创造是一次性的。可以看到，想象力在审美意识中的作用不同于其在认识中的作用之处在于：在认识中，想象力受知性概念的约束，就像上面关于看见一本书的认识经验的例子那样，我如何看事物乃是依赖于我确定地相信有一本书在我面前；但是"在审美经验中，想象则不受概念的约束，它从事一种自由的活动，正是想象的这种自由活动使我们让概念立足于一种本身免受概念约束的经验之上"③。这也就是说，想象可以让概念也自由活动起来而不固定于一个死板的框架。

　　另外，康德在谈到天才与艺术时还从另一角度讲到想象力在审美意识中的作用。他认为想象力是通过审美形象显现一种理想、理念（典型）的功能，人们在鉴赏某一美的形象时可以想象到许多其他的非某个固定概念所可以统

---

① 参见 *The New Encyclopedia Britannica*，Chicago，1993，V. 13，第 13 页。
② 参见康德：《判断力批判》，第 22 节。
③ *The New Encyclopedia Britannica*，Chicago，1993. V. 13，第 13 页。

摄和表达的东西,也就是说可以想象到其他许多非言语可以表达的东西。①

显然,无论是在认识方面还是在审美方面,想象力所起的作用都是在于把知性与感性直观、思想与感觉、理念与形象结合在一起。

康德关于想象力的种种作用的理论,其在哲学史和美学史上的贡献在于,它打破了柏拉图那种轻视飞离在场意识、一味追求纯粹在场的纯粹概念的传统形而上学观点,苏格拉底转向所开展的可感世界与理智世界之间的划分不再是绝对对立的,想象在感觉世界与理智世界两者之间起了填平鸿沟的作用,想象和飞离在场的意识得到提升和重视,纯粹在场和永恒在场的超感觉世界被下降而掺杂了不纯粹、不在场的成分。②

不过,康德的历史突破仍然是有限度的。首先,他虽然认为审美意识中的想象力不受知性概念的约束,但他最终还是认为理想的美要依存于"理性概念"(如宁静、刚强等道德观念和永恒、自由、神、灵魂不朽等超验的理念),这就和康德原先关于审美意识不受制于目的概念的说法相矛盾。在康德那里,美最终是"道德精神的表现"。其次,康德关于道德的"实践理性"不能混杂想象中的感性成分,这就使他的哲学最终未能摆脱柏拉图的纯粹理念、纯粹在场的思想观点的窠臼,由想象力形成的审美意象只是最高的理性概念在感性中的形象显现。尽管康德的"理念"是一个无穷追逐的目标,包含有在场与不在场相结合的想象结构,但总起来说,飞离在场和让想象从纯粹在场的形而上学束缚中解放出来,这一点在康德的哲学和美学中显然还没有达到。想象从纯粹在场的纯粹概念束缚下解放出来的过程,在康德那里,只是走了第一步(尽管是非常重要的一步),他毕竟把理性概念看成是他的哲学的最高原则。我以为,要完成旧形而上学的终结,必须把想象看成是对思维概念的超越,但超越绝不是抛弃思维概念,而是经过它,包括它,又超出它。

前面说到,康德把"想象"(这里指"创造的想象力")看成是将知性形式和感性直观结合为一的综合力量。因此,在康德那里,想象也就是把一个不在场的东西带上场亦即带到直观中的能力,换言之,想象乃是直观一个不在场的东西的能力。康德所说的这种意义的想象,其中所包含的"综合"的结构,在

---

① 参见康德:《判断力批判》,第49节。

② 参见 John Sallis, *Delimitations*, *Second Edition*, Indiana University Press, 1986,第10—11页。

费希特哲学中得到了进一步的发展。费希特把康德的知性与直观的对立变成了主体的自我相关与自我之与对象相关两者间的对立,亦即我的无限性与我的有限性两者间的对立,而想象则是综合这两者的能力。"想象力是这样一种能力,它翱翔于规定和不规定、有限和无限之间的中间地带。"①这样,一个对象要显现于主体的直观之前,与主体综合为一,就必须依靠想象力。"一切实在——就它对于我们来说的那样而言,……都仅仅是由想象力产生出来的。"②

现代德国哲学家胡塞尔发展了康德、费希特的思想。胡塞尔首先批判了传统的影像理论,这种理论主张有一个外在于意识的独立的对象,影像只是这外在对象的代表或代替物。胡塞尔主张,我们的意向经验所指向的对象不是外在的、独立的,而是人所"意味着"的(the object"*meant*"or"*aimed at*")。胡塞尔问道,人的意向如何可能意指影像自身以外的外在对象呢? 胡塞尔认为,一个对象出现于(出场于)意识之前,不是因为有一个类似于对象的东西出现于意识之中,而是因为在人的意向性经验中和通过这种意向经验,才使对象得以构成。③

那么,对象在胡塞尔看来是如何构成的呢? 他认为,正是想象使对象得以显示。人不能同时从各个侧面看到一个对象的整体,一个侧面本身不等于整个对象。人在面对一个侧面时,他的意向所指并不是指向直接在场的这个侧面,而是指向对象整体。某一个侧面只是非此侧面的其他许多侧面借以显示自身的出发点和桥梁。我们可以由此出场的一个侧面想象到未出场的其他侧面。这样,对于一个对象之整体的把握也就成了想象的产物。想象使未直接出场的东西显示出来,被照亮起来。④ 胡塞尔讲的意向性活动显然导向想象的活动,即保持着不出场的东西出场的活动。胡塞尔的这些思想观点使想象更多地超越了感性直观的束缚,更多地增添了想象飞离感性在场的思想成分。他教人不单纯注意直观在场的东西,想象中未出场的东西才是本质的,才是出

----

① 费希特:《全部知识学的基础》,商务印书馆 1986 年版,第 135 页。

② 费希特:《全部知识学的基础》,商务印书馆 1986 年版,第 145—146 页。

③ 参见 John Sallis,*Delimitations*,Second Edition,Indianna University Press,1986,第 67 页。

④ John Sallis,*Delimitations*,Second Edition,Indianna University Press,1986,第 73—74 页;并参见张世英:《哲学导论》,北京大学出版社 2002 年版,第 48—49 页。

场的东西的前提。①

但上述意义下的想象仍以知觉（感觉）为基础,胡塞尔称这种想象为"影像意识"（Bildbewusstsein,image-consciousness）。此外还有一种想象,他称之为幻想（Phantasie,phantasy）。在前一种想象中,想象活动的对象作为代表另一与之相似的对象而出现;在后一种想象中,想象活动的对象没有被代表者而直截了当地、径直地出现。如果说明胡塞尔早期还有较多地把想象放在知觉基础上的思想,那么,到了后期,他就越来越强调想象飞离知觉,也就是说,越来强调幻想。他虽然重复了康德关于想象的规定,认为幻想是使不出场的东西出场的经验,但他对这个界定已经作了很大的延伸和发展,他在这个界定中强调,不出场的东西可以是没有物理基础的和没有可能在知觉中出现的东西,是不可能有被代表的东西的,他认为幻想中的东西是现实中不能出现的东西,因而也是可以变幻莫测的,而这些正是幻想的特点。② 胡塞尔由此而断言幻想是"相应的知觉的变形"（eine Modifikation der entsprechenden Wahrneh-mung）。③ 例如石头通过窗户而不打破窗户的幻想就是事物由于从知觉到幻想的变形而被引申的结果。④ 又如一座金山也是由于幻想而使知觉变形的产物。胡塞尔认为金山虽然不存在,但它是有意义的,甚至于人首马身的怪物也可以出现在幻想中。

不管幻想这种想象与现实世界如何抵触,但无论如何,幻想为我们开拓了视野,让我们看到了世界上更大、更多的可能性。胡塞尔在讲他的"本质直观"的理论时就赋予了想象以开拓可能性领域的力量。

胡塞尔认为"本质直观"可以通过个别的直观中可见的范例而直观到事物的本质（普遍性）,但此范例不一定是知觉到的,而可以是记忆中可见的,也可以是幻想中可见的。这就是说,事物的本质可以借助幻想达到。他认为几何学家更多地是在幻想中而较少在对形象的知觉中操作,几何学家在幻想中

　　① John Sallis,*Delimitations*,Second Edition,Indianna University Press,1986,第77—79 页。

　　② 参见 Husserl,*Phantasie*,*Bildbewusstsein*,*Erinnerung*,Husserliana23,ed. Edward Marbach,The Hague:Martinus Nijhoff,1980,第 150 页;参见 J. Sallis,*Double Truth*,State University of New York Press,1995,第 119 页。

　　③ 转引自 J. Sallis,*Double Truth*,State University of New York Press,1995,第 121 页。

　　④ 转引自 J. Sallis,*Double Truth*,State University of New York Press,1995,第 121 页。

有"无比的自由"来考虑无数可能的图形,把无数可能的图形都计入一种本质之中。所以胡塞尔认为在具体科学中,幻想比知觉更重要。① 幻想可以使无数个体的东西作为范例而让本质被直观到。

胡塞尔不仅谈到科学需要幻想,而且也谈到历史、艺术、诗更需要幻想,但他在这方面却语焉不详,远不及康德对于审美意识中想象力的重要作用谈得详尽。胡塞尔基本上是从认识的角度谈论他关于想象的思想观点。

关于胡塞尔的"本质直观",学者们有各式各样的质疑,这不属本章讨论的主题。我这里想提问的是,胡塞尔所讲的例如几何学家的操作,如果按胡塞尔的说法,是在幻想中操作,那么,这种所谓"幻想"能够与他所说的人头马身之类的幻想同日而语吗? 或者更概括一点说,科学的幻想与艺术的幻想有何区别? 胡塞尔所谓"本质直观"中的"直观"实际上是把知觉、思维与想象结合为一体的,知觉、思维与想象在这里是一次完成的。他在这里企图把普遍本质与个别的东西结合在一起,这个思路值得赞赏,但也存在着很多模糊矛盾的地方。我倒是觉得胡塞尔关于想象的思想观点中最值得我们吸取的是他对于康德的想象定义的发挥与发展:他强调"不出场的出场"中不出场的东西可以是知觉中根本不可能出场的东西,是幻想的东西;他强调不出场的东西对于构成一个对象的必要性;他强调幻想拓展了可能性的视野。

## 二、想象的多层次界定;审美幻想把逻辑上 不可能的东西纳入万物一体之中

可以看到,"想象"的最经典的定义是"使本身不出场的东西出场"的"能力"或"经验"(康德用的是"能力",胡塞尔爱用"经验")。我以为对于这个定义可以作如下几个层次的解读。

第一,指记忆或联想。已经过去了的事物,当我们回忆起来时,这个事物虽未在知觉中出现于当前,也就是说没有现实地出场,但它却在我们的想象中潜在地出场了。联想是由此一当前的在场的事物想到另一已经过去了的事

① Husserlianna,3,3,§70;参见 J. Sallis, *Double Truth*, State University of New York Press, 1995,第 131 页。

物,这也是一种本身不出场的出场,一种想象中潜在的出场。亚里士多德把联想分为三种形式:相似(similarity)、对比(contrast)和接近(contiguity)。洛克最早提出"观念的联想"(Association of ideas)。休谟认为联想的主要形式是相似、时空中的接近和因果。联想中有认识上的联想,如清晨从看到马路上全都湿了想到昨夜下雨。还有审美的联想,如白居易《琵琶行》中说的"大弦嘈嘈如急雨,小弦切切如私语",就是由大弦嘈嘈联想到相似的急雨,由小弦切切联想到相似的私语。联想,正如康德关于"再生的想象力"所说,是没有或者说是缺乏创造性的。即使审美意识中的联想,其创造性和诗意也是不够的。白居易的《琵琶行》太露骨、太直白、不够含蓄,没有达到我下面将要讲到的显隐合一,或刘勰说的"隐秀"说的更高层次的诗意境界。

第二,创造的想象。这种想象力不只是起联想的作用,而且具有建构的能力(constitutive)。首先就认识方面说,例如前面所说通过一事物对象当前出现的(在场的)某个侧面而想象到它背后隐蔽的、未出场的各个侧面而建构成作为"共时性"整体的一个事物对象,这种"本身不出场的出场"就是具有建构性的、创造性想象。我在《哲学导论》中举了很多例子说明了这一点。[1] 另外,康德的"图式"说和胡塞尔的"本质直观"说,也是从认识方面说明创造性想象在结合普遍性概念与个别直观于一体从而构成经验知识的不同尝试,尽管我们可以对他们的尝试提出各种质疑,但他们的基本思路是值得我们重视的。

我这里想着重说明的是创造的想象力在审美意识中所起的作用。康德关于想象在审美意识中的作用的学说最终属于典型说,想象力的功能是使理念(典型)显现于个别的感性形象之中。我主张审美意识的更高层次应当是超越典型说所讲的典型创造,而以在场的东西通过想象显现出本身不在场的东西,从而使鉴赏者驰骋于无限的想象空间(无限的不在场的空间),玩味无穷,所谓"词外之情"、"言外之意"、"弦外之音",这才是最高的审美境界。我在《哲学导论》中所举的杜甫的"国破山河在,城春草木深",元稹的"白头宫女在,闲坐说玄宗"等例子,都是说的这种想象力的审美功能。从"山河在"、"草木深"之出场让鉴赏者去想象、玩味"无余物"和"无人"的这些本身未出场的荒凉景象,从"白头宫女在"之出场让鉴赏者去想象、玩味昔日之繁华已成过

---

[1]　参见张世英:《哲学导论》,北京大学出版社 2002 年版,第48—51 页。

眼云烟的寂寞寥落景象,这就是一种"语少意足,有无穷之味"的诗意和审美境界。① 欧洲现当代以海德格尔为代表的显隐说和中国古代刘勰的"隐秀"说,其基本的共通之点都是强调最高的美在于从在场的显现的东西想象到无穷的不在场的隐蔽的东西,从而得到一种余味无穷的审美享受,这种审美享受超越了典型创造所给人的审美享受,它给人的想象空间远比典型所给人的想象空间要无比广阔。②

这里所说的在场的东西和本身不出场的东西不仅仅是指知觉中个别的东西,而且包括感性中个别的东西与理性思维中普遍性概念相结合的复杂事物,即事与理相结合的事物。例如《红楼梦》里所讲的复杂故事就不只是简单的个别感性事物,而是事与理、感性中个别事物与普遍性概念相结合的复杂情节,这是指在场的东西。而由《红楼梦》里明白说出的这些在场的东西所玩味和想象的关于人生的品味则是未出场的、含蓄在《红楼梦》所讲的故事情节背后的东西,它们也不是简单直观的个别事物,而是事与理、感性直观与普遍性概念相结合的东西。从这个意义上说,我们所强调的显隐说或隐秀说也是对典型说的超越,这种想象包括了概念而又超越了概念。增强想象力正是要我们不限于某个固定的概念框框的限制,飞离出概念之外,到无限的不在场的广阔空间中翱翔。概念者,界定之谓也,界定在无限的不在场的空间中只能是相对的,它的藩篱总是要不断地被打破的。

审美意识中以在场显现本身不在场的想象,与认识中通过本身不在场的东西与在场东西的综合而把握一个整体对象的想象,两者有一个重要的共通之处,这就是在场者与不在场者的共时性。人把当场所看到的一个东西的某个侧面(例如通过知觉看到一颗骰子的 6 点这一面)与想象中的其他几个面(骰子的 1、2、3、4、5 这些面,它们本身并未出场于知觉中)综合为一,这才成了作为整体的一个"东西"。这个整体中出场的方面与未出场的方面是同时发生的,这就叫做"共时性"。对任何一个事物的认识都是如此。人不可能同时看到一事物的方方面面,只能在时间的绵延中"历时性地"此刻看到这一面,下一刻或上一刻看到另一面,但想象却可以把此刻看到的一个方面与想象

① 参见张世英:《哲学导论》,北京大学出版社 2002 年版,第 157—159 页。
② 参见张世英:《哲学导论》,北京大学出版社 2002 年版,第 156、159 页。

中另外许许多多的方面(实际上这些方面是无穷之多的),亦即把在场的东西与无穷多不在场的东西综合为"共时性"的一个整体。所以对一个作为整体的对象的认识要靠想象。① 同理,显隐说或隐秀说的审美意识,其中在场的显现的东西与不在场的隐蔽的东西,或者说,"词外之情"的词与情,"言外之意"的言与意也是"共时性地"发生的。我们在鉴赏"国破山河在,城春草木深"这句诗的诗意时,"山河在"与想象中的"无余物","草木深"与想象中的"无人"是同时发生的。隐蔽与显现,隐与秀在想象中构成一个"共时性"的整体的审美经验,人在这种审美经验中使时间上的过去、现在、未来三个环节达到合而为一的境界。② 陆机所谓"观古今于须臾,抚四海于一瞬"(陆机:《文赋》),正是说的审美经验中的这种"共时性":过去的东西(古)已经不在场了,但它们在想象中与此刻在场的东西(今)综合为一("须臾");海外的东西无穷无尽,需要花很多时间去观看,它们对于处在此时此地的我来说都是不在场的,但它们在我的想象中却与此时此地的我所看到的出场的东西综合为一("一瞬")。"观古今于须臾,抚四海于一瞬",这两句话可以说是对创造想象力之打破古今的时间界限和此处与彼处的空间性界限的这种特点的一个最精辟的概括与描述。

　　陆机的名句不仅适用于文思和审美意识,也完全适用于认识中的想象。它的核心在于告诉我们,无论审美还是认识,都要有驰骋于八极之外的想象力。审美的想象如此,科学的想象亦然。近来大家正在大讲而特讲的关于科学精神与人文精神相结合的话题,其中涉及的范围非常之广,但我想,除了把人生的意义和境界不限于科学方面(或人文方面)这一点之外,还有很重要的一点,就是,科学精神本身就有与人文精神相通之处:两者都需要有驰骋于八极之外的想象力。科学家要探索宇宙的奥秘,要认识自然现象的深刻本质,就不能停滞于当前在场的东西,而必须通过想象,投身到无穷无尽的不在场的时间和空间中去,把广阔无垠的不在场的天地作为自己纵横驰骋的场所。所谓"精骛八极,心游万仞"(陆机:《文赋》),不仅是文学艺术家也是科学家所应有的想象力和胸怀。想象既为文学艺术家也为科学家敞开了一个不囿于当前

---

　　① 参见张世英:《哲学导论》,北京大学出版社2002年版,第49页。
　　② 参见张世英:《哲学导论》,北京大学出版社2002年版,第49—50页。

在场的广阔无垠的视域:文学艺术家因为有了这个视域而由显到隐,玩味无穷,得到美的享受;科学家因为有了这个视域而置一个现象于普遍联系之中而求得真理。科学家和文学艺术家可以相互从对方学习和提高这种想象力和胸怀,我以为这是科学精神与人文精神相结合的一点要义。许多伟大科学家都富有人文精神和审美想象力。另外,兼为科学家的文学家在思想史上和文学史上也不乏其人,都是由于这个道理。

科学的想象与审美的想象也有其不同之处。审美想象中在场与不在场的综合总是渗透着情感的因素。王夫之说:"夫景以情合,情以景生,初不相离,唯意所适。"(王夫之:《姜斋诗话》卷二)脱离了情的景就不成其为审美想象中的景,不能使人得到美的享受。科学家可以通过文学艺术修养和审美想象的培养来提升自己的科学想象力,拓展自己的胸怀,但科学研究本身还是更多地依靠冷静的思维,其成果有赖于逻辑推理和实验观察的检验。例如梵·高的农鞋,人们在鉴赏它时正是通过这幅在场的农鞋画,想象到它背后所隐蔽的无穷个不在场的画面:农妇在寒风凛冽中艰辛的步履,穷人对面包的渴望,在死神面前的颤栗,等等,鉴赏者在把这些不在场的画面与在场的农鞋综合为一的审美意识中是充满了感叹之情的,鉴赏者作为一个美的享受者并不需要像自然科学家那样去追踪和研究造成当前这幅农鞋画面如破烂的黑洞等背后的不在场的物理原因,也不需要像社会学家、历史学家那样去研究其隐蔽的社会历史原因。当鉴赏者一旦追问和研究这些物理原因和社会历史原因时,他就停止了审美意识活动而转向认识活动和科学研究的活动了,[1]这时需要得更多的是冷静的思维、推理和证实。当然,这两种活动在实际上往往是交织在一起的。科学想象与审美想象还有一点不同之处,就是,科学家虽然需要有丰富的想象力,要想象一个事物、一个现象背后的各式各样的联系,但他为了寻求某种条件下的某种科学规律,又总是要割去其与许多不在场的东西的联系,这就使科学规律必然具有一定的相对性,使科学必然具有一定的抽象性。当然,科学家的那种驰骋于八极之外的想象力,有时是穿插在科学家的科学活动之间的。所谓"大胆假设,小心求证",其实也可以解读为大胆的想象、广阔的胸怀与冷静的思维、细致的观察。伟大的科学家应同时具有这两种非凡的能力。

---

[1]　参见张世英:《哲学导论》,北京大学出版社 2002 年版,第 165—166 页。

　　第三，幻想(phantasy)。这也是一种使本身不出场的东西出场的想象力，只不过这里所谓本身不出场的东西是知觉中、感性直观中从未出现过或根本不可能出现的东西，例如一座金山，或者李白诗中说的"白发三千丈"，或者孙悟空一个筋斗十万八千里，都是感性直观中从未出现过或根本不可能出现的东西，这就叫做幻想，这是一种特殊形式的创造性想象。

　　幻想和一般的想象一样，也有感性直观中的知觉作为基础。当前出场的东西固然是知觉中的东西或以知觉为基础的东西，本身未出场而只是在幻想中出场的东西也是如此。但幻想，正如胡塞尔所说，是"知觉的变形"。"变形"就是一种重新组合、一种变异，经过幻想对知觉的重新组合、变异，可以知觉到的东西就变成了不可知觉的东西。金和山分别来看，人都知觉过，所以一座金山有其知觉的基础，但有此知觉基础的幻想物、幻象(phantasm)不等于就是可能知觉到的东西，一座金山就是经过重新组合、变异之后不可知觉到的幻象。三千丈的东西或白发，人都可以知觉到，但三千丈的白发却是经过重新组合、变异之后不可能知觉到的幻象。一般想象都如前所述有飞离在场的特点，而幻想则比一般想象具有更大程度的飞离在场的特点。人在一般的审美想象中可以因意识到飞离在场的自由而感到愉悦，感到一种美的享受，而在幻想中则由于这种更大程度的自由意识而感到更大的愉悦、更多美的享受。文学艺术作品多富有幻想，这是文学艺术作品给人以美的享受的一个重要原因。

　　幻想中的自由和一般想象的自由一样，其实都是可能性范围的扩大。幻想把可能性的范围扩大到了平常认为不可能的范围。我们可以想象有一尺长两尺长甚至三、五尺长的白发，但一般的想象中不可能出现三千丈的白发，两三千丈的白发却可以在幻想中出场。我们可以想象一大堆一大堆的金块，但一般的想象中不可能出现一座金山，而金山却可以在幻想中出场。所以幻想由于其突出的飞离在场的特点而突出地扩大了可能性的范围。完全囿于在场的人，就没有自由意识，对于这种人来说，谈不上有什么可能性的空间；越是能飞离在场的人越具有自由意识，这种人所能活动的可能性空间就越大。但如何对待幻想的自由以及活动空间可能性的扩大，却有审美幻想与科学幻想之别：审美幻想远远飞离了在场，其幻象在现实世界中不可能出场，但它不需要现实来证实，不需要感性直观和思维推理的检验，孙悟空一个筋斗翻十万八千里,谁也不要求用什么直观和理性来核查这种幻象是否符合实际,原因在于这类审美幻想本身具有艺术的真实性,表达了人性和人生意义的深层,人因此类审美幻想而进入了一种高远的人生境界。① 科学幻想不同于审美幻想:科学幻想也可以幻想出现实中没有出场过的东西或当时认为根本不可能出场的东西,但科学家在有了这种科学幻想之后,还需要进一步通过艰苦的思维推理和实验观察来实现它、证实它,否则,他的幻想就要落空,他将无所成就。科学家不能像审美鉴赏家那样沉溺于幻想的审美享受之中。从这个意义上讲,我们也许可以说科学家比审美鉴赏家更辛苦。

科学家可否不需要幻想呢? 我以为科学家越富于幻想,其在发明创造方面的成就有可能会越大。幻想提供广阔的可能性范围,缺乏幻想意味着可能性范围的限制,其发明创造的广度和深度也会受到限制。可以说,想象、幻想是科学研究的一个起点。起点不高,虽然经过艰辛的思维推理和实验观察也可以获得一定的科研成果,但这种科研成果也不会太大。伟大的创造发明在当初被认为是不可能的幻想,这种例子我想科学家一定可以列举不少。科学幻想与审美幻想不是可以绝对划分开来的,富于审美幻想的科学家有时也可以通过艰辛的思维推理和实验观察让此种幻想得到实现与证实,这样来看,原来似乎只是审美的幻想就与科学的幻想有了彼此相通之处了。科学家如果能多一些审美想象和审美幻想的修养和趣味,这会大有助于科学上创造发明的成就。我想,这也许是科学精神与人文精神结合的一个关节点吧。

关于科学幻想与审美幻想的区别问题还涉及一个逻辑上可能与不可能的问题。前面谈到幻想中出场的东西是从来没有出场过或根本不可能出场的东西,这里的"不可能"有事实上的不可能和逻辑上的不可能之分。白发三千丈、一座金山是事实上的不可能,但在逻辑上是可能的;方的圆形、铁制的木头不但事实上不可能,而且在逻辑上也不可能。审美幻想不但可以有事实上不可能的幻象,而且可以有逻辑上不可能的幻象。清初叶燮在分析杜甫"晨钟云外湿"和"碧瓦初寒外"的诗句时说,诗中可以有"不可施见之事"("不可述之事")和"不可名言之理"("名言所绝之理")。前者指的是事实上不可能的

---

① 　参见张世英:《现实·真实·虚拟》,《江海学刊》2003 年第 1 期。

事,后者指的是逻辑上不可能之理。① 这说明审美幻想可以容许把逻辑上不可能的东西纳入在场与不在场融合为一的"一体"之中。想象的空间竟如此巨大,以致能容纳连逻辑上都不可能的东西,这也说明想象对于扩展"万物一体"的人生境界所起的重大作用。

但是,科学研究是否也允许有不合逻辑之理呢? 科学家是否可以让自己的不合逻辑的幻想一直保持在科研活动中而不被扬弃和超越呢? 科学成果是否可以包括像审美幻想中所存在的那种不合逻辑之理呢? 我以为科学研究活动本身应是按逻辑规律来进行的,科研成果应是经得起逻辑推理的考验的。科学家需要有幻想,但这绝不等于说科研活动就是科学幻想。人的审美意识可以有不合逻辑的幻想,但人工智能的巨大成就却至少截至目前为止,还无法达到人的审美意识中不合逻辑的幻想程度。人工智能是否存在着某种不可逾越的逻辑极限呢? 科学能发展到制造出一台堪与人的不合逻辑的审美幻想相匹敌的计算机吗? 科学所能发现和它所描述的世界是否不过是一个逻辑上不矛盾的世界,而人所生活于其中的"生活世界"却突破了逻辑极限而比科学所能达到的世界要丰富无比呢? 人和机各有所长。科学精神如能与人文精神相结合,不是能更圆满地实现人生的意义和价值吗? 人是自然的一部分,但自从人超越自然而出现以后,人与自然就又同时有了区别。究竟是人比自然更奥秘还是自然比人更奥秘? 这的确是个问题。人的许多奥秘现象也许是自然科学所永远无法穷尽的,自然的许多奥秘现象也许是人所永远无法实现和完成的,但人却可以正因为如此而展开想象的翅膀,在人与自然之间永无止境地自由翱翔。

---

① 参见张世英:《哲学导论》,北京大学出版社 2002 年版,第 200—202 页。说审美幻想可以有逻辑上不可能的东西,这并不意味着审美幻想可以是毫无意义的胡思乱想、胡说八道。胡塞尔和当代法国哲学家德里达都认为逻辑上违反矛盾律的方形的圆,尽管从逻辑上讲是不可能的,但它是有意义的,而像"绿色是或者"这样的表述则如德里达所说是无意义的胡扯。

# 第七章　艺术哲学的新方向*

　　我在 1993 年发表的一篇题为《审美—超越—自由》的文章①中说过这样一段话:"学者们一般都把审美意识放在主客二分关系中来讨论:有的主张审美意识主要源于主体,有的主张审美意识主要源于客体,有的主张审美意识是主客的统一。不管这三种观点中的哪一种,都逃不出主客二分的思想模式。……实际上,审美意识是人与世界的交融,用中国哲学的术语来说,就是'天人合一',这里的'天'指的是世界。人与世界的交融或天人合一不同于主体与客体的统一之处在于,它不是两个独立实体之间的认识论上的关系,而是从存在论上来说,双方一向就是合而为一的关系,就像王阳明说的,无人心则无天地万物,无天地万物则无人心,人心与天地万物'一气流通',融为一体,不可'间隔',这个不可间隔的'一体'是唯一真实的。"我在这里重抄这一段话,乃是为了粗略地勾画一下当前这篇文章的主要内容和目的,即说明这段话的前半段指的是艺术哲学的一种旧观点,后半段指的是一种新方向:这"旧"字不仅旧在它是我国三十多年前即 20 世纪 50 年代中期到 60 年代初期几种不同观点所共有的思维模式,而且旧在它所依据的是欧洲自柏拉图或至少是自笛卡尔到黑格尔的旧形而上学;这"新"字一方面是指欧洲现当代哲学家海德格尔所代表的哲学转向,其中包括艺术哲学的转向,另一方面也指对中国传统文艺理论观点的新的阐发和诠释。

---

　　* 原载《文艺研究》1999 年第 4 期。
　　① 见《国故新知——中国传统文化的再诠释》,北京大学出版社 1993 年版,第 423—429页。

# 一、欧洲传统艺术哲学建立在主客
# 二分的认识论基础之上

主客二分即主—客关系式，由柏拉图开其先河，其明确的建立和发展则相伴于笛卡尔开创的欧洲近代哲学，到黑格尔达到其完善的顶峰。这种思维模式要求作为主体的人把本来外在于主体的客体作为对象来加以认识，从感性认识到理性认识，最终认识到特殊事物所共有的普遍性即本质、概念，从而能说出某事物是"什么"。这"什么"就是各种特殊事物的本质、概念。例如，当认识到或者能说出某物是"桌子"时，这里的"桌子"就是各种特殊的桌子的普遍性，是它们的本质概念。可以说，"什么"乃是主—客式所要达到的目标，主—客式由此而崇尚理性、概念，故这种哲学又可叫做概念哲学。

欧洲传统艺术哲学基本上以所谓典型说为其核心，典型说就是以概念哲学为其理论基础的：典型就是作为普遍性的本质概念，艺术品或诗就在于从特殊的感性事物中见出普遍性、见出本质概念。柏拉图认为感性事物是概念（"理念"）的影子，而艺术品或诗不过是对感性事物的摹仿，因而是影子的影子，故他要拒斥诗人、画家于他的国门之外。亚里士多德认为历史学家描述已发生的事情，诗人则描述可能发生的事情，因为诗所言说的大多带有普遍性，而历史所说的则是个别的东西。[①] 亚里士多德所说的普遍性就是典型，诗就是要写出典型。亚里士多德还把典型与理想联系起来，认为艺术品应当按事物"应然"的理想去摹仿，例如画美人就要画出集中美人之优点的理想的美人。这种典型显然是以本质概念为依归，实源于柏拉图的"理念"。"理念"本来就有普遍性、理想性的意思，艺术品应以"理念"为原型来加以摹仿。欧洲近代流行的"典型"一词与柏拉图的"理念"有密切关系。康德虽然承认审美意象所包含的意蕴远非明确的普遍性概念所能充分表达，这比亚里士多德把诗人所描述的可能性限制在同类的普遍性范围之内的思想要前进了一步，但康德没有充分发挥这一思想观点，而且他的哲学中的"规范意象"，显然未脱旧的追求普遍性概念的窠臼。近代艺术哲学的典型观已经把重点转到特殊

---

① 参见亚里士多德：《诗学》，第9章。

性,重视普遍与特殊的统一,但即使是强调从特殊出发的歌德,也主张在特殊中显出普遍,所谓"完满的显现"就是要显现出本质概念,这种艺术观仍然是走的概念哲学的旧路。西方艺术哲学中有所谓艺术摹仿自然的主张,不用说,是以自然为原型,以艺术品为影像的主—客式的表现。黑格尔虽然批评摹仿说,认为摹仿说意在复制原物,而实际上摹仿总是"落后于原物",但黑格尔所谓"美是理念的感性显现",仍然是要求艺术品以追求理念即普遍性的本质概念为最高目标,凡符合艺术品之理念的就是真的艺术品,尽管他也要求典型人物应是有血有肉的活生生的人。我国文艺理论界近半个世纪以来所广为宣讲的典型说,认为只有能显现一件事物之本质或普遍性的作品才是真正的艺术品,此种艺术观完全是欧洲传统典型说之旧调重弹,其理论基础是欧洲旧的概念哲学,它的要害就是把审美意识看成是认识(即认识事物的本质概念,认识事物是"什么"),把美学看做是主—客关系式的认识论。在三十多年前的那场美学争论中,有的参与者曾明确宣称,美学的哲学基本问题是认识论问题,这就充分点出了他们所崇奉的旧的艺术哲学的核心。

## 二、欧洲现当代哲学置审美意识于超越<br>主客二分的本体论基础之上

黑格尔逝世以后的一些欧洲现当代哲学家如狄尔泰、尼采、海德格尔等人,都不满意传统的主—客式的概念哲学,而努力寻求一种超越主—客式、超越概念哲学的道路。这是欧洲哲学的一次新的重大转向。狄尔泰认为人与世界的关系不止是主体与客体的外在关系,人生的意义不止是在主体与客体之间搭上一座认识的桥梁(所谓"主客统一")而已,人生乃是作为知(认识)情意(包括本能、下意识等)的人与世界万物融合为一的整体。尼采主张摒弃主体、客体的概念。他斥责柏拉图抬高世界、贬低感性世界,是因为"柏拉图在现实面前是懦夫"。尼采明确断言,艺术家"热爱尘世",而旧形而上学把人引向概念世界,使人生变得"枯竭、贫乏、苍白"。他提倡"学习善于忘却,善于无知,就像艺术家那样"①。这也就是提倡超越主客、超越知识以达到他的"酒神

---

① 尼采:《悲剧的诞生》,三联书店 1986 年版,第 331 页。

状态"——一种与万物为一体的天人合一的境界。尼采还认为世界万物不过是相互联系、相互作用、相互影响的,根本没有什么独立的实体或本质概念。海德格尔则明确地要求返回到比主—客关系更本源的境域,或者说是一种先于主客区分的本源。此境域由普遍的"相互联系、相互作用、相互影响"(用尼采的话来说)"构成",每个人都是这种联系、作用、影响的聚焦点,有的联系、作用、影响是直接的、距离较近的、有形的、重要的,有的是间接的、距离较远的、无形的、不重要的。借用佛家所讲的"因缘"来说,一事一物皆因缘和合而生,有直接与以强力者为因,有间接助以弱力者为缘,事物皆与其境域相互构成。人与世界的关系就像灵魂与肉体的关系一样:无世界,则人成了无躯体的幽灵;无人,则此世界成了无灵魂的僵尸,是无意义的。我为了通俗起见,经常借用中国哲学的术语把这种关系称为"天人合一"(当然这里要撇开二者的不同之处)。"天人合一"就是万物一体:万物各不相同而又互相融合,一气相通,这里没有任何二元之分,包括主客之分、物我之分。这万物一体的境域是一切事物之所以可能的本源或根源,它先于此境域中的个别存在者,任何个别存在者因此境域而成为它之所是。人首先是生活于此万物一体的"一体"之中,或者说天人合一的境域之中,它是人生的最终家园,无此境域则无真实的人生。但人自从有了区分主客的自我意识之后,就忙于主体对客体的追逐(无穷尽的认识与无穷尽的征服和占有)而忘记了对这种境域的领会,忘记了自己实际上总是生存在此境域之中,也就是说,忘记了自己的家园。

　　诗意或者说审美意识,在海德格尔看来,就是打开这个境域的一种返回家园之感,也可以说,就是回复或领会到天人合一、万物一体。人自脱离母胎以后,先总是有一个短期的不分主客的无自我意识的阶段,然后才区分主客,产生自我意识,至于领会到万物一体、天人合一,从而超越主客二分,则是有了审美意识的人或少数诗人之事。黑格尔青年时期曾经把艺术、审美意识置于哲学、理性概念之上,到了他的哲学成熟期则反过来把哲学、理性概念置于艺术、审美意识之上。他在阐述其成熟期的这套理论时曾明确地把主客"二分"的态度看成是"对于对象性世界的散文式的看法"而与"诗和艺术的立场""相对立"①。从黑格尔这里也可以看到我国三十多年前关于美是主客二分关系的

————————————

① G. F. W. Hegel Werke 13, Suhrkamp Verlag, 1986,第 410 页。

观点之陈旧。只是黑格尔仅仅认为从无自我意识到有自我意识的"中间状态"（或者说是一种"初醒状态"）才有诗兴和艺术的起源，他不知道有通过修养和陶冶而达到的超越主客的诗意和艺术，就像老子所说的超知识的高级"愚人"状态或"复归于婴儿"的状态即真正的诗人境界。黑格尔贬低艺术，他是主客式的散文哲学家，而非诗人哲学家。实际上在他以前的主—客式的旧形而上学也都认为个人的意识发展以及整个人类思想的发展都只不过是从原始的主客不分到主客关系而已，他们只知道在主客关系框架内通过认识而达到的主客关系统一，而基本上不承认有超越主客关系的诗意的"天人合一"、"万物一体"。所以在他们看来，真实的世界只能是"散文式的"，人们最终能达到的只是一些表达客体之本质的抽象概念。哲学成了远离诗意的枯燥乏味、苍白无力、脱离现实的代名词。海德格尔——反黑格尔集大成的主—客式的主体性哲学，强调对"人与存在的契合（Entsprechen）"①的领悟或感悟，认为人一旦有了这种感悟，就是聆听到了"存在"的声音或呼唤，因而感到一切都是新奇的、"令人惊异的"，都不同于按平常态度所看待的事物，而这所谓新奇的事物，实乃事物之本然。所以海德格尔说："哲学就是与存在者的存在相契合"②；又说："诗人坚定地聆听事物之本然。"③海德格尔显然把哲学和诗结合成了一个整体。

这里值得注意的是，海德格尔认为，因感悟到"人与存在的契合"而引起的新奇或惊异，并不是在平常的事物之外看到另外一个与之不同的事物。他认为"在惊异中，最平常的事物本身变成最不平常的"④。所谓最平常的，就是指平常以主客式态度把事物都看成是与主体对立的单个存在者（being）。海德格尔认为以此种态度看待事物，存在不可能敞开，而在"人与存在契合"的"惊异"中，同样的平常事物被带进了"存在者的整体"（das Seiende im Ganzen），事物不再像平常所看待的那样成为被意识人为地分割开来的东西，而

---

① Heidegger，Was ist das-die Philosophie? Pfullingen：Günther Neske，1956，第 26 页。

② Heidegger，Was ist das-die Philosophie? Pfullingen：Günther Neske，1956，第 23 页

③ Heidegger，Gesamtausgabe 39，第 201 页；J. Sallis，*Reading Heidegger*，Indiana University Press，1993，第 185 页。

④ Heidegger，Gesamtausgabe 45，第 166 页；J. Sallis，*Double Truth*，State University of New York Press，1995，第 208 页。

显示了"不平常性",从而"敞开"了事物之本然——敞开了事物本来之所是。所以要达到诗意的"惊异"之感,只有超越主客关系,进入一种类似中国的天人合一的"人与存在相契合"的境界之中。

海德格尔对于"人与存在相契合"的感悟所引起的诗意的新奇、"惊异"之感的看法,和文学家柯勒律治的看法是一致的,只不过柯勒律治没有那么多的哲理分析。柯勒律治说:"渥兹渥斯先生给自己提出的目标是,给日常事物以新奇的魅力,通过唤起人对习惯的麻木性的注意,引导他去观察眼前世界的美丽和惊人的事物,以激起一种类似超自然的感觉;世界本是一个取之不尽、用之不竭的财富,可是由于太熟悉和自私的牵挂的翳蔽,我们视若无睹,听若罔闻,虽有心灵,却对它既不感觉,也不理解。"①文学家柯勒律治的这段话如果用哲学家海德格尔的哲学语言来概括,那就可以这样说:世界本是一个"人与存在相契合"的整体,在这个整体中,事物的意蕴是无穷的,只因人习惯性地以主客关系的态度看待事物,总爱把事物看成是主体私欲的对象,人对这样观察下的事物熟悉到了麻木的程度,以致受其遮蔽,看不到这平常事物中的不平常的魅力,看不到其中的美丽和惊人之处。海德格尔一反欧洲旧形而上学,把哲学和诗结合在一起,所以他关于在"人与存在相契合"的感悟中所发现的平常事物本身中的不平常性的观点和论述,与诗人、文学家不谋而合。

任何一个哲学家,即使是主张以主客关系为最高原则的哲学家,其本人实际上也都有自己的"与存在相契合"的境界。如果我们的哲学家们能沿着当今的哲学和艺术哲学的新方向像诗人创作诗的作品一样,创作出表现个人独特境界的新颖的、"令人有惊异之感"的哲学作品,那该是一幅多么美妙而令人惊异的景象啊! 人类的生命和生活本来是美妙而令人惊异的。

## 三、艺术哲学的新方向要求艺术作品通过 "在场的东西"显示"不在场的东西"

在人所融身于其中的相互联系、相互作用、相互影响的境域中,每个事物都是一个聚焦点。就一事物之当前显现的方面来说,它是"在场的东西",就

--------

① 《十九世纪英国诗人论诗》,人民文学出版社1984年版,第63页。

与一事物相关联的背后隐蔽的方面来说,乃是"不在场的东西"。在场与不在场、显现与隐蔽相互构成一个境域。说此境域是万物之本源,意思也就是说,不在场的、隐蔽的东西是显现于在场的东西的本源。按照这种新的哲学方向和观点来追究一事、一物之本源,则需要从在场者追溯到不在场者,而不是像旧的概念哲学那样到抽象的概念中去找本源,这里的不在场者不是概念,而是与在场者一样具体而现实的东西。哲学由旧方向到新方向的转变就这样把人从抽象的概念王国转向具体的现实王国,由天上转向人间,由枯燥、贫乏、苍白的世界转向活生生的有诗意的生活世界。人本来就是诗意地栖居在这大地上。这样,哲学本身就是艺术哲学。通常把艺术哲学(或者用我们通常所用的术语来说:美学)看成是哲学的一个分支的看法应该说是过时了。

　　按照这种新的方向和观点,文艺作品不再是以写出具有普遍性的典型人物、典型性格为主要任务,而是要求通过在场的东西显现出不在场的东西,从显中看出隐。只有在显隐相互构成、人与世界相互构成的整个联系、作用、影响之网络中,在此本源中,才能看到一事物的真实性。诗不简单是个人情感的表达,而是引发或者用老子的话说就是"反"到作为本源意义的境域,是看到真理。所以海德格尔说,有诗意的艺术品乃是"真理的场所"。真与美在海德格尔看来是一而二、二而一的东西。这里要着重说的是这种寻本求源的新方向与旧形而上学的一个重大区别。前面说到旧形而上学家的概念哲学要求说出事物是"什么",与此相对的是,新的哲学方向则要求显示事物是"怎样"("如何")的。意思就是要显示事物是怎样从隐蔽中构成显现于当前的这个样子的。"什么"乃是把同类事物中的不同性——差异性、特殊性抽象掉而获得的一种普遍性,"怎样"则是把在场的东西和与之不同的、包括不同类的不在场的东西综合为一,它不是在在场与不在场之间找共同性。这里的"怎样"不是指自然科学如生物学、化学等所研究的动植物怎样生长、化合物怎样化合的过程,而是从哲学存在论的意义上显示出当前在场事物之背后的各种关联,这些背后的"怎样"关联,并不像自然科学所要求的那样需要出场和证实。例如:从梵·高画的农鞋显示出隐蔽在它背后的各种场景和画面即各种关联:如农夫艰辛的步履,对面包的渴望,在死亡面前的颤栗,等等。正是这些在画面上并未出场的东西构成在场的画中的农鞋。总之,"怎样"说的是联系,是关系(显隐间的联系或关系),或者用佛家的话说,是"因缘",而不是现成的东西——"什么"。这些关联的具体内容就是"何所去"、"何所为"、"何所及"之类的表述关系，表述相互纠缠、相互构成的语词。我们平常只是笼统地讲事物的普遍联系，而不讲联系中的显现方面与隐蔽方面，不讲联系所包含的各种具体内容，因而不能具体显示当前在场的事物是"怎样"联系而成——"怎样"因缘和合而成，也不能具体显示人生的诗意。例如一个酒壶，如果按照传统形而上学，酒壶由泥土做成，是壶形，可以盛酒，如此，就说明了酒壶是"什么"。但是按照海德格尔的观点，酒壶的内涵更重要的是在于它可以用来敬神或增进人与人之间的友谊或者还可以借酒浇愁，等等。这样，就从显隐之间的各种关联的角度显示了酒壶是"怎样"构成的，酒壶的意义也就深厚得多。从这里也可以看到，把美学看成是认识论，把审美意识归结为把握"什么"的认识活动，这种旧的艺术哲学观点该多么贫乏无味，多么不切实际。

"怎样"的观点，说明显现与隐蔽的同时发生和不可分离性。对一件艺术品的欣赏，乃是把艺术品中显现于当场的东西放进"怎样"与之相关联的隐蔽中去，从而得到"去蔽"或"敞亮"的境界。倒过来说，"去蔽"或"敞亮"就是把隐蔽的东西带到当场或眼前。离开了"怎样"与之相关联的隐蔽，根本谈不上在场的"敞亮"。也可以说，是"怎样"打开了"敞亮"。所以海德格尔一再申言，宁要保持着黑暗的光明，不要单纯的一片光明，一千个太阳是缺乏诗意的，只有深深地潜入黑暗中的诗人才能真正理解光明。欧洲传统的形而上学和艺术哲学之弊就在割裂"敞亮"与"隐蔽"，把"敞亮"绝对化、抽象化而奉单纯在场的永恒性（本质概念就是永恒的、单纯在场的东西）为至高无上的东西。海德格尔所代表的新的艺术哲学方向就是要强调隐蔽对敞亮、不在场对在场的极端重要性。美的定义于是由普遍概念在感性事物中的显现转向为不出场的事物在出场的事物中的显现。

## 四、把"在场的东西"与"不在场的东西"综合为一的途径是想象

把显现与隐蔽综合为一的途径是想象。旧形而上学和艺术哲学所借以达到本质概念的途径是思维，即把特殊的东西一步一步地加以抽象从而把握普遍性。想象在旧形而上学看来，不过是单纯在场的原本的影像，应该加以贬低

或排斥。康德在欧洲哲学史上几乎是第一个打破这种关于想象的旧观点的哲学家。他说："想象是在直观中表象出一个本身并不出场的对象的能力。"①康德的这一定义虽然仍有从影像追溯到原本的旧观点的痕迹，但他已经把想象放在一个既有在场又有不在场的领域。经过胡塞尔的发展，想象则更明确地成了把不在场的东西与在场的东西综合为一的一种能力。其实，任何一个简单的"东西"（thing），也要靠想象才能成为一个"东西"。一颗骰子，如果单凭知觉，则知觉到的只能是一个无任何厚度的平面，因而也就不成为一个"东西"，我们之所以能在知觉到一个平面的同时就认为它是一颗立体的骰子，是一个有厚度的"东西"，乃是因为我们把未出场的其他面或者说厚度通过想象与在知觉中出场的方面综合为一个整体的结果。所以想象乃是超越在场者，把事物背后隐蔽的方面综合到自己的视域之内，但又仍然保留其隐蔽性，而非直接让它在知觉中出场。想象不像旧哲学那样只注重划定同类事物的界限，而是注重不同一性，不仅注重同类事物所包含的不同的可能性，而且注重超越思维已概括出来的普遍性界限之外，达到尚未概括到的可能性，甚至达到实际世界认为不可能的可能性。思维总是企图界定某类事物，划定某类事物的界限，但这种界限在无穷尽的现实中是不能划定的。我们应该承认思维的局限性，但也正是在思维逻辑走到尽头之际，想象却为我们展开一个全新的视域。例如"天下乌鸦一般黑"，但下一次观察到的乌鸦可能不是黑的，这就是我们运用想象的结果，它是一种想象的可能性——一种尚未实际存在过的可能性。但尚未实际存在过的可能性并非不可能，想象的优点也正在于承认过去以为实际上不可能的东西也是可能的。想象扩大和拓展了思维所把握的可能性的范围，达到思维所达不到的可能。思维的极限正是想象的起点。

　　想象并不违反逻辑。例如说下次观察到的乌鸦可能不是黑的，这并不违反逻辑，但它并非逻辑思维之事。可以说，想象是超逻辑的——超理性、超思维的。逻辑思维以及科学规律可以为想象提供一个起点和基础，让人们由此而想象未来，超越在场的东西，包括超越"恒常在场的东西"。科学发现和发明主要靠思维（包括感性直观）、但也需要想象。科学家如果死抓住一些实际世界已经存在过的可能性不放，则眼光狭隘，囿于实际存在过的范围，而不可

① 康德：《纯粹理性批判》，B151。

能在科学研究中有大的创造性的突破。在科学的进展过程中时常有过去以为是颠扑不破的普遍性原理被超越,不能不说与科学家的想象力,包括幻想,有很大的关系。欧洲现当代许多哲学家认为只有通过想象才能敞开一个使事物如其本然的那样显示出来的整体境域,没有想象,就没有在场与不在场相结合的现实整体,诗意和艺术的魅力也不可能产生。

## 五、从重抽象性普遍概念到重具体现实

隐藏的东西的无穷尽性给我们带来了对艺术品的无穷想象—无穷玩味的空间。过去我国有的文艺理论家认为,只要从个别事物中写出和看出普遍性,这就为我们提供了言有尽而意无穷的艺术哲学上的根据。其实,如前所述,一种普遍性概念所界定的事物范围无论如何宽广,总是有限度的,我们从这种艺术作品中所能深思到的,充其量只能是与此个别事物同属一类的其他事物,因此这种艺术品所给人留下的可供玩味的可能性的余地显然也是有限度的,而不是无穷的。新的艺术哲学方向要求从显现的东西中所玩味的,不仅冲破某一个别事物的界限而玩味到同类事物中其他的个别事物,而且冲破同类的界限,以玩味到根本不同类的事物。两相比较,真正能使我们玩味无穷的艺术品显然是后者而非前者。莫里哀的《伪君子》倒是写出了典型人物或者说同类人物的普遍性特点,而不是某一个别人的精确画面,但它给人留下的玩味的空间并不是无穷的。

更进一步说,旧的典型说在崇奉普遍性概念的哲学指引下,总是强调把现实中不同人物的不同性格作集中的描写,写英雄就把现实中各种英雄的性格集中于英雄一身,写美人就把现实各种美人的美集中于美人一身,于是艺术作品中的人物、性格都被普遍化、抽象化了,虽然也能在一定限度内给人以想象和启发,但总令人有某种脱离现实之感。新的艺术哲学方向所要求显示的在场者背后的不在场者,与在场者一样,仍然是现实的、具体的东西,这样的艺术作品所描写的人和事和物也都是活生生的、有血有肉的具体现实,而非经过抽象化、普遍化的东西。当然,它也不能是具体现实物的照搬,否则,就不能给人以想象和玩味了。

中国古典诗在从显现中写出隐蔽方面,在运用无穷的想象力方面,以及在

有关这类古典诗的理论方面,实可与海德格尔所代表的艺术哲学互相辉映,或者用人们当前所习用的话来说,两者间可以实行中西对话、古今对话。

刘勰《隐秀篇》云:"情在词外曰'隐',状溢目前曰'秀'。"他所讲的隐和秀,其实就是讲的隐蔽与显现的关系。海德格尔的艺术哲学——显隐说未尝不可以译为隐秀说而不失原意。文学艺术必具诗意,诗意的妙处就在于从"目前"的(在场的)东西中想象到"词外"的(不在场的)东西,令人感到"语少意足,有无穷之味"。这也就是中国古典诗重含蓄的意思。但这词外之情、言外之意不是抽象的本质概念,而仍然是现实的,只不过这现实的东西隐蔽在词外、言外而未出场而已。抽象的本质概念是思维的产物,词外之情、言外之意则是想象的产物,这也就是以诗的国度著称的中国传统之所以重想象的原因。柳宗元的《江雪》:"千山鸟飞绝,万径人踪灭;孤舟蓑笠翁。独钓寒江雪。"这首诗所描写的画面真是状溢目前,历历可见,可谓"秀"矣。但如果仅仅看到这首诗的画面,显然还不能说领会到了它的诗意。实际上这首诗的妙处就在于它显现了可见的画面背后的一系列不畏雨横风狂而泰然自若的孤高情景,这些情景都在诗人的言外和词外,虽未出场,却很现实,而非同类事物的抽象普遍性,虽未能见,却经由画面而显现。当然这首诗的"孤舟"、"独钓"之类的言词已显露了孤高之意,有不够含蓄之嫌,但这只是次要的,其深层的内涵仍然可以说隐蔽在言外而有待人们想象。

诗人之富于想象,让鉴赏者从显现的东西中想象到隐蔽的东西,还表现在诗人能超出实际存在过的存在,扩大可能性的范围,从而更深广地洞察到事物的真实性。我们通常把这叫做夸张。李白《秋浦歌》之十五:"白发三千丈,缘愁似个长。"这里的极度夸张,其实就是想象的一种极端形式"幻想",按胡塞尔的说法是一种对实际存在中从未出场的东西的想象。白发竟有三千丈之长,此乃实际世界中从未有过的。诗人却凭幻想,超出了实际存在的可能性之外,但这一超出不但不是虚妄,反而让隐蔽在白发三千丈背后的愁绪之长显现得更真实。当然,诗人在言词中已经点出了愁字,未免欠含蓄,但这当另作评论。一个毫无想象力的人也许会凭感觉直观和思维作出白发一尺长或两尺二寸长这类的符合实际的科学概括,但这又有什么诗意呢? 如果说科学家通过幻想,可能作出突破性的发现和创造性的发明,那么诗人则是通过幻想以达到艺术的真实性;如果说科学需要幻想是为了预测未来(未来的未出场的东西），因而期待证实，期待未出场的东西的回答，那么诗意的幻想则不期待证实，不期待未出场的东西的回答，它对此漠不关心，而只是把未出场者与出场者综合为一个整体，从中显示出审美意义和审美价值。

杜甫《春望》："国破山河在，城春草木深。"司马光《续诗话》对这两句诗作了深刻的剖析："古人为诗贵于意在言外，使人思而得之，……近世诗人惟杜子美最得诗人之体，如'国破山河在，城春草木深。感时花溅泪，恨别鸟惊心'。'山河在'，明无余物矣；'草木深'，明无人矣。……"从司马光的剖析中可以看到："山河在"和"草木深"都是"状溢目前"的在场者（"秀"），但它们却显现了不在场（"隐"）的"词外之情"——"无余物"和"无人"的荒凉景象。值得注意的是，这里的显现是想象的显现，想象中的东西仍保留其隐蔽性，只有这样，这两句诗才有可供玩味的空间。若让想象中的东西在言词内出场，把杜甫的这两句诗改成为"国破无余物，城春无人迹"，那就成了索然无余味的打油诗了。杜甫的这两句诗是中国古典诗中重言外意的典型之一，司马光的赏析则深得隐秀说之三昧，可与海德格尔显隐说的艺术哲学相呼应。像杜甫这样的由在场想象到不在场的中国古典诗，显然不是欧洲旧的典型说所能容纳的，其所给人留下的想象空间也不是按典型说所写的艺术作品所能比拟的。

总括以上所说，我以为从主客关系到超主客关系，从典型说到显隐说，从重思维到重想象，从重普遍本质到重具体现实，乃是当今艺术哲学的新方向。把中国的隐秀说和中国古典诗词同欧洲现当代艺术哲学联系起来看，则虽古旧亦有新意，值得我们特别加以重视并作出新的诠释。

# 第八章　审美价值的区分*

## 一、黑格尔论艺术价值的区分

　　一般对艺术的分类，大多是以无形与有形、无声与有声、无言与有言为标准，例如建筑、雕刻、绘画属于有形，音乐和诗属于无形；建筑、雕刻、绘画属于无声，音乐与诗属于有声；建筑、雕刻、绘画、音乐属于无言（这里的音乐指不包括歌词在内的乐曲），诗属于有言。至于这些艺术门类的审美价值之高低，则众说纷纭，各有千秋。黑格尔的艺术分类是哲学家和美学家中最系统、最详尽、最明确的。他的分类标准也是人所共知的，即以精神与物质的适合程度，或者说以精神战胜物质的程度为划分艺术门类的高低为标准：一种艺术门类愈受物质的束缚，精神活动的自由愈少，则愈低级；反之，一种艺术门类愈不受物质的束缚，愈显出精神活动的自由，则愈高级。据此，从建筑、雕刻、绘画到音乐、到诗，便是一个物质性的束缚愈来愈少，精神性的自由愈来愈强的过程，因而也是各种艺术门类由低级到高级的过程：建筑是最具物质性的，是艺术中最低级的门类；诗以语言为媒介，是最少物质性的，属于艺术中最高级的门类。黑格尔的这种分类标准，若按有形与无形、有声与无声、有言与无言的划分，则可以说是无形高于有形，有声高于无声，有言高于无言。例如音乐不占空间，只占时间，是无形而有声的，它高于占平面空间的有形而无声的绘画，更不用说它高于立体的同样是有形无声的建筑和雕刻；又如音乐与诗虽然都是有声的，但诗之不同于音乐的特点在于诗是语言的艺术，而音乐则是有声而非语言

---

　　* 原载《湖南社会科学》2000 年第 6 期，原题为《有形与无形　有声与无声　有言与无言——试论美与诗意境界的区分》。

的艺术,故诗高于音乐。显然,黑格尔在他的艺术分类中,除开表达了精神超出物质的基本思想之外,还表达了一个与之相联系的重要观点,即语言高于形体,高于一般的声音;语言比起形体和一般的声音来,最能表达精神性的东西(当然是指在艺术的范围之内)。语言的艺术(诗)所保留的最后的物质性的东西是声音(至于占有平面空间的绘画和立体空间的建筑、雕刻所具有的物质性的东西,在语言的艺术中则更是早已被扬弃、被转化了),这一点是与音乐共同的。但在黑格尔看来,音乐里的声音能直接引起人们的内心感情,而诗里的声音则转变成了语言,声音成了表示观念和概念的符号,它是间接地通过观念和概念而引起人的内心感情。语言高于单纯的声音之处在于它运用它所特有的观念、观感之类的精神性媒介(声音只是起辅助作用的媒介),通过语言文字的具体陈述,能把精神内容的丰富性、特殊性更明确地、更具体地表现出来,而不是像音乐所表现的内心生活那样还只是一般性的和隐约模糊的。

　　黑格尔把语言看成是比起建筑所用的(例如)大理石、雕刻所用的石膏、绘画所用的颜色、音乐所用的声音来最能具体明确地表达精神内容的丰富性和特殊性,这一点是值得重视的。由此出发,似乎可以达到人与万物皆因语言而存在、而有意义的西方现当代哲学的结论,因为按照黑格尔的基本思想观点,整个世界万物是一个精神性的整体,或者用黑格尔自己的术语来说,是"绝对精神",而语言既然是精神内容的最完善的表达,那么也就可以由此推论到,世界万物的存在及其意义是与语言有密切联系的,虽然还不能说必然得出海德格尔所谓"有语言的地方才有世界"[1]的结论。当然,黑格尔也已认识到人的最内在的东西是语言:"语言已经渗透到了一切对人来说是内在的东西之中,渗透到了一切使人成其为自身的东西之中。"[2]黑格尔这段话颇接近海德格尔的"人的存在基于语言"[3]的论断。但黑格尔并未对他自己的这一思想加以发挥,他也没有达到世界万物皆因语言而敞开和有意义的结论,他认为音乐、绘画、雕刻、建筑皆因不是语言而居于比诗低级的地位,就能说明这一点。

―――――――――――

　　① 海德格尔:*Erlaeuterungen zu Hoelderlins Dichtung*,Frankfurt a. M. 1971,第 38 页。
　　② *G. W. F. Hegel Werke in zwanzig Bänden*,Theorie Werkausgabe,Suhrkamp Verlag,1983,第 5 卷,第 20 页。
　　③ 海德格尔:*Erlaeuterungen zu Hoelderlins Dichtung*,Frankfurt a. M. :1971,第 38 页。

世界万物都具有语言的性质,没有离开语言的独立存在,或者说,没有语言性之外的自在世界,这个观点不仅为欧洲现当代人文主义思潮的哲学家们所倡导,而且某些英美分析哲学家也在不同程度上,以不同方式接受这种观点。在一个人与万物融合为一体的世界之中,不仅人有语言,而且万物皆有语言性,只不过人以外的万物所作的是"无言之言"。所以,艺术作品都有语言性。

黑格尔把有形体的建筑、雕刻界定为低级的艺术门类,说明他不懂得建筑艺术亦有语言的艺术即诗意的本性。至于黑格尔所谓比建筑、雕刻更高的音乐和绘画,在我看来,则更能显现其语言艺术或诗意的本性:例如现代的抽象画,着重通过点线的宽窄,组织的疏密,运笔的轻重、缓急、顺遂以及色调的微妙变化,以形成优美的旋律和节奏感,这就像一幅有形无声的绘画转化成了无形而有声的音乐,而音乐乃是最接近于语言艺术(诗)的。许多著名的抽象画家如列顿、罗斯科等,他们的画都既是有形无声的画,又是无形有声的音乐,他们都力图通过画出来的音乐以表现诗意的境界。至于中国画所强调的画中有诗,当然更能直接说明绘画的语言艺术性。

中国思想传统除强调画中有诗外,也强调诗中有画。黑格尔也看到他所谓高级艺术门类包含低级艺术门类,例如他也看到了诗中有画、诗中有音乐、音乐中有画,但他没有看到他所谓低级的艺术门类如绘画和音乐中也包含高级的艺术门类语言艺术(诗)的本性。诚然,黑格尔也曾经断言"诗是普遍的艺术"因为诗需要"想象"(Phantasie,想象不是一般的单纯的观念本身[Vorstellung als solche],而是经过艺术处理的观念),而想象是一切门类的艺术所共有的基础。① 但在诗里,想象却要求用语言和语言的美妙组合把观念表达出来,而不是用大理石、石膏、颜色和音乐的声音来表达。所以,归根结底,在黑格尔看来,诗的语言性是其他低级的艺术门类建筑、雕刻、绘画、音乐所没有的。

尤有进者,不仅一切艺术门类的艺术美都具有语言艺术的本性,即使是自然美也有这种本性。在人与世界万物交融合一的世界里,美的自然也是言说

---

① *G. W. F. Hegel Werke in zwanzig Bänden*,Theorie Werkausgabe,Suhrkamp Verlag,1983,第13卷,第123页;第15卷,第230—231页。

着的,尽管是无言之言。我绝不否认离开了人仍然有自然,但问题在于自然如何显现于人之前:不同的自然物对人作不同的言说;同一自然物对不同的人也作不同的言说:对于一个没头没脑的人,自然物就不言不语;对于一个毫无审美意识的人来说(一般地说人皆有高低不同程度的审美意识),不存在自然美;对于各种不同的审美趣味的人来说,同一自然物显现为不同的自然美,这也就是说,同一自然物对于不同审美趣味的人作不同的言说。飞沙走石这样的自然物,按黑格尔所谓无机物无自然美的观点来看是不能有美的,但按我们的观点来看,飞沙走石也是可以有语言艺术之美的。

这里要着重说明的是,审美价值高低之分,或者说,艺术美的价值之高低,主要不在于各艺术门类所使用的媒介之不同(如建筑、雕刻、绘画利用有形的石头、石膏、颜料,音乐利用声音,诗利用语言),而在于一切艺术都是以有限表现无限、言说无限,或者说是超越有限,而高低的区别就在于超越有限的空间之大小,或者说,审美价值和艺术品的高低在于给人留下的想象的空间之大小,在于诗意的境界之高低。

## 二、超越有限性的程度决定审美价值的高低

无论艺术美或自然美,都有一个共同的、必要的条件,就是,美的东西都具有形式的恰当性,如匀称、和谐、整一、部分与整体的恰当关系、比例的适当等,用古希腊人爱用的一个词汇来说,就是多样性的统一或多样性与统一性的结合。这条原则既适合于各种门类的艺术美如建筑、雕刻、绘画、音乐和诗,也适合于自然美,如一朵花的美,一个美人的美。总之,任何美都必须首先符合这个条件才有可能使人得到愉悦的满足,尽管多样性与统一性的结合在自然中、在各种艺术门类中表现的方式千差万别、各不一样。但是,仅仅符合这个必要条件,是否就穷尽了美的深层内涵呢?换言之,美的核心是否就是多样性与统一性的结合呢?显然不是这样。我们平常用的美学概念中的美或审美意识中的美,实在用得太宽泛了:美玉、美目之美叫做美,美妙之美也叫做美,甚至物我两忘的境界也叫做美。其实,美玉、美目之美只不过是平常说的漂亮的意思,远不足以涵盖物我两忘的诗意境界。凡符合多样性与统一性相结合之条件的东西都可以在不同形式下、在不同程度上具有漂亮之美的特性,但诗意的

境界绝不只是漂亮之类的言词所可以界定的。美学或审美意识这类名词术语,大家都用习惯了,我不想在这个问题上多费笔墨,我只是主张把漂亮、好看之类的意义下的美与诗意的境界区分开来。我的具体目的在于,所谓"美学"应重在提高人的境界,而远不止是讲漂亮、讲好看之学。如果有人硬要坚持"美学"就是讲漂亮、讲好看、讲娱乐之学,那我倒是愿意把着重讲提高境界之学不要冠以"美学"之名。

提高境界,关键在于突破人的有限性的束缚,而这就需要艺术。艺术都是以有限表现无限、言说无限,或者说,就是超越有限。下面主要就超越有限的空间之大小谈艺术价值和诗意境界的高低之分。

人的自我实现的过程就是由有限向无限扩展的过程。人之最原初、最简单的扩展意识是模仿。自然物之美,其中包括美人之美,都是有限的存在,但一经人的模仿,它就成了再现的艺术。就模仿只是模仿自然物的形象而脱离了它的存在而言,就模仿的处理技巧以及从模仿的形象中可以领悟、推断出原来的事物是什么从而产生愉悦之感而言,模仿就是对自然物的有限性作了一定程度上的超越。如果说由多样性与统一性的结合所产生的愉悦性的美感是人最初步地参与到自然物中或者说是人与物的最初步的交融合一的产物,那么,模仿则是人与物的更进一步的交融合一。有了模仿,人的审美感才有可能超越多样性与统一性相结合的形式美而进入美的深层内涵。所以模仿的艺术品具有最初步的审美价值。但模仿毕竟是最原初的超越有限。我们在听一般的口技时会感到一种愉悦,但它毕竟是对有限存在的模仿,虽然也有一定的审美价值,却由于它距离有限存在太近,只能属于艺术中的低层次,更谈不上与交响乐相比拟。

模仿当然不只是指模仿简单的物,也可以是指模仿有情节的故事。对现实的故事情节依样画葫芦式地照搬,就是一种简单的模仿。按照模仿说的理论,艺术品模仿得越像原型,就越具有艺术性。但是我们平常却说艺术应高于现实,意思就是说艺术不能停留于简单的模仿,模仿只是艺术的起源,或者说只是诗的起源。

比模仿艺术更高一级的艺术是通过感性的有限事物以表现(言说)普遍性概念,而普遍性概念就是无限,这就是通常所说的典型说。典型说主张写出现实事物所蕴涵的理想或理念,这比起模仿的艺术来显然大大超越了有限,为我们提供了广阔的想象空间。欧洲许多哲学家和美学家往往称它为诗的特性。亚里士多德说:"诗比历史更哲学、更严肃,因为诗所说的大多带有普遍性,而历史所说的则是个别的东西。"①亚里士多德所说的普遍性就是典型,诗意就是在有限的个别的东西中见出无限的普遍性。康德对诗的称赞也与诗能表现普遍性概念密切相关:"在一切艺术中,诗是占首位的。……诗开阔人的胸怀,它使想象力自由活动,从而在与一个既定的概念范围相符合的无限多样可能的形式中,提供一种形式,此形式把概念的表现同非语言所能确切表达并从而提升到审美理念的丰富思想相结合。"②这段话的意思说得通俗点也就是,诗的特性在于,从一特定的普遍性概念所属的无限多样的感性形象("形式")中选择("提供")一种形象,以表现普遍性概念,并通过这一形象想象这一普遍概念范围内其他相关的无限多样的形象。黑格尔也采取同样的基本观点:"诗总应是提取有能力的、本质的、有特点的东西,而这种富于表现性的本质的东西正是理想性的东西(das Ideele)而不是单纯在手的、现成的东西。""在诗的艺术中所表现的总是普遍的表象(die allgemeine Vorstellung),它区别于自然的特殊性。""艺术作品诚然不单纯是普遍的表象,而是其特定的赋形,但是艺术作品作为来自精神和来自精神的表象因素的东西,必然贯穿普遍性……""艺术作品的任务就是抓住对象的普遍性。"③我国文艺理论界近半个世纪以来也大多采取这种典型说,认为诗意或艺术性就在于以有限事物表现无限性的普遍概念或典型,而这就算是言有尽而意无穷,给鉴赏者留下了最广阔的想象空间。持这种观点的人似乎认为诗意的或艺术的境界到此就至矣尽矣,无以复加矣。但是,艺术或诗是否只要表现了普遍性概念就达到了艺术或诗意的最高境界呢? 这是否就算是实现了艺术的最高价值呢? 说得更具体一点,以感性有限事物表现普遍概念,是否就充分超越了有限呢?

　　典型说所讲的让人想象和玩味的空间显然是有限度的。人们常说康德的"审美意象"有高度的概括性,能以有尽之言(有限的感性形象)表现无穷之意(理性的理念),能引人从有限到无限,使人获致自由之感。但是,上引康德对

① 亚里士多德:《诗学》,第 9 章。

② 康德:《判断力批判》,James Greed Meredith 英译本,牛津 1952 年版,第 191 页。

③ *G. W. F. Hegel Werke in zwanzig Bänden*,Theorie Werkausgabe,Suhrkamp Verlag,1983,第 13 卷,第 220、219、217 页。

于诗的赞美的那段话,尽管强调了诗的想象力所提供的"形式"(感性形象)能表现普遍性概念、能暗示无限多样可能的其他"形式",然而他也很有分寸地注意到这普遍性概念是"既定的"、"有范围的"。康德的"审美意象"说意在说明诗意在于从有限到无限,但他没有意识到他的这段说明中包含了超越他自身的理论观点,即以有限表现普遍概念的艺术或诗意仍然是有很大的局限性的,它远未能充分超越有限。

比表现典型或普遍概念更高一级的艺术,我以为应是以在场显现不在场即显现隐蔽的东西的艺术。这是最高意义的诗意境界,具有最高的审美价值。中国传统诗论所强调的言有尽而意无穷,就是这种境界的最简明生动的描绘。这里的无穷之意不是抽象的、超感性的东西,不是西方传统哲学和美学所要求显现的普遍性概念,这言外的无穷之意(即隐蔽的东西)和"状溢目前"的"有尽之言"(即显现的东西)是同样具体的。这种以"有尽"表现(言说)"无穷"的诗意境界,是中国传统美学思想的基本观点,叫做"意象"说。叶燮说:"诗之至处,妙在含蓄无垠,思致微妙,其寄托在可言不可言之间,其旨归在可解不可解之会;言在此而意在彼,泯端倪而离形象,绝议论而穷思维,引人于冥漠恍惚之境,所以为至也。"(叶燮:《原诗·内篇》)这段话很清楚地告诉我们,诗意的最高处在于引人从有形有象有言的东西(有限)中进入无穷无尽、永无止境的("无垠")的"冥漠恍惚之境",前者是显现于当场的,后者是隐蔽的、不在场的,言在显现的有限,而意在隐蔽的无限,这无限的隐蔽物就"含蓄"于显现出来的有限物之中。王国维在评价白石词时说过一段似乎是给"意境"下定义的话:"古今词人格调之高,无如白石。惜不于意境上用力,故觉无言外之味,弦外之响,终不能与于第一流之作者也。"(王国维:《人间词话》)可见,第一流的诗在于有意境,而意境就是要人感到有"言外之味,弦外之响"。

值得特别注意的是叶燮关于诗中"必有不可言之理,不可述之事,遇之于默会意象之表,而理与事无不灿然于前者"(叶燮:《原诗·内篇》)的论述,[①]它提出了无论显还是隐都包含有事与理的诗意结合,而非脱离具体事物之理或抽象的普遍性概念。王国维似亦认为"言外之味,弦外之响"(即隐蔽的、留给人们想象的空间)不是抽象的概念,而是生动具体的东西,他所讲的"隔"与

---

① 参见陈望衡:《中国古典美学史》,湖南教育出版社1998年版,第1011—1014页。

"不隔"的区别或亦可作此解:他引证欧阳修《少年游》词的上半阕后说:"语语都在目前,便是不隔"(王国维:《人间词话》)。联系王国维在别处所引"隔"与"不隔"的诗例观之,也许在他看来,越是具体生动的东西便越是"不隔",反之,就是有不同程度的"隔"。王国维还明确主张,"诗词之意,不能以题尽之"(王国维:《人间词话》),"题"总是意味着确定的或概括的东西。不过,这里不是专门研究王国维美学思想的地方,就不再作详细的讨论了。

中国美学思想所讲的"意象",都与"意境"以至"境界"有密不可分的联系,叶燮的"冥漠恍惚之境"就是一种高远的境界,是"诗之至处",它的哲学本体论基础是我在前面所说的"万物一体"即显隐之综合为一。这种能引人进入此种境界的艺术,比起模仿性艺术和显示典型之艺术来,我以为应居艺术之最高峰。① 把这种境界与平常所谓漂亮、美丽、娱乐意义之下的美相提并论,显然降低了提高境界的意义。中国传统美学思想中虽然也讲到漂亮、美丽、娱乐意义之下的美如宋朝之美、美言不信之美等,但居于中国美学思想之中心地位的是"意象"、"意境"乃至于"境界"。我以为我们今天的美学应继承中国的这一思想传统,以提高境界为旨归。德国18世纪的音乐家乔·弗·亨德尔说过:"如果我的音乐只能使人愉快,那我感到很遗憾,我的目的是使人高尚起来。"②我以为美学的最高目的也应是"使人高尚起来"。

怎样使人高尚起来,单靠一般地提高优美的审美意识是远远不够的,我以为最重要的是提高诗意的境界,特别是崇高的诗意境界。人们谈起崇高,似乎觉在天上,太玄远,但是人正是需要向往天上的玄远,才得以在地上生存和追求。崇高是有限对无限的崇敬感,正是它推动着有限者不断超越自身。

古希腊美学家朗吉努斯(Casius Longinus,213—273)是最早把崇高作为审美范畴而加以描述的人。他区分只有"说服力"和"只供娱乐的东西"与具有"感动力"的崇高精神。朗吉努斯关于"我们所赞赏的不是小溪小涧","而

---

① 各种艺术作品之间有价值高低之分,而在某同一作品中,特别是在内容比较复杂的同一作品中,则可以是高低不同的艺术层次都统摄于一体,例如《红楼梦》就既有简单事实的描述,又写出了各种典型,而《红楼梦》的最高艺术价值或诗意则在于它从整体上通过其所言说出来的故事情节让读者想象和体悟到无穷的人生意味和高远的境界,而这是隐蔽的、未说出来的。《红楼梦》把各种简单的事实描述和典型都融会于这显隐的意象之中。

② 转引自宗白华:《康德美学原理评述》,载康德:《判断力批判》,上卷,商务印书馆1964年版,第220页。

是尼罗河,多瑙河,莱茵河,尤其是海洋"①的那段话就能把人引向对伟大的、不平凡的崇高形象的敬畏之感:崇高具有气魄和力量。他在描述崇高的风格时说:"崇高风格到了紧要关头,像剑一样突然脱鞘而出,像闪电一样把所碰到的一切劈得粉碎,这就把作者的全副力量在一闪耀之中完全呈现出来。"②崇高确如精诚所至,金石为开,无怪它有激励人奋争向上、勇于献身、勇于创造的巨大威力。朗吉努斯引证《旧约圣经·创世纪》里的话:"上帝说要有光,于是就有了光",他以此作为崇高的突出例子。这对于不信上帝的人也会有很大的启发意义:先必须"要有",然后才"有"。从"要有"到"有",是精神的崇高的威力创造出来的。但是朗吉努斯只是对崇高的表征作了简单的描述,他未能对崇高的本质作出理论的分析。

18 世纪英国思想家、美学家博克(Edmund Burke,1729—1797)明确把崇高与美区分开来,认为崇高感是痛苦和危险引起一种夹杂着快感的痛感,美感则是由爱引起的快感。他认为崇高感的主要心理内容是惊惧,引起惊惧感的对象多种多样,其中包括无限和晦暗不明。他说:"凡是引起我们的欣羡和激发我们的情绪的都有一个主要的原因:我们对事物的无知。等到认识和熟悉了之后,最惊人的东西也就不大能再起作用。……在我们的所有观念之中最能感动人的莫过于永恒和无限;实际上我们所认识得最少的也就莫过于永恒和无限。"③博克论崇高的要点之一,就在于看到了崇高是对无限和晦暗不明的东西(实即隐蔽的东西)的惊惧感,他没有看到崇高对象令人崇敬的特性。

康德把崇高对象理解为超过感官或想象力所能把握的无限大的整体和一种威力,此威力不仅指自然所施于人的威力,而更重要的是包括人能胜过自然、不屈服于外来暴力的意识,即人的勇气和自我尊严感。这就使崇高对象不仅具有博克所说的令人惊惧的特性,而且具有令人崇敬的特性。康德在讲威力的崇高时,主要都是以道德意义下的勇敢精神作为令人崇敬的例子。康德关于崇高的论述中,包含着崇高以无限为对象和崇高具有道德意义等合理的思想(尽管他认为美依存于道德、低于道德),值得我们重视。康德说:"真正

---

①　转引自朱光潜:《西方美学史》,上卷,人民文学出版社 1985 年版,第 114—115 页。
②　转引自朱光潜:《西方美学史》,上卷,人民文学出版社 1985 年版,第 112 页。
③　朱光潜:《西方美学史》,上卷,人民文学出版社 1985 年版,第 243 页。

的崇高不能容纳在任何感性形式里,它所涉及的是无法找到恰合的形象来表现的那种理性概念;但是正由这种不恰合(这是感性对象所能表现出的),才把心里的崇高激发起来。"①崇高意味着有限不足以表达无限之意。

黑格尔更明确地说:"崇高一般是一种表达无限的企图,而在现象领域里又找不到一个恰好能表达无限的对象。无限,正因为它是从对象性的全部复合体中作为无形可见的意义而抽绎出来并使之变成内在的,因而按照它的无限性,就是不可表达的,超越出通过有限的表达形式的。"②尽管黑格尔把崇高仅仅当做他所认为的初始艺术形态即象征型艺术的特征,但他从有限与无限的差距的角度来界定崇高的观点却是很深刻的。人只有在意识到自己的有限性之时,才会对无限的精神性的整体产生崇敬之心;也只有从崇敬无限的精神性整体的观点出发,人才会努力超越自己的有限性,不断创新,不断献身。缺乏这种崇敬感的人,不是一个真正有审美意识的人,也不是一个真正有责任感的人。欧洲中世纪占统治地位的美学思想,有很多观点非我所能赞同,但它所包含的崇尚无限美的思想,是值得吸取的。我以为我们不仅应该把希伯莱文化精神的崇高与希腊文化精神的美结合起来(康德并没有做到这一点),而且应该把崇高看成是美的最高阶段,正如朗吉努斯所说,我们不只是欣赏小溪小涧的柔媚,我们更赞赏尼罗河、多瑙河、莱茵河,尤其是海洋。

与美相结合的崇高美究竟是一种什么样的境界呢? 这里涉及崇高的一种新的理解,这种理解是西方近代美学中所缺少的,却早在3世纪的朗吉努斯那里有所论述。朗吉努斯的主要思想是讲崇高的宏伟气魄和令人惊羡的方面,但鲍桑葵却引证了一段他认为"朗吉努斯没有真正肯定地抓住任何明确的崇高观念"的一段话:"当一段文字中充满了弦外之音、味外之味的时候,当我们很难、简直不可能使注意力离开它的时候,当它在记忆中印象鲜明、经久不灭的时候,我们就可以肯定,我们升高到真正崇高的境界了。"鲍桑葵在引证之后还补充说:"朗吉努斯很明白,含蓄和余韵是和崇高密不可分的。"③朗吉努

---

① 康德:《判断力批判》第23节,译文录自黑格尔:《美学》,第2卷,商务印书馆1982年版,第79页。

② 黑格尔:《美学》,商务印书馆1982年版,第79页,译文根据 Hegel, *Werke in zwanzig Banden*,Suhrkamp Verlag,1983,第467页略作改动。

③ 鲍桑葵:《美学史》,第140页。

斯虽然没有把这种观点充分展开，但主旨还是清楚的，它与中国古典诗重含蓄、重余味的意境是一致的。鲍桑葵虽然认为朗吉努斯的这段话有离崇高的气魄宏伟之本意，但他似乎又意识到余味无穷与气魄宏伟这两种含义之间的某种联系。鲍桑葵在引证这段话之后紧接着说："或许，我们可以说，作者（暗指朗吉努斯）差不多快要在一定程度上认识到：崇高有赖于心灵作出努力或反应来同气派宏大或力量无穷的气象展开某种竞争。在这种努力或反应中，主体觉得自身肯定有了比通常经历的更深刻的精神力量。"[1]鲍桑葵的这几句分析似乎指引我们体会到，在对一个在场的东西玩味无穷之际，实际上也就是在无穷地追寻隐蔽的宏伟气象。如果情况真的是这样（我倾向于这样看），那么，美学上的显隐说或者中国的隐秀说，也可以说是与崇高的观念紧密相连的。在场与不在场、显现与隐蔽构成一个万物一体之整体，而这样的整体不是封闭的、黑格尔式的"真无限"，它是无止境地流变着的黑格尔所谓的"坏无限"。审美意识中"不在场者"在"在场者"中的显现实际上就是通过想象力把在场与不在场结合为一体，人能在审美意识中体悟到与万物一体，这就是一种崇高的境界。我们通常总爱把万物一体的境界理解为一种恬静、淡远，或者说得不好听一点，理解为一种冷漠。其实，对万物一体的体悟是与宏伟气魄意义下的崇高联系在一起的。崇高不是高傲、自负，那是一种"虚假的崇高"。[2] 人生的最高境界不应是悠闲自在，而是经受得起痛苦的超越。万物一体的崇高正是这样的境界，它是超越有限的意识所无穷追寻的目标。

---

① 鲍桑葵：《美学史》，第140页。
② 参见鲍桑葵：《美学史》，第140页。

# 第二编　审美与语言

第二章 审美与信仰

# 第九章　两种哲学，两种语言观<sup>*</sup>

## 一、欧洲古典哲学到现当代哲学的转向

人不同于其他万物，人有精神性，因此，人总有一种超越其他万物、企图摆脱物质性或者说超越有限、奔向无限的内在冲动，这种内在冲动的过程表现在欧洲哲学史上就是几次哲学转向的运动。

第一次转向是柏拉图《斐多》篇中苏格拉底所说的，从在个别的具体事物中寻找当前具体事物的根源转向为在"心灵世界"（即"理念"）中寻找当前具体事物的根源，这一转向标志着人类超越物质性和有限性而突出精神性和奔向无限性的第一步。但苏格拉底—柏拉图的"理念"是独立于人的精神意识而存在的。近代哲学的创始人笛卡尔提出了"我思故我在"的命题，明确地建立了近代哲学中人的主体性原则，从而进一步推进了人类超越物质性和有限性而突出人的精神性和奔向无限性的内在冲动，这是欧洲哲学史上的第二次转向。康德沿着主体性哲学的方向，更进而把先验性看做是必然性知识的来源，这是人类内在冲动过程中一个新的里程碑，也可以算做是欧洲哲学史上的第三次转向（胡塞尔就是这样看的）。不过，我还是想把康德哲学归入从笛卡尔到黑格尔的近代主体性哲学的大范畴之内。黑格尔是主体性哲学之集大成者，他完善了主体性哲学，他的"绝对精神"或"绝对理念"是绝对的主体，实际上是把人的主体性夸大到至高无上、登峰造极的神圣地位。人类企图超越物质性和有限性的内在冲动在黑格尔这里可谓达到了顶点，但这个顶点也是它走下坡路的开始。黑格尔死后，他的绝对主体被一些现当代哲学家们从各种

*　原载《北京大学学报》2000 年第 4 期。

角度撕得粉碎。欧洲现当代人文主义思潮的哲学,其主要特征之一就是批判以黑格尔为代表的主体性哲学。

其实,在欧洲思想史上,伴随着这种突出精神性主体的内在冲动过程的,还有另一种与之相反的思想运动:首先是哥白尼关于人所居住的地球不再是宇宙中心的理论;后来是达尔文发现的关于人类的动物演化的理论;再往后是弗洛伊德的精神分析学所发现的关于无意识对于自我意识或主体意识的重大作用的学说。这三种理论,按照弗洛伊德的观点,是对人类自恋的三次打击。我以为这三次打击也可以说就是对突出精神性主体的内在冲动的反击,是对主体性哲学所标志的人类中心论的反击。三次反击所构成的思想运动,说明三次哲学转向所标志的内在冲动再也不能一意孤行地继续下去了。当精神性主体在人的内在冲动中被抬高到如日中天之际,一种返回到物质自然和现实生活的反向运动开始了:人们愈来愈倾向于否认超越感性之外的绝对主体,人不能作为主宰一切的主体而君临于客体之上。

由黑格尔集大成的传统形而上学,即主体性哲学,基于内部的和外部的原因而走向终结。黑格尔死后的欧洲现当代哲学,特别是欧洲大陆人文主义思潮的哲学,流派纷呈,各有己见,但大体上都以强调超越主客关系,主张人与世界融为一体(海德格尔的"此在与世界"的关系就是一种主客融合论)为旨归。欧洲现当代哲学的这一思想基本观点是整个欧洲哲学史上继笛卡尔、康德之后的又一次大转向。胡塞尔在《欧洲科学的危机》一书中自称他的现象学是这次转向("革命")的开创人。胡塞尔不仅像康德那样认为认识形式或范畴的客观性来源于主体性,而且把认识内容的客观性也建立在主体性的基础之上,他主张认识对象在认识活动中构成自身,这实际上就是说,对象是在人与物的交融中构成的。正因为人与物的交融构成对象,正因为物必须在其与人的交融中显现其自身之所是,所以在胡塞尔看来,超越于人之外的独立外在的东西是无意义的,因而也不是他所谓"自明的"、"被给予的"或"直观的"(这是胡塞尔现象学不同于传统主体性形而上学的重要特点之一,后者把客体看做是与人的主体相互外在的)。换言之,人与物的交融构成整个有意义的世界,并使整个世界处于"被给予的直观"之内。胡塞尔由此而排除传统形而上学所主张的"超越",认为这种"超越"就是承认离开人而独立外在的东西的意义。胡塞尔的这种哲学观点开始把人的注意力从传统主体性形而上学所主张的抽象的超感性的概念世界拉回到人所生活于其中的现实世界即"生活世界"中来,哲学从过去那种苍白无力、枯燥乏味的贫困境地开始走向了与诗意相结合的境地。但胡塞尔毕竟还只是一个现当代哲学的开创人物,他的现象学哲学本身还包含许多传统的主体性哲学的旧框框和印迹。他的哲学中所蕴涵的许多连他自己也不明确其重大意义的开创性观点突破了他的现象学哲学自身。胡塞尔在不少地方谈到事物的"明暗层次"的统一,谈到事物总要涉及它所暗含的大视野,这实际上意味着在场的事物("明")都出现于由其他未出场的事物("暗")所构成的视域之中,意味着胡塞尔不同意传统形而上学以"永恒在场的"超感性概念为万事万物之根底的观点而主张在场的与不在场的具体事物结合为一体。只不过胡塞尔的这些思想尚未有明确的阐发,胡塞尔仍然经常强调"在场"的优先地位。法国当代哲学家德里达批判了胡塞尔以"在场"为先的观点,并发掘、补充和发展了胡塞尔现象学所暗含的关于在场与不在场结合为一体的观点。

把在场的具体物与不在场的具体物结合为一体的现当代哲学观点,是对于自苏格拉底—柏拉图至黑格尔的传统形而上学所主张的那种抽象的概念哲学的反对,也是对苏格拉底—柏拉图以前基本上不分感性世界与超感性世界,不分主体与客体的哲学观点的某种回复(一种在高级基础上的回复),而从中西哲学比较的角度来看,则又可以说是与中国传统的人与万物一体或天人合一说(这里的"天"也如前所述,是取其自然或万物之意,而非指意志之天或封建义理之天)以及易老思想的某种接近,尽管二者间有时代上和历史阶段性的差异。

欧洲现当代的哲学转向使欧洲人不再像自笛卡尔到黑格尔的主体性哲学那样过多地注重人与自然的斗争,过多地注重寻找普遍性,过多地注重认识(知),轻视人的情感和意欲,而转向重视作为知情意结为一体的人与人之间的相异性,重视各个人的独特性,从而重视人与人之间的相互沟通、相互理解的研究。精神科学,或者说,关于人的学问,被提到比自然科学更受注目的地位。当前,在我国学术界,有一种观点仍然执著于把精神当做自然一样看待,专心致志于寻找普遍性而忽视个人的独特性和人与人的相异性和相互理解的研究,这是否有辱人的尊严呢?

## 二、语言学转向

对精神科学研究的重视和对人与人之间如何相互理解的研究的重视,必然导致对语言的哲学研究的重视。

欧洲传统哲学到现当代哲学(或者粗略地泛称为"后现代哲学")的转折点是语言学转向,从此以后,哲学所讨论的重点问题大体上由主客关系转向语言与世界的关系,由主客关系的观点转向人与万物融合的观点。从前,旧形而上学的认识论把人看成是进行认识的主体,世界万物是被认识的客体,于是语言被看成是反映天地万物的工具和镜子,天地万物无语言,或者说,不能言,只有有意志的人才有语言,才能言。现在则不然:人既是对世界的开放,又同时是世界本身的显现,人与世界融合为一体,融合的关键在语言,语言使人与世界由相融相通,语言开启了世界,建构了世界,或者说,世界由语言而敞开、而有意义。离开语言,没有世界,事物没有意义。海德格尔说:"语言是存在的家","有语言的地方才有世界";同样,"人的存在基于语言",因为人的世界是语言建立的。这样,我们也就可以说,在人与世界相融相通的"一体"之中,任何事物都是言说着的,当然,这里的言说是无言之言,并且只是对于多少有诗意的人来说才如此(每个人都或多或少地是有诗意的)。例如石头本身无语言,块然无"空无",因而也无敞开状态。但石头的艺术品,例如石庙建筑,却是发生在语言的敞开之中的,它和一切其他形式的艺术品(包括造型艺术品)一样,富有诗意的言说,①它使我们不再以主客关系式的日常态度对待石头,而是使石头以反日常的姿态显现出来,让石头诗意地言说着。所以只有有诗意的人——诗意地言说着的人,才难贪图和欣赏石头艺术品所言说和敞开的世界,可以说,石头在艺术中,在能欣赏艺术品的、有诗意的人的心目中,是通灵的,反之,在毫无诗意、毫无艺术修养的人的心目中,石头只能是冥顽不灵的。一个有诗意的人登上雪山高峰,不只是一般地为了游山玩水、变换生活方

---

① 尽管石建筑之类的艺术品不同于狭义的诗作(语言诗作,Poseie),不能言说,但由于真理首先发生在语言中,语言诗作是广义的诗(Dichtung)中的最原始的一种形式,所以石建筑之类的艺术品是在语言诗作所敞开的空间之内发生的,即是说,石建筑之类的艺术品也诗意地言说着(Heidegger, *Gesamtausgabe* 5,第62页),只不过是一种无言的言说。

式,甚至也不只是简单地为了欣赏大自然,而更重要的是把雪山高峰当做一种富有诗意的艺术品(一切艺术品都富有诗意)来看待的。严格讲来,自然离开了人,是没有意义的。岩中花树,"当你未看花时,此花与汝心同归于寂"。"寂"者,无意义之谓也。所以自然本身无所谓美。自然美作为美实际上是一种艺术美,它是自然与人合一的整体,在这里,自然(作为美)已转化成了一种艺术品。"你来看此花时,则此花颜色一时明白起来"。这"一时明白起来"的"此花颜色"乃是人与自然合一的艺术品和艺术美。伽达默尔也说过:"能被理解的存在就是语言";"没有语言性之外的'自在世界'"。这样,语言便由先前作为主体(人)的工具而反映和再现客体的地位转变为"先在"的地位:不是人说语言,而是语言说人;语言言说在先,语言所言说的世界超越了人,人之言说(包括人之诗的言说与思的言说)不过是"应和"语言之言说;语言的言说是"道言"(die Sage),我们人作为说者只能是"谦然任之"(Gelassenheit)的依从者,因此,我们人的言说应对语言言说"感恩"。

总之,在人与万物融为一体的现实生活世界之中,语言是世界的意义之寓所,每个个人所说的语言(言语)来源于作为世界意义之寓所的语言,前者(言说)是有言之言,后者是无言之言,前者之所以能发生,是由于对后者的聆听。

传统的语言观总是按照常识的看法,认为书写的东西是口头语言的符号,语言只是说话的主体的活动,总是涉及说话者或作者。这一基本观点,早在亚里士多德的《解释篇》的第一节(16a)中就已得到明确的表述。海德格尔和德里达认为这种传统语言观"与主体性形而上学有不可分离的联系"。"在海德格尔的论题中,语言不能归结为说话者的活动,它毋宁需要(按照最简单的公式来表达)对某种言说的东西的聆听,而这某种东西是它在人类语言中发出声响以前就言说着的。"[1]海德格尔本人说过:"说源于听。"它是对我们言说着的语言的一种聆听。因此,说并非同时是一种听,而乃预先就是一种听。这种以不显现的方式对语言的聆听先于所有其他各种聆听。我们不仅仅是言说语言(the language),而是我们从语言中言说("Wir sprechen nicht nur *die* Sprache,wir sprechen *aus* irh")。[2] 德里达从另一角度表达了与海德格尔相似

---

① 　John Sallis,*Delimitations*,Indiana University Press,1995,第 140 页。

② 　参见 M. Heidegger, *Unterwegs zur Sprache*, Pfullingen:Verlag Günther Neske, 1959,第 254 页。

的观点。德里达批评了胡塞尔关于语言表达或意谓总是指向他人的体验而他人的体验对于说话者又不能"直观在场"的观点,他发展了胡塞尔所暗含的而又超出其自身的观点,认为语言表达可以独立于一切"直观在场的东西":既独立于感性对象或客体的"直观在场",也独立于主体(说话者)的"直观在场"。① 这也就是说,没有某个说话者或没有某个作者之前,早已有语言。

海德格尔和德里达关于语言独立于说话的主体的观点,是对传统的主体性形而上学的背离。主体性形而上学的特点之一是把最真实的存在看做只是在场的东西,因此它又被称为"在场的形而上学"。海德格尔和德里达都批评单纯在场的观念。海德格尔所谓"在手的东西"(Vorhandenheit, presence-at-hand)就是与单纯的看或直观相关的一种现成的在场。他认为比"在手的东西"更根本、更具基础性的是"上手的东西"(Zuhandenheit, readiness-to-hand),即人与之打交道的东西,或者说,人所操作、使用的东西(而非单纯的看或直观着的东西)。"在手的东西"是与主体对立的、预先摆在主体面前的客体,但海德格尔认为任何事物首先是"上手的东西",或者用我们中国哲学的语言来说,首先是人与之交融在一起的东西,而"上手的东西"总是涉及隐藏在其背后的东西,并非单纯在场的东西,它的意义指涉着一个作为参考系的整体。这也就意味着,语言表达的意义不在于单纯的"直观在场",而总是在场与不在场的东西相结合的整体。这种意义下的语言,就是一种先行于某个说话人或某个作者所说的语言之前的无言之言。借用庄子的话来说,我想强名之曰"大言"。"大言炎炎"(《齐物论》),意谓"大言"如燎原之火,照亮一切,使万物具有意义。

德里达从另一角度指出了单纯在场观念的局限性。德里达指出:胡塞尔所谓与"语言意指"严格分离的"前表达经验的层次"(即语言表达所指向的他人的体验,这种体验对于说话者是不能直观在场的),是一种单纯感性的在场,这种在场的"现在"并不是孤立的、静止的,而是与过去、未来有着本质联系的。它不是先有一个出场(在场)的"现在",然后与过去、未来相联系;实际上,这种联系原来就是一个出场的"现在"之构成因素,这也就是说,没有单纯的自我同一的出场(在场)。德里达在《言语与现象》一书中把这种"现在"的

---

①　参见 J. Sallis, *Delimitations*, Indiana University Press, 1995, 第 142 页。

特殊复杂性用"重复"的概念来称谓和说明,其要点是,"现在"在下述两种意义下包含一种重复的运动:(1)当前出场的"现在"包括先前的"现在"的重复,这就是保留、记忆;(2)当前出场的"现在",即出场的形式,其本身是理想性、观念性的并从而是无限地可重复的。[①] 这种重复的特征被德里达称为"印迹"(trace),又称"延异"(différance)。根据这种"延异"的观点,封闭的在场就被解构了,即是说,语言表达或意谓的作用不要求达到单纯直观在场的目标,不要求达到一个现成的固定不变的在场物,而成为独立于言说者或作者的在场以及独立于对象的在场的流变不居的东西。德里达所谓独立于主体与对象的语言,也颇类似上述海德格尔所说的人与世界相融合、在场与不在场相结合的整体的语言。

海德格尔与德里达的语言观,撇开二者论证的角度不同之外,其共同的思想倾向都是强调人与万物融合为一的宇宙整体能作无言之言。这种语言独立于说话人或作者的语言,前者通过后者而发出有言(有声)之言。显然,这种语言观的哲学基础是万物一体论(借用中国哲学的术语来说),它和传统语言观之以主客关系论和主体性哲学为基础,正好形成鲜明的对比。

其实,英美分析哲学家也有人认为世界具有语言的性质,没有离开语言的独立存在。例如奎因(W. V. O. Quine)的"本体论的承诺"就是把本体论问题归结为语言问题,他认为一事物的存在决定于它所纳入其中的语言概念的体系。但有一点根本不同的是,奎因的"本体论的承诺"是建立在约定论的基础之上的,它与主客关系的思维模式结合在一起。在奎因那里,世界的言说对人而言并不是先在的。

## 三、语言意义的转换

主客关系式的主体性形而上学沿袭柏拉图主义的方向,把世界分裂为感性世界与超感性的概念世界、现象的事物与本质的事物("真正的世界"),在这种哲学观点的指引下,语言表达的意义被归结为由说话的主体指向客体:或

---

① 参见 J. Sallis, *Delimitations*, Indiana University Press, 1995,第 143 页;并参见德里达:《声音与现象》,杜小真译,商务印书馆 1999 年版,第 81—86、127—131 页。我所提到的德里达著《言语与现象》一书即杜小真译《声音与现象》。

指向感性的对象,或指向抽象的概念,总之,都是指向在场的东西,前者是变动不居的在场,后者是永恒的在场。由于这种语言观以要求在场为意义的根本条件,所以,没有任何可能对象的语言表达,或与概念不相符合的语言表达,在它看来,都是无意义的,例如"一座金山"或"方形的圆"就被看成是无意义的。①

传统形而上学的终结和现当代的现象学否定了超感性的抽象概念世界,要求人们专心致志于具体事物本身及其自我显示,这样,事物的意义就不在于表面现象指向所谓"真正的世界"或抽象概念,也不在于由此一事物指向彼一事物,而在于指涉一事物所一向源于其中的万事万物本身之整体,或者用海德格尔的话来说,在于指向"世界"。所以,要理解某事物,就要参照"世界"这一"敞开的参照体系"(an open system of references)②而不是参照抽象的普遍性概念或某一个别的事物,这就叫做"从事物自身理解事物"(to understand it from itself)或"自我显现"(self-showing)。③ 这样,语言表达也就得到了重新的界定:语言的意义不是指语言要去表达独立于语言的某确定的对象或某确定的概念,而是(用海德格尔的说法)事物从中显现自身的"漂流着的世界",是作为 Dasein 之 Da 的"言说"(Rede),亦即"世界"之展露口。④

对于这种意义下的语言来说,某个具体对象的"直观在场"是不需要的,作为某一类对象的永恒在场的概念也是不需要的,它所需要的是一切存在者(beings)之"集合",这"集合"就是"是"(Being)之本意。换言之,"是"(Being)集合着一切:在场的,不在场的,显现的,隐蔽的,而且这一切是无穷无尽、没有止境的。语言言说着这无底深渊的一切,⑤同时也言说着存在者的真正内涵——言说着存在者之所是。但是,我再重复一句,它并不需要某个具体对象或某个概念。正是在这种意义下,没有任何可能的感性对象的"直观在场"的语言,仍然是有意义的。⑥

---

①　参见德里达:《声音与现象》,杜小真译,商务印书馆1999年版,第7章。

②　参见 J. Sallis, *Delimitations*, Indiana University Press, 1995,第164—165页。

③　参见 J. Sallis, *Delimitations*, Indiana University Press, 1995,第164—165页。

④　参见 J. Sallis, *Delimitations*, Indiana University Press, 1995,第164—165页。

⑤　参见 Jacques Derrida, "Heidegger's Ear", in *Reading Heidegger*, Indiana University Press, 1993,第163—218页。

⑥　参见德里达:《声音与现象》,杜小真译,商务印书馆1999年版,第7章。

其实,诗的语言之不同于非诗的语言的特点之一,就在于它容许甚至偏重无直观在场的语言的意义。李白《秋浦歌》之十五:"白发三千丈,缘愁似个长。"三千丈的白发显然没有直观在场的可能,但它把不在场的、隐蔽的愁绪生动具体地展露(显现)出来了,鉴赏者通过"白发三千丈",可以在不在场的无尽空间中驰骋自己的想象而玩味无穷。叶燮的《原诗》曾举杜诗"碧瓦初寒外"、"晨钟云外湿"等诗句为例,生动鲜明地说明了不符合概念的语言亦可以有丰富的意义。且花点篇幅节录其中两段以见叶燮的分析之精彩:"'碧瓦初寒外'句,逐字论之,言乎外,与内为界也。初寒何物,可以内外界乎?将碧瓦之外,无初寒乎?寒者,天地之气也,是气也,尽宇宙之内,无处不充塞,而碧瓦独居其外,寒气独盘踞于碧瓦之内乎?寒而曰初,将严寒或不如是乎?初寒无形无象,碧瓦有物有质,合虚实而分内外,吾不知其写碧瓦乎?写初寒乎?写近乎?写远乎?使必以理而实诸事以解之,虽稷下谈天之辨,恐至此亦穷矣。然设身而处当时之境会,觉此五字之情景,恍如天造地设,呈于象,感于目,会于心。意中之言,而口不能言,口能言之,而意又不可解。划然示我以默会相象之表,竟若有内有外,有寒有初寒,特借碧瓦一实相发之。有中间,有边际,虚实相成,有无互立,取之当前而自得,其理昭然,其事的然也。……凡诗可人画者,为诗家能事,……若初寒内外之景色,即董、巨复生,恐亦束手搁笔矣。天下惟理事之入神境者,固非庸凡人可摹拟而得也。"叶燮这段话的意思无非是说,"碧瓦初寒外"一句若按逻辑的道理(叶燮所谓"名言之理")分析,则于理不通,不可解("使必以理而实诸事以解之,虽稷下谈天之辨,恐至此亦穷矣"),然这一不符合逻辑之理或者说不符合逻辑概念的语言,却诗意盎然,使人"觉此五字之情景,恍如天造地设,呈于象,感于目,会于心"。再举一段关于"晨钟云外湿"一句的分析:"以晨钟为物而湿乎?云外之物,何啻以万万计,且钟必于寺观,即寺观中,钟之外,物亦无算,何独湿钟乎?然为此语者,因闻钟声有触而云然也,声无形,安能湿?钟声入耳而有闻,闻在耳,止能辨其声,安能辨其湿?曰云外,是又以目始见云,不见钟,故云云外,然此诗为雨湿而作,有云然后有雨,钟为雨湿,则钟在云内,不应云外也。斯语也,吾不知其为耳闻邪?为目见邪?为意揣邪?俗儒于此,必曰'晨钟云外度',又必曰'晨钟云外发',决无下湿字者,不知其于隔云见钟,声中闻湿,妙悟天开,从至理实事中领悟,乃得此境界也。"钟声与湿相连,声中闻湿,颇与德里达所谓"方形的圆"相似,不符合概念,无直观在场,然而"妙悟天开,从至理实事中领悟,乃得此境界"。叶燮由此得出结论说:诗的语言虽亦言理,但此理非"可言可执之理",而乃"不可言之理"。"可言可执之理",乃"名言之理",逻辑概念之理。此种理,无诗意的人,"人人能言之"。诗人之言则为"不可言之理"或称"不可名言之理",斯为"至理"。正是这种"至理"才能达于诗意的境界。

总之,诗的语言既可以不需要具体的某个感性对象之在场,例如"白发三千丈",或"一座金山",也可以不需要符合普遍性概念的东西之在场,例如"声中闻湿"。叶燮对于这两个方面的不在场作了简明的概括:他把无具体感性对象之在场的事物叫做"不可述之事"或"不可施见之事",把没有普遍性概念之永恒在场的理叫做"名言所绝之理"或"不可名言之理"。"不可施见"或"不可述"就是无具体感性直观对象之意,例如三千丈的白发就是"不可施见"的;"不可名言"或"名言所绝"就是不可用通常的逻辑概念衡量之意,例如人耳而有闻的声与只与触觉有关的湿相连,就是"不可名言"的。诗意语言的"事"或"理",若按毫无诗意的"俗儒之眼"观之,则"于理何通"(逻辑概念上讲不通),"于事何有"(没有感性直观中的对象)? 真所谓"言语道断,思维路绝"了。然而诗意语言之事理乃是"幽渺以为理,想象以为事",例如三千丈的白发就是想象以为事,声中闻湿就是幽渺以为理,此种事理能"引人于冥漠恍惚之境",此绝非无诗意的凡夫俗子所能至也。

这是否意味着诗的语言是可以完全脱离现实世界、凭空乱想乱说的呢?不然。非诗的语言要求有"可征之事"(即要求有具体的感性直观对象),有"可言之理"(即要求有符合逻辑概念之理),这都是拘泥于"在场"的观点(如前所述,前者是变动不居的在场,后者是永恒的在场),但诗的语言是集合在场与不在场、显现与隐蔽的无穷尽的东西于一点而产生的意义,所以它虽然一方面不要求单纯在场的东西,但另一方面,它又不是脱离世界的,世界是由在场与不在场、显现与隐蔽的无穷尽的东西构成的。"声中闻湿"以单纯在场的概念衡之,声的概念不容许有湿的概念,湿的概念不容许有声的概念,声与湿各自坚执著自己的单纯在场的特性,所以按照这种"在场形而上学"的观点,"声中闻湿"这样的语言是无意义的。但从在场与不在场、显现与隐蔽相结合的观点来看,"声中闻湿"则能达于"妙悟天开"之境界,此种境界就是一种对无底深渊的聆听。叶燮《原诗》中所谓"能实而不能虚,为执而不为化"之"理"，实即"在场形而上学"之理，"实"者，在场也，"虚"者，不在场也，"为执而不为化"者，执著于界定的东西而不容许有变异性之意也。与此相反的"理"，叶燮则赞扬它"至虚而实，至渺而近"。实与虚相结合，近与渺相结合，正可以说是在场与不在场、显现与隐蔽的结合。"妙悟天开"的境界就在这两者的交汇处。德里达说："语言可称为在场与不在场这个游戏的中项。"①我想，这里所说的语言，就其本质而言，应是诗的语言。叶燮《原诗》中的话："诗之至处，妙在含蓄无垠，思致微渺，其寄托在可言不可言之间，其旨归在可解不可解之会。"②这里的"之间"、"之会"亦未尝不可以解读为在场与不在场的"交汇处"或德里达所说的"中项"。至于完全脱离世界、凭空乱想乱说的语言，如德里达所举的例子"绿色是或者"③，则丝毫没有集合在场的东西与不在场的东西之意，是真正无意义的语言，④这种语言与诗的语言毫不相干。

# 四、"大言"与"小言"

独立于感性对象和概念的"语言言说"颇有点类似庄子的"大道"、"大言"，"人的言说"有点类似"小言"、"人言"。"大道"、"大言"对于"小言"、"人言"来说，是"先在的"。所谓"道本无言"，其深层含义是说"大道"不作"小言"之言，或者说得更具体一点，"大道"非"小言"所能言者，而不是说"大道"根本不能言。"小言"、"人言"是概念式语言，不能离开在场的东西。凡感性中不可能出场的东西或不符合逻辑概念的东西，在"小言"、"人言"看来，就是胡言。反之，"道言"、"大言"是要把在场与不在场的"一体"显示出来，是要显示着、言说着无底深渊，是要表达事物从中显现其自身的"漂流着的世界"。可以说，这是一种超概念式语言，亦即诗的语言。王船山所谓诗"以神理相取"，"神"（或"天德"）能"合物我于一原"，"彻于六合，周于百世"（《正

---

① 德里达：《声音与现象》，杜小真译，商务印书馆1999年版，第10页。
② 叶燮《原诗》中的这几句话虽系出自"或曰"之口，但属于叶燮本人所赞许之列。
③ 德里达：《声音与现象》，杜小真译，商务印书馆1999年版，第10页。
④ 德里达区别"方形的圆"与"绿色是或者"两种不同的语言，认为前者虽无直观对象之在场，但它是富有意义的，后者则是全然无意义的。但他主要是从语言学的角度来分析问题的。

蒙注·太和篇》),不能以"名言"出之(《古诗评选》卷四),实际上就是说的"道言"不能以概念式语言("名言")来言说,只能以诗性语言来言说。由此看来,"人言"只有当其言说诗性语言时,才可以通达"道言",才可以还原为"道言"而与"道言"合一。

按照海德格尔的看法,"语言本身从根本的意义上说是诗。"①但通常人们所说的语言已经异化、堕落成了概念式的语言,所以通常的"人言"、"小言"不能通达"道言"、"大言"。

日常语言和科学语言的"小言"是否就完全无助于"大言"呢？对于概念式的"小言"来说,"道言"或"大言"确实不言、不可说,但这类语言(概念式的语言)却可以"反映"、"折射"(伽达默尔语)或"指出"、"意味"(维特根斯坦语)那"不可说"的"道",也就是可以"间接地烘托"(不同于"诗意地直接言说")那"不可说"的"道"。关于这个问题,我在这里不想多说。

我在这里想多花点篇幅来说明的是关于个人知觉中的东西是否可以用语言表达的问题。我之所以要谈这个问题,是因为有一种观点认为语言的言说或"道言""太抽象","太形而上",不如谈人的现实知觉中的东西更为"实在"。因此,对于持这种观点的人来说,我的主题应着重谈知觉中的东西是可说还是不可说的问题。在我看来,这个问题首先涉及对"实在"的理解。我不同意所谓"道言"不实在或太形而上的看法,但这里不是争论这个问题的场所。无论如何,知觉中的东西是可说还是不可说,这的确是一个值得研究讨论的问题。

个人的知觉是主观的、私有的、单一的,我的知觉不可能转让给你,让你也得到完全同样的知觉。这是因为语言是普遍的、公共的,不可能指称私人的、单一的东西。语言分析哲学家们讲了很多关于这个问题的理论,企图说明指称单一的东西的可能性,但最终都摆脱不了普遍无法达到单一这个困境,以致有的分析哲学家如莫汉蒂(Jitendranath Mohanty)不得不多少靠近一点海德格尔,在超越纯理论的实践关系中,寻求单一性。②

---

① Martin Heidegger,*Holzweg*,*Gesamtausgabe*,Vittorio Klostermann,Frankfurt a. M. 1980,第 61 页。

② 参见 Mohanty,Jitendranath,*Phenomenology and Ontolgy*,Martinus Nijhoff Haag. 1970,第 83 页。

　　个人知觉是否能用语言表达的问题,应与如何看待个人知觉的问题联系起来考察。

　　把个人知觉中的东西看成是一个单纯在场的东西,一个没有人的实践参与其中的孤立的东西,则它本身是空洞的、无意义的,因而就像黑格尔所说的"感性确定性"那样,是任何语言所不能表达、不能与之同一的。黑格尔认为语言所言说的普遍性概念高于"感性确定性",而我们这里所谈的问题却与黑格尔相反,正是要捕捉"感性确定性"中的单一性。如何捕捉?

　　莫汉蒂的观点大体上是这样的:知觉中单一的东西不是孤立的,它实际上存在于一个宽广的领域中,此单一的东西正是在此领域中显现自身;现实的人并不只是与此单一的东西打交道,而是与整个宽广的领域打交道(莫汉蒂认为这整个领域就是"实践")。概念式的语言乃是把整个领域不断地、一步一步地向单一的东西这个中心缩小和限定,语言对这个领域所作的限定越多、越细,则语言的普遍性与知觉中的单一性之间的鸿沟就越接近于填平,也就是说,语言越接近于表达了个人的知觉,越接近于与知觉中的单一性同一。但是只要把主体与客体对立起来,认为客体独立于主体,而语言硬要作所谓"客体的表达",则语言普遍性与知觉单一性之间的鸿沟永远不可能完全填平,两者"不可能完全无区别"①。莫汉蒂似乎看到了,语言要想与其所指称的单一性事实同一,必须此事实本身就是主体与客体的融合。他说:当人们说某事物壮丽时,"壮丽的事实就只是在某说话者如此说的意义下是事实";"在此,正是语言构成事实"②。莫汉蒂的这一观点有点类似海德格尔之处,他自己也明确说过:他的论点"部分地证实了海德格尔的论点"③。但莫汉蒂把某物壮丽这样的语言叫做"主观的语言",以区别于那种表达独立客体的"客观的语言"。④ 莫汉蒂并不真正懂得有意义的世界本身必然是主体与客体的融合,他

---

　　① 参见 Mohanty, Jitendranath, *Phenomenology and Ontolgy*, Martinus Nijhoff Haag. 1970,第 67页。

　　② 参见 Mohanty, Jitendranath, *Phenomenology and Ontolgy*, Martinus Nijhoff Haag. 1970,第 69页。

　　③ 参见 Mohanty, Jitendranath, *Phenomenology and Ontolgy*, Martinus Nijhoff Haag. 1970,第 70—71 页。

　　④ 参见 Mohanty, Jitendranath, *Phenomenology and Ontolgy*, Martinus Nijhoff Haag. 1970,第 68页。

仍然站在主客关系式的立场,认为"主观语言"所指称的事实不过是私人主观的东西。

我们不妨换一个角度来讨论个人知觉和语言的关系问题。莫汉蒂看到了知觉中单一东西所显现于其中的整个宽广领域,即看到了不在场的东西,这是比较深刻的。但他的目的还是要缩小整个世界领域,甚至要缩小到某个个人的"主观语言",以捕捉到唯一的、单一的东西,捕捉到这单纯在场的东西。我们为什么一定要死死盯住单纯在场的东西呢?我们何妨把方向倒过来:不是从整个领域向在场的单一性东西缩小,而是由在场者向整个领域即向不在场的东西扩大、延伸,以至把握这整个领域,把握在场与不在场、显现与隐蔽相融合的整个"天人合一"的境界。这样,知觉中的在场者就显现了隐蔽在其背后的不在场者而具有无穷的意味,我们由此也就可以通达于"道"或"存在",而聆听到"道言"或"存在的声音",所谓知觉中单一的东西就不再是任何语言都不能与之同一的私人感觉,不再是无言的冥顽不灵之物,而成了有言的灵物,"道"通过它而言,它的言是诗意的言。前面说到,概念式语言把客体当做与主体分离的对象,因而不可能完全填平语言与知觉中单一事物之间的鸿沟;反之,诗意的语言所言说的是主客融合的整体,是一种"天人合一"的整体,在这里,事物与语言不可分离,语言使该事物成为该事物,所以语言能与其所言说的事物同一。

海德格尔说:"在庙宇和阿波罗的雕像中尽管没有语言作为材料被运用、被'作成',但这一事实完全不足以证明这些'作品'——就其为作品而言——并非本质上缺乏语言。……雕像和庙宇在敞开中立于与人作无言的对话之中。如果没有无言之言,那么……凝视着的神就绝不会显现雕像的神色和外貌;庙宇如果不在语言的敞开领域中,它也绝不会作为神的住处立在那里。"[1]一块石头,你硬要死死盯住它,把它作为孤立的认识对象,用概念式语言说它是这样是那样,都说不到点子上,因为它与主体对立,其本身无言无语,冥顽不灵。但石头的艺术品如石庙、石雕像,则因其为主客融合的整体,它显现了隐蔽的其背后的无穷画面和意境,就会"立于与人作无言的对话之中"。这里的石头诗意地言说着,也可以说,只有在这里,才算是显示了或捕捉到了此石头

_____

① M. Heidegger, *Gesamtausgabe*,第54卷,第172页。

的真意和真理。

　　"道言"并不离开个别的诗作和艺术品。任何个别的单一性事物,只要你把它当做离开了主体的客观认识对象,当做单纯的在场者,它就是僵死的;诗人把它放到主客融合的境界中,放到在场与不在场、显现与隐蔽相结合的整体领域中,它就以他自己独特的方式诗意地言说着。古希腊石庙以一种方式言说着"道言",梵·高画的农鞋以另一种方式言说着"道言";此石头以此种方式言说着"道言",彼石头以彼种方式言说着"道言"。诗意地言说方式无穷多样,其为"道言"一也。

　　中国古典诗作和艺术品在作无言之言方面,是极具特色的。古典诗重言外之意,便是一例。言外之意就是通过言内所及的在场的东西显现出或言说着隐蔽在背后的无尽的画面。杜甫:"国破山河在,城春草木深"(《春望》)。其诗意就在于通过言内所及的在场的东西"山河在"与"草木深",而言说着隐蔽在背后的"无余物"和"无人"的凄凉景象。有人认为言外之意是截取最有启示性的东西,而略去无启示性或少启示性的东西。所谓有启示性的东西,我以为是指能把隐蔽的东西显现出来的东西,例如"山河在"能显现("启示")"无余物"的景象,"草木深"能显现("启示")"无人"的景象。但"无余物"和"无人"却并不是无启示性或少启示的东西,言外之意是显与隐的结合与斗争,不是简单的取舍关系。

　　有人把言外之意的言与意对立起来,认为意本不言。实际上,意虽然是隐蔽的不在场的东西,但意能通过在场的言内之物而言说自身—显现自身,它能作无言之言。"无余物"和"无人"的凄凉景象正是通过"山河在"与"草木深"而言说自身—显现自身的,就像海德格尔所讲的千年万载的狂风暴雨的压力(不在场者)通过古石庙之石(在场者)而言说自身—显现自身一样。

　　还可以举一个中国的建筑为例。北京的天坛是中国艺术的瑰宝,它不仅是建筑,也是一首古典诗。美学家杨辛先生告诉我们,天坛从南到北是一个由低向高的上升运动,把人的视角引向天之"崇高";天坛建筑突出圆的造型,圜丘、皇穹宇、祈年殿都是圆形,而且在每一建筑中又形成很多同心圆,把人的视角引向天之"圆融";天坛建筑采用蓝色琉璃瓦,并大面积种植柏树,把人的视角引向天之"清朗"。他由此得出结论说:"天坛是以实衬虚,一切导向虚空。"

"天坛建筑的妙处正在于以有限的建筑实体唤起无限的想象。"①所谓"以实衬虚",据我的理解,就是通过在场的建筑实体显现出隐蔽的虚空("天")。在天坛这一群体建筑中,圜丘、皇穹宇、祈年殿、蓝色琉璃瓦和翠柏等都是在场的东西,是"实",天之"崇高"、"圆融"、"清朗"都是不在场的东西,是"虚",这个伟大艺术品之美妙和诗意就在于它让隐蔽在背后的不在场的东西——天之"崇高"、"圆融"、"清朗",通过出场的东西——圜丘、皇穹宇、祈年殿等而生动地显现出来。我们平常对天如何高、如何圆、如何清,只有很抽象的理解,但通过天坛的建筑,我们却非常具体地看到了天之"崇高"、"圆融"、"清朗"。平常人只能从表面上看到天坛建筑之"实",因为他们只能看到在场的东西,诗人则从天坛之"实"洞见其"虚"——洞见到隐蔽的、不在场的东西。用海德格尔的话说,这就是让平常认为"无言"的天坛建筑"言说着"("显现着")天的"崇高"、"圆融"、"清朗"。天坛对平常人无言以对,但对游览天坛的诗人来说,却"立于与人作无言的对话之中"。

---

① 杨辛:《天坛审美》,载《中国紫禁城学会论文集》,第 1 辑,紫禁城出版社 1997 年版。

# 第十章　语言的诗性与诗的语言<sup>*</sup>

## 一、语言的诗性

人们一般总以为认识就只是寻求普遍性,愈是撇开特殊性、个别性,就愈具有理论的高度。这种思维方式主要源于自然科学:在实验室里,为了得到普遍的、可以不断重复的效果,各种具体的特殊性和个别性都要加以排斥。这种思路移植到人文社会科学,于是在人类的精神现象中,在社会历史领域内,也产生了寻找像自然现象中必然性规律一样的社会历史规律的要求。随之而来的往往是:人的个性被抹杀了,人与人之间的相互理解、相互承认被阻挠了,整个社会陷入剑拔弩张的困境。

其实,人文社会科学,或者用狄尔泰的语言来说,精神科学,固然不能说无规律性和普遍性可寻,特别是就人的精神与自然有联系的方面而言,但是精神科学的更重要的任务则是讨论人与人之间的社会交往和相互理解的问题。人之不同于物的特点之一在于人的精神性及其与之密切相关的个体性。物无精神性,因而也无个性,物与物之间没有社会交往和相互理解的问题;而人则不然,每个人都有每个人的独特的个性,但又不能离开全体社会而孤立地生活,因而就产生了不同的个性之间如何沟通的问题。如果说,在自然科学那里,重要的问题是如何使个体性纳入普遍性,那么,在精神科学这里,问题则侧重于如何使普遍性适合个体性,说得更具体通俗一点,就是如何让个人的东西通过普遍的东西而得到他人的理解,或者说达到一种共识。精神科学的这一特征

* 原载《中国人民大学学报》2000 年第 1 期。

及其与自然科学的这种区别,狄尔泰早已有所论及①,只是没有作出上面这样明确的陈述。

个人的东西之所以为他人所理解和共识的可能性的基础或根据何在? 个人的东西通过什么途径为他人所理解和共识? 狄尔泰对这两个问题都有自己的回答。

狄尔泰说:"理解首先产生于实践生活的兴趣。人们在这里被指定于相互交往之中。他们必须彼此理解。一个人必须知道另一个人愿意做什么。"②狄尔泰把作为相互理解之基础的实践生活的共同体叫做"共同性的领域"(Sphäre von Gemeinsamkeit):"每一个体生活的表现,在客观精神的范围里,都代表一种共同的东西。每一个词,每一个句子,每一个表情或套活,每一个艺术作品和每一个历史活动,都只是由于一种共同性(Gemeinsamkeit)在其外在表现中与理解相结合,才是可以理解的。个体的人总是在共同性的领域中体验着(erlebt)、思想着和行动着,并且只能在其中理解着。"③显然,狄尔泰这里所用的"共同性"一词不是指不同人在属性上的抽象的相同性或同一性,而是指人人都生活于其中、交往于其中的唯一的生活集体或共同体。狄尔泰认为正是这唯一的共同体保证了人与人之间的相互理解,包括相互间的同情:"相互理解使我们确信存在于个人与个人之间的共同性(Gemeinsamkeit)。个人与个人是通过共同性而相互结合在一起的,在此共同性中,休戚相关或相互关联,同类关系或亲缘关系都彼此联系在一起。这种相互关联和同类关系贯穿于人的世界的领域之中。此种共同性表现在理性的同一性之中,表现在感情生活的同情之中,表现在伴随应该的意识而产生的义务与权利的相互牵制之中。"④狄尔泰在这里所讲的"共同性"有类似我们中国人所讲的"万物一体"之处。"万物一体"讲的不仅是人与人息息相通,休戚与共,而且包括人与物、

---

① 参见 *Wilhelm Diltheys Gesammelte Schriften VII.* Band, Verlag von B. G. Teubner in Leipzig und Berlin 1927,第 191—228 页。

② *Wilhelm Diltheys Gesammelte Schriften VII.* Band, Verlag von B. G. Teubner in Leipzig und Berlin 1927,第 207 页。

③ *Wilhelm Diltheys Gesammelte Schriften VII.* Band, Verlag von B. G. Teubner in Leipzig und Berlin 1927,第 146—147 页。

④ *Wilhelm Diltheys Gesammelte Schriften VII.* Band, Verlag von B. G. Teubner in Leipzig und Berlin 1927,第 141 页。

物与物的一体相通。狄尔泰的"共同性"则是直接地讲人与人的一体相通。我主张把道德意识建立在万物一体及同类感的基础之上,我的这一主张与狄尔泰有契合之处,只是狄尔泰更多地讲人与人之间的一体相通("共同性")。如果说我所强调的万物一体是"民胞"和"物与"二者的统一,狄尔泰则可以说主要是讲"民胞"(狄尔泰的道德观,本文略而未谈)而不侧重讲"物与"。但是,为什么不可以把作为理解之基础的人类"共同性"更扩大为"万物一体"呢? 也许狄尔泰只考虑到人与人的交往媒介是语言,而人与物无语言可通。但是这样考虑问题显然有片面性。在人与万物融为一体的世界里,不仅人与人有语言交往,而且人与物也有语言交往,只不过物对人作无言之言罢了。狄尔泰实际上也看到了人与万物融为一体,例如他说:"在不同成效由之而出的稳定的基底中,没有东西是不包含我的生活关系的。正如这里的一切都存在着一种对我的态度,同样,我的现状也经常按照物(Dinge)和人对我的关系(态度)而改变。根本没有什么人和事物(Sache)对于我仅仅是对象而不包含压力或推动力,不包含努力的目标或意愿的责任,不包含对重要性、需求的考虑和内在的亲近或抗拒、疏远和异己。"①"一种无限的生活丰富性乃是在个人的个体存在中由于其与环境的关系,其与他人和物的关系而展开的。但是每一个别的人都同时是诸多联系的交叉点,这些联系贯穿于个人之中,产生于个人,但又超越于其生活之上……"②上引这些话说明在狄尔泰那里,在人与人的生活关系中,事物不是离开人而独立的简单对象,而是能指示人的意向的,是与人融为一体的,也只有这样,事物才能得到理解。但是,狄尔泰的注意力仍然重在人与人之间的交往和相互理解以及语言媒介在这里的重要性,他一再强调的是,语言是沟通人与人之间或者说主体间性的基础。所以,中国人所强调的万物一体的思想,在狄尔泰那里,可以说只有部分的表现,他也不重视万物皆有语言性,从而也不重视对自然的审美鉴赏。

　　尽管狄尔泰的思想有上述局限性,但他毕竟对语言在人与人相互沟通、相互理解的功能方面进行了深刻的分析,他的分析对我们所关心的为什么日常

---

　　①　*Wilhelm Diltheys Gesammelte Schriften VII*. Band, Verlag von B. G. Teubner in Leipzig und Berlin 1927,第 131 页。

　　②　*Wilhelm Diltheys Gesammelte Schriften VII*. Band, Verlag von B. G. Teubner in Leipzig und Berlin 1927,第 134—135 页。

语言具有诗意本性的道理有很大的启发意义。

在狄尔泰看来，日常语言的结构有这样一种特性：它既能保持个人的特独性，又能使个人与他人取得共识，取得相互认同。用我在讲"相同与相通"的那一章中的术语来说，就是，日常语言既能维持各个人的"不同一性"（"不相同"），又能使人与人相通。说得更通俗一点就是，日常语言具有使个人的东西成为可以传达给别人从而达到相互理解的结构。

每个人都是无限联系的交叉点，每个人的独特性都包含着他所生活于其中、交往于其中的无限联系的共同体，语言表达若与具体的生活联系相脱离，若"不依赖于时间或个人之差异性"，则说话的人所说出的东西与受话人的理解是"同一的"、"没有转换的"，这当然无疑地会保证理解的"完全性"①，例如，数学上的语言。

但是，日常的语言表达总是受具体的生活联系的制约，受"共同性"的制约，说话人与受话人处于具体的环境关系之中，于是隐蔽于当前出场的言词背后的无穷的"生活关联的隐暗背景"（der dunkle Hintergrund des Lebenszusammenhanges）和"丰富的内心生活"（die Fuelle des Seelen Lebens）②会掺杂到日常语言之中，使日常语言不得不通过一些非口头的东西而暗示出未说出的东西，例如面部表情、说话的语气、说话时的姿态以及行为，[狄尔泰把这些概括称之为"生活表现"（die Lebens-aeußerungen）的第二种形式和第三种形式，即"行为"（Handlungen）与"经历表达"（Erlebnisausdruck）。第一种形式是单纯的语言表达，即"概念和判断，思维产物"。③]它们都能和日常语言结合在一起，使日常语言得以表达说话者个人所处的独特的无限联系的交叉点，即是说，得以表达说话者个人的东西。日常语言所包含的诸多暗中示意的东西构成日常语言的组成部分，它们使日常语言具有指向未说出的东西的特点和功能。这些能暗中示意的东西是在个人与他人生活的共同体中形成的，因此，只

---

① 参见 *Wilhelm Diltheys Gesammelte Schriften VII*. Band, Verlag von B. G. Teubner in Leipzig und Berlin 1927，第 205 页。

② *Wilhelm Diltheys Gesammelte Schriften VII*. Band, Verlag von B. G. Teubner in Leipzig und Berlin 1927，第 206 页。

③ *Wilhelm Diltheys Gesammelte Schriften VII*. Band, Verlag von B. G. Teubner in Leipzig und Berlin 1927，第 205—207 页。

要是在这个共同体中生活的人都能理解其所表达的个人的内心生活及其背景。日常语言就这样具有使个人的东西通过生活共同体而为他人所理解的结构。狄尔泰并没有把这样的思想观点像我这里所表述的那样作出明确的表达，但这里的基本思想观点应该是属于他的。

我在这里所要着重指出的是，狄尔泰所指明的日常语言具有暗指未说出的东西，从而能使个人独特的东西得到他人理解的特点和功能，正是语言的诗性之所在。

伽达默尔所讲的"语言的思辨性"的论点，阐述了语言都有从说出的东西中暗示未说出的东西的特点，这个特点就叫做语言的诗性，这也就是说，语言一般皆有诗性。伽达默尔说："说出的都在自身中带有未说出的成分"，说出的与未说出的"具有答复和暗示的关系"①；语词的有限性与语言整体是紧密联系、相融相通的，人讲话时所处的"生动现实性"就表明人所讲出的有限话语使附属于其上的"意义整体"，"在发生作用"②，这也就是伽达默尔所谓"语言的思辨性"。甚至分析哲学家如维特根斯坦（Ludwig Wittgenstein）、奥斯汀（J. Austin）、塞尔（J. Searle）等人也大讲说话时的语境，认为一个语句的意义以语境为转移，这语境颇有类似伽达默尔所讲的"未说出的意义整体"和"讲话时的生动现实性"之处。当然，分析哲学家们的思维模式主要是主客关系式，他们所讲的语境属于与主体对立的客体，不同于海德格尔与伽达默尔所讲的"隐蔽"与"意义整体"，因而缺乏诗意。

尽管日常语言，由于在场与不在场总是融合在一起，因而实际上，"说出的"总是带有"未说出的"成分，但日常语言毕竟未能发挥语言的诗性而不同于诗的语言。诗的语言具有最强的"思辨性"，它从说出的东西中暗示未说出的东西的程度最大、最深远，而一般的非诗的语言毕竟未能发挥语言的诗意之本性。这就像我们平常说的，人在某种意义下皆为诗人，皆有诗意，但一般的人并非都是真正的严格意义下的诗人。

那么，诗的语言，究竟有什么特点以区别于非诗的语言呢？

---

① 伽达默尔：《真理与方法》，第 1 卷，台北 1993 年版，第 583 页。
② 伽达默尔：《真理与方法》，第 1 卷，台北 1993 年版，第 583 页。

## 二、诗的语言与非诗的语言的区别

一般都是从感性与理性的二元对立中来作这种区分。这样的区分虽也符合实际,但未说到深处。从存在论的角度来看,世界、真理是在场者、显现者同其背后的不在场者、隐蔽者的融合,也是人与世界的融合。概念式语言的存在上的根源是站在主客关系的立场上,以在场者之显现为语言的本质,而排斥、抹杀不在场之隐蔽的作用。反之,诗性语言(严格说来是语言的诗性)的存在论根源在于人与世界的融合,重视不在场者,一心要把隐蔽的东西显现出来。所以,诗性语言的特性就是超越在场的东西,通达于不在场的东西,用海德格尔的话说,就是超越"世界"而返回"大地"。

我们的日常生活过多地执著于当前在场的东西,包括科学技术在内也是如此,往往遗忘了隐蔽的东西,即使偶尔记忆起来,也只是把它当做"异乡"。但诗人却正是要聆听这"异乡"的声音,诗性的语言可以说就是对"异乡"的召唤。"道言"、"大言"乃是通过诗人的诗性语言,把来自海德格尔所谓"存在"、"无"、"神秘"或德里达所谓"无底深渊"的声音释放出来。如果说平常生活中的用语往往只盯住个别的在场者,那么,科学语言就可以说是只盯住普遍的、永恒的在场者即概念、理念、同一性之类的东西。面对一株春暖发芽的杨柳,一个普通农夫和科学家与诗人所言说的东西就大不相同:农夫会说,杨柳活了,今夏我可以在它下面乘凉;科学家会说,杨柳发芽是气温回升的结果;这两种人都是盯住客观的在场的东西,一个是个别的在场者,一个是普遍永恒的在场者。诗人则会说:"忽见陌头杨柳色,悔教夫婿觅封侯"(王昌龄:《闺怨》)。甚至一个有诗意的小孩也会:"妈妈,杨柳又发芽了,爸爸怎么还不回来?"诗意的语言把隐蔽在杨柳发芽背后的离愁活生生地显现出来了,这离愁不是简单的感情发泄和简单的心理状态,而是一种情景交融、主客(人物)交融的审美境界。

语言分析哲学家奥斯汀把言语行为分为三类:

(1)"以言表意的行为"(locutionary act)——即用语言表达某种思想观点的行为;

(2)"以言行事的行为"(illocutionary act)——即用语句施行某种行动的

语言行为；

（3）"以言取效的行为"（perlocutionary act）——即用语言取得某种实际效果的语言行为。

奥斯汀的三类语言行为应该说概括了全部日常语言和科学语言，所有这些都是一种只盯住在场的东西的语言行为，而不具有把隐蔽的东西显现出来的特性。奥斯汀虽然强调某种语言行为要与其语境或说话的场合相结合，但那只是出于让某种语言行为适当而有效的考虑，其所特意盯住的对象，正是该种语言行为本身所讲出的在场者。奥斯汀所说的语境或场合，表面上没有出场，实际上却也是出场的东西。

胡塞尔在"以言行事的行为"中专门列入了"表情式"一类的语言行为，例如祝贺、哀痛、抱歉之类的言语均属之。我们当然不能认为单纯的表情式语言就是诗性语言。对单纯的某种心理状态的描述，和对单纯的某种物理事物的描述一样，都是把客体与主体分离、把在场者与不在场者分离的日常语言或科学语言。

总之，日常语言和科学语言的特点就是以主体与客体关系为前提，把在场与不在场、显现与隐蔽割裂；而诗性语言的特点则是二者的融合。

与此相联系的是，诗的语言的特点还在于诗具有独特性、一次性。Otto Poe ggeler 在解释海德格尔关于诗和思的关系时说："思维的说"与"诗意的说"，或者说，"思维"与"诗化"，"它们之接近在于两者因各自言说的特性而保留着相互的区分。海德格尔用公式化的简明语言说：'思想家言说存在，诗人给神圣的东西命名'。……诗人所作的是给神圣的东西的要求以一种直接的回答，给神圣的东西'命名'，而思想家不能自命做到这一点。……相反，思维必须拒绝对神圣东西的要求作直接的回答。"①所谓"命名"，乃是指独特性、一次性，只有诗人才可以在诗意中独特地、一次性地亦即创造性地直接把握到真意，思想家用逻辑的、推理的语言，总是只能把握到一些普遍性的、抽象的东西，对真意或境界只能间接地去把握。这就是诗与思、诗的语言与概念式语言的又一区别之处。

---

① Otto Poeggeler, *Heidegger's Path of Thinking*（《海德格尔的思想道路》），第227页。

# 三、中国古典诗的语言的特征和要求

刘勰《文心雕龙·隐秀》篇："情在词外曰'隐',状溢目前曰'秀'。"（这段话出自《隐秀》篇的佚文）刘勰所谓词外之情（即言外之意）,实际上就是我上面所说的诗的语言之具有暗示未说出的东西的特点之意。刘勰的这两句话可以说最简明扼要地概括了诗的语言的本质。中国传统诗论和传统哲学爱讲"言不尽意","言有尽而意无穷",这并不是说中国传统思想否认或怀疑语言的表达能力,就像有的学者所认为的那样。其实,"言不尽意"、"言有尽而意无穷"恰恰是重视诗的语言之不同于一般非诗的语言之区别的表现,恰恰说明了诗的语言乃是以说出的东西（即"有尽之言"）暗示出未说出的"无穷之意"。（我们说的言外之意,主要不是指抽象的概念或道理,而是指具体的意境,其中也包括"词外之情"）如果语言根本不能表意,那还有什么诗的艺术可言呢？中国是一个诗的国度,所以也特别重视发挥语言的诗性,重视用诗的语言表达（严格说是暗示）无穷之意。中国古典诗的水平之高下,主要不在于说出的东西,例如词藻之华丽与否,而在于说出的言词对未说出的东西所启发、所想象的空间之广度和深度。

中国古典诗的语言所具有的上述基本特性,具体地说有以下几点。

第一,言约旨远。

诗的语言不能像平常说话或科学的逻辑论证那样铺陈展开,它要求用尽量少的语言表达尽量多的内涵,所谓"言约旨远"（《世说新语》）,"语少意足,有无穷之味"（洪迈:《容斋随笔》）,"语少而意广"（陈师道:《后山诗话》）,等等,都是说的这个意思。魏庆之编《诗人玉屑》引述了《漫斋语录》的这样一段话:"诗文要含蓄不露,便是好处。……用意十分,下语三分,可几风雅;下语六分,可追李杜;下语十分,晚唐之作也。用意要精深,下语要平易,此诗人之难也。"我们当然不必拘泥于这些比喻性的具体数字,也不必认为从四言诗到五言诗到七言诗是一个距离"言约旨远"的水平愈来愈低下的过程。这段话无论如何指明了诗的语言的一个特点:为了要含蓄不露,暗示较大的未说出的东西的空间,说出来的言词一定要量少而含金量大。否则,就成为无诗意的散文了。康庚的《唐子西文录》称赞杜诗之含蓄深远说:"过岳阳楼,观杜子美诗,不过四十字尔,气象宏放,含蓄深远,殆与洞庭争雄,所谓富哉言乎者。……杜诗虽小而大……""小"者,词量少之谓也;"大"者,含义深远之谓也。王力先生曾以杜甫《春日忆李白》中的两联为例具体说明了诗的语言的这一特征:"诗词是最精练的语言,要在短短的几十个字中,表现出尺幅千里的画面,所以有许多句子的结构就非压缩不可。……例如杜甫的《春日忆李白》中两联:"清新庾开府,俊逸鲍参军。渭北春天树,江东日暮云。"若依散文的语法看,这四句话是不完整的,但是诗人的意思已经完全表达出来了。李白的诗清新得像庾信的诗一样,俊逸得像鲍照的诗一样。当时杜甫在渭北(长安),李白在江东,杜甫看见了暮云春树,触景生情,就引起了甜蜜的友谊的回忆来。这个意思不是很清楚了吗? 假如增加一些字,反而令人感到是多余的了。①

但仅仅词量少,并不足以暗示未说出的空间之深远,"言约"一条并不足以保证"旨远"。这说出的少量语言还必须具有更积极的特点,才能达到"旨远"的目标。

第二,象征性和暗喻性语言。

它以表示具体事物或具体实景的语言暗示(象征)深远的意境。法国当代著名哲学家利科(Paul Ricoeur)认为,"语言的神奇性正是在于:语言是利用象征的特性玩弄'指明—隐藏'的双重方向的运动的魔术——语言在'指明'时就包含了一种新的'隐藏',而在'隐藏'时又包含了再次指明的可能性。"②利科这段话是就一般语言的特性而说的,至于诗的语言,我想当然更具这种象征性特色。中国古典诗中有以单个的语词为象征的,例如以松柏象征坚贞;也有以全诗为象征的,例如张九龄的《感遇》:"江南有丹橘,经冬犹绿林。岂伊地气暖,自有岁寒心。可以荐佳客,奈何阻重深。运命唯所遇,循环不可寻。徒言树桃李,此木岂无阴。"这就是以丹橘及其经冬不谢的具体形象,象征诗人高洁的品格,从而使读者理解诗人个人的内心生活。中国人无论古人还是今人,都有共同的传统背景,生活于一个古今一体的"共同体"中,所以即使是今人也能理解丹橘的品质,从而使古人张九龄的个体性的东西得到今人的理

---

① 参见王力:《诗词格律》,中华书局 1962 年版,第 133—134 页。
② 高宣扬:《李克尔的解释学》,(台北)远流出版社 1990 年版,第 158 页。

解和同情。张九龄的《感遇》,可以说全诗都是用象征性语言暗示更深远的意境或情意。又如王维的《终南别业》:"中岁颇好道,晚家南山陲。兴来每独往,胜事空自知。行到水穷处,坐看云起时。偶然值林叟,谈笑无还期。"全诗写的是实情实景,非常形象,然而这些富有象征性和暗喻性的语言却指向一个没有说出的物我两忘的境界,让读者能心领神会,恍若身历其境。(关于上引两诗的象征性和暗喻性语言的区别,本书从略。)

当然,并非所有的中国古典诗都以象征性和暗喻性语言见长,但象征生和暗喻性语言在中国古典诗中却是常见的现象,尽管在程度上有所不同。这种语言构成了中国古典诗的一个重要特色。

黑格尔也曾提到,东方诗人爱用具体的图像和暗喻的方式使人兴起对所写对象之外的与其本身有联系的东西的兴趣,也就是说"把人引导到另一境域(in ein andre Element),即内容本身的显现或别的相近现象(in andre ver-wandte Erscheinungen)"①。黑格尔还以此作为诗与散文意识的区别:散文意识注重所写对象本身的特性以及对此对象的内容及其意义的精确、鲜明和可理解性;诗则注重形象及其所引发的背后与之有关联的领域,因此,人们可以用散文对诗作不同的解释。② 散文是凭知解力表述真理;诗是用形象显现真理。③ 黑格尔对诗的这一特点及其与散文的区别的说明,对中国古典诗也有一定的意义,只是黑格尔从西方古典的概念哲学和西方古典美学的典型论出发,把诗所写的东西背后的境域或真理只理解为理念、概念、典型,而中国古典诗所暗喻的未说出的领域则主要不是抽象的理念、概念,而是具体的深远的意境。

第三,画意性语言。

上面已经谈到诗的语言应是表示具体事物或具体实景的形象性语言,这一点实际上已涉及画意性语言,但单纯形象还不等于就是画意。例如,前引张九龄的《感遇》虽然用的是形象性语言,但比较缺乏画意,而《终南别业》则是一首画意很浓的诗。"行到水穷处,坐看云起时。偶然植林叟,谈笑无还期。"这四句诗,虽然是语言而非绘画中的线条、颜色和人物姿态,但这样的语言却

① *G. W. F Hegel Werke in Zwangzig Bänden* 15,Suhrkamp Verlag,第 281 页。
② 参见黑格尔:《美学》,第 3 卷下册,商务印书馆 1981 年版,第 61 页。
③ 参见黑格尔:《美学》,第 3 卷下册,商务印书馆 1981 年版,第 24—25 页。

具有触发人的想象和联系的特点，让鉴赏者在头脑中产生一幅"状溢目前"的生动画面，"状溢目前"在这里就是有线条、有颜色、有人物姿态之意。

　　但是，我这里所讲的画意性语言，并非指单纯描写景物的诗，而是指画意的背后还隐藏着深远的境界。王维的《终南别业》，就既是诗中有画，而又在画的背后隐蔽着一种悠然、空寂的境界。陶渊明的《饮酒》："采菊东篱下，悠然见南山。山气日夕佳，飞鸟相与还。"表面上是一首描写田园山水的单纯写景的诗，但仅仅这样来看待这首诗，则显然未能真正领略其诗意。这几句诗在描写"人境"的现实田园景物时，却隐蔽着语言文字所未说出的超现实的情趣和理想境界。所谓"象外之象，景外之景"，应是此意。也许我还可以在此再补上一句："画外之画"，或许更能直接表达我的看法。中国古典诗中有不少以描写景物、注重形似的好诗，但中国传统美学思想或诗论却更加崇尚画意与深远的境界相结合的诗，崇尚有神韵的诗，而不是崇尚单纯形似的诗。

　　第四，音乐性语言。

　　语言是有声音的，与音乐有共同之处，音乐比起绘画来更接近语言，因此，诗的语言之具有音乐性也比它之具有画意要更为直接。

　　诗的语言的画意性在于提供空间上同时并存的事物的外在形象，使语言所未说出而又暗指的精神境界更具鲜明性，但仅仅画意性语言还不足以表达时间上先后之承续，不足以暗指精神境界的节奏性，这就需要语言的音乐性。

　　人与万物一体，息息相通，真正高远的精神境界也必然是这息息相通的整体之显现，它本身不但有画意，而且有节奏，有音乐性，它是回旋荡漾、波澜起伏、时而高扬、时而低沉的。因此，诗的语言也必然具有这种以节奏为基础的音乐性，从而使诗中已说出的语言能暗指未说出的深远境界的节奏和音乐性。黑格尔也曾说过，人的内心生活是回旋往复、震颤不停的，因此，音乐适合于表现内心生活的这一特点。"通过音乐来打动的就是最深刻的主体内心生活；音乐是心情的艺术，它直接针对着心情。"[1]"音乐凭声音的运动直接渗透到一切心灵运动的内在的发源地。所以音乐占领住意识，使意识不再和一种对象对立着。"[2]即是说，"在音乐里"，"主客的差别消失了"，达到了一种完全忘我

---

[1]　黑格尔：《美学》，第 3 卷上册，商务印书馆 1981 年版，第 332 页。
[2]　黑格尔：《美学》，第 3 卷上册，商务印书馆 1981 年版，第 349 页。

的境地。① 中国古典诗所讲的四言二二、五言二三、七言四三的格律以及押韵、平仄、双声词、叠音词等都是诗的语言音乐性的表现，而且这种音乐性都是和诗的语言所暗示的意境、内心生活相配合的。例如崔灏的《黄鹤楼》："昔人已乘黄鹤去，此地空余黄鹤楼。黄鹤一去不复返，白云千载空悠悠。晴川历历汉阳树，芳草萋萋鹦鹉洲。日暮乡关何处是，烟波江上使人愁。"诗人吊古思乡之情悠悠久长，押十一尤的韵最为恰切，如用仄韵则显然不妥贴。反之，岳飞的《满江红》："怒发冲冠，凭阑处，潇潇雨歇。抬望眼，仰天长啸，壮怀激烈。三十功名尘与土，八千里路云和月，莫等闲，白了少年头，空悲切。"这首词用短促的入声韵（这首词用的是互相通用的六月和九屑的韵），则正好表现其悲壮忠愤之情，如用平韵则不能与这种情感相配合。又如李清照的《声声慢》："寻寻觅觅，冷冷清清，凄凄惨惨戚戚。"首句连叠七字，顿挫凄绝，仿佛可以听到诗人感情波澜起伏的心声。若非语言的音乐性效果，何能至此？

我在前面讲画意性语言或音乐性语言与意境、境界或内心生活的关系时总是用"暗示"、"暗指"之类的字眼，意思是：画意性语言或音乐性语言，毕竟不是绘画本身或音乐本身，所以诗既不能代替绘画，像绘画那样直接提供一种占空间的外在图像，也不能代替②音乐，像音乐那样达到非语言所能直接表达的境地，但画意语言或音乐语言都是诗的语言，这种语言的特点就是凭借它可以想象、玩味那种深远的意境、境界或内心生活，所谓"暗示"、"暗指"就是想象、玩味之意。也可以说，诗的语言就是一种能触发想象、玩味的语言。日常语言、散文式的语言都具有这种诗性，但不及诗的语言所具有的诗性之强和显著，日常语言和诗的语言，其间虽有区别，但很难作明确的划界。

---

①　黑格尔：《美学》，第3卷上册，商务印书馆1981年版，第332页。
②　"不能代替"并不意味着绘画或音乐比诗更高，我这里完全无意讨论绘画与诗或音乐与诗的高低问题。

# 第十一章　语言意义的意义<sup>*</sup>

## 一、语言意义的几种意义

意义问题是欧洲语言学家和语言哲学家所讨论和研究的主题,我们在日常的言谈中也经常要谈到某某事物、某某语词、某某语句有无意义和有什么意义之类的问题。究竟什么叫做"意义"?"意义"这个概念本身的意义是什么?这在日常的言谈中固然是含糊不清的,即使在语言学家和语言哲学家那里,也存在着很多歧义和模糊不清之处。

大体上说来,"意义"一词有两种意义。一是指 sense,"含义"的意思,是书面意义。例如语言哲学中的所谓"意义的指称论"(the referential theory of meaning,denotative theory of meaning)认为一个语词乃是通过它所指称的对象而具有"意义"。这里所说的对象既包括专名所指称的对象如某个个别的人,也包括通名所指称的对象如某类事物,甚至有人主张包括性质、关系、状态如方的、圆的、飞、跑、在……之外等;既包括实存的事物如长江、大河,也包括虚构的事物如金山,甚至逻辑上不可能的事物如方形的圆。"指称论"所谓语词,因有所指称而具有"意义",这里的"意义"实际上是指我们平常所说的"含义"(sense),亦即书面意义。例如苏格拉底一词的意义(含义)就是指古希腊一位最伟大的哲人……桌子一词的意义(含义)就是指一种有腿、有面、可供写字或吃饭等用的家具,金山一词的意义(含义)就是指地面上由金子构成的高耸部分。只要我们不把"意义"理解为一种物质性的东西,不把意义与它所指称的对象完全等同起来(从而免遭斯特劳森(P. F. Strawson)对罗素关于"意

---

义即所指”的理论的嘲笑），而只从语词与其对象间的对应关系来理解语词的意义，那么，“指称论”所讲的“意义”，在一定程度上就是值得肯定的，它说明了一个语词的“含义”或字面意义。不仅名词具有意义（含义）或字面意义，而且动词、形容词、前置词、连接词等也具有意义（含义）或字面意义。例如“方的”、“圆的”、“红的”、“在……之外”、“和”、“或”等都是有各自的意义（含义）或字面意义的。当然，我这样讲，实际上已经超越了“指称论”，或者说扩展了“指称论”的范围。“指称论”的经典思想实际上只适用于说明名词的意义（含义）或字面意义而不适于说明形容词、动词、前置词、连接词等语词的意义（含义）或字面意义。但无论如何，“指称论”表明，语词的意义（含义）在于它有所指称，无所指称的语词就没有任何含义，没有任何意义。例如“金山”虽无实际存在，但有所指称，因而还是有意义（有含义）的，而把“的”、“是”、“或”胡乱拼凑在一起的一堆词“的是或”就无所指称，因而是没有意义的，它没有任何含义。

语言哲学中的“意义的观念论”（ideational theory of meaning）认为一个语词的意义是它所代表的观念，例如桌子一词的意义在于它代表了、表达了桌子的观念。“观念论”乃是从心理学的角度说明语词的意义（含义）或书面意义，它是“指称论”的一个变种。“指称论”和“观念论”所讲的语词的“意义”，都是指 Sense，指含义或书面意义。

欧洲语言哲学中语言意义理论中“意义”的另一种意义，不是指 Sense，而是指 meaning，meaning 比 sense 的内涵要更高一个层次，要更为丰富。Sene，含义，字面意义，不涉及认识上的真假问题，也不涉及道德意识上的善恶问题和审美意识上的美不美的问题；而 meaning 则涉及真假问题、善恶问题和美不美的问题。语言哲学中的“功用论”（use theory of meaning）、“行为论”（behaviorist theory of meaning）、“成真条件论”（truth conditional theory of meaning），其所讲的语言的“意义”，就不限于 sene，不限于含义或字面意义，而是着重讲语言的认识意义，因而涉及真假问题。按照这类“意义”的观点，孤立的语词的“含义”是没有意义的，因为它不涉及认识上的真假。这些理论中有的也讲到语言的审美意义和道德意义，因而也涉及善恶问题和美不美的问题，但总起来说，欧洲语言哲学的诸种意义理论的主流是讲“意义”的认识意义，是涉及真假问题的意义，戴维森（D. Davison）的“成真条件论”是这种主流思潮的典型代表:一个语句只有当其具有成真条件时才是有意义的,否则就没有意义。这种意义理论完全是建立在符合论的认识论基础之上的。按照这种理论,不仅像"雪是黑的"这样的陈述句由于没有成真条件,不符合客观事实,因而是无意义的,而且连祈使句、疑问句也由于不具有成真条件而成为没有意义的,诗的语言、伦理道德的语言、宗教的语言也都是无意义的。这显然有违我们日常的生活实际。"意义的可证实理论"也是讲的"意义"的认识意义,是涉及真假问题的意义。这种理论认为形而上学的命题是没有认识意义的伪命题。

在欧洲语言哲学中,胡塞尔的意向性理论是比较特别的,其特点在于它把意义与人的意向性紧密联系在一起。例如,我们一般认为"骨化石"这个词是有意义(含义)的,它有所指称,但按意向性理论,单纯的"骨化石"这个"记号"(Zeichen)没有与人的意向性发生联系,它就是无意义的;只有当人对骨化石有了某种意向(相信、希望、意图等),它才是有意义的,只有"表达式"(Ausdruck),而不是简单的"记号",才能表达骨化石与人的意向的关系。这种理论实际上否定了语词的"含义"或书面意义的意义。这一点是有片面性的。"骨化石"既然是表示太古动物存在的"记号",这本身就说明它有某种意义,即有"含义"。我以为,我们应当把语词的"含义"或书面意义同人在不同语境下使用语句来表达不同的意向从而使语句具有不同的意义这两者结合起来。但胡塞尔的意向性理论的优点在于,它比起一般分析哲学、语言哲学来,扩大和丰富了"意义"的内涵,它不仅包括"意义"的认识意义,而且更着重讲人的意志、欲望、感情等方面的语言意义,意向就是意志、欲望、感情等。"我感觉到某物","我想要某物","我爱(恨)某物","我欣赏某物",……这些都具有各自不同的意义,其中有的是认识意义,有的是伦理道德意义,有的是审美意义。这里的"某物"可以是实存的,可以是不存在的,可以是逻辑上可能的,也可以是逻辑上不可能的。

以英国哲学家奥斯汀(J. L. Austin,1911—1960)和美国哲学家塞尔(J. R. Searle,1932—　)为代表的言语行为理论或意义的行为论认为,语言的作用不像传统哲学所讲的那样只限于陈述事实或表达思想,而主要在于完成某种语言行为,陈述事实或表达思想只不过是言语行为中的一种,言语行为更主要是指说话者的意向。这种观点早在维特根斯坦的后期就已经萌现了,他的"语言游戏"就是生活形式的一部分,"语言游戏"除包括陈述事实或表达思想之外,还有请求、提问、允许、指责,等等。奥斯汀发展了维特根斯坦这方面的思想。塞尔更特别地把言语行为与意向性联系起来,认为言语行为的主要特征是意向性,言语行为就是说话者表达了一种意向,而不只是陈述事实或表达思想。语言的意义就在于完成意向。塞尔的语言行为理论和胡塞尔的意向性理论相类似,也比传统观点更丰富了"意义"的内涵,它为把语言的"意义"从认识意义、真假意义扩展到包含伦理道德意义和审美意义等开辟了道路,尽管它在一定程度上也把完成行为式的话语同陈述式话语一样都归结为有真假之别。

　　总起来说,欧洲语言哲学的主流是讲语言的认识意义、真假意义,胡塞尔的意向性理论和以奥斯汀为代表的言语行为理论是对这种主流在一定程度上的偏离。我以为这种偏离正好为扩大语言"意义"的范围敞开了大门。我们不应该把一切语言都归结为只有真与假的认识意义,伦理道德意义上的应该不应该、好与坏、公正不公正以及审美意义上的美与不美,等等,也是人类语言"意义"的重要内涵,我们不能把应该不应该、美不美等问题同真假问题混同起来,尽管前者与后者并非没有联系。

## 二、人生的"在世结构"决定语言的不同意义

　　人类的文化活动是多种多样的,有语言活动、认识活动(包括科学认识)、功利活动(包括经济的、政治的活动)、伦理道德活动、审美活动、宗教活动,等,其中语言活动是最基本的,其余的诸种活动大多要通过语言来实现,人的各种意识也大多是通过语言而成为客观的。根据人的活动性质的不同,语言的性质和意义也可以分为多种:从性质上来说,有认识语言(包括科学认识的语言)、功利语言、伦理道德语言、审美语言、宗教语言;与此相应的是,语言的"意义"也可划分为认识意义、功利意义、伦理道德意义、审美意义、宗教意义。在一种活动中是有意义的或无意义的语言,在另一种活动中则不一定是或者往往不是有意义的或无意义的。最明显的一个例子是,李白的诗句"白发三千丈",如果作为认识语言来看,它不是真的,因而是无意义的,但作为审美语言却是很有意义的。人的文化活动不只是认识活动、科学活动,语言的意义从

而也不只是认识上真假的意义,而且还有伦理道德意义、审美意义等。像欧洲语言哲学的主流观点和传统观点那样把语言的意义主要归结为认识上的真假的意义,显然简单化了语言意义的丰富内涵,也简单化了人的文化活动的丰富内涵,或者说,抹杀了语言意义的许多重要内涵,抹杀了文化活动的许多重要内涵。奥斯汀早期关于记述式话语(constatory utterances)具有认识上的真假意义而实施式话语(performatory utterances)无真假意义却有适当不适当的意义的区分,打破了语言哲学的传统观点,明确肯定了语言的活动不只是记述式的,不只是陈述事实、表达思想,而且是有实施性的,是完成行为的,语言的意义不只有真假之分的认识意义,而且有适当不适当的意义。尽管奥斯汀所谓适当不适当(happy or unhappy)还不是应该不应该之类的伦理道德意义,但他否定了真假是语言的普遍特性的传统观点,这就为扩大语言的意义内涵开辟了道路。奥斯汀后期为了强调实施式话语和记述话语的联系,把记述式话语划为实施式话语中的一个子类,甚至否定了两者间一个有真假意义、一个无真假意义的区分,而强调实施式话语的真假意义,这是他受西方语言传统观点束缚的表现。

人生在世的"在世结构"有"主体—客体"关系式和"人—世界"融合式①。人的各种文化活动和语言的各种意义也可以按照这两种结构分为两类。认识活动、功利活动、伦理道德活动,都属于"主体—客体"关系式的"在世结构",因此,语言的认识意义、功利意义、伦理道德意义都需要通过"主体—客体"关系来说明。

认识是指作为主体的人在与客体处于一种彼此外在的关系中对客体的把握的活动,认识活动的结果在语言上主要表现为记述式或者叫做陈述式,它所陈述的是外在的客体的状态、性质、关系、本质等。这种语言的意义在于它所陈述、反映的是否符合客体的真实,凡反映得真实的语言就是有意义的,不真实的就是无意义的。语言的意义在于真假。说"雪是白的",是有意义的,说"雪是黑的"便是无意义的。关于这种语言的意义,西方传统语言哲学已经谈论得很多了。

功利活动是指在主客外在关系中主体对客体(包括他人)实施了某种作

---

① 参见张世英:《哲学导论》,北京大学出版社 2002 年版,第 1 章。

用,使客体为主体所用的活动。表现功利活动的语言大都如奥斯汀所说包含实施性的动词(performative verb),如"我请你"、"我命令你"等。我这里所说的功利性活动,是指满足人的实际利益、现实欲望的需要的活动。表现这种活动的语言不仅包含实施性动词的特点,而且具有现实的目的性、现实的意向性,因此,这种语言的意义在于它是否表示了活动的合目的性,凡符合现实目的的,或者说得通俗一点就是,凡有用的,就是有意义的,无用的就是无意义的。一个人肚子饿了,指着一块饼说"请你把那块饼拿给我",这句话是有意义的;如果他指着一块画中的饼说"请你把那块画饼拿给我",他的话就是无意义的。当你听到此人说这句话时,你对于此人这句话的书面意义是了解的,但你还是会问他:"你的话是什么意思?"你的提问并不是指此人这句话的书面意义,你实际上是要问此人说这句话时的目的是什么,意向是什么,所谓"你的话是什么意思"这句问语中的"意思"就是意义,这里的意义是指的现实目的。所以,功利语言的意义在于有用无用。

伦理道德活动也属于"主体—客体"关系式的"在世结构",因为伦理道德也要讲实用、讲功利,只不过伦理道德讲的是为他人谋功用、谋福利,不能为他人带来实利的所谓道德行为是抽象的、空洞的。① 所以伦理道德语言和功利语言一样具有包含实施性动词和目的性的特点,但伦理道德语言比功利语言还要多一层内容和特点,那就是它具有应该不应该或善与恶的意义。当一个陌生人向你问路,从北京市区到密云怎么走,你明知密云在北京城东北,却指着西南方向告诉那位陌生人说:"从那个方向走。"你的话的书面意义是很清楚的,单就书面意义来说,你的话是有意义(含义)的,但你的回话从伦理道德层面上说是无意义的。站在你旁边的我会问你:"你明知道密云在北京城东北,却指着西南方向说'从那个方向走',你这话究竟是什么意思?"我这里用的"意思"一词,显然不是指此话的书面意义,而是问你说这句话时的目的、意向是什么。你的谎言虽有书面意义、有含义,不是像前面举过的"的是或"那样无意义,但你的话从伦理道德上讲却是无意义的,我会批评你说,"你的话真是太没有意义了,太不应该了。"

和认识、功利、伦理道德三种活动都不相同的是审美活动,审美活动不属

---

① 参见张世英:《哲学导论》,北京大学出版社2002年版,第26—27页。

于"主体—客体"关系式的"在世结构",而属于"人—世界"融合式的"在世结构"。① 审美意识是人与世界融合为一的活动,它既不是主体对客体的性质、关系、本质等的陈述或记述,也不是主体对客体的实施性活动,因此,审美语言、诗的语言无所谓认识上对客体的记述或陈述上的真假意义,也没有功利上客体对主体有用或无用的目的性意义,也没有伦理道德上应该不应该的意义。审美语言所表达的乃是人与世界融合为一的一种意境或境界,它的意义在于美或不美、有诗意或无诗意。美的语言、有诗意的语言就是有意义的语言,否则,就是无意义的语言。这种语言不问真假、用与无用、应该与不应该。

美学理论中的模仿说似乎是把审美语言的意义归结为认识上的真假,模仿得越真就越是美。但模仿只是审美意识或诗意的起源。深层意义的美或诗意早已超越了简单的模仿。②

诗作是情景交融的产物,离开了情感,谈不上诗意,但诗作绝不只是对情感的简单记述或复写。那种只是对情感的简单记述或复写的所谓诗作,它的语言和对物质性客体的性质、关系、本质等的描述性语言一样,是缺乏审美意义的。多愁善感并不等于有诗意,面对大海叫一声"呵!大海呀",并不等于就是诗的语言。

诗的语言不以有实际功用为目的,这一点应该是毋庸赘述的。诗的语言虽然可以自然地有符合道德目的的作用,但它本身并不以道德上的善为目的,那种以道德为预定目的而作的诗的语言,一般都不是真正有审美意义的诗的语言,而往往属于道德上的说教。③ 白居易的《隋堤柳》后半:"……炀天子,自言福祚长无穷,宣知皇子封酅公。……后王何以鉴前王,请看隋堤亡国树。"这几乎就是道德说教,而没有什么诗意了。

诗的语言在于它能起到一种扩展想象空间或者说起到一种"玩味"的作用。所谓审美愉悦或美的享受,就是一种"玩味"的感觉,在想象的空间中自由驰骋的感受,诗的语言就是要起到这种作用。诗的语言需要具有什么样的特点才能起到这种作用呢?

---

① 参见张世英:《哲学导论》,北京大学出版社 2002 年版,第 121—124 页。

② 参见张世英:《哲学导论》,北京大学出版社 2002 年版,第 162—163、183—184 页。

③ 参见张世英:《哲学导论》,北京大学出版社 2002 年版,第 18 章"审美意识与道德意识"。

　　海德格尔在《诗中的语言》赞赏特拉克尔的诗中语言的"多义性"（Mehr-deutigkeit）："白"既指苍白，也指纯粹；"绿"既指繁盛，也指腐烂；"银白"既指死的惨淡，也指星星的闪烁，如此等等。海德格尔所讲的这种多义性有些类似中国语言中的双关。中国古典诗的特点之一是语言的多义性，多义性不仅仅指双关。多义性的确能起到扩展想象空间而让人"玩味"的作用。但很多诗的语言意义并不是靠多义性来实现的。用多义性来概括诗的语言意义，似乎并不全面，并未抓住问题的核心。

　　有一种看法和提法认为诗的语言是隐喻性语言。什么叫做隐喻？语言哲学家有各种不同的界定，我这里不打算讨论这个问题。粗略地说，隐喻乃是指语言的意义超出了它的书面意义之外，例如象征性语言就是一种最明显的隐喻。张九龄的《感遇》："江南有丹橘，经冬犹绿林。岂伊地气暖，自有岁寒心。……"全诗都以丹橘经冬不凋来隐喻、象征作者坚贞的品格。隐喻性语言当然能起到扩展想象空间而让人"玩味"的作用，其审美意义值得肯定，丹橘"经冬犹绿林"就让人想象、玩味到一个人在遇到困境时仍能坚贞不屈的情景。但是这种隐喻性语言，仍失之简单，其所提供的想象空间和让人玩味的余地未免狭窄，我个人觉得张九龄的这首诗不能算诗之上乘。至于白居易的《琵琶行》就更少给人留下什么想象的空间和玩味的余地了。"大弦嘈嘈如急雨，小弦切切如私语。"说大弦嘈嘈的声音像急雨，小弦切切的声音像私语，这种比喻已经不是隐喻而是明喻了，它把一件事物和由之而联想到的另一事物间的相似用"如"（"像"）字简单直白地和盘托出，显得"太详"、"太露"，"略无余韵"①，使读者感到兴致索然，无可玩味，也就是说，缺乏审美语言或诗的语言的意义。

　　所谓诗的语言是隐喻性语言，这种提法显然不能理解为：（1）没有隐喻（包括双关语、反讽，等等）的语言就不能成为诗的语言；（2）诗的语言背后隐蔽着某种现成的东西，诗人有意隐藏不说，仿佛作诗就是出谜语。我以为把诗的语言特点理解为"蕴涵"，似更能表示通常所谓诗的语言的隐喻性。诗的语言是世事中许多相互联系的东西的结晶，它乃是以凝聚、浓缩的方式言说，简称之曰以"蕴涵"的方式言说，因此，诗的语言显得具有隐喻性，这里的隐喻性

--------

① 参见张戒：《岁寒堂诗话》卷上。

是广义的,不是简单地指语言背后隐藏着与之相似(联想)或相反(讽刺)的某个现成的东西(那不算深层意义的诗的语言),而是广义地指与之相联系的东西,或者说得更确切一点,就是指以诗的语言为聚焦点的各种相互联系的网络(而不是现成的东西)。由于这许多相互联系在诗的语言中被凝聚了、浓缩了,所以诗的语言的意义显得被隐蔽了。诗的语言的浓缩性、凝聚性似乎包罗了全宇宙的普遍联系,就像"一粒沙中见世界,一朵花里见天堂"(布莱克的诗句)一样。我们鉴赏一首诗,就是把一张被凝聚、被浓缩了的网络加以展开和展示。我们通常把对一首诗的鉴赏叫做"赏析",这里的"析"字是用得有道理的。"析"在这里不是指推理式的分析、逻辑的分析,而是指把浓缩了的、被凝聚了的东西展示开来,或者说把隐蔽的东西敞亮开来。就此而言,诗的语言的意义之不同于认识语言意义、功利语言意义、伦理道德语言意义之处正在于,后三者的意义是明白说出来了的,而前者的意义是含蓄的。为了强调这种区别,我倒是愿意把诗的语言意义之意义称之为"意蕴",以别于其他语言意义之意义。"意蕴"有含而不露的意味。所以鉴赏一首诗,需要通过"玩味",而不是通过推理分析,"玩味"("品味")就是把被凝聚、被浓缩了的东西慢慢细细地展开,就像把蚕茧慢慢细细地加以抽绎,把有味道的食物慢慢细细地加以咀嚼一样。杜牧的《过华清宫》:"长安回望绣成堆,山顶千门次第开。一骑红尘妃子笑,无人知是荔枝来。"这首诗没有任何比喻,隐喻也好,明喻也好,象征性语言也好,都没有,但它却"蕴涵"许多深厚的东西,它不仅从字面把长安城的繁华景象与"一骑红尘"之中露出贵妃笑脸的镜头生动地摆到了读者面前,而且更重要的是让读者想象到与之相联系的一系列画面:宫廷的奢侈享乐,平民的疾苦,女人的命运,世态的炎凉,等等,这些都是诗句中所隐而未显的意蕴,需要鉴赏者去玩味。王维《终南别业》中的名句:"行到水穷处,坐看云起时。"一个简单的田园生活镜头,凝聚了人世间多少生灭穷通的画面!读者可以在这两句诗的吟咏中无尽地去品味人生、咀嚼人生。但如果把这两句诗解读为不过是说明生灭穷通的普遍道理的一个例证,那就太令人倒胃口了。当然,诗的语言意义("意蕴")不仅在于"蕴涵",而且还要有音乐性,如中国古典诗讲平仄、讲押韵,否则也不成其为诗的语言,不具有诗的语言意义,另外,有的诗还需要具有画意性,这些我这里就不细说了。

　　宗教活动源于"人—世界"融合为一的"在世结构"。所谓"Sympathy of

the whole",("对整体的同感")就是讲的把一切(人和万物)都结合在一起的一种力量,这是一种人与世界融合为一的富有感情色彩的力量,对这种力量的信仰乃是宗教的最早的根源,它甚至早在巫术、神话中就已经出现了。在这种力量面前,人并不认为自己有高出于其他自然物的独特地位,人和其他自然物一样具有同等的宗教尊严。但是即使在这种原始的"对整体的同感"中,即使在巫术、神话中,人也不是绝对被动的,并不是完全屈从于自然力量的,人也有对自己力量的某种程度的肯定,也就是说,人有某种程度的能动性。正是这一点导致了宗教思想的发展:由无人格化的诸神发展到人格化的诸神,以致发展到不具任何个性的一神论宗教。① 比较成熟的一神论宗教,一般地说,都为我们寄希望与承诺于一个超人的经验以外的超验领域,无限性的神在有限性的人的彼岸,无限似乎与有限隔离,神与人似乎隔离,但宗教感情又都要求撤除这种藩篱,以把握无限,达到神性与人性的统一。人肯定自己有力量积极向上,追求无限。所以宗教一方面讲的是神圣的世界,另一方面神又是与人世、与人伦不可分离的,神性具有了人性,同时,人性也具有了神性,人世的一切不能置身于神的力量之外。在宗教感情中,人的其他一切活动都隶属于宗教,人的每一种活动最终都因有神性而具有意义,人的任何语言也最终都因有神性而具有意义。我们通常都认为宗教语言是隐喻性、象征性语言,这个看法是符合实际的。其所以是隐喻性、象征性语言,就因为宗教是神性与人性的结合,宗教语言具有神性与人性的二重性。宗教语言字面上取自现实的人的经验材料,实际上却象征着神性,亦即象征着人的灵魂深处和存在的终极与基础。例如宗教语言中爱说"化身"这个词,其实它象征着某种既潜在于一切事物之内又超越于一切事物的力量。又如说"上帝是全知的、全能的",等等,这些语言也都取自人的经验,若按字面意义,则说有全知全能的人格上帝,那是荒谬的,这样理解宗教反而让人不信宗教,但这种语言实际上是从象征意义上表达存在的终极处和人心中一种终极关怀。

　　人的各种文化活动不是互相分离的,而是错综复杂地交织在一起的,例如科学认识活动就往往掺杂着带有感情色彩的审美活动,而审美活动则离不开认识活动。因此,各种语言的意义也不是互相分离的。关于诸种语言意义的

----

① 参见卡西尔(Ernst Cassirer):《人论》,第7章"神话与宗教"。

相互关联的问题,不是本文所关注的重点,这里不拟赘述。

## 三、多注重一点语言的道德意义和审美意义

以上讲述了诸种语言意义的不同意义:除认识语言的真假意义外,着重讲了功利语言的有用与无用的意义,伦理道德语言的善恶意义,审美语言的美不美的意义以及宗教语言的有无神圣性的意义。但本文对这些不同的语言意义都只是作了极其粗略的概述。本文的目的在于强调,人类的文化活动远不只是认识活动(包括科学研究活动),而且还有伦理道德活动、审美活动等,语言的意义不只在于真假,而且还在于善不善、美不美,等等,人生价值(或者说人生意义)之所在不仅仅是求真,而且是求善、求美,等等。而对于后者的这些追求,正是欧洲传统语言哲学所忽视的。英国文学理论批评家 I. A. Richards从他早期在和 C. K. Ogden 合著的名著《意义的意义》(*The Meaning of Meaning*)中的观点到他后期观点的某些变化,颇有助于说明本文所要强调的主旨。

《意义的意义》把语言的功能分为两大类:一是符号功能;二是非符号功能。前者又叫指称功能,后者又叫情绪功能。指称功能表示理智的认识活动,情绪功能是非理智的活动。[①]《意义的意义》一文并不简单否认语言的情绪功能,但作者关注的是语言的意义问题,他们认为语言的科学使用是使用它的指称功能,是理智的认识,只有这种语言才是有意义的,而语言的情绪使用如文学诗歌小说等则不使用指称,没有认识和理智在内,因此,情绪语言是没有意义的。《意义的意义》的作者心目中显然只注意到科学语言,或者说,只注意到语言的科学使用,而没有看到语言的道德使用、审美使用等,没有看到其他语言的意义,如意义的意向性等。按照《意义的意义》的观点,审美语言、道德语言简直就成了毫无价值的梦幻!但是正如我在前面所申述过的,人的活动只有一部分是认识活动、科学活动,其他诸种活动甚至是更经常的,因此,不能把语言的意义仅仅归结为认识上、科学上的意义。Richards 似乎在《意义的意义》之后也感到了这种观点的缺陷而注意到语言的审美使用。在 1926 年的

---

① 参见 C. K. Ogden and I. A. Richards,*The Meaning of Meaning*,London,1923,第 149 页。

《科学与诗》中，Richards 转而认为只有诗才能使我们说明世界；在同年的《文学批评原理》中，他还认为诗的语言中也包含认识，认识语言中也包含情绪，语言的两种使用往往结合在一起。尽管 Richards 在《意义的意义》之后的观点还不能说是对以前观点的根本放弃，但毕竟在语言意义问题上放宽了原先对意义的狭隘规定，他不再像先前那样只侧重科学语言的意义，只把意义归诸认识语言、科学语言，而承认了诗的语言的意义。他后期甚至明白表示，原先那种科学的意义界说不适用于人生许许多多非科学的日常活动，科学语言与情绪语言是有适当关联的。Richards 后期对非科学语言意义的肯定，对科学语言与非科学语言的相互关联的肯定，是对传统语言意义理论的某种程度的突破，值得赞赏。语言哲学家 William G. Hardy 在他的著作 *Language*, *Thought and Experience* 一书中详细评述了 Richards 前后期关于语言意义理论的变化过程，并得出结论说，Richards 从 20 世纪 20 年代初《意义的意义》一文到 30 年代末观点的转变是"一个健康的发展"①。

　　每个人的人生都是与他人的人生紧密结合在一起的。在这种紧密结合的共同生活中，我们必然要通过语言交流来谈论着这个世界，而我们的语言交流总是在某种意义上来谈论这个世界，语言的意义是把语言和世界联系起来的某种方式：我们或者以认识上是真还是假的意义上来谈论这个世界，或者以功利上是有用还是无用的意义上谈论这个世界，或者以伦理道德上是应该还是不应该的意义上谈论这个世界，或者以审美上是美还是不美的意义上谈论这个世界，或者以宗教上是否神圣的意义上谈论这个世界。我们从不同的意义上谈论这个世界，实际上就意味着我们以不同的生活态度、不同的生活方式来对待世界。所以，语言的意义问题也可以说就是人生态度问题、人生价值问题，或者称之为人生意义问题。例如一个只知道与人谈论科学认识上真假意义而不管道德意义上应该不应该的人，就很可能认为把克隆的科学理论应用到人身上而作出克隆人的事是有意义的，而这种事从伦理道德上讲是不合道德的。人生的意义和价值绝不能只归结为科学认识上的真假。我们平常说"求真"或"为真理而斗争"，这里的"真理"不只是指认识上是否符合客观这

--------

　　① 　William G. Hardy, *Language*, *Thought and Experience*, University Park Press, Baltimore, 第 97 页。

种意义上的真理,而且包括伦理道德和审美意义上的理想和追求。我个人不信仰一个关注人的吉凶祸福的人格性上帝,但我能体会到,在宗教感情中,人是有神性的,只有懂得人有神性的人才会信仰上帝,才会尊重他人,一个有纯真的宗教感情的人认为人生的意义和价值就在于有神性。宗教语言的意义就在于它的神性。

　　我国目前亟需发展科学,对科学语言的研究有待深入,但我们更应该突破欧洲语言哲学的传统观点,拓展语言哲学研究的范围,开展伦理语言、审美语言以至宗教语言的哲学研究。我希望本章内部能在这方面起到抛砖引玉的作用。

# 第三编　美与真、善

# 第十二章　美与真、善*

　　哲学家们几乎都肯定真、善、美三者是统一的,但如何统一? 三者之中孰为先孰为后? 其间的主从关系如何? 对于这些问题,各个哲学家、各个时代有各不相同的观点,而且这些观点之不同是与时代性、与人们对人生的意义和历程的看法紧密相连的。

## 一、古希腊时期

　　古希腊的思想文化尚处于人类的童年时期,人们更多地重视日常实际生活的兴趣,对美的衡量标准往往深受现实的事物以及与意志、欲望联系在一起的道德观念即真与善的制约。哲学家们虽然以模仿说的形式(审美意识的低级形式)把美同真与善作了区别,但事物的现实性和道德观念(真和善)却对美起着主导作用,真和善居于优先地位。

　　古希腊艺术常被称为模仿性艺术,模仿性艺术的特点就是模仿现实事物,现实事物是衡量艺术的标准,正是根据这个标准,柏拉图才贬低艺术,因为它是对现实事物的模仿,而现实事物又是对理念——真理的模仿,艺术成了对模仿的模仿。所谓"同真理隔三层"说就是此意。① 亚里士多德扩展了先前的模

---

　　*　原载《学海》2000 年第 1 期。

　　①　我们不能像有一种意见所认为的那样,说古希腊哲学家把美同善、同真混淆起来,而应该说,古希腊已有不同于真和善的意义下的美——艺术美的观念。我们亦不能把柏拉图的观点完全归结为简单的模仿说。当柏拉图说理念是美时,那里的美乃是与真同层次的(不能说是同义的),但柏拉图却大谈艺术美,尽管他贬低艺术美。在柏拉图看来,只有哲学家才能爱理念之美,诗人和艺术家所爱的美(艺术美)低于理念之美。柏拉图又认为具体的艺术品之美具有能使人上升到理念之美的功能,美在真(理念)和现象之间起着中介的作用。

仿的一般含义,认为艺术应模仿事物的普遍性和理想性,而不是简单模仿现实事物的形象。因此,就美与真的关系而言,亚里士多德比起柏拉图来倒是更深入了一步。但在亚里士多德这里,仍然是真对美起主导作用,尽管他认为诗的真实比历史的真实更哲学。按照模仿说的观点来看艺术美,美显然是低于现实事物的东西。

模仿性艺术也必然使艺术美受善的制约:模仿就是再现,艺术既然是现实事物的再现,那么,道德的现实事物再现于艺术品中就是道德的,不道德的现实事物再现于艺术品就是不道德的,艺术上的再现以实际生活中的善与不善来衡量。苏格拉底认为美的标准就是效用,对人有效用价值的就是美,没有效用价值的就不是美。这样,苏格拉底就把美放在从属于道德上的善的地位。善总是与人的意欲效用联系在一起的,当然不能把善理解为功利主义,就非功利主义这一点而言,美和善一样不是服务于外在目的的手段。柏拉图把艺术美看做是服务于和从属于善,这一点也是很明显的。柏拉图断言:为了要把握善本身,需要通过美的东西,"尺度和比例处处都是和美与德行同一的。"①美的东西是善的显现,美因其本身有闪光、为人所爱,从而诱人从善,美追求善。② 柏拉图虽然承认有不以道德为目的的艺术,但他又认为这种艺术很难与道德分开,而且道德艺术高于不以道德为目的的艺术。亚里士多德更明确地把美界说为善:"美是一种善,美之所以能引起快感,正因为它善。"③

不过,古希腊艺术也有其区别于真和善的独具的特点,正是这种特点使艺术品具有比被模仿的现实事物更多的意义。与此相应的是,古希腊哲学家从理论上肯定了审美兴趣有不同于实际兴趣之处。例如,柏拉图强调艺术品所表现的是事物的形象,而非实际事物本身,后者是"对象","对象"不同于"形象"。而且,古希腊人一般都认识到美在于多样性统一的感性表现,这是不涉及促进道德上的善和增加真理的程度的。也就因为这个缘故,古希腊哲学家们大多重视几何图形和比例,认为这些乃是美本身的体现。柏拉图在《大希

---

① 柏拉图:*Philebus*,64e5。

② 参见 Kenneth Maly 编:*The Path of Archaic Thinking*,1995,State University of New York Press,第 174 页;并参见伽达默尔:《真理与方法》,台北 1993 年版,第 609 页。这里且不评论伽达默尔本人对柏拉图关于美的地位的看法。

③ 亚里士多德:《修辞学》,1366。

庇阿篇》①中还区分了审美感官与非审美感官,这也说明他看到了审美兴趣之不同于实际兴趣的独特之处。亚里士多德也承认"善和美是有区别的"②,他认识到审美兴趣所带来的快感不同于实际兴趣的快感,但他在这方面的论述是模糊不清、动摇不定的。③

从总体上看,在古希腊,模仿性艺术占统治地位,审美兴趣深受实在和实际的兴趣所制约,美从属于真和善,独立意志的专门的美学尚未建立起来。亚里士多德把人的活动分为三种:认识(面对最高真理)、实践(伦理道德和政治)、创造(艺术:包括人工制作和我们所说的艺术)。三者之中以认识为最高,真和善主导着美。这似乎代表古希腊思想的主流。

## 二、中世纪到文艺复兴时期

公元3世纪的思想家普罗提诺认为,神是真、善、美的统一,神既是真又是善也是美。艺术不是简单模仿有形的现实事物,艺术之美乃是来源于从神那里流出的理性,因而艺术创造了比现实事物更多的东西,这就突破了模仿说,把艺术看得比现实事物更具有真理性,"真就是美"。艺术分享了神性,因而"美也就是善"。他主张美的东西在于形式而不在于物质,这个论断包含了把现实的意志、欲望、效用从审美兴趣中分开来的观点。在普罗提诺的思想中,美不像先前的哲学所主张的那样深受道德上善的制约。当然,普罗提诺的这种观点是与禁欲主义联系在一起的。普罗提诺是古希腊最后一个伟大思想家,他的哲学源于柏拉图,但与基督教义有密切关联。

中世纪一般把美与善紧密联系在一起,不过圣托马斯·阿奎那有他自己独特的观点,他继承了普罗提诺关于美来源于上帝的基本思想,他认为对称之美不在于它本身,而在于对称是神性的象征。他虽然也承认美与善不能分离,但他更强调二者的区别,因为善涉及感性欲念,而美涉及认识和真,属于"形式因"的范畴。美在他看来是能领悟事物之秩序和结构整体的感官即视觉和

---

① 参见柏拉图:《大希庇阿篇》,297—298。
② 亚里士多德:《形而上学》,1078a。
③ 参见鲍桑葵:《美学史》,商务印书馆1985年版,第83—84、100页。

听觉的对象,而非涉及欲念的感官即味觉与嗅觉的对象。他甚至主张"美在善之外和善之上"①。当然,这不意味着他崇尚艺术品,艺术品是人造的,不及上帝所造的自然事物之美那样更能显示真。

文艺复兴时期的思想家们在真、善、美的关系问题上,意见比较庞杂,大体上说来,较多地认为艺术品之真在于模仿现实事物的普遍性与理想性,主张以道德上的善衡量艺术上的美。这一时期的思想观点与古希腊有些类似。

整个中世纪到文艺复兴甚至到康德以前,审美意识虽然继续发展着,但仍然缺乏专门系统的美学研究。

# 三、近 代

近代哲学在康德以前,不管是唯理论还是经验论,其所关心的中心问题是认识论和人的自由问题,或者说是真和善的问题。法国思想家布瓦罗(Boileau Despreaux,1966—1711)主张艺术品要以理性为衡量标准,美与真同义。布瓦罗说:"只有真才美,只有真才可爱。"②所以他认为艺术必须抓住永恒的普遍性,要创造典型。这样,想象在他的美学思想中就没有地位。被称为"美学之父"的鲍姆嘉通(Baumgarten,1714—1762)也把美与认识直接联系起来,但他较多地强调感性认识,他认为"美是感性认识到的完善",他实际上还是把理性认识中的真在感性认识中的表现看成为美。当然,鲍姆嘉通也还把美同与欲求相关的善联系起来。

从古代经中世纪到近代,真正把美提到首要地位并作出专门系统的美学研究的哲学家是康德。康德认为自然界的秩序和道德领域的秩序有其同一性,这就是审美意识,审美意识能体悟到自然界的必然性和道德自由之间的超感性的统一。③ 从这个角度看,美高于真和善,美不再受自然和道德的束缚。有一种意见以为康德把美看成只是自然界必然性与道德自由之间的桥梁,于是断言康德主张善居于美之上。这种一般流行的看法是值得商榷的。桥梁可以理解为居间的意思,但在康德这里似应理解为统一二者的更高的范畴。当

---

① 圣托马斯:《神学大全》,第 2 篇第 1 部分第 27 节。
② 布瓦罗:《诗简》,第 9 章。
③ 参见鲍桑葵:《美学史》,第 367—369 页。

然,正如大家都很熟悉的,康德认为美是道德秩序的象征,这应该说是他没有摆脱古希腊的善主导着美的思想痕迹。康德的美学从总的意图上看似乎是极力强调美之不同于真和不同于善的独特处,从而凸显出专门的美学领域。

席勒认为,视艺术形象高于实际兴趣,乃是文明人的标志。一个完全的人、有文化教养的人,是"审美的人",或者说是"游戏着的人"。"游戏"不是指轻佻的嬉戏,而是"自由的活动"之意。席勒的这一论断最能代表近代意识之重审美兴趣的特点,这和古代柏拉图所代表的观点是大不相同的。席勒把人的发展分为"物质状态"、"审美状态"、"道德状态"三个阶段,如果要把物质状态下感性的人变成道德状态下理性的人,"唯一的途径是先使他成为审美的人"①。人们似乎可以根据这里的说法推断席勒是把道德放在第一位,审美放在第二位。但联系席勒总的美学思想来看,则这种看法是表面的:席勒明确地把"审美意识"即他所谓"游戏冲动"看做是"感性冲动"与"理性冲动"的统一。他认为单纯的"感性冲动"使人受自然的感性物欲的强迫,是一种"限制",单纯的"理性冲动"使人受理性法则(例如作为道德法则的义务)的强迫,也是一种"限制",人性的完满实现要求把两者结合起来,即超越(不是抛弃)有限以达到无限、达到最高的自由。席勒认为这就是人身上的第三种冲动即"游戏冲动"。"游戏冲动"的深层内涵是指不受强迫、不受限制的自由活动,这也就是"审美意识"(当然,这里所谓不受强迫、不受限制,与无法无天、任性胡为毫不相干)。席勒对此曾作了较详细的解释。他说:"在审美直观"中,由于感性现实与理性法则的结合,一方面,感性事物和人的欲望不至于因缺乏理性尊严而变成至高无上的东西;另一方面,理性法则例如道德义务也不至于因缺乏感性欲望而令人有强迫接受之感。这样,在"审美直观"中,单纯的"感性冲动"或单纯的"理性冲动"所给人的限制、强迫感"都被排除了"。席勒由此得出结论说:只有"审美的人"、"游戏着的人"才是获得最高自由的人,才是完全的人。② 从这里也就可以看到,在席勒的思想中,美实居于统一真和善的地位。席勒所谓美是由感性到道德理性的"路径"的看法,与康德把美视为自然必然性与道德自由间的"桥梁"的看法有相似的意义。

①　席勒:《美育书简》,第23、15封信。
②　席勒:《美育书简》,第23、15封信。

　　谢林认为"理智直观"是哲学家们特殊的精神所需要的,却缺乏客观性,常人不会有这样的直观;"审美直观"乃是"理智直观"的客观化,因而具有客观性,易为常人所接受。艺术与哲学的区别就在这里。谢林断言,他的先验哲学的整个体系的最高层次是"审美直观",美比真要高。

　　黑格尔把道德放在"客观精神"即有限的精神领域,把艺术与宗教、哲学一并放在无限的精神领域,显然,他是把艺术美置于道德上的善之首,这是他视审美兴趣高于实际兴趣的表现,和康德有相似之处。但在无限的精神领域范围内,他却把哲学放在高于艺术的位置,这说明他置真于美之首,美受真的主导。正是因为这个缘故,黑格尔对艺术美及其发展的过程,完全是用认识和概念由低级到高级的发展过程来解释的,他把美转化成了理性上的真的变形:美是感性面前的真(就像真是理性面前的理念一样)。这样,他对美的理解实际上是缺乏诗意的。事实上,他在具体分析人的意识发展过程时曾明确断言,诗意的惊异之感只是在人从不分主客到能区分主客的"中间状态"时才发生,过此以往,人则完全处于"散文式的"意识状态。黑格尔的散文意识决定了他的整个哲学只能是散文式的,他以真的意识抑制了美的意识,哲学变成了枯燥的概念体系。

　　总起来说,视审美兴趣高于实际兴趣,美高于善,乃是近代思想的主要趋势,也是近代之不同于古代的一个特点。前面已经提到席勒的看法:人在多大程度上,视审美兴趣高于实际兴趣,人就在多大程度上是一个有文化教养的人。席勒的这一观点与古代到近代对美的地位逐渐提高的实际过程是相符合的。人类精神文化的发展史似乎是一个越来越超越实际兴趣、越来越提高审美兴趣的地位的过程。

　　欧洲近代哲学以主客关系的思维方式和主体性原则为主导,主体在客体之外而又凭着自己的主体性,通过感性认识和理性认识,能认识客体,把握客体的本质,达到一种超感性的世界。根据这一哲学基本观点,欧洲近代美学上的诸种派别大多是在各不相同的方式下以感性显现理性为美,或者说是以感性与超感性的理性的统一为美的基本原则,因此,欧洲近代美学所了解的美一般是与超感性的抽象概念世界不可分离的,这种观点当然可以溯源到古希腊。传统形而上学所了解的真,一般都是抽象的本质概念,由于这种形而上学重求真的影响,这种抽象性的哲学观点带到美学中来,使美学受真的制约,于是造成了美的抽象性。这同中国传统哲学以情景合一为美的观点正好形成鲜明的对比。情景合一中的景也好，情也好，都是现实的具有感性的东西，中国传统哲学和美学思想中一般缺乏超感性的抽象概念这个因素，中国古代讲这种意义的真的哲学也是较少的，即使中国人所讲的"神似"的"神"，也不是超感性的概念。

## 四、现当代

欧洲现当代哲学家大多反对传形而上学崇尚超感性的抽象概念，与此相应，在美学方面也反对所谓美是以感性的东西显现超感性的东西的传统观点。以海德格尔为代表的现当代"显隐说"就是这种传统美学观点的一个主要对立面。① "显隐说"主张美不在于超越感性而以感性的东西显现超感性的抽象概念世界，而在于超越在场的、具体的东西从而以在场的具体的东西显现不在场的、然而同样具体的东西。现当代哲学所主张的审美的超越，不仅像传统美学观点所主张的那样只是超越感性，而且也包括超越感性与理性的具体统一物。这种超越不是超越到抽象的概念世界中去，而是从具体的东西（包括感性与理性的具体统一物）②超越到具体的东西中去，只不过前者出场（出场），后者未出场（不在场）而已，所以，这种超越也可以说是对于非当前的东西的一种追寻。

审美超越所依靠的途径，如前所述是想象。由于隐蔽的、不在场的东西是无穷无尽的，所以，在审美意识中，在场的艺术品所提供给我们的想象空间便

---

① 我在这里没有提到意大利美学家克罗齐（Benedetto Croce，1866—1952），他把审美意识放在精神活动的最初阶段，即感性认识的最低阶级——"直觉"中，审美意识不依存于概念（真）和道德（善），直觉即艺术，其所表现的是个人的瞬间的情感。克罗齐由此而强调"艺术的独立自主性"。这是和西方传统美学中关于美与实际兴趣相联系的观点、美与善与真相联系的观点大异其趣的。克罗齐完全抹杀了概念或理性因素在审美意识中的地位，完全摒弃了美与实际兴趣的联系（我们主张美超越实际兴趣，但反对抛弃实际兴趣），把美完全降低到感性认识的地位，这并不符合人类精神文化发展的实际，也不能代表现当代审美意识发展的总的趋势。

② 康德曾通过想象的综合能力把理性认识中的纯概念与感性直观中的东西综合为具体的而非抽象的统一物。美国的欧洲大陆哲学专家 John Sallis 由此而断言，康德把古代的感性与理性之分纳入和限制到具体的感性世界之内。参见 John Sallis，*Delimitations*，Indiana University Press，1995，第 10 页；并参见 Kenneth Maly 编：The Path of Archaic Thinking，第 172 页。

是无穷无尽的,这也就是真正的艺术品之所以能令人玩味无穷的原因。西方现当代的"显隐说",与中国刘勰"隐秀说"所讲的意在词外、言有尽而意无穷的中国古典诗的特点颇有类似之处。

中国传统哲学讲"万物一体"。"万物一体"不是黑格尔的"绝对理念",不是用最普遍的概念概括一切事物的意思,而是指无穷无尽的具体事物之间的相通相融。天地万物本来是一气相通的无尽的整体,也即是说,"万物一体"乃存在之本然。我们平常所直接接触到的只能是在场的东西,但我们可以凭着想象力,把无穷尽的未出场的万事万物与当前在场的东西综合为一体,这也就是我们对"万物一体"的一种体悟,或者说是达到了"万物一体"的境界。欧洲现当代的"显隐说"主张的以在场者显现无穷尽的不在场者的美学观点,如果借用中国的术语来说,也可看成是通过在场者以达到"万物一体"的境界。刘勰的"隐秀说"的存在论上的根据就是"万物一体"。

任何一个事物,都处于"万物一体"之中,因此,一事物的真(理)不应像欧洲自柏拉图到黑格尔的传统形而上学所主张的那样,到抽象的普遍性概念中去寻找,而应将它放在"万物一体"之中去寻找,这样获得的真(理)才不是抽象的,而是具体的。现当代"显隐说"的美学观点告诉我们,正是从在场的东西中显现出与之相联系的不在场的东西,才能看出一个在场者的真(真实面貌),反之,把在场者与不在场者割裂开来,则只能得到抽象的东西,而达不到在场者的具体真理。从这个意义上来看,我们完全有理由说,正是审美意识才能使我们达到一事物之真。海德格尔断言,真正的艺术品乃是真理发生的场所。信然。美在这里显然比真更优越,美高于真而又包含着真,并且,这里的美和真都是具体的。欧洲现当代哲学在提高美的地位方面,比起近代哲学来无疑跨越了时代性的一步。

大体上说来,在古希腊,实际兴趣重于审美兴趣,美较多地受善的制约。中世纪轻视艺术美,但中世纪的审美意识是很强烈的,圣托马斯认为美高于善,只是他的这种思想是与禁欲主义相联系的(善总是与意欲有关),中世纪关于美与善的地位的看法可以看做是由古代到近代的一个过渡阶级。在近代,哲学家们大多认为审美兴趣高于实际兴趣,美高于善,康德、席勒、谢林、黑格尔基本上都作如是观。近代美学一般地说,美较多地受真的制约。在现当代人文主义思潮的哲学家那里,特别是在海德格尔那里,美明显地居于比真更高的地位,这是大不同于近代以至于古代的地方。从古至今,美的地位愈益提高的过程反映了人们的精神境界和文化教育提高的过程。

## 五、真善美统一于"万物一体"

我以为,"万物一体"既是美,又是真,也是善:就一事物之真实面貌只有在"万物一体"之中,在无穷的普遍联系之中才能认识到(知)而言,它是真;就当前在场的事物通过想象而显现未出场的东西从而使人玩味无穷(情)而言,它是美;就"万物一体"使人有"民胞物与"的责任感与同类感(意)而言,它是善。"万物一体"集真、善、美三位于一体,人能体悟到"万物一体",就能产生一种令人敬爱、仰慕的宏伟气魄和胸怀。人们经常谈论真、善、美的统一,究竟统一于什么? 如何统一? 我想"万物一体"应该是最好的答案。

但这里所讲的"万物一体"的境界,绝非一蹴而就的。它的内容包括从重实际兴趣到重审美兴趣的跨越,包括对主客关系思维方式和主体性原则的超越,包括从感性认识到理性认识的飞跃以及对感性与理性的超越,包括对在场与不在场的理解,包括对想象力的新的解释和对超越在场的意识的重视,如此等等。总之,这里所谓的"万物一体"的内容与意蕴是在西方经过了从古到今几千年来的思想发展过程以及哲学与美学的理论研究过程才逐步丰富起来的。我这里只是借用中国的"万物一体"来概括欧洲现当代所达到的在场与不在场相结合的整体观点。中国的"万物一体"的思想虽然比欧洲在场与不在场综合为一的观点早了几千年(这一点是非常可贵的),却是非常简单、非常素朴的,尽管也包含了上述思想理论的某些火花和闪光,但它们都没有得到明确的、充分的说明以及逻辑上的细致分析和论证。中国虽然是一个诗的国度,但在传统思想中儒家占统治地位,儒家基本上是重善更甚于重美,儒家对"万物一体"的理解不同于老庄,儒家往往把美置于善的制约之下;同时,中国传统的"万物一体"——"天人合一"思想的素朴性与直观性的特点妨碍了我们对这个诗的国度里的实际的诗意(审美意识)、艺术品作充分的理论上的反思,因而比起西方来缺乏专门系统的美学研究;此外,中国传统哲学较少主客关系的思维方式,其对真的理解较少追求普遍性、规律性的内涵,"万物一体"的思想中缺乏主体对客体的征逐精神。据此,我以为,中国的"万物一体"一方面可以说为人类思想史上真、善、美的真正统一提供了可贵的基石,但另一方面仍有待于开发和阐发,有待于我们在此基础上吸取欧洲哲学思想的优秀成果,建立起自己的宏伟大厦。

# 第十三章　审美意识与道德意识*

## 一、中欧哲学史上几种道德观的启示

欧洲传统哲学从柏拉图到黑格尔的主流思想,是以追求超感性的理念、超特殊性的普遍性为哲学的最高任务,认为无论从审美、道德、真理的角度来看,普遍性优于特殊性,超感性的理念优于感性的东西。超感性的理念是一切特殊的东西的真理之所在,它是最真实的;美的理念是一切美的东西的本质、范型和理想;善的理念是一切善的行为的本质、范型和理想。

按照这种观点,则轻视感官快乐和物质幸福,压抑感情欲望,是其必然后果,最终甚至走到禁欲主义的道德观。

苏格拉底所谓"道德即知识"中的知识,是与感觉中特殊东西相对立的普遍概念,即理念,是单纯思维中的东西,只有不灭的灵魂才能把握到它。"苏格拉底把思维的普遍、真实的内容与偶然的特殊的内容对立起来。"①在他看来,欲望、兴趣、爱好之类的自然方面都应排除于善之外,善是不能教、不能学的。哲学家须全力关怀灵魂,而尽量摆脱肉体。

我们还可以从亚里士多德对苏格拉底—柏拉图式的道德观的批评中更清楚地看出其轻视欲望和功利方面的特点。亚里士多德说:"苏格拉底关于道德的定义不是完全正确的,因为他把道德变成了一种知识,这同样是不可能的,因为一切知识都与一种理由相结合,而理由又只在思维之中,……他抛弃了灵魂的非逻辑的——感性的——方面,亦即欲望和习惯。"黑格尔在以赞赏

---

* 原载张世英:《进入澄明之境——哲学的新方向》,商务印书馆 1999 年版。

① *G. W. F. Hegel Werke in zwanzig Baenden*, Theorie Werkausgabe, Suhrkamp Verlag, 1982, B. 18, S. 472, 第 473 页。

的口吻引证亚里士多德这段话之后,把亚里士多德所说的"非逻辑的方面"明确解释为"现实化环节",认为苏格拉底—柏拉图式的道德定义中忽视欲望、兴趣之类的现实性。①

欧洲中世纪基督教的禁欲主义。大部分是苏格拉底—柏拉图式的二元论哲学和道德观的发展。

近代哲学创始人笛卡尔的主客体二分或物质精神二元论,可以说是由柏拉图开端,经过基督教哲学而进一步发展和完善起来的近代形式下的柏拉图主义,只是笛卡尔不太关心伦理道德,"没有很大的道德热忱"②。除了在《心灵的感情》一书中简单地从心理学和生理学的角度强调要用思想、智慧支配感情,做感情的主人之类的话语外,笛卡尔没有从人伦关系和道德意识的立场上阐发自己观点的专门性伦理学著作。

与笛卡尔不同,斯宾诺莎大谈伦理学,而且斯宾诺莎实际上是一无神论者。但斯宾诺莎崇尚单纯普遍的实体,贬低以至否定特殊的、个别的东西。这种观点表现在他的道德观方面就是要求人的认识和意愿以唯一普遍的实体——神为依归,人应该以对必然性的认识来控制情感,从而获得自由,这就是"对神的理智的爱"。这样,人的自由便与肉体的欲望处于对立状态,一切感性的东西对于向往神来说都是一种限制,而这正是神学所要求的。当然,斯宾诺莎没有把神理解为精神,而只是理解为实体,这却是与基督教神学大不相同的,罗素认为斯宾诺莎的道德观"可能还不足构成宗教信仰"③,是有道理的。斯宾诺莎认为人皆有自利心,但斯宾诺莎不是利己主义者,他甚至更多地强调要控制私欲,抑制情感,以至消解情感。"对神的理智的爱"在他的道德观中是首要的,他实际上是要把认识必然性的冷静与对宗教的热情结合起来。斯宾诺莎所讲的道德的崇高性仍然过于抽象、过于狭隘和枯燥。

康德认为没有自由就没有道德,欲望、冲动、嗜好等卑下的欲求对意志来说是不自由的,意志的自由就是人自身所具有的普遍性的道德原则,人的行为只求符合这种普遍性而没有任何别的外在目的。康德由此而提倡为义务而尽

---

① *G. W. F. Hegel Werke in zwanzig Baenden*,Theorie Werkausgabe,Suhrkamp Verlag,1982,B. 18,第474页。

② 罗素:《西方哲学史》,下卷,商务印书馆1976年版,第94页。

③ 罗素:《西方哲学史》,下卷,商务印书馆1976年版,第106页。

义务,提倡道德行为不计效果。康德在理论理性中强调概念要与感性直观相结合才能够成为知识,但在道德的实践领域里却反对任何感性杂质。康德所谓道德与幸福相结合的至善,只是在彼岸世界中才能实现。康德哲学中的二元论思想使他在道德观方面也陷入了二元论。康德谴责柏拉图的理念是幻想离开空气而能自由飞翔的鸽子,然而他自己所讲的实践理性最终也成了他所讥笑的柏拉图的鸽子。

费希特也不满足于感性中个别的东西,而要追寻最原始的东西或"原始的事物本身"①,这就是他的"绝对自我","绝对自我,是万事万物的根源,需要靠理智直观"来把握,所谓"理智直观"中的东西,实际上是一种广义的理解中的东西,它与感性中个别的东西相对立。费希特的这套理论是一元论,但这种一元论实际上是苏格拉底—柏拉图式的二元论的变相继承。② 费希特认为:"绝对自我"是道德意识的我,是"善",一切所谓客观的事物皆为"绝对自我"即"善"的目的而存在,我们的最高原则就是为达到此"善"而尽义务。"绝对自我"创造万物,这创造活动是自由的道德性活动。此种活动的本质就是克服障碍——克服感觉世界的阻力的斗争。"绝对自我"越能征服感觉中的物欲,就越能得到自由。

黑格尔不同于康德、费希特,他反对抽象的为义务而尽义务的观点,认为理性应与情欲相结合。在这方面,黑格尔对康德的关系颇有些类似亚里士多德对柏拉图的关系。因此,黑格尔盛赞亚里士多德指责苏格拉底—柏拉图的道德定义中缺乏非逻辑即非理性的环节如感觉、感情、冲动、激情等而把善仅仅看做是普遍性。但是黑格尔把道德看成只是达到"绝对精神"的一个较低的环节,他最终还是认为理性高于情感,普遍性高于特殊性,他明确赞扬亚里士多德的道德定义中"理性的东西占统治地位"和道德应"抑制热情"的观点。③

和上述自苏格拉底—柏拉图到黑格尔的传统主流思想相对立的,有功利主义的道德观,功利主义从功利出发讲道德,实乃把功利看得比道德高,我不同意这种观点。和传统主流思想相对立的,还有卢梭的道德观,其中有很重要

① John Sallis,*Delimitations*,Indiana University Press,1995,第205页。

② 参见 John Sallis,*Delimitations*,Indiana University Press,1995,第205页。

③ 参见 G. W. F. Hegel Werke in zwanzig Baenden,Suhrkamp B. 19,第223页。

的合理的东西。卢梭反对旧传统哲学对理性的无比崇尚,他把道德放在人的自然感情的基础之上,认为人与人一体相通,因而人天生就有同类感,看到同类受苦,很自然地就产生同情心和共鸣,这是人的普遍的感情,是先于理性——思维而存在的。人的道德意识来自同情心,是由自爱而扩大为爱他人,这不是通过理性而是诉诸同情心(“良心”)才达到的。每个人都要生活,都要为自己谋幸福,但每个人也因此而不假思索地、自然而然地、不计较个人利害地希望他人有幸福,这就是道德。原始人为了自我防卫而伤人,那并不是因为他知其为恶而为之,“与其说原始人是邪恶的,毋宁说他们是粗野的。”原始人不知道什么是善,所以也谈不上恶,他们“对邪恶无知”。但人的这种自然同情心“对于人类全体的相互保存起着协助作用”,“在自然状态中代替着法律、风俗和道德”。①人之有自私和恶,源于文明、制度和理性,人应当排斥这些,以“恢复”和“召回”“良心”、“同情心”,恢复原始的人己一体之同类感。

　　卢梭的道德观有很多可取之处,例如:(1)他把道德意识建立在天生的自然感情基础之上,认为人皆有爱同类的天性,而不像柏拉图主义那样一味诉诸理性,这既使道德意识有一个自然天生的坚实根据,有如“绝对命令”所具有的那种普遍性和终极性,又使道德意识不立足于抽象的理念世界而区别于“绝对命令”;(2)他承认人皆有保持自己的欲望,有自己的具体生活,而又有自发的、不需要经过推理和思索的为他人谋幸福的同情心,这既不同于一些功利主义之认为善行出于为私人谋利益的观点,又不脱离功利;(3)他认为恶念可以使人忘掉原始的同类感,但应该把它“召唤回来”、“恢复过来”,等等。卢梭的缺点是缺乏理论上的分析和论证,认为科学、文明、社会制度、理性使人产生私心和恶念,是道德的对立面,应当加以排斥,这显然是不切实际的。

　　卢梭把道德意识建立在人天生有同类感和同情心的基础之上的思想,颇与中国儒家的性善说例如孟子所讲的“人皆有不忍人之心”,王阳明所讲的“一体之仁”、“根于天命之性”,有相似之处。最重要的不同之点是:(1)儒家把天性看成与封建道德的“天理”是一回事,这在卢梭那里是没有的,儒家的这种观点应当受到批判。(2)儒家没有卢梭谴责文明、回到自然的主张,卢梭在这方面当时就受到伏尔泰的攻击,也是我们所不能接受的;但儒家认为私欲

---

① 周辅成编:《西方伦理学名著选辑》,下卷,商务印书馆 1987 年版,第 114、109、113 页。

起于耳目之官,人应"去人欲",才能依义理而行,这也是不能接受的。(3)卢梭排斥文明,似乎也有禁欲主义的色彩,但卢梭要求恢复原始的情感,他不是禁欲主义者;儒家的存天理、去人欲与西方传统形而上学,都滑向禁欲主义。但不管儒家为了恢复"一体之仁"而主张"去人欲"也好,卢梭为了"召回良心"而主张排斥理性、排斥文明也好,他们都认为人与人同为一体,人皆有天生的同情同类的原始感情,应当加以恢复,这一点则是一致的,也是我所主张和赞同的。我们今天道德意识比较差的主要表现之一,就在于缺乏这种同类感或同情心。在欧洲自柏拉图到黑格尔的传统主流思想已宣布过时以后,这一基本观点乃是我们把道德意识从抽象的理性王国下降到现实的人间的一个关键。但为什么一定要排斥理性与文明,对这种自然的、固有的同类感作简单的恢复呢?为什么一定要灭人欲,恢复到一种人为的封建义理的王国呢?我以为,我们所需要回复的,是要回复到一种既有理性、文明和人欲,又能超越它们,而在更高的基础上保持原始的同类感的领域,这就启示我们,需要把道德意识的同类感建立在万物一体的本体论基础之上,需要达到超道德意识的审美意识的领域。

## 二、审美意识超越道德意识

人与天地万物"一气流通",融为一体。王阳明在《大学问》中谈到,人因能以天地万物为一体,故能对同类之人"有怵惕恻隐之心",甚至对不同类之有知觉者和无知觉者亦能"有怜悯之心"、"有顾惜之心"。除去王阳明的"一体之仁"有封建义理之意,可以暂且撇开不说外,他把人的原始的同类感和道德意识建立在万物一体的本体论基础之上,这是值得赞许的。卢梭也有万物一体的思想,但不及王阳明之明确。

万物一体,不仅指物与物一体,而且指人与物一体,人与人一体。为方便起见,我在这里把他人、他物都概括称之为客体,把与之相对的自我称之为主体。人生之初,都有一个自我与他人、他物不分,主体与客体不分的阶段,我借用中国哲学的术语称此阶段为"原始的天人合一"。在此阶段中,人因不能区分主客,故无自我意识,与禽兽没有多大差别,从道德的角度来说,尚无善恶之分,无道德意识。卢梭说:"野蛮人之所以不是恶的,正因为他们不知道什么是善。"我们虽然不能把野蛮人简单地等同于初生婴儿,但大体说来,野蛮人确实处于主客尚未分清、善恶尚不分明的阶段。我们可以说人类原始的同类感是道德意识的基础,但还不就是道德意识。卢梭说,自然同情心"在自然状态中""代替道德","代替"就意味着还不是。由此可见,简单地说人性本善或人性本恶,都是不恰当的。卢梭有时违背他自己的分析而有所谓性善的说法,不能不说是他的混乱之处。儒家明确主张性善,认为人天生就有封建的道德意识,只能说是虚构。我以为人知道什么是善,什么是恶,乃是超出了"原始的天人合一"阶段之后的事。

随着岁月的增长,人逐渐有了主体与客体之分,有了自我意识,因而也有了认识和道德实践,能说出这是什么,那是什么,并进而辨别什么是善,什么是恶。我反对禁欲主义或类似禁欲主义的思想,反对西方传统主流哲学把善放在超感觉的理念世界之中的观点,我以为道德上的善与欲望、功利不可分,与关心客观存在物、攫取存在物的主客关系式不可分。道德意识一方面为了满足功利追求而把外物当做自己需加利用的对象和工具,另一方面为了替他人谋幸福,又不能把他人当做服务于自己的手段。换言之,道德意识在人与物的关系方面,要求人占有物;在人与人的关系方面则要求为他人服务。这两方面的结合也就是道德与功利的结合。

显然,道德意识仍未脱离主客关系的阶段而有主客的对立。这不仅是说道德意识包含有功利追求,即关心存在物,攫取存在物,而且更重要的是说,道德意识总是表现为"应该如何如何"("应然")的意志要求,表现为主观性的内心的东西。道德意识并未真正达到人与天地万物一体的境界。

我在《哲学导论》第二章"精神发展的阶段"中谈到,审美意识比包括道德意识在内的整个主客关系阶段更高,它是人与世界关系或者说人对世界的态度的最高阶段,是一种比"原始的天人合一"更高的天人合一,它由"原始的天人合一"阶段经由"主客关系"阶段而在高一级的基础上回复到了天人合一即主客不分,因此,它可以说是"高级的天人合一"。它具有"原始的天人合一"阶段的特性:直接性或直观性,非知识性,非功利性,非道德性。间接性、知识性、功利性、道德性都源于对原始的天人合一的破坏和主客关系的建立。但审美意识又不等于原始的天人合一,它是经过主客关系的洗礼之后才达到的,所以它必须通过努力以克服和超越主客关系阶段所带给它的间接性、知识性、功利性和道德性。审美意识中的天人合一是一种高级的万物一体的境界,它不是间接的分析,不是知识的充实,不是功利的牵绕,不是善恶的规范,但它又不是同这些没有任何联系的,就像原始的天人合一阶段尚未发生这些一样,它包含间接性、知识性、功利性和道德性而又超出之,颇有些类似老子的"学不学"、"欲不欲"、超仁义和大智若愚的境界。

审美意识超越和优于道德意识之处有以下几点:(1)它不再像道德意识那样关心和攫取现实存在物,不再计较利害,而是对现实存在漠然置之,但又非禁欲主义。(2)道德意识总是预悬着或向往着一种目的,它总是出于一种"应然"的态度;审美意识就是现实,没有预悬的某种明确的目的来限制自己,它是完全自由的和自发的。(3)道德意识虽出于一心为他人谋幸福,但只要它停留在道德意识的领域,则己与人总还是有某种区别的,道德意识是在区分己与人的基础上再求两者的统一。所谓"无私奉献"、"舍己为人",从单纯道德意识的水平来说,并非指私与公无区分,己与人无区分;相反,正因为有区分,我们才赞誉这种舍己之人、无私之人在道德上的伟大。可是,审美意识的天人合一则根本超出了主客关系式的外在性,人与物、人与人又融合为一体。这是原始的"同类感"在高级基础上的回复与表现。这种天地万物与我为一体的境界虽然是超道德意义的,但它又是自然地合乎道德的。一个真正达到了这种境界的人,其为他人谋幸福的行为不仅仅是出于道德上的"应该",而更主要地是受他所处的这种崇高境界的自然的、直接的驱使。一个真正伟大的诗人是必然能够作出"无私奉献"、"舍己为人"的伟大德行的。而道德意识由于停留在"应该"和区分人己的领域,所以我们平常尽管在宣传了各种确应实行的道德教训之后,仍然很难达到提高道德意识的目的。道德意识中的"应该"总有其所以"应该"的根据;没有更高的根据的"应该",是没有保证的,是没有必然性的。宗教家把这种根据放在对上帝的信仰上面,所以当前有人把道德意识低下的原因归之于缺乏宗教信仰;儒家把这种根据放在传统的封建义理之"天"("天理")的身上,认为其所以应该如此、不应该如彼,是由"天理"决定的,是"天命",所以当前有人把道德意识低下的原因归之于传统封建天理的丧失;卢梭把这种根据放在原始的同情感之上,所以他把他那个时代意识低下的原因归之于原始的自然状态之破坏。我的看法是把道德上"应该"的根据建立在审美意识即超越主客关系所达到的"高级的天人合一"之上,建立在高级基础上的对原始的万物一体的回复之上。只有加强人们审美意识的修养,才有可能提高道德水平。

在超主客关系的万物一体的境界中,人不仅对人,而且对物,都以人与万物一体相通来对待,于是人与万物(万物既包括物,也包括人)都处于一个无限的精神性联系的整体之中。无精神性的物本身是抽象的、无意义的。处于审美意识中的物(艺术品)之所以能与人对话、交流,就在于人与物处于精神性的统一体之中,处于人与世界融合之中。实际上,人之所以能对人有同情心,能为他人谋幸福,也是基于这种精神性。审美意识作为超主客关系的万物一体的境界(不同于那种低层次的娱人耳目之美),其所以包含道德意识,道理也在这里。王阳明的"一体之仁",其中的"仁"字就是一种精神性,只不过王阳明是儒家,他把人的精神性与封建道德意识联系在一起,这是我们应该抛弃的。王阳明说:"见孺子之入并而必有怵惕恻隐之心,是其仁与孺子而为一体也。"这就表示,人之所以对孺子入井而往救之,是由于精神性("仁")把人与孺子结为"一体"而"不见形骸、不分尔我",也就是出于人与人一体相通的关系。反之,一个丧失了精神性的人,对人采取异己的态度,则见孺子入井而视若木石而无动于衷。王阳明还应用人与万物一体相通的关系,以说明"仁"不仅使人与同类者为一体,而且使人与不同类之物亦为一体。所以他说:见孺子入井而有怵惕恻隐之心,还只是人与人的"同类"关系,若"见鸟之哀鸣而必有不忍之心焉,则是其仁与鸟兽而为一体也","见草木之摧折而必有悯恤之心,是其仁之与草木而为一体也","见瓦石之毁坏而必有顾惜之心焉,是其仁之与瓦石而为一体也"(王阳明:《大学问》)。王阳明的草木瓦石之物皆有良知之说,与海姆(Karl Heim,1874—1959)的泛心灵主义有相似之处,海姆认为任何一物都有生命、有心灵,故人可以在人与物之间建立人与人的关系。我们不赞成这类泛心灵主义,包括王阳明的物亦有良知之说。我曾经谈到审美意识中人与物可以交流、对话,显然不是指物有心灵之意,(海格尔说的石建筑与人作无言的对话,绝不是说石建筑像人一样有心灵)当然也就不能说物皆有良知。然而王阳明的"一体之仁"的思想,除去其封建道德内容以及物皆有良知之说,则其所包含的万物因精神性而结合为一体的基本观点是值得我们吸取的。

人与万物一体的关系是精神性的统一体之内的关系,这一点也是人对人的责任感和帮助他人谋幸福的道德意识的理论根据。所以在万物一体的审美意识中应包含人对人的责任感和为他人谋幸福的道德意识。善是美的必然结论,善包括在美之中。通常讲审美意识都大讲美的愉悦性的特征,以致有一种意见认为审美意识是不负责任的。这是对审美意识的片面理解。审美意识的本质在于人与世界的融合、人与存在的契合或者说人与万物的一体性;艺术品的诗意在于从有限的在场的东西中显现出无限的不在场的东西,有限与无限、在场与不在场是一个整体。正是这作为整体的存在支持着个人的生存,它是个人生存的源泉。面对这无限的整体或一体性,有限的个人总是从自己现有的地位出发,向有限性以外展望,不断地超越自身,为无限的整体或一体性而献身,这中间就包含着人对人的责任感。超越自身、舍弃自身,为他人尽责,实际上也就是使有限的自我融合于无限的整体中、参与到无限的整体中,以实现自我。人既融合、参与于物,也融合、参与于人,没有人与人的相互融合和参与,就达不到无限的整体或一体性,从而也没有人的自我实现。这样的自我实现,既是最高的笑也是最高的善,既是审美意识,也是道德意识,既有审美愉悦感又有道德责任感。人生的意义也就在此。宗教信仰者常常教导人要感谢上帝的恩典,依我的理解,就是感谢这作为无限整体的存在对人的支持,没有它,人就是孤立无援的,任何对未来的希望都要落空,人生也就失去意义。无限整体对人的支持,其中包括人对人的支持,我们对无限整体的感谢也应包含对人的感谢。我不相信"原罪"的宗教意义,不相信宗教罪,但我们的确应该意识到有限与无限的差异,应该承认有限的人的生存离不开无限整体的支持这一事实。既然无限整体的支持包含人对人的支持,因此,如果人对人不负责任,那就是犯了道德罪。

## 三、欧洲一些思想家关于道德与审美关系问题的论述

康德似亦有审美意识高于道德意识之意,例如他把审美意识看成是道德意识与认识之间的桥梁;他也谈到审美意识对于对象的存在持冷漠的态度,以及审美意识无预悬的概念和目的。但是康德最终又认为"理想的美"是道德精神的表现。康德断言,理想的美的最重要的因素是"理性概念","理性概

念"就是人性的目的,即人的道德观念如慈祥、纯洁、刚强、宁静等,凡能表现这些道德精神的人的形体,就是美的人的形体;只有人才有理想的美,因为只有人才按照理性概念决定自己的目的,才有道德观念。① 显然,康德最终还是主张道德意识高于审美意识,有道德才有理想的美,道德是美的根据。康德关于美的基本观点是他所谓的"符合目的性",即客观的东西符合主观的东西,属于主客关系模式,所以在他看来,艺术乃是按照人的理性要求来把客观的东西加以铸造,使之具有新生命。康德的审美观和他的整个哲学一样属于西方传统的人类中心论,他所要求的主客统一与我们所主张的"高级的天人合一"不是一回事。

谢林一反康德的审美观,主张天地万物之本原或绝对乃是主然与客体、自我与非我、思维与存在、精神与物质的无区别或同一,人类的理论活动和实践活动包括道德实践在内都是后来从"绝对"中产生的,但它们总限于主客的二元对立,不能回过来达到绝对,只有"审美直观"的活动才超越主客关系,重新回复到"绝对",即回复到主客不分的状态。在审美直观里,鉴赏者的自我与被鉴赏的非我融为一体,艺术品的创作者并无明确目的和目标,这种创作活动是意识与无意识的统一即"绝对"。谢林明确主张审美意识高于道德意识与功利的调解。日常生活中道德与功利的矛盾、理性与感情的矛盾,在谢林的艺术世界中都得到融合,谢林把艺术看成了解决日常生活中的困扰的救世主。他认为,艺术与宗教同一,艺术高于用概念形式表现绝对的哲学:哲学思考必须采取"理智直观"的态度,但"理智直观"总是具有概念性,它必须被客观化,似便被意识到、被经验到,而"理智直观的客观化就是艺术高人在艺术品之中能给我们以绝对同一"②。"审美直观"高于"理智直观"。我以为,对于谢林所谓自然是可见的精神和自然具有目的性的物活论思想,我们完全可以有异议,但他的艺术超越主客关系,艺术高于道德,艺术超出日常生活矛盾的观点,是值得我们赞赏和提倡的。

荷尔德林明确主张"在想象力的自然状态背后有道德律,而在道德律背后又有自由律"。人们以为在自然状态中也有"本能的道德",这是一种"自然

---

① 参见康德:《判断力批判》,上卷,商务印书馆 1964 年版,第70—74 页。

② F. W. J. von Schelling, *System des transcendentalen Idealismus*, Tubingen, 1800,第471页;参见《先验唯心论体系》,商务印书馆 1977 年版,第273—274 页。

的纯洁",但实际上二者很难协调一致,如果没有自由律,这协调一致的状况是极不稳定的,是偶然的。"道德从来不能得到自然的信任。"自由律则可以在道德背后指使道德惩罚自然状态中的恶。自由在荷尔德林看来就是"诗的精神",它"创立一个自己的世界"。① 荷尔德林的论述大多晦暗不明,但诗意的自由高于道德的基本观点还是比较清楚的。

也许我们可以从古希腊学者朗吉努斯关于崇高的一段描述文字中,具体而生动地体会到审美意识的崇高境界及其对道德意识的巨大影响。"大自然把人放到宇宙这个生命大会场里,让他不仅来观赏这全部宇宙壮观,而且还热烈地参加其中的竞赛,它就不是把人当做一种卑微的动物;从生命一开始,大自然就向我们人类心灵里灌注进去一种不可克服的永恒的爱,即对于凡是真正伟大的,比我们自己更神圣的东西的爱。因此,这整个宇宙还不够满足人的观赏和思索的要求,人往往还要游心骋思于八极之外。一个人如果四面八方把生命谛视一番,看出一切事物中凡是不平凡的、伟大的和优美的都巍然高耸着,他就会马上体会到我们人是为什么生在世间的。因此,仿佛是按照一种自然规律,我们所赞赏的不是小溪小涧,尽管溪涧也很明媚而且有用,而是尼罗河、多瑙河、莱茵河,尤其是海洋。我们对于自己所生的火不会感到奇怪,虽然它放出了纯净的光,能使我们惊异的是天上的明星,尽管它们时常被黑暗吞没。最使我们赞叹的莫过于埃得纳火山了,在它暴发的时候,从山底里喷出石头和整座峭壁的岩石,有时甚至还喷射出地底下所产生的火来,形成火的河。"②这简直是对天人合一的崇高境界的一段绝妙的描写,大有王船山的"合物我于一原","彻于六合,周于百世"(王船山:《正蒙注·太和篇》)之慨。朗吉努斯还说:"不平凡的文章对听众所产生的效果不是说服而是狂喜,奇特的文章永远比只有说服力或是只能供娱乐的东西具有更广大感动力。"③"狂喜"(ecstas)就是一种合物我、忘人己的人神状态,上述朗吉努斯关于崇高境界所描写的、就是这种"狂喜"状态。这绝不只是道德意义或如某些人所认为

① 李醒尘主编:《十九世纪西方美学名著选》,复旦大学出版社 1990 年版,第 291—292、298 页。

② 转引自朱光潜:《西方美学史》,上卷,人民文学出版社 1985 年版,第 114—115 页;李醒尘:《西方美学简史》,上卷,上海文艺出版社 1988 年版,第 53—54 页。

③ 转引自朱光潜:《西方美学史》,上卷,人民文学出版社 1985 年版,第 112 页。

的"人道主义"意义的崇高,这是审美的范畴,而不只是道德范畴。它并不预悬明确的道德目的或理性概念而只有道德上的"说服力",它把人的情感提升到了最高点而具有"感动力"。屈原怀瑾握瑜,宁赴常流而葬乎江鱼腹中,其爱国主义情操是源于他的合物我于一体的崇高力量的闪现,非简单的道德观念所足以涵盖。由此可见,提高道德意识,不能就道德而论道德,不能单凭道德说服,我们需要多提倡一点审美意识的修养和崇高境界的培养,也就是多提倡一点超主客关系的精神。这无疑比简单的道德宣传更难,但这是从道德"应该"所依据的更高层次上下工夫;我相信审美感染力必能代替有神论的宗教信仰和儒家的封建"天理",而起到促进道德意识的作用,当然,这种促进是自然的而非人为的。为道德而艺术,不会有真正高水平的艺术。

## 四、审美意识的超越性与现实性的统一

按人的精神发展阶段之由低级到高级的顺序来说,人乃是先有"原始的天人合一",然后才有"主客关系"(其中包括认识、实践),最高的是"高级的天人合一"。但人在能区分主客体而达到明确区别于动物的意识水平以后的漫长岁月里,这三个阶段往往又是同时交织在一起的。有时是"原始的天人合一"占主导地位,这时,人主要表现为与一般动物无异;有时是"主客关系"占主导地位,这时人主要表现为求知欲、功利追求以至道德上的向往,等等,个人的日常生活大多处于这种状态,人类中的大多数处于这种状态;有时是"高级的天人合一"即审美意识占主导地位,这时,人主要表现为超越日常生活而处于自由、高远的境界,人类中少数"优选者"——诗人往往能处于这种精神状态;但是,从人皆有诗意的广义的审美意义来说,人一般地皆有超主客关系的境界,只是在水平上有高低之不同,而且一般人在这方面达不到真正诗人的水平。

超主客关系必须通过主客关系。超主客关系的境界是由每个人所具有的认识、实践以至每个人与世界上、社会上长期的千丝万缕的相互联系、相互影响、相互作用而形成的。境界可以随着个人的成长而不断变化,但一定的境界(不论其高低水平和形态如何不同)总是有意无意地指导着一个人的日常行为,包括道德行为在内。有某种境界,就有某种道德目标,境界的高下决定着

道德意识的高下。

美国哲学家莫里斯（Charles W. Morris, 1901—1979）从指号学的观点出发,把言论的形式分为三种,即美学形式、科学形式和技术形式。"科学言论突出指号与对象的关系"。"美学言论以一种独特的方式强调指号结构本身","技术言论重视指号在使用者的实践中的效果"。他认为美学指号是形象,此形象让人从中直接感知其价值,而不关心它所可能指示的其他对象;科学言论的指号注重指号与对象是否符合一致,强调语言指号的证实性,目的在于预测未来;技术指号的目的在于促使人们实现价值而行动。因此,在莫里斯看来,人类的活动就是在审美意识中通过美学指号把价值显示出来,然后通过科学以预知行动的条件和后果,最后则是通过技术把价值实现出来。① 这里且不去全面评价莫里斯的整套理论,我所感兴趣的是,他把审美意识看得高于科学技术,科学技术服务于审美价值的实施,他的这一观点对我们颇有启发意义。

审美意识超越主客关系,不关心对象的存在,但它把天地万物（包括人与物、人与人、物与物的关系）聚焦于一点,形成一种指导着一个人的全部活动的力量和灵魂,此力量和灵魂在审美意识中尚非人所自觉树立的明确目的和目标。莫里斯没有谈到道德意识。我以为道德意识之成立,就在于把原无明确目的和目标的超主客关系的审美境界,按主客关系的思维方式,转换成一种明确的目的和目标（亦即某人心目中的"善"）而加以追求,也就是把审美意识中之"所是"转换成道德意识中之"应该"。莫里斯所说的"价值",如果是指一种追求的目的和目标而言,似可作如是解。这也就是前面所说的为什么不同境界的人有不同的道德追求,境界的高下决定着道德水平之高下的原因。

由此我们还可以看到,超主客关系的审美意识貌似脱离实际,而从深层来看,它不仅能决定道德意识的水平,而且能促进科学、技术的发展,使科学、技术的发展有着明确的目标和动力。美的追求、道德的追求、功利的追求在这里统一起来了,这就是人类行为的综合。

超主客关系,或者说,超道德、超功利,在一般人心目中总显得不切实际、

① 参见车铭洲、李连江编译:《西方现代语言哲学》,南开大学出版社 1989 年版,第103—105 页。

太迂腐。哲学在这方面的确有自己的责任。按照谢林的说法,哲学要认识到超主客关系的天人一体,必须通过直观,但哲学所用的直观不是感性的,而是理智的,即总带有概念的抽象性而缺乏现实说,谢林称这种直观为"理智的直观"。就因为这个缘故,一般人的意识很难接近和把握哲学所把握的主客不分的融合体,哲学也因此而成了少数人的事业。但"审美的直观"则不同,它可以把哲学家所指的那种超主客关系的内在境界变成现实的,——变成可以见到和听到的。哲学就这样由抽象的、观念性的东西转换成了具体的、现实的东西,超主客关系的境界也就变得容易为他人所接受和领会了。德国哲学史家 Ueberweg 曾用通俗的语言,概括了谢林在这方面的思想:"在艺术中,现实性的东西和观念性的东西完全相互渗透着。艺术,像哲学一样,把现象上相互敌对的东西调和在一起,但是,另外,艺术对于哲学的关系……必然也像现实的东西对于观念性的东西的关系。哲学家的必然目的是要求获得艺术的哲学。哲学家在这里就像在一面魔术般的有象征意义的镜子中一样看到他的科学的本质。"[1]我们为哲学要现实化,就必须诗化,也就是把哲学变成诗的哲学。中国传统哲学特别是宋明理学着力把哲学变成道德哲学,从而使中国传统哲学具有现实化的特色。我认为审美意识高于道德意识,所以我主张把哲学变成诗化哲学,从而使哲学现实化。"人皆诗意地栖居在大地上"。

---

① Friedrich Ueberwey, *History of Philosophy*, V. 2, 第 222 页。

# 第十四章　科学与审美[*]

科学的飞速发展引起了人们对科学与审美关系问题的各种反思：一方面有人认为科学追求和谐、追求多样性的统一，如平衡、对称、比例、节奏等，这就足以表明科学活动本身就是审美，两者是完全一致的。另一方面又有人认为科学一味追求普遍性，忽视个体性；一味依赖抽象，忽视具体；一味讲究物质效用，忽视人的精神趣味；等等。于是，得出结论：科学与审美是两股道上的车，绝对对立，无路可通。我以为这两种观点都各有片面性。

## 一、欣赏自然美是由科学通向审美的起点

科学的发展的确拓展了人们的审美视野，例如，宇航事业的发展使人们看到了宏观世界的太空之美，电子显微镜展示了微观世界的美，于是有的人由此而概括地提出了"科学美"的概念，其内涵虽不明确，但大体上是指匀称、比例、平衡，包括色彩和音调的适当调配等。强调科学发展使人更广阔地看到这类自然之美的人往往以此作为科学活动本身即是审美活动的明证。

什么叫做自然美？自然离开了人，无所谓美，我们不能认为自然本身有美。自然美主要是指线条的匀称、颜色、声调的调配、各种比例的平衡、恰当等，简单一句话，是指多样性与统一性的结合、统一，或简称和谐。可是多样性的统一或和谐这种美的特点离不开人的知觉、感觉，离开了人就无所谓匀称不匀称，平衡不平衡，就谈不上美不美。王阳明说，山间花在没有人看它时，寂然无意义，只是当人看山间花时，花的颜色才一时明白起来。这个例子最能说明

　　* 原载《江海学刊》2004 年第 4 期。

自然离开了人是无意义的,也就是说,是谈不上美的。① 康德认为,自然美表面上看似乎与人无关,不像艺术美那样是人的创造物,但实际上自然美和艺术美一样也有"合目的性的形式",只不过自然美中"合目的性的形式"是对一种多样性的统一的欣赏或者说对和谐的欣赏,而艺术美所具有的"合目的性的形式"则具有更高的、更丰富的"合目的性"。但无论如何,对多样性统一或和谐的欣赏也是不能与人相分离的。所以康德说:"自然只有当它好像是艺术时才是美的"②。歌德是既精通文学艺术又精通自然科学的思想家,他在谈到自然与艺术的关系时也认为"我们不认识任何世界,除非它对人有关系"③。如果说康德对自然美究竟在自然物本身还是在其与人的融合中这个问题有时不免模糊和自相矛盾,那么,黑格尔就说得更加明确:"自然美只是为其他对象而美,这就是说,为我们,为审美的意识而美。"④康德、歌德与黑格尔的这些说法虽各有各自的理论背景和论证,本文不能细说,但他们都认为自然离开了人就无所谓美,这个基本观点却是一致的。中国清代的诗论家叶燮说:"凡物之美者,盈天地间皆是也,然必待人之神明才慧而见。"(叶燮:《已畦文集》卷六《滋园记》)"人之神明才慧"就是指人的审美意识,凡物皆必待人之审美意识而"见"美。叶燮没有像康德、黑格尔那样作出很详细的论证,但其基本观点与康德、黑格尔一样都是主张自然之美不能离开人的参与,用我在《哲学导论》所强调的语言来说就是,美的"在世结构"是"人与世界的融合为一"。从自然美的这个特点(多样性的统一、和谐)不能离开人的鉴赏能力这一点来说,科学家看到了电子显微镜下和太空中的自然之美,并对这种美产生了特别的审美兴趣,这的确从一个角度显示了科学家的审美能力,显示了科学与审美的相通之处。科学家能对自然美有浓厚的审美趣味,这是很可贵、很值得重视的一个现象,它是审美的一个起点。英国现代哲学家、美学家鲍桑葵(Bernard Bosanquet)在讲到康德关于自然美离不开人的参与和"具有合目的性的形式"时强调,能"欣赏有机的统一"是"审美洞察力",而自然科学家最懂得自然的

---

① 参见张世英:《哲学导论》,北京大学出版社 2002 年版,第 73—74、122 页。
② 康德:《判断力批判》,第 45 节;参见鲍桑葵:《美学史》,商务印书馆 1985 年版,第 351、363 页。
③ 转引自朱光潜:《西方美学史》,下册,人民文学出版社 1982 年版,第 428 页。
④ 黑格尔:《美学》,第 1 卷,商务印书馆 1979 年版,第 160 页。

有机统一，因此最能欣赏自然美。他说："我倒肯定认为，除植物学家外，没有人能真的感受到花朵的美。"①他的意思就是说，植物学家最懂花朵的有机统一性，因此，花朵对于植物学家来说，是美的。鲍桑葵的话是否说得有些过分，我们可以质疑，但他的话的确表明了科学活动与审美之间有某种相通处或者说有某种接触点。至少，自然科学家（例如植物学家）的科学活动使他更深入地了解自然的多样性统一，这就为自然科学家欣赏自然美提供了更多、更好的条件，我们一般人就缺乏条件来欣赏显微镜下的自然美。当然，科学家在从事科研活动时所兴发的审美意识同他的科研活动本身是有区别的，当他正在兴发审美意识时，他实际上停止了科研活动；当他正在进行科研活动时，他也无暇顾及审美。

不过这里特别值得注意的是：自然美一方面与艺术美有联系，另一方面又毕竟不同于艺术美，艺术美高于自然美；多样性的统一或和谐一方面是美的基本原则，另一方面又毕竟不过是美的初步的、起码的条件。康德认为艺术可以把自然中本是丑的或不愉快的事物描写得很美，这就显示出艺术的优越性。②黑格尔明确地说："我们可以肯定地说，艺术美高于自然。因为艺术美是由心灵产生和再生的，心灵和它的产品比自然和它的现象高多少，艺术美也就比自然美高多少。"③我以为，艺术美之所以高于自然美，当然首要的是在于艺术美是人的精神的创造物（黑格尔）或者说是天才的创造物（康德）。但是，我们还应该把这一根本观点作一点更具体的说明，那就是，自然美由于缺乏创造性而主要地只限于多样性的统一或和谐这种抽象形式的美。这种美的主要缺点是缺乏深层的、内在的意蕴。

在人类审美意识的发展历程中，古希腊人所注意的美主要地是多样性的统一或和谐，所以古希腊艺术的特点也主要在于多样性的统一或和谐，古希腊关于美的理论也主要是和谐说。这种美学理论是和古希腊哲学所讨论的中心问题———一和多、普遍性与特殊性的关系问题相应的。古希腊人（以柏拉图、亚里士多德为代表的模仿说）认为艺术是对自然物和现实物的模仿，自然物的美既然主要是多样性的统一或和谐，因此，艺术作为对自然的模仿也主要地

---

① 鲍桑葵:《美学史》,商务印书馆 1985 年版,第 351 页。
② 参见康德:《判断力批判》,第 48 节。
③ 黑格尔:《美学》,第 1 卷,商务印书馆 1979 年版,第 4 页。

只能在于多样性的统一或和谐,这只是一种形式美和抽象美。例如一首诗、一支乐曲或戏剧都要讲究开端、中局和结尾,讲究完整性;古希腊哲学也把几何图形、数的比例作为美的典型体现。

多样性的统一或和谐只是美的初步的、起码的条件。多样性统一的形式原则与美的意蕴相比,显得贫乏肤浅。所以在现实历史发展过程中,古希腊美学思想中的模仿说、和谐说很快就被一种注重美的内在的、深层的意蕴的思想学说所代替,说得更具体、更确切一点,柏拉图、特别是亚里士多德的模仿说、和谐说就已经包含了对这种学说本身的突破;已经包含了美学思想的前进性步骤。亚里士多德并不像古希腊的普通人那样只注重形式美、抽象美,而注意和强调理念在感性事物中、普遍性在特殊性中的体现(典型)所给人带来的审美享受,这也就是说,他注意和强调美的内在的、深层的意蕴,而这一点正是西方近代美学所继承并发展了的、但又不同于古希腊美学思想的特点。以亚里士多德为开端到近代而达到顶峰的典型说,是突破形式美转而重视美的意蕴的阶段性转折点。一个只看到多样性的统一或和谐之美的人,只满足于欣赏自然美的人,显然远未达到审美之要义,他还需要在此基础上进而领悟到美的意蕴,懂得艺术美,才能有较高层次的审美趣味,而这里的关键(从历史发展的实际过程来看)在于从模仿说、和谐说进展到典型说。

## 二、美使科学的普遍性变得具有生命力

典型说主要说的是把无限性的理念、普遍性体现于有限性的感性个别事物之中,典型既是有限的、个别的,又同时是无限的、普遍的,鉴赏者在典型中可以通过有限的东西去体味无限的东西,从而得到一种玩味无穷的美的享受。可见审美并不是根本不讲普遍性,美学上的典型说,从哲学根源上讲乃是讲的普遍性与个别性的统一。现实世界中的事物原本都是普遍性与个别性的统一,但科学活动为了寻找事物的规律性,总是要撇开事物的个别性,找到普遍性,所以科学活动是一种从事抽象的思维活动,科学活动的产物——本质概念也总是具有抽象性,这就使得科学活动及其产物显得特别冷静、严峻而较少生动性。也正是由于科学的这种特点或者说局限性,伴随着欧洲科学发展的历程而同行的是美学领域中典型说的发展。美学上的典型说正是要使科学活动

所达到的抽象本质回到具体的感性个别物之中,使抽象本质(普遍性)获得感性的具体形象而变得具有生气,进而使人生变得具有诗意。随着科学的昌明和发展,人们越来越重视对普遍性、规律性的追求,哲学史上崇尚本质概念的"概念哲学"越来越占主导地位。和这种状况相对应的是美学上的典型说在美学史上也越来越占主导地位。和欧洲思想发展的道路不同,中国科学不发达或不甚发达,哲学史上类似欧洲"概念哲学"的哲学思想也很少见,所以在中国美学思想史上也很难见到类似欧洲典型说的思想学说,尽管中国文学史上有很多很好的写典型人物的文学作品。欧洲自文艺复兴以后,古希腊思想家对自然的兴趣和初步建立起来的科学概念在经过中世纪长期被遗忘之后又被重新兴起和建立起来,于是 18 世纪的美学思想又较多地关注自然美,关注多样性统一这种形式美;但也就是从这个时期以来,艺术美也越来越变得突出,艺术哲学也开始取代自然哲学。① 这段历史事实也说明,重视审美意蕴的典型说的艺术美与科学的发达往往相伴而行。人性和人生的意义是丰富多彩的,是多层次的,科学越发达,人性就越不满足于科学的抽象性而更增加了对审美趣味的追求,增加了把科学的抽象普遍性拉回到感性具体事物中来的激情。歌德既是科学家,又是文学家,他在把人性的这两个似乎相反的方面结合为一体的工作上所达到的成就,为我们提供了一个伟大的范例。歌德说:希腊艺术那种宏伟风格的"理想把我们提高到超越于我们自己的水平之上,但是,我们不满足于此。我们要求重新去对富于个性的东西进行完满的欣赏,同时又不抛弃意蕴和崇高。这个谜只有美才能解答。美使科学的东西具有生命和热力,使意蕴和崇高得到缓和。因此,一件美的艺术作品走完了一个圈子,又成为一种富于个性的东西,这才能成为我们自己的东西。"②柏拉图的"理念"、"理想"超越了现实世界,但它同时也脱离了现实世界,脱离了具体的、个别的东西(脱离了"富于个性的东西"),我们不能满足于此抽象的本质概念,我们要求回到具体的、个别的东西中来作审美的欣赏,而同时又不抛弃"理念"、"理想"的"意蕴和崇高"。这两个方面的矛盾("谜")如何解决呢? 如何把"理念"、"理想"的"意蕴和崇高"同"富于个性的东西"结合在一起而使人

---

① 参见 *The New Encyclopedia Britannica*,Chicago,1993,Ⅵ,第 123 页。

② 歌德:《搜藏家和他的伙伴们》,第 5 封信,转引自鲍桑葵:《美学史》,商务印书馆 1985 年版,第 405 页。

性得到较完满的实现呢？这就要超越科学(不是抛弃科学)，用美来使"科学的东西"("理念"、普遍性概念)感性化、具体化而"具有生命和热力"，使"理念"、"理想"的"意蕴和崇高"不致因脱离感性中具体的、个别的东西而过于冷静和严峻。美的艺术作品可以说是从"富于个性的"个别到抽象的普遍，又从抽象的普遍回到"富于个性的"个别的产品，恰恰是"走完了一个圈子"，艺术作品就这样不再像科研产物那样抽象、远离人生，而成为切近于我们的生活的东西、"成为我们自己的东西"。我多年前看过一部与洪水作斗争的故事片，写得很有艺术性，它就把一些洪水为害的普遍性自然规律以及社会现象的普遍规律具体地体现到实际的生活情节之中，使科学的东西(普遍性)具有生命和热力。可以看到，科学活动所一心追求的普遍性在这里又一次为审美活动提供了有利的条件(就像在前一阶段中科学活动对多样性统一与和谐的兴趣构成审美兴趣的最初步的起码的条件那样)，没有对普遍性追求的兴趣，也就不可能有对典型的审美兴趣，因为典型所给我们带来的美的享受正在于在个别事物的有限性中玩味普遍的无限性。如果一味囿于个别的有限性，就谈不上审美的趣味或者说美的享受。科学活动与审美活动在这里可以说又一次有了某种相通之处和接触点。然而科学毕竟不等于审美，由科学(包括社会科学在内)到审美毕竟还有一步之遥，这就要求科学家不仅是科学家，而且要求他作为一个比较能圆满地实现人生意义和价值的人，进而使他终身以之的普遍性或本质概念感性化、具体化，使之"具有生命和热力"。科学的目标是追求单一性、相同性，这只能意味着抽象，而审美经验正如赫拉克利特所说的太阳，每天都是新鲜的，审美的经验中没有相同性。所以科学家还需具有审美修养、审美洞察力，才能走完上述这"一步之遥"。

科学家在这方面有其特殊的优越条件：这不只是指上面所说的科学家热衷于追求普遍性或本质概念，而且更重要的是指科学家还有一切从个别的、现实的东西出发的优点，歌德就是一个很典型的例子。歌德认为在普遍(一般)与特殊(个别)的统一中，还有一个从何者出发的问题：是从普遍性出发还是从个别性出发？歌德反对诗人"为普遍而找特殊"，反对诗人从普遍性出发，先有一个普遍性概念的框框，然后去找个别的例子来说明它；他主张诗人"在特殊中显出普遍"，应从个别性出发，首先抓住现实中个别的东西，从个别的东西中显现出普遍。杜朗特说："科学是一中有多，艺术是多中见一。""一"是普遍性,"多"是特殊性,"多中见一"就是歌德所说的"在特殊中显出普遍"。歌德认为只有"在特殊中显出普遍",才是"诗的本质",也就是审美的本质,这就要求诗人不是一般性地、随意抓住一个个别的东西,而需要"生动地抓住特殊",亦即抓住个性和特征。只有抓住个性和特征才抓住了典型性。歌德认为普遍性在现实中总是表现为无数不同的个别的东西,其中有的东西能充分显现普遍性本质,有的则不能,只有最充分显现普遍性本质特征的某个个别的东西才适合于艺术表现。所以歌德说:这种显出特征的艺术才是唯一真实的艺术。例如要显现出橡树所特有那种刚劲之美,就不能抓住生长在茂林中笔直冲天的橡树来描写,而要选择、抓住许多橡树中那最能完满显现其特征的橡树,①这才叫做"生动地抓住特殊",这也就是说,诗人应从能显现出特征的个别东西出发,只有这样,才能见到典型美,才能创造出典型。这同从普遍性出发、从概念出发写出来的那种削足适履的公式化作品相比确有天壤之别。歌德的这种从特殊出发、"从特殊中显出普遍"的观点,既是审美的要求,也是歌德作为一个科学家的科学精神在美学思想上的表现。从科学走向审美,可以在兼为文学家和科学家的歌德这里看到一条通道,这一点应该是很明显的。我们现在有些文艺作品往往是从一个既定的概念、教条、框框出发,然后编造一些具体情节充塞其中,这样的作品不仅不能为一些有审美趣味的人所欣赏,也必然会为一些有科学精神的人所不满。

## 三、由科学到审美的主要通道是想象

由科学走向审美,最主要的通道是想象。想象的最经典的定义是"使本身不出场的东西出场的能力"②,或者用莎士比亚的话来说:"想象是一种感受不存在的事物的功能。"③无论认识还是审美,都需要想象。

审美之需要想象,这个道理几乎是不待言的了。④ 这里只想简单提出的一点,就是,越是高层次的审美意识越需要想象。艺术美高于自然美,对于自

---

① 参见《歌德谈话录》,人民文学出版社 1982 年版,第 132—133 页。
② 参见张世英:《哲学导论》,北京大学出版社 2002 年版,第 4、12 章。
③ 转引自鲍桑葵:《美学史》,商务印书馆 1985 年版,第 584 页。
④ 参见张世英:《哲学导论》,北京大学出版社 2002 年版,第 4、12 章。

然美的欣赏是不需要太多的想象力的,一个只能欣赏自然美的人不能算是很富有想象力的人,因而也不能算是达到了高层次的审美境界的人。艺术美富有内在的、深层的意蕴,想象力不高就意味着不能达到对这种意蕴的审美洞察。例如前面提到的典型说所讲的典型,按康德的说法,想象力就是通过审美形象显现一种理想、理念(典型)的功能,人在鉴赏某个美的形象时可以通过它的典型性想象到许多其他非言语可以表达的东西,这些东西并未在现实中出场,而只是在想象中出场,它们却是美的东西的内在的、深层的意蕴。典型说属于西方古典的美学学说。以海德格尔等人为代表的西方现当代的美学学说主要是显隐说,它主张以当前在场的东西显现背后隐蔽的东西而让鉴赏者在想象的空间中玩味无穷,这就更需要想象力,正是想象力使鉴赏者通过在场的东西想象到不在场的东西。这里所谓在场与不在场的东西中都包含个别与普遍的结合,包含感性与理性的结合,所以显隐说是对典型说的超越,显隐说所讲的审美意蕴,其内涵比典型说所讲的审美意蕴更深且广。由欣赏自然美到欣赏艺术美,由欣赏艺术美中典型之美到欣赏显隐之美(含蓄之美),这是一个不断提高审美境界的过程。

　　一般的认识以至于科学研究也离不开想象。我们过去讲哲学原理在讲认识过程时只讲从感性认识到理性认识,不讲或不重视想象在认识中的作用,这是一种误导。一般认识和科学研究都需要从感性中个别的东西上升到或者说飞跃到理性中普遍的东西,但究竟是如何"上升"、"飞跃"的呢?这两者究竟是如何结合在一起的呢?我们讲哲学原理不能逃避这个问题。康德的"图式"说和胡塞尔的"本质直观"说,在这方面作了很好的探索。尽管我们对他们的回答可以提出各种质疑,但有一点是值得肯定的,那就是想象的作用:正是想象使感性中个别的东西同理性中普遍的东西结合为一,使前者到后者的"上升"、"飞跃"得以可能。[1] 我在这里还要特别强调的是,对于当前某一具体事物(包括某一复杂的现象)的认识和把握,单靠感性的个别性与理性的普遍性的结合,还是远远不够的。因为任何一个当前在场的事物或复杂现象不仅是当前在场的个别性与普遍性的结合而已,而且它还以背后不在场的个别性与普遍性相结合的许多事物或现象为其背景和根源,前者植根于后者之中。

---

① 参见张世英:《哲学导论》,北京大学出版社 2002 年版,第 4 章。

赫拉克利特说,自然爱躲藏起来。我把这句话解读为,任何一个在场的自然现象都躲藏在无穷不在场的自然现象之中。当前在场的现象固然是个别与普遍的结合,不在场的现象也是个别与普遍的结合,只不过前者是有限的,后者是无限的(无穷无尽的),有限的东西躲藏在无限的东西之中。任何一个事物都是集背后无穷多不在场的东西于当前在场的东西的一个聚焦点。人只有通过想象才能把不在场的无限的东西与在场的有限的东西综合为一个"共时性"①的整体,这样才算是对当前的某一具体事物有了整体的认识和把握。例如当前某地区因大雨发生的滑坡现象,这个现象本身就是个别与普遍的结合,这一点是不言而喻的;但当前这一滑坡现象的发生绝不仅仅是当前的一场大雨这个原因所造成的,它有其背后各种隐蔽的根源如乱伐森林、破坏土壤……这些作为根源或背景的现象也是个别与普遍的结合。我们如果不是通过想象力把这些当前未出场的现象同当前出场的滑坡现象综合为一个整体,就不可能对当前的滑坡现象有一个整体的、真实的认识和把握。当然,我们也许可以说,我这里所讲的不过是平常哲学原理教科书上所讲的普遍联系的观点,不过是平常讲的直接原因和间接原因或近因和远因。但是值得注意的是,我们平常讲普遍联系或者讲直接原因与间接原因未免讲得太简单、太一般化了,我们并没有从在场与不在场、显现与隐蔽的角度来分析。所谓普遍联系或直接原因与间接原因,如果作进一步的深层的思考,正是讲的从在场的东西联系到不在场的东西,从显现的东西联系到隐蔽的东西,这里起联系作用的恰恰是想象,想象让我们使不在场的、隐蔽的东西出场(在想象中出场),让我们把不在场的、隐蔽东西聚集于在场的当前的东西这个焦点上来,从而使我们对在场的、当前的东西有一个整体的把握。所以,我们平常讲的整体的观点、普遍联系的观点离不开想象,而我们过去在讲认识过程时却不讲想象。语言哲学家William G. Hardy 在批评 C. K. Ogden 和 I. A. Richards 的语言意义理论时指出:在物理科学的理论活动中,特别需要想象来把握那远离所谓"物"或"对象"的抽象的东西,科学假说离不开想象②。

　　从上面所讲的这些可以看到,想象对认识、对科学研究具有何等重要的作

---

　　①　参见张世英:《哲学导论》,北京大学出版社 2002 年版,第 4、12 章。

　　②　William G. Hardy, *Language*, *Thought and Experience*, *A Tapestry of the Dimensions of Meaning*, University Park Press, Baltimore, 第 85—87 页。

用。可以说,科学家越富有想象力,他从当前出发所联系到(想象到)的不在场的空间就越广阔,他的科研成果也就越有可能具有广度和深度,反之,缺乏想象力,就必然会使科研成果的广度和深度受到限制。

科学的想象与审美的想象虽然都是"使本身不出场的东西出场的能力",但又有很大的不同。审美的想象是与情感融合在一起的,它只是在把不在场与在场综合为一的一体中求得一种玩味无穷的美的享受,而不问、不管那不在场的东西是否真实存在、是否会出场,也就是说,它不求实证。科学的想象则不然,它最终要求实证,要追问不在场的东西是否会出场。胡适说的"大胆假设,小心求证",也可以解读为大胆想象,而最终还是要小心谨慎地看想象中出场的东西是否在现实中出场,这里需要的主要是冷静细致的思维,而不是情感。审美的想象可以"触兴致情,因变取会"(刘勰:《文心雕龙·诠赋》),随审美感情的兴之所至,在未出场的普遍联系中纵横驰骋(当然,我们又不能把审美归结为只是对情感的简单复写),而科学的想象则始终伴随着"求证"的考虑和约束,而最终为了求得普遍规律还要割裂一些现实的联系,进行抽象的活动。总之,科学想象与冷静、严峻相联系,而审美想象却是与感情、激情相统一。由科学到审美,确有想象作通道,但在通过这个通道时需要经过一种对待事物的态度上的转换,这就是由冷静、严峻转向感情、激情。当然,这绝不是说科学活动不包含感情、激情,事实上,科学的创新是需要感情、激情来推动和促进的。审美想象因富有感情而可以随兴之所至把想象的空间扩大到甚至连逻辑上都不可能的范围。一个过分拘泥于科学的严峻而缺乏具有激情的想象力的科学家,其科学成就的广度和深度是会受到限制的,伟大的科学家往往具有非凡的想象力,甚至幻想。

## 四、科学和审美的共同的特点是自由的精神

科学和审美是两种不同的人生态度,或者用我在拙著《哲学导论》中的话来说,是两种不同的"在世结构"。科学的"在世结构"是"主体—客体"关系,审美的"在世结构"是"人—世界"的融合①。但两者都起源于惊异(好奇心),

---

① 参见张世英:《哲学导论》,北京大学出版社 2002 年版,第 1、4、10 章。

惊异既是求知的开端,是科学(与哲学)的开端,也是审美意识的开端。① 惊异的特点之一是自由的精神,即不受实际兴趣或者说利害关系的束缚。人在处于惊异状态时是不计较利害的,是完全自由的。从这个意义上说,科学和审美具有共同的特点,即自由。人无论在进行人与世界融合为一的富于感情的审美活动过程中,还是在进行主—客关系的抽象思维的科学活动过程中,都是自由的,是不计较利害的:审美活动之不计较利害,这一点是大家所公认的,康德在这方面作了详尽的阐述;即使是科研活动,其本身也是不计较利害的,科学工作者所进行的科研活动实际上是一个不断地由无知到有知的过程,在获得最终的科研成果以前,科学工作者一直处于亚里士多德所说的由无知到有知的惊异状态之中。不同的是,审美活动,就鉴赏者来说,鉴赏活动本身就是一种审美的享受,无外在目的之可言,无利害关系之可言;就文艺作品的创作者来说,一个真正有艺术价值的作品,作者在创作之初并无外在的实用目的,更无个人利害的计较,而只出于个人审美的感兴,至于他所创作出来的作品,它也只是给人以审美的享受,本身并不具有关系到实际利害的效用(作品被作为商品出售,那是另一回事)。至于科学活动,它是主体对客体的活动,它的成果是对客体的认识,因而可以成为对主体有效用的对象;也就因为如此,科学与审美不同,常被人们与现实的利害和效用联系起来。其实,科学的成果可以为人们所利用,这一点并不妨碍科学活动本身是不计较利害和效用的活动。古希腊人的科学精神正是一种不计较利害和效用的自由精神,科学活动就是自由的活动,就是一种不夹杂利害和效用考虑的所谓"为知识而知识"、"为学术而学术"的活动。正如亚里士多德在《形而上学》中所说,古希腊人对于大自然各种现象如日、月、星辰等天地万物如何产生、变化以及宇宙有限还是无限的问题所产生的惊异,是求知的开端,是哲学的开端,古希腊人对这些问题的思考并非出于实用的目的,而只是由于好奇心驱使他们意识到自己对这些问题的无知而要求摆脱无知,求得有知,他们是"为知识而知识",他们的这种知识是"自由的知识"②,亦即不受任何外在的目的和效用所束缚的认识活动。柏拉图说:那些只知追求利润的人的灵魂是"不自由的精神",只要排除了这

①　参见张世英:《哲学导论》,北京大学出版社 2002 年版,第 2、137 页。
②　亚里士多德:《形而上学》,第 1 卷,第 2 章。

种不自由的精神,一切知识就都是美好的,否则,就"不能有哲学家,而只能产生标准的无赖"。① 柏拉图当时就指责过埃及人和腓尼基人与希腊的科学精神相反,他们所关心的是利益、效用而不是为求知而求知。② 柏拉图的话应能引起当前反对"为学术而学术"、"为求知而求知"的自由精神的人的警惕。

我们赞赏古希腊人"为知识而知识"的自由精神,这绝不排除我们可以出于实用的目的,为了获得可供人满足实际需要的成果而进行科学研究的活动。古希腊人就是既有为知识而知识的自由精神又同时很讲实效的人。但是,第一,科研活动本身,如前所述,是不受实际利害和效用所束缚的自由活动。第二,许多伟大的科学理论和创造性成就往往是在根本不计较利害、不考虑实用目的的情况下获得的,把科学研究只限于实用目的(更不用说出于个人的私利)的狭隘实用主义观点和急功近利的观点,必然使科研成果的广度和深度受到极大的限制。从我国的传统思想和当前的科研状况来看,特别是从当前人们的精神状态来看,我以为我们需要更多强调的是发扬科学所固有的为学术而学术的自由精神。恩格斯在《费尔巴哈与德国古典哲学的终结》的结尾处曾慨叹过"德国的光荣伟大的理论兴趣"即"纯粹科学研究的兴趣"在当时的德国已经"完全丧失了","代之而起的却是对职位和收入的担忧,以及极其卑劣的向上爬的思想"。这里特别值得注意的是,恩格斯所说的"纯粹科学研究的兴趣"(der Sinn fuer rein wissenschaftliche Forschung),其中所谓"纯粹的"(rein)一词不仅是指不顾及一些个人利害的计较,像我上面所说到的那样,而且是指不考虑学术研究成果在实践上是否有用。"der Sinn fuer rein wissenschaftliche Forschung, gleichviel, ob das erreichte Resultat praktisch verwertbar war oder nicht, Polizeiwidrig oder nicht. "这句话的后半是说,"这种纯粹科学研究的兴趣"是一种"不管所得成果是否违反警察规章的兴趣";它的前半则是说,这种"纯粹科学研究的兴趣"是一种"不管所得成果是否在实践上可以被利用"的兴趣。"不管是否违反警章"是指不顾及个人利害的计较;"不管科研成果在实践上是否有用",那就是更高一层次的"纯粹科学研究的兴趣"了,这更是一种"伟大的理论兴趣"。我国哲学和自然科学的基础理论要想来一个巨大

---

① 柏拉图:《法律》篇 Ⅴ,747b,c。
② 参见柏拉图:《法律》篇 Ⅴ,747B,C;并参见《国家》篇 Ⅳ,435e。

的飞跃和发展,我以为应该好好体会一下恩格斯的话。有的人反对"纯粹科学研究的兴趣",反对"为学术而学术",希望能仔细读读恩格斯的教导,还有上引柏拉图《对话》中关于"为知识而知识"的那些段落。

　　和科学活动与审美活动都具有不计较利害的自由精神这一共同特点相适应的是两者都给人以愉悦之感。审美给人以美的享受,固不待言,也许需要说明的是科学活动所给人带来的快乐。我这里显然不是指科研成果因其能满足人的欲望和实际需要所带来的快感,那种快感正是与利害计较紧密联系在一起的,是柏拉图所说的"不自由的精神",它与审美的愉悦之感不可同日而语,康德在分析美的特征时特别着重阐述了其间的区别。我所要讲的科学活动所带来的快乐,是和不计较利害的自由精神相联系的。柏拉图在《国家》篇中详细论证了这种快乐的特点及其优越于满足人的低级欲望所得到的快感之处。我在《境界与文化》第四章中已详细引证和论述了柏拉图的这一观点。①

　　柏拉图所谓"爱智者"、"沉浸在学习中"、"认识真理和实在"所取得的快乐,是一种不计较金钱和荣誉亦即不计较利害的快乐,是一种一味追求真理的快乐,是他所谓"自由的精神"所带来的快乐,也可以说是我们所谓科学活动本身所带来的快乐。科学的快乐是非常值得我们赞赏的,只有科学家才能有这种快乐。但科学的快乐与审美的愉悦两者间却又有不同之处:科学的快乐是求真的快乐,主要是理性的,而美的享受是更多地与情感、激情相结合的,是超理性的(这里且不说科学活动的成果可以带来实效,可以给人以满足柏拉图所谓"灵魂的低级部分"的欲望的快乐)。当然,既然是快乐,那就都含有情感在内,但两种情感还是有区别的,也许心理学家可以对这两者作出更精确的区分。所以我以为,为了使人性得到更完满的实现,人不能只满足于求真,不能只满足于科学的快乐,而且应该由此出发更进而上升到求美,上升到审美的愉悦。人生的最高境界或者说人性的最完满的实现应该是真善美的统一,而且在这个统一体上,美是主导的。② 这也就是为什么在今天,科学越发达,人们越需要美,而且科学家本人也越追求美。在这个问题上,柏拉图的观点是我们所不能同意的。柏拉图根据他的"理念"说,认为最真实的是理念,具体事

---

　　① 详见张世英:《境界与文化》,人民出版社 2007 年版,第四章"科学与道德"第一部分倒数第一自然段。

　　② 参见张世英:《哲学导论》,北京大学出版社 2002 年版,第 17 章"美与真善"。

物是对理念的模仿,而艺术作品是对具体事物的模仿,是对模仿的模仿,它"位于和真理隔着两个层次的第三级",从而是最不真实的。在柏拉图看来,只有依赖测量、计数等科学的理性才是灵魂中最优秀的部分,与之相反的那部分灵魂是最低劣的。诗人把自己的作品诉诸情感,诉诸灵魂的低劣部分而使人感到快乐,这种审美的快乐是"非理性的",我们"提不出理由来证明诗歌的善与真"。理想国里的人应该让理性统治情感,而不是一味让情感统治人。所以柏拉图主张把诗人逐出他的理想国之外。① 柏拉图这种一味崇尚真而贬低美或者把美归结为真的理性至上主义的思想显然已经过时了。

但是,我们今天反对理性至上主义或反对科学至上主义,绝不意味着反对科学。科学的进步给人类带来的最深层的意义是使人更加远离动物、"更加是人了"②。当前有人因科学的飞速发展带给审美的负面影响而谴责科学本身,这种观点是站不住脚的。科学有其不同于审美的独特的性质,科学与审美是人性中两种不同的文化活动,但不同的东西可以相通,从科学到审美是有通道可循的:科学给科学家提供了欣赏自然美的广阔空间,这就为科学家从欣赏自然美到欣赏艺术美准备了基本的条件和通道;科学家所追求的普遍性、本质性也是审美的内在意蕴之所在,我们只需把普遍性与个别性统一起来,让普遍性、本质性具有感性的生动性和生命力,就达到了审美的洞察力;不仅审美需要想象,科学也需要想象,由科学到审美的通道乃是从科学想象的冷静和严峻转化为审美想象的情感与激情;科学活动本身与审美都具有不计较利害的特点,两者都因此而给人带来愉快,由科学的快乐到审美的愉悦是一种由单纯理性的快乐到与感情相结合的美的享受的转化,是由单纯的求真到追求真与美(与善)相统一的转化。总之,科学与审美既有明确的区分,又有由科学到审美的通道。人在享受科学所带来的福音的同时,必能找到满足美感需要的途径。未来的诗人将不再是"箪瓢屡空、宴如也"的"无怀氏之民",而是烦忙于高精尖的科技园里富有高远境界的积极进取之士。

① 参见柏拉图:《国家》篇,602c—608b。
② 参见鲍桑葵:《美学史》,商务印书馆 1985 年版,第 598 页。

# 第十五章　现实·真实·虚拟<sup>*</sup>

## 一、亚里士多德:"诗的真实与历史的真实"

普通常识的看法认为,感性直观中的东西是最现实的,因而也是最真实的(真的)。① 例如个别的桌子、椅子、个别的方形的东西或圆形的东西都是最现实的,因而也是最真实的。按照这种看法,凡符合感性直观中的东西的判断就叫做真理,或者说这样的判断是真的。例如我说我背后墙上的画挂歪了,此话是否真? 只需转过身去,凭感性直观看看现实情况是否符合我的判断,就可以证实我的判断是真还是不真。

在普通常识看来,凡非感性直观中的东西,看不见、摸不着,都是非现实的,因而也就是不真实的(不真的)。例如方的概念、圆的概念,都不是现实中的东西,因而也是不真实的。不真实的也就是虚拟的。② 普通常识把虚拟与不真实看做是同义语。

稍有哲学头脑的人或学过一点哲学的人,显然已经不采取这种极端素朴的普通常识的看法了。他们一般认为感性直观中个别的东西虽然最现实,但并非最真实;概念中普遍的东西虽然不现实,但更真实。古希腊哲学家、新柏拉图主义者波菲利(Porphyry,234—305?)曾从本体论的角度把古希腊哲学讨论的主要问题即普遍与个别的关系问题概括为三个问题,其中的第一个问题

---

＊ 原载《江海学刊》2003 年第 1 期。

① 这里的"真实的"一词是指真理或真的意思,相当于英文的"true"或"truth 出"的含义;"现实的"一词是指实际的意思,约相当于英文的"actual"、"realistic"、"practical"或"real"的含义。但"real"有时亦有真实之意,即与"true"同义。

② 虚拟的"一词约相当于英文的"invented"的含义。

是"种和属是真实存在的,或者仅仅是空洞的观念?"(Whether genera and species really exist or are bare notions only?)①这个问题实际上就是追问普遍概念是否有真实性。波菲利是在给亚里士多德的《范畴篇》所写的"小引"(Isagoge)中提出问题的。其实,亚里士多德在扩展和发展柏拉图关于艺术理论上的模仿说时已经明确地回答了这个问题。亚里士多德在《诗学》第九章"诗的真实与历史的真实"(poetic truth and historical truth)中说:"诗人的职责不在于描述现实中已发生的事(what has actually happened,实际上已发生的事),而在于描述可能发生的事(the kinds of thing that might happen),亦即在某种情况下有可能发生或必然发生的事。……差别在于历史学家告诉我们已发生的事,诗人告诉我们可能发生的事。因此,诗比历史是更富于哲学意味的和更严肃的;因为诗所关心的是普遍真理,历史所讨论的是个别的事实。所谓普遍真理就是指某一类型的人在某种情况下可能或必然会说的话或会做的事。"②所谓"在某种情况下"也就是指在某种前提下或某种条件下。但是按照亚里士多德的说法,这"某种情况"(即某种前提或某种条件)既可以是事实上、现实中可能发生的事,也可以是事实上、现实中根本不可能发生的事,两者都是虚拟的。亚里士多德认为,诗所要揭示的是内在必然性、规律性、普遍性,而不管前提条件在现实中、在事实上是否可能。因此,"从诗的效果看,描写现实中、事实上不可能发生却合理可信之事,比描写现实中、事实上可能发生却不合理不可信之事更为可取"。例如希腊名画家 Zeuxis 所画的人物是现实中、事实上不可能的,但我们仍有理由说,"画应比现实更好,因为理想的(理应如此的)形态应当超群地好"③。总之,诗所描写的是理应如此的理想、概念,也就是典型,历史所描写的是现实的东西、个别的东西。在亚里士多德看来,诗所描写的虽非现实,但诗的真实比历史的真实更高一层。例如艺术中美女的典型之美就比现实中某个美女之美更美、更真实。Zeuxis 曾把希腊一个城邦里所有的美女的美点集合在一起,画成一个美女的典型。这个画中的典型比现实中任何一个美女都要美,画中典型美女之美比现实中美女之美具有更高一

---

①　R. I. AARON, *The Theory of Universals*, Oxford, 1952, 第 1 页。

②　Aristotle, *On the Art of Poetry*, translated by T. S. Dorsch, Penguin Books, 1965, 第 43—44页。

③　Aristotle, *On the Art of Poetry*, translated by T. S. Dorsch, Penguin Books, 1965, 第 73 页。

层的真实性。

亚里士多德关于诗的真实与历史的真实之高低层次的区分,为人的创造性活动留下了空间,为人的创造物的真实性提供了理论根据。普通常识所认为唯一真实的现实物(感性直观中个别的东西),现在被看得不那么真实了;普通常识所认为不现实、从而也不真实的普遍性概念、理想、典型现在被看做是更真实的了。普遍性概念、理想、典型,都是人的创造物。肯定了这些创造物的真实性,也就是肯定了人的创造性的独特地位。

人类的创造活动由于远远超越了现实而具有虚拟性,虚拟是肯定现实中不存在或不可能存在的东西的意义和真实性。亚里士多德对诗的真实性的肯定和赞赏,其实也就是对虚拟的肯定和赞赏。上面所说的典型固然是一种虚拟,而神话则更是一种虚拟。亚里士多德在谈诗的真实时,不仅为艺术家创造典型的虚拟活动留下了空间,而且肯定了神话的虚拟性的地位。他对于机械地"摹写事物过去或现在之所是的样子"的诗人,例如 Euripides,经常采取谴责的态度,这是因为这类诗人囿于现实,没有虚拟和个人创造。他赞赏诗人"按照事物应该是的样子去描述",这是因为"应该是的样子",例如典型,是对现实中所不存在的东西的一种虚拟,这样的描述是人的创造活动。此外,他还赞赏诗人"按照事物为大家所传说或似乎是的样子来描述"[1],这里所说的就指的是神话。他赞赏神话,更明显地是对人的虚拟性、创造性的地位和真实性的肯定。

不过,亚里士多德在肯定对现实中、事实上不可能之事的虚拟、创造的地位和真实性时,却强调诗人所描述的这种不可能之事仍应是合理的,即合乎逻辑必然性的。他把不合理的东西(the irrational)和不道德的东西、相互矛盾的东西都同样看做是应该受到谴责的。[2] 这说明,在亚里士多德心目中,人的虚拟、创造,还只限于事实上不可能然而在逻辑上必须是可能的范围内。作为"应该是"的典型固然在逻辑上是可能的(尽管在现实中、事实上不可能存在),即使是神话,亚里士多德也只赞赏对逻辑上合理之事的描写。显然,他在区分诗的真实和历史的真实时还没有达到对逻辑上不可能的东西的虚拟

---

[1]　Aristotle,On the Art of Poetry,translated by T. S. Dorsch,Penguin Books,1965,第 69 页。

[2]　参见 Aristotle,On the Art of Poetry,translated by T. S. Dorsch,Penguin Books,1965,第 73—74 页。

性、创造性的真实性也加以肯定的地步。而后者正是现当代哲学家如德里达所强调的。关于这种意义下的真实性,留待下面专门论述。

## 二、虚拟的重要意义

前面已经提到,虚拟就是超越现实,就是肯定现实中不存在或不可能存在的东西的意义和真实性。虚拟是人类创造力的源泉。所谓"超越现实",就是从现实出发而又多于现实。也就是说,人凭借虚拟所创造出来的东西是现实中所没有的,这些东西绝非简单归结为现实就可以了结的。孙悟空大闹天空固然反映了对现实中旧秩序的反抗,但如果仅仅把孙悟空大闹天宫归结为、还原为这一现实,那么,孙悟空大闹天宫或者说整个《西游记》小说的文艺性和文学意味何在呢? 其创造性和独特性何在呢? 那种单纯用科学分析、用逻辑和历史分析探究神话之现实性的做法,实无异于否认神话的独立性和人的创造性,否认虚拟的意义和真实性。

前面提到的文艺理论上所讲的典型说中的典型在现实中也是不存在的,例如在现实中就不可能找到一个集一切美女之美点于一身的美女。我们平常说"艺术家创造典型",这就是说典型是人所创造的。典型在现实中不存在,这是由虚拟的特性所决定的。"invent"一词就兼有虚拟与创造两种含义。当然,艺术家的虚拟又非脱离现实、胡编乱造。艺术家的虚拟总是与现实有联系的,正因为如此,典型在鉴赏者心目中又似乎无处不在。但"似乎无处不在"的"似乎",正说明典型毕竟是现实中所找不到的,典型的虚拟性说明典型多于现实。康德以前的艺术理论一般是以善和真的现实标准来衡量美,这实际上抹杀了或者至少是忽视了艺术的独立自主性,康德在《判断力批判》中才在西方美学史上第一次为审美意识之超越现实的特性,为人的艺术创造性,从而也为艺术的独立自主性作了明确的论证。在这方面,康德可以说突破了传统真理观的窠臼。

虚拟不仅表现在逻辑概念的思维活动中,而且还特别表现在无逻辑性的想象和幻想中。文学艺术中不乏这种现象,宗教神话中尤其充满了这种现象。宗教、神话不是理性、逻辑所可以说明的,然而,人却具有这种非理性、非逻辑的本性。"方形的圆"在逻辑上是矛盾的,在现实中是不可能存在的,但正如德里达所指出的,它是有意义的,我以为它的意义就在于表达了人性的某种真实的方面,宗教、神话所表达的正是人性的这类真实面。反之,如"绿色是或者"(这也是德里达的例子)这样的表述,则既谈不上矛盾,也谈不上存在不存在,从而就是无意义的,宗教、神话与这类表述毫无共同之处。这类表述完全不是我所说的虚拟的意思。我在《无限:有限者的追寻》和《审美意识:超越有限》等文章中所强调的无限,也是远远超越了逻辑、理性的界限,超越了逻辑可能性的范围的,人的无限性的本性不仅可以虚拟只有逻辑可能性而在现实中不可能存在的东西(如亚里士多德所认为的那样),而且可以虚拟在逻辑上就不可能存在的东西(如德里达所认为的那样)。人的有创造性的生活绝不只是理性的生活,而常常是幻想的生活。动物只囿于感性直观的现实,根本没有可能性的观念,也没有不可能性的观念,所以动物是没有虚拟的。人的创造性的特点与虚拟性是不可分的。

不仅文艺需要虚拟性,科学的创造也需要虚拟性。自然科学的规律往往是在现实里根本不存在的条件下,亦即在科学家虚拟的条件下发现的。平常说的科学假设就是一种虚拟。科学上的虚拟之不同于艺术上的虚拟之处在于前者的目的是为了预测未来,因而期待证实,即期待未来的现实回答,而后者则不期待证实,不期待未来的现实回答,它对此漠不关心。无理数和虚数就可以说是一种不可思议的东西,一种虚拟的东西,如果硬要在现实中找到一个与之对应的东西才算是得到满意的解释,那简直是不可能的。胡塞尔甚至认为纯粹幻想可以达到现实中被给予的东西所达不到的可能性,它有能力洞见到事物的永恒真理,胡塞尔的"本质直观"的根基就在于幻想而不在于感性直观;他还明确断言,几何学家乃是在幻想中而不是在现实的直观中操作。可以说,科学上的伟大理论常常是具有非凡的虚拟能力的伟大科学家才能提出来的。

人类社会历史的进步和发展,包括道德意识的提高和进展,也是与人的虚拟分不开的。人类正是靠着不断构想、设想、向往当前现实中尚不存在的未来社会的图景而推动历史前进的,没有这样的构想、设想、向往,简言之,没有对社会历史前景的虚拟,就没有社会历史的进步和发展。虚拟在社会历史和伦理道德领域是一个"尚未"(not yet)或"应该是"(ought to be)的概念,它和现成的(现实的)、"被给予的"(given)概念是相对的,社会历史、伦理道德绝不停留在"被给予的"现实中,而是永远处于"尚未"和"应该是"之中。一个伟大的政治家,必然也是一个最有虚拟精神的人,他总是把当前现实中看来不可能的事当做可能的事而全力以赴。虚拟是更新人类生活世界的动力。

综上所说,可见虚拟可以是期待未来现实回答的虚拟(科学的虚拟),也可以是不需要现实回答的虚拟(艺术的虚拟、诗的虚拟),还可以是对"尚未"和"应该是"的前景的虚拟(社会历史、伦理道德的虚拟)。而艺术的虚拟则既可以是对事实上、现实中不可能存在但在逻辑上还有可能性的东西的虚拟,也可以是对逻辑上就不可能的东西的虚拟。不管哪一种的虚拟,都是人类文化所必需的。科学、历史、艺术等都会由于虚拟而显示出自身的深度和真实性:科学由于虚拟(假设)和证实而深入地揭示了宇宙的内在必然性和规律性,从而给人类带来优裕的生活世界;历史由于对未来前景的不断虚拟(理想、向往)和不断实现所获得的社会进步而使人成为愈益自由的人——真实的人;艺术由于虚拟而使人进入令人惊异的、崭新的精神境界。总之,科学的真实、历史的真实、艺术的真实皆因虚拟而获得。没有虚拟,就没有科学、历史、艺术的真实,也就是没有文化。

# 三、真实(真理)的层次

最素朴、最简单的常识总是把真实、真理理解为对现实的东西的反映,反映越忠实就越是真实,越是真理。只要抓住了感性直观中个别的东西,就是抓住了真理。其实,这是一种最低层次的真实或真理。

我把真实、真理按由低到高的顺序分为四个层次。

第一个层次就是上述最素朴、最简单的常识所持的真实观。

第二个层次是科学的真实(scientific truth),或者用新康德主义者卡西尔(Ernst Cassirer,1874—1945)的术语来说,叫做"物理的真实"。科学的任务正如卡西尔所认为的那样,是把现实的事实安排在时间、空间和因果规定性中。在科学的眼光看来,能找出时间、空间中现实事物的因果关系或规律性,就算是认识到了事物的真实性。所以科学的事实或真实性是可以重复的。

科学是在"主体—客体"关系的模式下进行思维的。为了发现自然规律,作为主体的科学家总是把作为自然的客体置于外在的、对立的地位,并力图排除一切人(主体)的因素的干扰而让自然客体的规律性如实地反映出来。所以,把科学的真实观(科学的真理观)叫做反映论是恰当的。反映一词表达了主体与客体之间的相互外在性。当然,科学的真理不是像素朴的常识所持的看法那样把反映看成是对感性直观中个别事物的简单摹写,它所反映的是事物的本质性、规律性。也就因为这个缘故,通常把科学真理称为能动的反映,把这种真理观称为能动的反映论。我以为,对于科学的真实或真理而言,这样的表述也是恰当的。

但是科学总是用简单的、缩写的公式或概念来表述现实、反映现实,似乎现实的一切可以为科学的抽象所穷尽。实际上,人所生活于其中的世界是日新月异、奇妙无比、无限丰富的,绝非固定的概念、单一的公式所能缩写净尽的。单纯的科学抽象只能使世界枯燥乏味、黯然失色。所以,科学的真实不能算作是最高层次的真实,所谓能动的反映论并非真理观之全部和顶峰。

天地万物离开人亦有其独立存在,这是毫无疑问的。但是离开人则天地万物没有意义。人心是天地万物"发窍之最精处"(王阳明语),人是"自然之光"(海德格尔语),所谓"为天地立心"(张载语)亦应作如是解。真实、真理终究与人的存在相关联,与人的揭示相关联。[①] 所以,从最高的或终极的意义而言,不能脱离人而言真实或真理,脱离人而言真实、真理,那种真实至少不是最真实的。总之,我们最终应在人所生活于其中、实践于其中的世界中去找真实或真理。我以为这样的真实或真理首先是历史的真实(historical truth),我把它列为第三个层次的真实。

我这里所说的历史的真实不是亚里士多德所讲的历史的真实。如前所述,亚里士多德认为"历史学家告诉我们已发生的事"、"个别的事"。可见,"亚里士多德对于历史的认识还局限于编年纪事,所以见不到历史也应该揭示事物发展的规律"[②]。我这里所讲的历史的真实既不是指编年纪事,也不只是历史事实发展的规律。揭示史实发展的规律对于历史学家来说是必要的,但这种真实仍属科学的真实的层次。历史的特点在于它是人的世界而不只是自然界。人有自然的方面,他必须服从自然的规律,但人多于自然,高于自然。

----

① 参阅张世英:《哲学导论》,北京大学出版社 2002 年版,第 73 页。
② 朱光潜:《西方美学史》(上册),人民文学出版社 1985 年版,第 73 页。

所以历史的真实应在人与世界融合为一的整体中去寻找,而不能像科学的真实那样力图排除人的因素。

研究历史当然要从现实开始,当然也要像科学家一样寻找历史事实的因果关系,当然也要服从普遍的逻辑法则和因果法则。但历史学的任务绝不止于此,历史学家总是要对过去的史实作出新的解读和解释,从而使历史上已经死去的事实获得新生。所以历史学家所面对的事实不像自然科学家所面对的事实那样可以把它当做是独立于人的存在,历史的事实总是意味着人的创造(解读和理解、解释和再解释)参与其中。历史学是关于人特别是关于人的内在生活的学问,而不是关于外在事物的知识的学问。① 所以历史的真实是随着不同时代不同人的解读、解释、再解释而不断变化着的。而且时间距离越久远,越会增加对历史事实的理解的深度。也就是说,历史的真实和意义会因时间的延续而不断提升和丰富。关于这个问题,我在拙著《哲学导论》第 26 章"历史的连续性与非连续性"中已作了详细的阐述。总之,历史的真实包含了科学的真实,但又超越了科学的真实。

第四个层次是艺术的真实或称诗的真实。这是最高层次的真实。

# 四、艺术的真实

我所说的艺术的真实首先不是指简单模仿,简单模仿的真理观基础是以感性直观中的现实物为唯一真实的东西,属于前面所说的最低层次的真理观。

这里所说的艺术的真实也不只是指亚里士多德所说的诗的真实的内涵,那是一种典型说的审美观,它以旧形而上学的概念哲学为理论基础,认为抽象的概念是最真实的,是唯一的真理,艺术家所创造的典型体现了概念(理念),因而具有艺术的真实性。典型说的艺术真实观在西方美学史上长期占据了主导地位,就像它的哲学基础旧形而上学的概念哲学一样。但是,这种艺术的真实并非真实(真理)的顶点。第一,典型所概括的内容只限于某一类型人物或事物的范围,它所提供给人们玩味的空间也只限于这个范围之内,因而是有局

---

① 参见 E. 卡西尔(E. Cassifer):《人论》(*An Essay On Man*),第 10 章"历史"。关于对历史事实需要作出新的解释问题,我在其他论著中已多次论述过,兹不赘述,请参见张世英:《哲学导论》,北京大学出版社 2002 年版,第 24 章"古与今"、第 25 章"传统与现在"。

限性的。（尽管典型不完全等同于类型或定型，尽管 18 世纪以后典型说也重视特殊，但最终还是强调要显出某种类型的普遍性概念。）林黛玉的典型可以让你想象到无数个类似林黛玉那样多愁善感……之类的性格的人物，但这个典型所给你提供的想象空间毕竟只限于多愁善感……之类的典型性格的范围之内，你不会通过典型去着重想象和玩味典型背后所隐蔽的、与典型相关联的无穷无尽的事物或画面，但这样的想象和玩味却显然比典型所达到的真实性要更有深度和广度。尽管通过多愁善感的典型可以想象到与之相反的豁达开朗之类的性格，通过伪君子的典型可以想象到真诚之类的性格，但这种想象的范围还是以一定的典型为核心，想象在这里并没有突破某种概念的界限而飞驰到无限的空间。我这里完全无意否认艺术典型的真实性，就像我完全无意否认概念的真实性，无意否认通过思维把握事物的本质一样。我所强调的是：哲学并非以把握本质、概念、理念为最高的、唯一的任务，就像柏拉图所主张的那样。哲学应该进而追问任何一个事物或任何一类事物背后所隐蔽的、与之相联系的无穷无尽的动态的整体。任何一个事物都不是独立于其他事物之外的实体，同样，某一类事物的概念也不是独立于其他类事物和概念之外的实体。哲学应当超越和突破概念的框框（概念总是某种界定、某种限制），到它之外的无尽广阔的天地中去驰骋飞翔。同理，艺术也应超越和突破典型（包括典型环境）的框框，开拓想象的空间，从而扩展艺术的真实性。

　　第二，典型所概括的内容都是某类人物或事物之现实的特性，是把感性直观中变化不定的在场的东西集中、总结、提升为定型的东西，这定型的东西仍然是在场的东西，只不过它是恒定的在场（constant presence）罢了。典型说着重在场，而不着重飞离在场、遨游于宽广无限的不在场的天地。所以典型说与现实主义的联系更为密切。我以为文艺上浪漫主义的艺术真实性要比现实主义的艺术真实性更深且广。浪漫主义更多地强调和重视不在场的东西，进一步拓宽了人的虚拟性的意义。（尽管浪漫主义也有典型说，这个问题本文不拟细谈。）典型说比起模仿说来当然强调和重视了人的虚拟性，因为典型毕竟是感性直观的现实中所不存在的，但典型说就典型之为定型的东西或体现永恒概念而言，就其强调恒定的在场而不重视不在场而言，其对虚拟性的强调和重视是远远不够的。典型说所讲的艺术真实性显然还不是艺术真实性的高峰。

　　第三,典型说所讲的典型乃是逻辑上的理性概念的体现,逻辑上不可能的东西都在被排斥之列。亚里士多德关于诗的真实的解说在这方面是一个最明显的例证。但是如前所述,人性显然还有非理性、非逻辑的方面。现当代文艺理论家特别是德里达就非常强调逻辑上不可能的东西的意义和真实性。他不仅举"一座金山"的例子说明感性直观中或事实上不可能存在的东西的意义和真实性,而且举"方形的圆"为例,以说明不仅事实上而且逻辑上也不可能存在的东西的意义和真实性。在他看来,有的东西虽然在逻辑上是矛盾的、是逻辑上不可能的,但它也表达了人的心灵深处,从而是有意义的,是有其真实性的。这样,人的虚拟性就不仅是指对事实上不可能的东西的虚拟,而且可以是对逻辑上不可能的东西的虚拟。虚拟性范围的扩展意味着艺术真实性的深化。

　　中国古典诗在扩展虚拟性和深化艺术真实性方面是独具特色的。

　　李白《秋浦歌》之十五:"白发三千丈,缘愁似个长。"三千丈的白发和一座金山一样是虚拟的,无事实上存在之可能,但它具有真实性,这真实性不仅在于它更生动具体地显示了诗人的愁绪(这只是其真实性的次要方面),而且更重要地在于它在鉴赏者面前展示了一个饱经人世风霜、沉着深思、白发苍苍的老者的胸怀和风采。用海德格尔的话来说,它所展示的是一个"世界",这"世界"不是感性直观中现实的简单还原(或者说现实反映),但它具有更高层次的艺术真实性。

　　再举一个不仅事实上而且逻辑上也不可能的虚拟为例,这更能说明扩展虚拟性与深化艺术真实性的关系。叶燮的《原诗》曾举杜诗"碧瓦初寒外"、"晨钟云外湿"等诗句为例,生动鲜明地说明了不符合逻辑概念的语言亦即逻辑上不可能的虚拟亦可以有意义和真实性。[①]

　　从以上三点可以看到,比典型的真实更高的艺术真实乃是一种从在场显现不在场的艺术作品,这种作品超越了既定的概念、典型的范围和逻辑可能性的领域,而让我们的想象驰骋于无穷无尽的广阔天地和境界。这也就是我在其他许多论著中谈到的显隐说。从典型说到显隐说,艺术的真实达到了一个

---

　　① 关于杜甫诗的这个例子和分析,我在《两种哲学,两种语言观》一文中已论述过,请参阅。

更高的层次。

在场与不在场结合为一的最高峰是我在其他许多论著中提到的"万物一体",这个"一体"不仅指物与物的结合为一,也指人与物的结合为一,亦即我借用中国哲学术语所说的"天人合一"("天"指天地万物)。这个"一体"不是抽象的、最圆满的概念,或者叫做"恒在的整体",而是一个无穷无尽的"动态的整体"。① 我以为艺术真实的最高峰也就是达到"万物一体"的崇高境界②。我在这里所强调的是,这作为"动态的整体"的"万物一体"也是虚拟的,而不是现实中"被给予的(given)",但它又是最真实的。我在许多地方都强调,人生的最高意义就是对这种作为"动态整体"的无限性的追求。如果能把"万物一体"作为宗教上的上帝来理解,我倒是愿意信仰这样的上帝。在此种意义下,仅仅是在此种意义下,我倒也愿意说宗教上的真实是最高意义下的真实,它是艺术真实的最高峰。

艺术的真实之所以高于历史的真实,在于前者的虚拟空间和创造空间大于后者的虚拟空间和创造空间。

历史的真实在于历史事件的意义离不开后人的理解、解释、再解释,或者说,历史事件的意义随着后人的理解、解释、再解释而日益丰富、日益深化,这是历史的虚拟性之所在,也是历史的真实之不同于和高于科学的真实之处。就此而言,它有艺术真实的成分。但对历史事件的理解、解释、再解释仍有待于历史事实的回答,历史学需要对事实的严格调查和观察,这就使得历史的真实又具有科学的真实的成分。卡西尔认为历史学家既是科学家,又是诗人(见《人论》第十章"历史"),我以为应作此解。

与历史的真实不同,艺术的真实是不需要现实的回答和证实的。孙悟空一个筋斗十万八千里,其本身就具有艺术真实性,却无需现实来证实是否确有此事。白发三千丈,一座金山,亦属此例。至于"碧瓦初寒外"、"晨钟云外湿"之类不合逻辑的"事理"给我们带来的"冥漠恍惚之境",更是无需现实来证实的,但此种境界绝非无诗意的凡夫俗子所能达到的。"此种有真意",此"真意"正是最高的艺术真实性,却又远远超越了现实。

① 参见张世英:《哲学导论》,北京大学出版社2002年版,第64页。
② 参见张世英:《哲学导论》,北京大学出版社2002年版,第189—190页。

艺术的真实,无论典型说所虚拟的典型或显隐说所虚拟的无穷尽的不在场,都需要通过某种中介,创造出某种作品,才能体现于外,为人所鉴赏:画、音乐、诗都不是单靠思想而完成的。画是靠笔画出来的,画家需要通过线条、颜色之类的中介才能画出某种画图;音乐是靠声音谱出来的,音乐家需要通过声音、声调之类的中介才能谱出乐曲;诗是靠语言写成的,诗人需要通过语言、音韵之类的中介才能写出某种诗作,如此等等。我在这里所要着重说明的是,这些线条、声音、语言、布局之类的中介也都有虚拟性,而不是对外物或者说物理性事物的简单模仿。我这里所说的中介,实际上就是康德、卡西尔所说的形式。形式不是普通的感觉对象或事物的直接属性,而是人和物交融合一的产物,其中既包括现实性,又有艺术家的虚拟性。某物的物理实在是同一的,不同画家通过他们不同的笔触、不同的着色和布局等所画出的画却大不相同、各有千秋,但这些不同的画面又不是画家纯粹捏造、与现实完全没有关系的。(卡西尔在《人论》第九章"艺术"中对此作了详细的论述。)画家正是通过自己所创造、虚拟的这些形式的中介,展示出一个独特的、崭新的、可供人玩味无穷的"世界"。梵·高的农鞋画之所以创造出一个令人想象无限的"世界",不仅是因为他胸中虚拟了这样一个"世界",而且是通过他巧妙地运用了线条的轻重缓急、着笔的浓淡深浅等形式才把这个"世界"体现于外、为人所领会到的。这些形式是他的天才的虚拟与创造,但又具有最高的真实性。前面举的杜甫的"晨钟云外湿"的诗句,也说明诗人正是通过遣词造句这种形式方面的天才虚拟才能创造出一个崭新的"境界"。叶燮说,把湿字与钟声相联,这是诗人的"幽渺以为理,想象以为事",也就是说,是诗人的虚拟,正是这样通过遣词造句上的虚拟才有"妙悟天开"之"境";若夫"俗儒",缺乏虚拟和创造精神,则"必曰'晨钟云外度',又必曰'晨钟云外发',绝无下湿字者"。下"湿"字还是下"度"字或"发"字,一字之差,境界迥异,艺术的真实性有天壤之别。由此可见,没有形式方面的虚拟,就没有任何艺术作品,也谈不上艺术的真实性。我们生活在艺术形式的王国里,也就是生活在艺术真实的境界里(不管它是典型的真实还是不在场的真实)。

以上四个层次的真实(真理),其所依据的标准显然不是传统意义下的符合说、融贯说或实用说等,而是按其对人类真谛之揭示的深浅程度来划分的。

我在前面讲到头两个层次的真实观(最朴素、最简单的真实观和科学的真实观)时用过"反映"一词,认为反映正确就是真实。那里只是就那两个层次的真实本身来说的。若把朴素的真实观和科学的真实观放在四个层次的真实所构成的整体中来考虑,具体地说,就是把这两种真实放在前面所说的"万物一体"的整体中来考虑,则无论朴素的真实还是科学的真实,其所谓"真实"是欠真实的。朴素的真实观把对感性直观中个别的东西的反映当做唯一真实的。其实,任何个别的东西都处于与其他万物(包括人)的相互联系、相互作用、相互影响的网络之中,个别的东西的真实性离不开这整个的网络,而朴素的真实观不过是从这个网络中抽取其中某一个别的东西对它作出"反映",这种"反映"的真实性显然是表面的和片面的。科学的真实观虽然比前一种真实观向前迈进了一大步,它反映了事物的普遍规律性,但如前所述,科学规律离不开抽象,离不开对整体的割裂,因此,科学所反映的真实也有其片面性和简单化的弊病。

　　我把真实的层次按其对人生真谛之揭示的深浅程度来划分,这并不是主观唯心主义,也并非只讲认识论不讲本体论。我以为哲学所探讨的是人与天地万物(世界)融合为一的整体,或者说是人与存在的契合与融合。没有天地万物(世界),人是空无内容的;没有人,天地万物(世界)是没有意义的,人是天地万物之展示口和开窍处。所以,对人生真谛的揭示,也就是天地万物的真实性之自我显现。这样来看,我们也就可以说,对人生真谛之揭示的深浅程度,也就是天地万物或者说存在的真实性之自我显现的高低层次。显然,这种观点与主观唯心主义的观点是不可同日而语的。同时,这种观点本身就是一种本体论,只不过它不是脱离人的一种抽象的、旧形而上学的本体论。

　　这样看来,上述四个层次的真实观实际上也可以说是四种人生境界或四种人生观。以感性直观中个别的东西为最真实或唯一真实的人,只顾眼前的现实的利益,以满足个人欲望为人生最高目的。我称这种境界为欲求的境界。以科学真实为唯一真实的人,一心要找出事物的因果性、规律性,以为认识了规律性、因果性就达到了最高的目的,这种人冷静平实,以追求秩序为满足。我称这种境界为求实的境界。历史的真实观教人反思(理解、解释、再解释)过去,展望未来。持这种真实观的人从动态中看事物和世事,把满足自己的意志追求(意志追求不同于欲望追求)作为人生最高目的。我称这种境界为追求社会理想的境界。我们平常说的道德境界属于此种境界。艺术的真实观教人通过想象驰骋于人所创造和虚拟的世界。如果说前三种境界都是有所求的境界(第一种是欲求,即求得欲望的满足,第二种是求实,即求得秩序上的满足,第三种是追求社会理想,即求得社会理想的实现为满足),那么,艺术的真实观则是一种无所求的境界,它不设定一个外在的目标作为追求、渴望的对象,它本身就给人以满足,这也是我们平常说的美的享受的一个特点。我称这种境界为诗意的境界。有的美学家把这种境界称为虚幻的世界。我把这里的虚幻解读为虚拟,它并非脱离现实的胡思乱想,而是对现实的超越,它似乎把一切都"推向远方"(席勒语),但它比前三种真实更直指人的心灵的最深层、最真实处。诗意的境界并不否认前三种境界,却又超出之、扬弃之。人也要求满足个人的欲望,也要服从自然的规律性、因果性,也要生活于历史的长河中,但诗意境界的内容和意义又多于和高于这些。其实,这四个层次的真实,每一较高层次的真实都包容前面较低层次的真实,却又超越之,例如历史学家也要讲因果性,讲科学的真实。关于这四者之间的复杂关系,本文不拟详谈。本文的兴趣还是在于说明现实、真实与虚拟之间的关系:一个完全囿于现实、缺乏虚拟性的人,是一个低级趣味的人,一个没有创造力的人,他自以为抓住了人生最真实的东西,实际上只抓住了人生的表层,丝毫不能领会人生的真谛;反之,越能超越现实,虚拟性越强的人,则越是境界高尚的人,越是具有创造力的人,也越是懂得人生真谛的人。以科学的真实为真实和以历史的真实为真实的人,都是有高尚境界的人,真实的人,但唯有达到诗意真实的人或席勒所说的"审美的人",才是"获得最高自由的人","完全的人","在充分意义上的人","人性得到完满实现的人"。

　　人性总是包含有现实性与虚拟性两极,人类的一切都是这两极性的紧张关系的表现,不同的只是两极之间的比例关系,有时是这一极占主导地位,有时是另一极占主导地位。在过着庸俗生活的人那里,现实性占了压倒的地位,在第二和第三层次的真实中,现实的固定性和法则的重复性仍大大地束缚着人,只有在诗意的境界中,虚拟性才压倒了现实性,从而超越了固定性和重复性,使创新占据了更突出的地位。但愿从事科学研究、历史研究以至其他任何活动的人都能多几分诗意的境界,这对他们各自的活动都会有不可估量的促进作用。

# 第四编　欧洲审美意识与人的主体性

# 第十六章　基督教与审美*

提到基督教与审美的关系，一般总认为在基督教占统治地位的中世纪，艺术不过是神学的婢女，就像哲学是神学的婢女一样，既无像样的哲学可言，也无像样的审美意识可言，即使有对美的赞赏，那也只是指自然美，至于人为的美、创造性的美、艺术的美，在中世纪是被歧视、被敌视的对象，更谈不上像样的美学理论。这种看法显然有一定的片面性。历史事实告诉我们，艺术在中世纪遭到歧视、敌视是一回事，中世纪实际的审美意识及其成就包括理论上的成就，则是另一回事。实际上，中世纪的审美意识异常强烈，而且极富创造性，甚至在某种意义上也可以说，比起古希腊文化来，中世纪赋予了审美以更高的地位：如果说古希腊的审美意识还深受满足意欲的实际兴趣的束缚，那么，中世纪的审美意识则更强调其与满足意欲的实际兴趣的区分（尽管柏拉图的哲学中已包含了这种区分的思想），更强调了美的崇高性。美和人生的崇高价值或者说绝对价值结合在一起，离开了人生的崇高价值、绝对价值，就没有真正的美，这是基督教占统治地位的中世纪审美意的基本特征。这一点显然比古希腊的模仿性艺术和模仿说的美学理论来前进了一步。

## 一、基督教的美学观点把审美意识<br>提升到了超越现实的高度

公元 3 世纪的普罗提诺（Plotinus,204—270）是古希腊最后一个伟大思想家，新柏拉图主义的领袖，也是中世纪基督教哲学的始祖。基督教的美学思想

＊ 原载《江海学刊》2006 年第 2 期。

与普罗提诺有着密切的关系。普罗提诺虽然继承了柏拉图关于现实的东西总不及理念完满的观点,但他却挑战柏拉图所谓艺术"和真理隔三层"的观点,认为艺术不是对现实的东西的简单模仿,而是深入到自然的源头 λóγους,即从神那里流出的"理性",因此,艺术创造了比有形的现实事物更多的东西。可以说,在柏拉图那里,是现实高于艺术美,而在普罗提诺这里,则是艺术高于现实(当然,在自然美和艺术美都不及理念之美这一点上,普罗提诺仍然保持了和柏拉图一致的观点)。说得更具体一点,在普罗提诺看来,艺术已不是简单的模仿,而是象征性的,艺术作品象征着神,具有神性。普罗提诺就认为菲迪阿斯(Phidias)的宙斯雕像象征着一位具有精神性的神。普罗提诺初步实现了由古希腊的模仿说到象征主义的转化。美不再是从根本上受现实事物的束缚,而是更多地超越了现实,而与人所向往的最高价值标准——神相联系。艺术品之美在于它体现了神性,而不只是现实的东西的抄袭。

与此相联系的是,普罗提诺特别强调美具有显示心灵、光辉与活力的特点。他反对当时流行的所谓美不过是比例对称的形式主义的美学观点,他认为美主要不在于比例对称本身,而在于要在这对称性上闪耀着光辉与活力。他举例说:人死后的脸面的对称性和活着时的脸面的对称性没有多大的区别,然而活人的脸面却闪耀着"美的光",而死人的脸面只剩下一点美的痕迹。他强调肖像画家在画人的肖像时要特别注意画好人的眼神,因为人的眼神比身体的体态更能显示人的心灵,而人的心灵具有神性。①

此外,还值得一提的是,普罗提诺认为美有价值高低之分:感性事物之美是最低级的,较高的是"风度"、"品德"之类的美,最高的是"理念"之美,"理念"之美不能靠感性直观,而要靠纯粹的理性去领悟,这种美相当于柏拉图所谓"第一等人"即"爱智慧者、爱美者"所爱的"理念"之美,而非人所创造的艺术品之美。普罗提诺对美的价值高低的这种划分,尽管在具体细节上,我们可以有异议,但无论如何,他的划分却启发了我们:不能把美只限制在感性事物之美的范围之内。我个人认为,最高的美应该是一种高远的境界,具体地说,是"与万物为一体"的境界。

_____

① 参见普罗提诺:《九章集》,第 4 卷,第 7 篇,第 22 章;朱光潜:《西方美学史》,上卷,人民文学出版社 1985 年版,第 117、118、119 页;鲍桑葵:《美学史》,商务印书馆 1985 年版,第 154、155 页。

　　普罗提诺既是古希腊世界的终结,又是基督教世界的开端。普罗提诺死后,欧洲中世纪由基督教占统治地位的时代,在开始时对自然美采取称赞的态度,认为人同自然的奇妙相比,显得渺小,人的艺术创作在大自然之美的笼罩下显得卑微。在这种对自然美的赞赏中,显然已潜在着对人的艺术创作美的轻视。这种审美意识以后就发展到了敌视艺术美的程度,以致发生了破坏图像的运动:4世纪的一次西班牙宗教会议上就曾决定不许在教堂里挂画像来表示对圣灵的崇拜;6世纪马赛的主教又曾下令他所属教区销毁一切神像;8世纪的君士坦丁堡一次大型宗教会议还宣布:基督太崇高了,超越于感性直观之上,以致不能通过艺术按照一般的人体,以世俗的材料给基督画像。会议决定对画像者开除教籍。不过这种过激之举,在当时已引起了争议:6世纪的格雷高里(Gregory of Nyssa)大帝就主张,崇拜图像本身固然不妥,但通过图像来崇拜神灵则是另一回事,对于不识字的人尤其需要通过图像来领悟教义,因此不应销毁神像。格雷高里的观点包含了以象征主义为艺术品作辩护的思想成分。

　　中世纪关于神像这种艺术创作的两种意见,首先在奥古斯丁(354—430)的美学观点中有所反映。奥古斯丁既质疑艺术创作,不赞成崇拜基督的图像,而主张通过文字来了解基督教的教义,又不完全否定艺术创作,他还分析了美之为美的特点,强调无论自然美还是艺术美都要讲究比例、和谐和色彩,例如"人的眉毛与整个身体相比实际上算不了什么,但是剃掉它,那对于人的美而言该是多么巨大的损失啊!因为美并不依赖于单纯的大小,而是依赖于构成部分的对称和比例。"①但他在注重美的形式的同时,又继承了普罗提诺的思想,认为只讲比例、和谐和色彩还不足以表达美的内蕴,比例和谐和色彩乃是由于它们为上帝的光耀所照射,是上帝在人世间的印迹,是出自"伟大的造物主的智慧",②才显得美,才使人有愉悦之感。美不限于感官形象,而是超越了感官形象,是上帝的光辉。这是中世纪基督教神学—美学观点的核心。批判其人格神的意义之后,这一点是值得我们重视和借鉴的。我以为我们的美学

---

　　①　参见 Saint Augustine, *The City of God*, The English Edition by Penguin Books Ltd,1984,第454页。

　　②　参见 Saint Augustine, *The City of God*, The English Edition by Penguin Books Ltd,1984,第1061页。

应当建立在这样一种观点的基础之上：美，除了应讲究感性形象和形式之外，还必须具备更深层的内蕴，这内蕴的根本在于显示人生的最高意义和价值。

9 世纪的爱尔兰神学家、哲学家爱里根那（John Scotus Erigena，约 810—877）把中世纪的神学思想和艺术之美具有神性的思想观点表述得更有理论性，他既对自然和艺术加以贬斥，又明确主张，美之为美在于美的事物显现了上帝的光辉。在他看来，"人是宇宙中的一个小宇宙，因为人有感官能感知世界，有理性能考察可理解的自然和事物的原因，有智力（intellect）能沉思（contemplate）上帝。"①据此，爱里根那认为，宇宙间"一切可见的和有形体的对象莫不多多少少是无形体的东西和（纯）智慧的东西的符号"，"可见的宇宙各部分的局部而暂时的再现现象"都有"某种神秘意味"。② 从模仿说到象征主义的转化在爱里根那这里得到了进一步的实现。美更超越了人的意欲和利害的观念。中世纪的世界毕竟认识到艺术美是具有神性的，而不必一味敌视艺术创作。

中世纪伟大的神学家、哲学家圣托马斯·阿奎那（St. Thomas Aquinas，1226—1274）继承了普罗提诺和奥古斯丁的思想，也认为美必须讲究适当的比例或和谐（due proportion or harmony）和光泽或鲜明（brightness or clarity），不过他在这两者之外又加上了完整（integrity or perfection）的要素。③ 无论如何，托马斯和他的前辈一样，认为美（无论是自然美还是艺术美）的形式都源于上帝："精神性的真理通过物质事物的貌似（under the likeness of material things）而被启示、教导，乃是恰当的，就像 Dionysius 说的那样：'除非借助于隐藏在许多神圣面纱覆盖之下的神圣的光耀，我们是不能受到启迪的。……精神性的真理是靠来自有形体的东西的图像而得到说明的。'"④显然，在圣托马斯看来，美的形式是上帝的象征。

托马斯还继承了柏拉图关于区分审美感官与非审美感官的观点，认为只有视觉和听觉是审美的感官，其他如味觉、嗅觉所得到的快感则是达到感性欲

---

① *The New Encyclopedia Britannica*，Chicago ，Encyclopedia Britannica，Inc. 1993，Volume4，第 542 页。

② 鲍桑葵：《美学史》，商务印书馆 1985 年版，第 173—174 页。

③ *Basic Writings of Saint Thomas Aquinas*，Rondem House ，Inc. 1945，V．I，第 378 页。

④ *Basic Writings of Saint Thomas Aquinas*，Rondem House ，Inc. 1945，V．I，第 15 页。

念的满足。托马斯比较注重美与善的区分：善关系到感性欲念的实际利益，味觉、嗅觉所得到的就是这种实际利益，而听觉、视觉所听到的、看到的美，乃是事物的形式，不涉及满足感性欲念的实际利益。① 托马斯开启了后世康德美学重视形式的观点，把美提升到了超越现实的高度，这在美学发展史上有很重要的意义。把美限制在为实际利益服务的束缚之下，不可能把握美的本质和深层意蕴。

可以看到，从普罗提诺起到中世纪的神学家、哲学家奥古斯丁、爱里根那和托马斯，他们都表达了基督教的一个基本的美学观点：美是神性在感性形象中的显现，自然美和艺术美是神性的象征，美需要在超越现实世界和实际利益的领域中才能领悟到。我们平常说中世纪的审美意识是禁欲主义的，但如果我们能从另一个角度来审视这种禁欲主义，则它也有积极的一面，这就是上面所说的，这种美学观点把审美提升到了超越现实和实际利益的高度。在西方美学发展史上，没有这一步，对审美的认识就不可能进入到近代以康德为代表的美学水平。

下面谈谈中世纪的美学观点在文学方面（按本文的题目，本应讲建筑、雕刻、绘画等方面，由于我对这方面没有研究，只好从略）的体现。当然，我这里完全无意说，中世纪的文学作品是上述几个神学家、哲学家的美学观点的直接体现和运用。

## 二、基督教美学观点在文学方面的体现

上面谈到奥古斯丁的神学—美学观点，其实，他也是文学家，他的《忏悔录》既是神学—哲学著作，也是文学巨著。《忏悔录》是一本散文诗体的自传，但它又不同于一般的自传，全书和其中许多卷都以祈祷开始和结束，多系作者和上帝的对话，文字简练，诗情洋溢。它深刻地描述了一个原来沉溺于情欲的异教徒终于信奉基督教、皈依上帝的艰难曲折的人生之旅。奥古斯丁无比坦诚地承认他"先前热衷名利"和"尘情俗趣"，即使在认识了真理以后，也仍然

---

① 参见 *Basic Writings of Saint Thomas Aquinas*，Rondem House，Inc. 1945，V.I，第47页。

抵挡不住世俗的诱惑,没有勇气付诸实践,"对女人还是辗转反侧,不能忘情"①。内心的矛盾进一步折磨着奥古斯丁:过去"一直借口,找不到明确的真理","没有找到确切的指南针,来指示我的方向","所以才不肯抛弃虚妄的包袱","不肯轻视世俗的前途",而现在真理已经找到了,"真理在催迫你"②。"真理已经征服了我,我却没有话回答,只有吞吞吐吐、懒洋洋地说:'立刻来了!''真的,立刻来了!''让我等一会儿。'但是'立刻'并没有时刻;'一会儿'却长长地拖延下去。"③经过他的"灵魂深处"的"巨大风暴"和"在束缚我的锁链中翻腾打滚"之后,奥古斯丁才终于在"花园奇迹"中找到了自己灵魂的最后的归宿,"顿觉有一道恬静的光射到心中,溃散了阴霾笼罩的疑阵"④。从奥古斯丁浓墨重彩的描述中,可以活生生地看到,一个人要超越现实利益,超越感情欲念,与上帝在一起,赞美上帝的真、善、美,需要经过多么大的痛苦!需要有多么炽烈的激情!我们尽管不赞成人格神意义上的上帝,但奥古斯丁这种对现实利益的超越和对人生最高意义和价值的追求精神,是值得赞赏的。人生的现实利益、感性欲念总是有限的,人生尚有优于现实利益、感性欲念的圣地。为了到达此境,我们应该经得起磨炼,要冲破各种阻遏,才能前行。

　　前面提到了几个神学家、哲学家的象征主义,其实,象征主义的思想观点在圣经文学中已有明显的体现,圣经文学具有象征文学的特色。圣经文学中以预言、异象、梦幻为表现手法的艺术风格,都可以归结为象征性手法。圣经文学之后的中世纪英雄史诗,因受基督教思想文化的影响,就明显地表现了象征性文学的风格。12世纪初产生于法国的著名英雄史诗《罗兰之歌》就是一个明显的例证。《罗兰之歌》共4002行,描述法兰西查理王于8世纪历时七年出征西班牙、征讨回教徒的故事,其中特别突出地歌颂了罗兰爱国忠君的英雄事迹。全部史诗都体现了中世纪法兰西人对基督教的虔诚,查理王和罗兰都是为了弘扬基督教和拯救异教徒的灵魂而战,为上帝而战,为实现人生的最高价值而战。史诗中许多异象、梦幻,都象征着史诗作者的心灵深处:例如查理王梦见熊和豹咬他,是一只猎犬来援救他,这猎犬实际上是效忠于他的罗兰

---

① 奥古斯丁:《忏悔录》,商务印书馆1963年版,第138页。
② 奥古斯丁:《忏悔录》,商务印书馆1963年版,第150页。
③ 奥古斯丁:《忏悔录》,商务印书馆1963年版,第146页。
④ 奥古斯丁:《忏悔录》,商务印书馆1963年版,第158页。

的象征;又如查理梦见豹子、蛟龙、鹰狮扑向法兰西人,这些豹子、蛟龙、鹰狮实际上是异教徒的象征;如此等等。基督教思想文化中的这类象征性艺术风格为中世纪的审美意识增添了浓重的韵味和色彩。①

但丁(1265—1321)是"中世纪的最后一位诗人,同时又是新时代的最初一位诗人"②,意大利文学的杰出代表。他的伟大诗篇《神曲》也采取了中世纪所惯用的梦幻文学的基督教手法。《神曲》描述但丁在森林中迷路,又遇到三只野兽(豹、狮、狼,象征淫欲、强暴、贪婪),但丁高声呼救,罗马诗人维吉尔(Publius Vergilus Maro)受但丁青年时代的恋人贝雅特丽奇(Beatrice)的委托前来营救,引导他走出森林,并游历了"地狱"和"炼狱",接着,维吉尔隐退,由贝雅特丽奇引导他游历了"天堂"。全诗至此结束。《神曲》的主旨,正如但丁自己所说,从字面意义上看,不过是讲的"亡灵的境遇",但从寓言意义看,则"其主题是人",其"目的"是要"使得生活在这一世界的人们摆脱悲惨的境遇,把他们引到幸福的境地"③。实际上,也就是叙述人如何从感性事物所束缚的各种痛苦、迷惘中挣脱出来,以达到至真、至善、至美的理想境地的历程。但丁秉承了他同时代前辈哲学家、神学家托马斯的思想观点:人都追求完善、完美,以完善、完美为人生最终目标,这就是人心中的上帝,但人要达到最终目标,与上帝同在,必须超越现实事物的有限性,而超越则意味着痛苦和希望。《神曲》中的"地狱"正是现实中痛苦的境域,"炼狱"是对理想的希望的境域。只有经过地狱的"痛苦"和"炼狱"的希望之后,才能进入"天堂"的光辉境域。④《神曲》可以说是描绘人生由黑暗到光明、由苦难的现实到实现美好理想的一部人间喜剧。

《神曲》的精深哲理和神学意蕴,几乎全部是通过中世纪象征性(或者说隐喻性)的艺术手法来表达的。《神曲》的这种言说方式直接来源于托马斯的美学观点。我在前面已经引证过托马斯关于精神性的真理可以通过可感事物

① 参见梁工主编:《圣经与欧美作家作品》,宗教文化出版社2000年版,第56—57页。
② 恩格斯:《共产党宣言·序言》,《马克思恩格斯选集》第1卷,人民出版社1995年版,第271页。
③ 但丁:《致斯加拉大亲王书》,见《西方文论选》,上卷,上海译文出版社1980年版,第160、162页。
④ 参见刘意清、罗经国主编:《欧洲文学史》,第1卷,商务印书馆1999年版,第136页。

之貌似而被启示、教导的观点。托马斯在上引那段文字中，论述了圣经借用形象的隐喻、象征以启示神圣真理的必要性；特别是对于愚钝的人来说，更需要借助有形事物的图像来说明、理解精神性的真理。① 托马斯由此而区分了圣经中语词的"字面意义"与"精神意义"："圣经的作者是上帝，在他的威力中，不仅用言词（就像人也能如此做一样）来指示他的意义，而且可以通过事物本身来指示他的意义。这样，在每一种别的学问中，事物都是通过言词来指意，而此种学问则具有这样一种特征，即通过言词来指意的事物，其本身也有意义。因此，通过言词指示事物的那种意义，属于第一种意义，即历史的字面的意义；通过言词指意的事物本身也具有意义，此种意义则可以称之为精神的意义，精神的意义以文字的意义为基础，并以它为前提。而这一精神的意义又可以分为三重：……隐喻义；……道德义；……神秘义"②。但丁完全承接了托马斯关于圣经语词具有双重含义的观点。他在《致斯加拉大亲王书》中明确指出，他的作品既具有"字面意义"，又具有"譬喻的意义"，前者是通过文字得到的意义，后者是通过文字所指示的事物本身所得到的意义，"譬喻的意义"可以再作区分，但都可以叫做"寓意"。但丁所谓的"譬喻的意义"或"寓意"，和托马斯所谓的"精神的意义"一样，实皆可归结为象征性意义。《神曲》的言说方式乃是象征性言说的具体运用和例证：《神曲》所说人生的中途，迷失在一个黑暗的森林之中，其所象征、隐喻的是，现实中的人易于受有限事物的束缚而陷入过失和罪恶的深渊；小山顶上披着了阳光，其所象征的是人所向往的理想境界；豹子、狮子和狼的拦住去路，象征着人在奔赴理想境地的途中所遇到的阻力：淫欲（豹）、暴力（狮）、贪婪（狼）；作为"救星"的诗人维吉尔的出现，象征着人要达到理想的境界，首先需要"理性"的帮助，维吉尔引导"神游者"但丁走出森林，游历"地狱"和"炼狱"，就是教人运用理性，认识罪恶，洗心革面；贝雅特丽奇引导但丁游历"天堂"，象征着人要达到至真、至善、至美之理想境地，还需超越"理性"，由"信仰"作引导，如此等等。象征、隐喻的言说方式当然可以有各种解释，我这里所讲的象征意义不过是一般《神曲》研究者的解释。我以为这种解释也许是最合情理的。无论如何，但丁的《神曲》所象

---

① 参见 *Basic Writings of Saint Thomas Aquinas*，Rondem House，Inc. 1945，V .I，第 15 页。
② 参见 *Basic Writings of Saint Thomas Aquinas*，Rondem House，Inc. 1945，V .I，第 16—17 页。

征、隐喻的,是人类为达到最高境界所必需经过的苦难历程,这一点,应该是可以肯定的。《神曲》的象征性、隐喻性言说方式,使它的深层意蕴更具有浓郁的诗意和审美意义。

## 三、文艺复兴以后的欧洲审美意识仍回旋着对上帝神性的追思

14—16世纪的文艺复兴使人摆脱了中世纪基督教会的束缚,人的崇高地位得到高扬,但这种人文主义(Humanism)精神只是与教会相对立,而不反基督教,特别是不反基督教的原始教义,文艺复兴后期的宗教改革甚至认为教会歪曲了《圣经》的原义而主张按照《圣经》本文,听从基督教早期神学家的教诲。文艺复兴时期的伟大作家莎士比亚(1564—1616)就既有争取个性解放的人文主义思想,又有仁慈、宽恕、博爱的基督教胸怀,而后者主要是由于返回和采纳了四福音书中所表达的原始基督教的理想人格。例如莎士比亚的喜剧《威尼斯商人》就出色地塑造了鲍西亚(Portia)这样一个仁慈为怀的基督教道德的形象。《威尼斯商人》中的商人安东尼奥的朋友巴萨尼奥因向鲍西亚小姐求婚而愁钱,安东尼奥为解友人之困而向犹太商人夏洛克借钱,答应夏洛克如到期不能还债,愿在自己身上割一磅肉以抵偿,表现了安东尼奥爱人如爱己的基督教精神。后来安东尼奥偏巧遇到灾难,无力还债,受到夏洛克的威逼,危在旦夕,但他仍愿如约受罚。鲍西亚小姐在法庭上为安东尼奥辩护,她首先表现了基督教仁慈、宽恕的精神,请求夏洛克慈悲为怀:"仁慈既会降福给仁慈为怀的人,也会降福给接受仁慈的人。仁慈为怀比戴王冠更为适合君王的身份,上帝永远是仁慈的。一如我们希望别人仁慈对待一样,我们也应该仁慈对待别人。"只是在"夏洛克对她的恳求置若罔闻"之后,鲍西亚才又表现了机智聪明的才能,要夏洛克按照契约,只能割一磅肉,"不能多不能少,还不能流一滴血"[①]。甚至在判决夏洛克时,鲍西亚还以仁慈为怀,要求对他从轻发落。鲍西亚的一句画龙点睛之笔:"一件善事也正像这只蜡烛一样,在这罪恶的世

---

① 引自 H. G. Wyatt, *Stories From Shakespeare*,吴翔林注释本,商务印书馆1964年版,第19、23页。部分引文中译抄自此页的注释。并参见梁工主编:《圣经与欧洲作家作品》,宗教文化出版社2000年版,第93、196页。

界上发出广大的光辉。"①《威尼斯商人》是一部体现仁慈、宽恕、博爱的基督教精神的喜剧。

　　文艺复兴以后，17 世纪的英国文学家弥尔顿（Tohn Milton，1608—1674）的思想特点是把基督教的教义与文艺复兴时期的人文主义紧密地结合在一起，弥尔顿所找到的结合点是自由意志。自由意志既是基督教神学传统的观点，又是文艺复兴时期个性解放和个人自由思想的理论基础。奥古斯丁早就认为上帝必然地赋予了人以自由意志，以便让人对自己的选择承担责任；即使在他的后期，其自由意志说多受"恩典"说的局限，他认为人因"原罪"而必须仰赖上帝的恩典才能恢复自由意志，但他毕竟还是在"恩典"说的前提下承认了人的自由意志，承认人应对自己的选择负责。弥尔顿的《失乐园》也贯穿着上帝给人以意志自由的思想，并从而启发人应对自己的行为负责：人失去乐园，其罪在己；要重返乐园，获得新生——回到人生的最高理想境界，也必须依靠自己的意志，历经磨难。《失乐园》就是以此为主旨，以《圣经》中极其简单地描述的人类失去乐园的故事为基础而扩大、创造、改写成的长篇史诗。《失乐园》无论在对亚当背叛上帝而负"原罪"的描述中，还是在对亚当因悔恨而复归上帝的描述中，都明文指出，系出于亚当自己的自由意志的选择，系出于自愿，而非被迫。《失乐园》所描绘的这种亚当精神，可以归结为一句话：一切在人不在天。《失乐园》把过去对全能上帝的依赖转化成了一切由人自己承担，可以说是以文艺复兴的个性解放和个人自由思想对基督教教义作了新的诠释的一部创作，是把基督教教义与人文主义结合得最好的创作。一些评论家以"基督教人文主义"来概括弥尔顿的思想核心，是有道理的。②

　　其实，在弥尔顿之前莎士比亚的作品中，由依赖全能之主到人自己的主动承担，这种怀疑上帝的思想已见端倪。莎士比亚最著名的悲剧作品《哈姆雷特》的主人公哈姆雷特，因其叔父杀害父王与自己的母亲成婚并篡夺了王位而悲愤交集，一心要报仇。哈姆雷特就曾以恶人未受到上帝的惩罚而怀疑上帝的全能，需要自己来经受痛苦和磨难，以重整时代。"时代整个儿脱节了；

---

① 《莎士比亚全集》（三），人民文学出版社 1978 年版，第 90 页。
② 参见梁工主编：《圣经与欧美作家作品》，宗教文化出版社 2000 年版，第 123—135 页。

啊,真糟,天生我,偏要我把它重新整好!"①哈姆雷特的话,似乎代表了文艺复兴以后在上帝受到怀疑的时代背景下,对人自身的肯定所经历的矛盾心理状态。

文艺复兴以后,人不再一心自惭于自己的有限性而完全依赖上帝的无限性,文学、审美也不再一味服从于宗教信仰,人的自由自主性逐渐高扬,文学、审美也逐渐走向独立。及至哲学家、美学家康德、席勒那里,西方过去把审美放在次于宗教信仰、次于超验的上帝的地位的传统思想观点,则有了时代性的转变。康德美学的根本意图就是强调美的独立地位,凸显专门的美学领域。席勒继承康德的思想,认为只有"审美的人"才是"最自由的人"、"完全的人"。至19世纪下半叶,尼采竟然公开向传统挑战,提出了"上帝已死"的著名口号,要用审美代替宗教信仰。与此相适应的是,在这段时期,文学作品也逐渐地由赞美神恩转向赞美人性,由祈求上帝的拯救转向人的自救,这种趋向至20世纪尤其明显,诗学成了西方现当代的显学:哲学要诗化,人生要有诗意。过去,人生的最高境界和最后归宿在天国,在超验的神的世界;现在,人生的最高境界和最后归宿是人间,是诗意地生活着的现实世界。但是我在这里首先要强调说明的是,西方现代的审美主义思潮毕竟没有也不可能脱离西方宗教信仰的传统,上帝虽然并非全能,甚至上帝已经死了,但基督教的宗教情怀和宗教精神仍在许多现代文学作品中回旋。试举一个突出的例子。与尼采同时代的英国唯美主义倡导人王尔德(Oscar Wilde,1854—1900)的名著《莎乐美》(1893)是一本根据《圣经》故事改编的剧本。《圣经》中几处②都记载过施洗者约翰的故事:加利利王 Herod 娶其兄弟 Philip 之妻 Herodias,约翰责备他们,Herod 将约翰关押,想杀他,又因他是先知、是善人而敬畏他,不敢冒天下之大不韪。后来在 Herod 一次生日宴会上,Herodias 的女儿(即莎乐美)得到 Herod 的喜欢,Herod 当众给女儿许愿,发誓只要女儿想要什么,就给她什么。女儿受母亲的唆使,说要施洗者约翰的头,Herod 因已发誓而不得不害死约翰。《圣经》的上述基本故事情节在王尔德的剧本中几乎完全重演,但王尔德的剧本却着力描述了约翰的身体之美和莎乐美如何爱约翰之美的情节。剧

①　莎士比亚:《哈姆雷特》,作家出版社1956年版,第43页。

②　参见 Bible , *The New Testament* , Today's English Version , United Bible Societies , New York ,1976,第53、88页。

本描写约翰的躯体如洁白象牙,卷发乌黑像黑葡萄藤,嘴唇红如海里的珊瑚。莎乐美不惜以生命为代价要吻约翰的嘴唇,最后她吻到了约翰被砍下的头。为了美,可以不顾一切,这是典型的唯美主义,作者王尔德不愧为英国唯美主义的主要代表人物。人们可以批评唯美主义所崇尚的美不过是感性事物之美,甚至像《莎乐美》剧本中所描写的那样,不过是肉体之美,未免有低级趣味之嫌。王尔德提倡"为艺术而艺术",主张诗与道德分离,在《莎乐美》中,他把西方传统所顶礼膜拜的对象——至善的上帝代之以感性事物之美。如果说尼采是作为哲学家从理论上提出了以审美代替宗教的思想观点,那么,王尔德作为文学家则是以文艺的形式,明确地实践和表述了这种思想观点。不过,以为《莎乐美》所表述的不过是审美与宗教的对立,这种观点似乎只是事情的一个方面。我们未尝不可以换一个角度来看《莎乐美》。施洗者约翰是有善德之人,是上帝的使者,敢于斥责任何有罪的人,连嫉恨他的 Herod 王也敬畏他,约翰历来都是一种威严、仁德的神圣形象。现在,王尔德在《莎乐美》中却创造性地又赋予他以美的形象,这说明唯美主义所讲的美未尝不可以与神圣性相结合,也说明西方现代的审美意识不可避免地仍保留了西方宗教信仰的传统印迹。莎乐美爱美爱到不惜以生命为代价的境地,这种精神已经超越了一般的对感性事物之美的审美意识,而是一种宗教精神,是爱上帝之爱:前者是一种超然淡泊的情趣,后者是深入人世间的磨难、置之死地而后生的献身精神。

　　如果说王尔德在《莎乐美》中所宣扬的只是满足感官的肉体之美,那为什么王尔德不在现实生活中取材而偏要沿用《圣经》里的故事?我以为,这与王尔德对他所处的时代现实的不满有关。王尔德作为一个唯美主义者,在他的眼光中,沉溺于现实,便无美可言。大概也就因为这个缘故,他也许认为只有在超越现实的领域中,才能寻找到美,在上帝的使者身上才能找到美。美就是上帝,上帝就是美。在王尔德心目中,上帝与美合二为一。他的唯美主义使美具有了神圣性。王尔德的《莎乐美》不能不令我们感到,西方现代的审美意识的特点与其说是用审美代替宗教,不如说是把美提升到具有宗教精神的神性地位。诗人荷尔德林的诗可以说是对神的呼唤;哲学家、美学家谢林把美看成是神赐实在的唯一的最高表现[①];哲学家海德格尔认为世界或任何一物在诗

---

　　①　参见鲍桑葵:《美学史》,商务印书馆 1985 年版,第 429 页。

人面前都是天、地、人、神的"四合一",他所谓高于思的诗同时具有神性。甚至在提出"上帝死了"这个口号的尼采那里,他所崇尚的审美境界,人与万物浑然为一的醉境,也具有神性,而与中国传统的人与万物一体的境界有所区别。总之,在西方近现代的审美意识中,可以这样概括地说,"上帝死了",神性犹在。

欧洲文学作品(也许可以扩大一点说,审美意识)的主旨,自古希腊罗马以后,似乎走了一个由赞美超验的上帝到上帝隐匿以至死亡而引起对上帝的神性的追思过程。

下面略谈一下所谓以审美代替宗教的话题。

## 四、审美与宗教的结合

关于以审美代替宗教的提法,大体上有提倡与反对两种论调,我这里不拟对具体人的具体观点加以评论,而是想对这种提法本身作出一点分析。我感到无论提倡者或反对者,似乎都是把审美与宗教对立起来,都是按传统的观点,认为宗教只能是对超验的神的信仰:提倡的观点认为根本没有这种意义的神,所以要代之以美来挽救人的灵魂;反对的观点则认为,失去了超验的神,就失去了人生的终极价值,人的灵魂从根本上无从得到挽救,美亦无能为力。与此相联系的是对审美的看法,提倡与反对双方似乎都认为美是没有神圣性的,美的特征就是超功利性、愉悦性等。提倡的观点认为,在人们一味沉溺于现实世俗利益的时代,只有超功利的美能使人的灵魂得到提高,得到安宁和精神的享受;反对者则认为审美意识的超功利和愉悦性缺乏价值观,缺乏对人生痛苦的体验,有的反对观点甚至认为审美意识的超功利性和愉悦性使人对人生实际麻木不仁,不负责任,等等,还有的反对观点认为,审美意识只是出自人的自然感情,只图个体的愉悦。

宗教只能是对超验的人格神的信仰吗? 其实,这样的信仰在西方已经过时了。伟大的科学家爱因斯坦一方面说:科学不能没有宗教,另一方面却公开否认超经验的人格神意义的上帝,他明确声明,他所信仰的上帝是斯宾洛莎的上帝,他所信仰的宗教是"宇宙宗教"。美国当代著名神学家、哲学家蒂里希也否认超验的人格上帝,他把主客融合为一作为他的神学和哲学的最高原则,作为人生的终极关怀之所在,他甚至主张赋予这一最高原则以神的象征,但他否认其为人格神。这类主张无人格神意义的宗教的例子还很多,但他们都坚持有人生的终极价值,蒂里希所崇尚的终极关怀之所在,就是人生的终极价值之所在。只不过,他们所主张的终极价值都不是超验的,而就在有时间性的现实之中。尼采虽然否认超验世界,否认彼岸,而主张只有现实的此岸,但他所崇尚的高远的审美境界"众生一体",就是人生的最高价值之所在,它是对人生苦难的一种超越,这里的超越不同于基督教上帝的超验,这是一种在现实之内的超越。在尼采看来,人的救主不在彼岸的上帝,而就在人间,这人间的救主就是人自身的"众生一体"的境界。终极价值并非只能在超验的彼岸去寻找,把尼采的"上帝死了"口号等同于终极价值的否定的论点,只能看做是对过时的传统基督教信仰的维护。我提出以对"万物一体"的崇敬和敬畏之情来建立一种无神论的宗教,目的也是要在现实世界中(而非在超验的彼岸)寻找人生的终极价值。

我们究竟应该如何看待美? 美只有超功利性、愉悦性而没有神圣性吗? 美不过是出自人的自然感情的一种悦人耳目的活动吗? 美不过是对人生疾苦漠不关心、不负责任的一种思想状态吗? 美不需要深入实际、深入人生、深入痛苦的深渊吗?

回答这些问题的关键在于对审美价值的区分。早在柏拉图那里,美就有价值高低之别:"爱智慧者、爱美者、诗神和爱神的顶礼者"所爱的"理念"之美与"诗人和其他摹仿的艺术家"所爱的通常的艺术美。前者高于后者。柏拉图在《国家》篇里所反对的是后者,而非前者(我们一般都很熟悉他对后者的反对,而对前者的崇尚则不加注意)。后者主要是指感性事物之美,他从模仿说出发,认为这种美不过是对感性事物的模仿,是"理念"的"影子的影子",不过是娱人耳目,故这种美微不足道;而最高的美,"理念"之美,则是一种崇高的境界,远非感性的个体事物之美、更非肉体之美所可以比拟的(柏拉图在《会饮》篇中详细讨论了这个问题)。我们可以对柏拉图的"理念"说提出各种批评,但无论如何,他对美的这种区分却能启发我们:美不能只限于感性事物之美、娱人耳目之美,美还有更高的层次,那就是崇高的境界之美。对于人生的崇高境界,各个时代、各个民族、各个个人可以有不同的理解和趣味,但以超越感性事物之美、超越娱人耳目之美为美之上乘,则是值得我们称道的。柏拉图在这方面是首创者。我在其他许多论著中都曾强调指出,我们的美学不能只讲感性事物之漂亮、美丽,而应以提高人的审美境界为最高目标。柏拉图在《会饮篇》中把他作为崇高境界的"理念"之美来加以论述的学问叫做"以美为对象的学问",虽然恰恰和我们一般所讲的美学对象不合,但他的提法也许最能表达美的真谛和深层含义。美学应是讲人生境界之学。

境界可以是超验的,例如柏拉图的"理念"之美的境界,基督教的天国,但即使是超验,也不是与人世隔绝的。也许柏拉图作为古希腊文化的代表,他所崇尚的境界多有静观的特点,比较注重个体的审美享受,而基督教文化则多有博爱思想,注重解救人世的痛苦,原始基督教尤其高扬人格美,以有道德为美。我以为在"上帝死了"之后,基督教文化的这种精神,值得保持和发扬。中国儒家和道家从不同的角度都讲"万物一体",这"万物一体"的境界并非只讲超脱和个人心灵的安宁,而不关心众生,相反,儒家从"万物一体"导出的"民胞物与"和道家从"万物一体"所导出的"济贫救苦"、"先人后己、与万物无私",都是一种高远的境界与人生实际,特别是与人世的痛苦相结合的胸怀。当然,道家的思想中包含一些消极的因素,儒家缺乏人人平等的思想,这些都是应该剔除的。此外,中国传统的"万物一体"的境界,还缺乏基督教的那种令人敬畏的宗教感情。我认为我们未尝不可以从西方的基督教那里吸取一点宗教情怀,对传统的"万物一体"作出新的诠释,把它当做我们民族的"上帝"而生死以之地加以崇拜,这个"上帝"不在超验的彼岸,而就在此岸,就在我们的心中。这样,我们所讲的"万物一体"的境界之美,就不仅具有超功利性和愉悦性,而且具有神圣性。我很想在人们一般讲的美的诸种特性如超功利性、愉悦性等之外,再加上一条神圣性。我要赋予人世以神圣性。我这里用了"神圣性"一词,而没有用"神性",为的是避免误解,以为神性就是对超验的人格意义的上帝的信仰。"劳动神圣"的口号,就没有被人误解为人格意义的神性。只要没有这种误解,用"神性"一词和用"神圣性"并没有任何区别。具有神圣性的"万物一休"的境界,是人生的终极关怀之所在,是最高价值之所在,是美的根源。

这种崇高的境界之美,当然不能脱离人的自然感情,但它超越了自然感情,是对自然感情的升华。从简单的自然感情到对"万物一体"的领悟,需要有一个提升的过程,这是审美教育的任务。

我所提倡的这种境界之美,虽与人世痛苦紧密结合,但显然又不等同于痛苦本身。完全沉溺在痛苦之中而不能自拔,有何美的愉悦可言? 只有经受了痛苦而又能从痛苦中超拔出来,这才会有一种深层的美的愉悦之感,这种愉悦远非一般感官上的快乐所可以比拟的。没有经受过痛苦的人,是不可能有这种美的享受的。只有潜入黑暗的人才理解光明。也只有深入实际、经受过痛苦的人,才真正懂得美——心灵之美。

这样的境界是与道德紧密结合的,就像基督教注重以讲道德为美一样。但它又不等同于道德,它是超道德的。我在其他许多地方都讲了美超越于道德的道理,我所谓超越道德之美就是指这种高远境界之美,而非指单纯的感性事物之美、娱人耳目之美。一个仅仅拘泥于从道德上的"应该"观念出发而行为的人,虽然是一个有道德的人,但不一定有高远的境界和胸襟(我们在现实社会中也经常会遇到这样的人),而一个真正有高远境界的人,必然地也是一个讲道德的人,美的境界包含道德而又超越之。

人生境界总是要表现在一个人的言谈举止或者说仪表上,这就是风度。一个有美的高远境界的人,必然有美的风度。前面谈到普罗提诺把人的风度列为美的三个等级中仅次于理念之美而高于感性事物之美的第二等,值得我们深思其义。今天我们大家都在讲美,我想不应该忘记讲讲个人的风度之美。

我着重讲人生境界之美,也绝非脱离感性事物之美,更非轻视文艺作品如音乐、戏曲、雕刻、绘画、文学等。但我要强调的是,文艺作品必须体现人的高远境界,才是真正美的作品。高远的人生境界应该是文艺作品的内在意蕴和灵魂。没有高远的人生境界,不可能有高层次的文艺作品。各个时代、各个民族、各个个人都有各不相同的人生境界,体现在文艺作品中,就有不同时代、不同民族、不同个人的艺术风格。无论如何,如果文艺作品仅只起一种娱人耳目的作用,则虽有一定的社会效用,也终不能算做美之上乘。

现在不少人提倡诗化人生或美化人生。我以为,只要不把美理解为仅仅是感性事物之美、娱人耳目之美,而是由此更进而肯定人生境界的意义和最高价值,肯定崇高的境界之美是美之极致,则诗化人生或美化人生的确是时代的需要。针对我国的历史传统,也针对当前社会上一些把美庸俗化的现象,特别是一些把美等同于满足感性欲望的低级趣味,我想强调的是,多提倡一点美的神圣性。这是我们从西方基督教文化遗产中所能得到的一点启发,也是我们的美学发展之未来。

# 第十七章 "后现代主义"对"现代性" 的批判与超越 *

## 一、"后现代主义"孕育于"现代性"之中

"后现代"与"现代"之间的时间划分,说法不一:一说 19 世纪 70 年代以前为"现代",另一说 20 世纪初至第一次世界大战期间以前为"现代",还有一说以 20 世纪第二次世界大战结束或 20 世纪 50—60 年代为划分"现代"与"后现代"的分界限,如此等等。"后现代"与"现代"之间本来在时间上很难有确定的界限,过分追求历史划界的精确性也不见得有非常重要的意义。人们现在一般关心的重点,实际上主要在于文艺复兴以后特别是自笛卡尔所开创的近代哲学以后西方资本主义社会的思想与文化,这种思想与文化的特性,被许多后现代主义者称之为"现代性"(modernity),与之相对待的思想与文化的特性,就是"后现代性"(pest-modernity)或"后现代主义"(pest-modernism)。

我们平常一般把这里所说的"现代性"归属于欧洲传统文化之列,所以本文的标题"后现代主对'现代性'的批判与超越"实际上也就是讲的"后现代主义"对传统文化的批判与超越。

我在《天之人际》和《哲学导论》等论著中已多处讲到欧洲传统思想文化特别是近代哲学的特征。

我把这些特征大体上概括为三点:(1)按照"主体—客体"关系的思维模式,强调人的独立自主性,或简称曰"主体性",这是文艺复兴以后人权从中世纪神权统治下解放出来的必然产物。(2)理性至上主义。文艺复兴以后,对

---

* 原载《北京大学学报》2007 年第 1 期。

一切外在权威包括对神的信仰被代之以对理性的崇尚,任何事物都要受到理性的质疑,都要由理性来加以衡量,人这个主体是理性的主体。(3)与理性至上主义相联系的是对知识和科学的崇尚,包括对认识论、对普遍性和同一性的崇尚。人生的主要活动和意义在于,这个作为理性主体的人认识客观世界的普遍性规律,从而征服客体,使客体为人所用。知识、科学,乃人之所以能实现自己的独立自主性的最大需要。这三个特点不是平等并列的,而是内在地相互联结在一起的,三者实可以归结为一句话,就是一种理性批判的精神、自由创造的精神。笛卡尔、培根、洛克以及后来的德国古典唯心主义哲学家康德、黑格尔都强调和发扬这种精神,它是"现代性"的核心。

可是这种精神在资本主义社会中发展的结果,却使现代文化走向了这种精神的反面:理性追求完整的整体性和自满自足的理论体系,然而,这种体系和整体性的完成却意味着精神的僵化,意味着批判和自由创造的结束;理性要求社会行为的法制化,法制是使社会理性化的表现,然而这种法制化的高度发展却愈来愈造成了"法制化"与人的"生活世界"之间的对立①,愈来愈限制了人的自由创造的空间;"主体性"本来是讲的自由和独立自主性,然而"主体—客体"关系的发展,使"主体性"走向极端的人类中心主义,以征服自然、使自然为人所用的"主体性"反而被抹杀而为自然所奴役;现代性至上主义抹杀了人的情感、意欲、本能等人性的重要方面,从而限制了人的批判活动和自由创造活动的范围;"现代性"对知识、科学的崇尚导致现当代知识的信息化、网络化、媒体化,而信息化、网络化、媒体化的结果是真理、知识与外在的权力相结合,真理、知识丧失了客观性标准,知识变成了非知识,真理变成了非真理。凡此种种,都说明理性批判、自由创造的"现代性"走向了自己的反面。"现代性"为要彻底实现自身,就必须进行自我批判、自我否定,而这也正是"后现代主义"的任务。"后现代主义"的精神可以说就是一种彻底批判的精神,或者说是一种把批判贯穿到底的精神。所以"后现代主义"实际上早已孕育在"现代性"之中,它是从"现代性"的母胎中产生出来的。"后现代性"是隐含在"现代性"中的理性批判精神、自由创造精神的彻底实现和发扬。由此观之,

----

① 参见 J. Habermas, *Theorie des Kommunikativen Handelns*, Frankfurt am Main: Suhrkamp Verlag 1981。

"后现代主义"对"现代性"的批判,不是简单的一个时代对另一个时代性的外在的批判,不是对"现代性"的简单摒弃,而是对"现代性"的一种发展和超越。后现代主义思想家利奥塔(Jean-Francois Lyotard,1924—1998)说:"一部作品只有当其首先成为后现代的,它才能成为现代的。按照这种理解,则后现代主义不是现代主义的消亡,而是现代主义的萌生,而且是不断持续发展的现代主义。"①"后现代隐含于现代中,……现代性原本持续不断地孕育着其后现代性。"②所以,"后现代主义"之"后",远不是一般所谓"落在某事物之后"的"后",而实际上是"超前"之"前","后现代主义"意味着比现代主义更超前、更先进。"后现代主义"在时间上后于现代,从思想发展的水平来看却走到了现代之前、之先。一部作品,只有当其具有批判的彻底性,那才算得是具有"现代性"的最原初的精神,这就是为什么利奥塔说,一部作品,只有当其是后现代的,它才能成为现代的。

"后现代主义"的批判精神比起"现代性"的批判精神来,其彻底性究在何处? 这就是"后现代主义"的特征或"后现代性"究竟是什么所要求回答的问题。

## 二、"后现代主义"的特征

"后现代主义"的特征或"后现代性",一言以蔽之,就是对传统思想文化的批判和超越。具体地表现在以下几个方面:(1)批判传统的"主体性";(2)批判理性至上意义;(3)批判崇尚超感性的、超验的东西的传统形而上学;(4)批判以普遍性,同一性压制个体性、差异性的传统思想模式;(5)最终把对传统思想文化的批判归结为人的审美生活——自由生活的彻底实现,因此,美学问题和文艺评论成了"后现代主义"的主要话题。

由古希腊奠定的欧洲人文主义传统,到文艺复兴时期,发展为现代资本主义的新人文主义,新人文主义是一种提倡个人自由解放的人文主义,其哲学基础就是"主体性哲学","主体性"指"主体—客体"关系中主体方面的独立自

---

① Lyotard,*What is Postmodernism*? in Postmodernism:An International Anthology,1991,第278页。

② Lyotard,*The Inhuman*,Standford University Press,1991,第25页。

主性:人是世界的中心。"主体性哲学"的"主体性"概念和"主体—客体"关系的思维模式,早在尼采那里就遭到了"摒弃",他认为建立在"主体性哲学"基础上的人文主义,造成了人与自然的疏离、对立,抹杀了人的情感、意欲等人生的重要方面,使人变成了知识、科学的附属品,生活变得毫无审美意义。海德格尔关于人生"在世"(Sein-in-der-Welt)的哲学,是对"主体—客体"模式的直接冲击,为后现代主义批判人文主义及其"主体性哲学"奠定了哲学理论上的基础。后现代主义思想家福柯(Michel Foucault,1926—1984)继承和发展了尼采对新人文主义的"主体性"的批判精神,把摆脱人文主义的人类中心主义思想束缚作为自己著述的主要任务。他明确提出"人之死",意思是,作为只具有理性的、独立于客体之外而宰制客体的人是不存在的,人主要地是非理性的;人并没有什么先天的、固定的本质,人的本质是由后天的社会因素构成的。他明确宣称,他"不相信""独立自主的","具有普遍形式的""主体"①。福柯强调差异性,反对一切超感性的,超验的永恒性、普遍性,认为永恒性、普遍性是理性至上主义的产物。福柯断言,理性、知识与权力结合在一起而独断专行,理性破坏了理性自己原想实现的自由的愿望,站到了自由的对立面。非理性、幻想才是当今艺术作品的关键因素,只有摆脱了理性的独断和统治,幻想和非理性才能跳出自己的动人的舞姿,使人生绚丽多彩。②

可以看到,"后现代主义"以彻底批判为特征的精神,其实际目标(尽管后现代主义思想家并不明确地设定一个什么新的目标,以代替传统思想文化的目标),仍然是实现个人的自由,这个目标原本是文艺复兴以来的"现代性"所要实现的。当初,笛卡尔所倡导的"怀疑一切"的精神,也是一种批判的精神,其目标就是要实现人的"主体性",亦即人的自由自主。但是笛卡尔的怀疑—批判,只是以理性主义为原则,其结果正如后现代主义者所揭示的那样,反而导致了人的不自由,导致了生活的单调、人生意义的枯竭。"后现代主义"正是强调了人性的多面性,强调了人性除理性以外的非理性方面,而使笛卡尔的理性至上主义的"怀疑"走向批判的彻底性,使人的自由解放,达到"现代性"

---

① 福柯:《权力的眼睛——福柯访谈录》,上海人民出版社1997年版,第19页。
② 参见詹姆斯·米勒:《福柯的生死爱欲》,(台湾)时报文化出版公司1995年版,第379、581页。

所未能达到的彻底实现的地步。① 显然,"后现代主义"的特征或"后现代性"实际上是"现代性"的一种继续延伸,是"现代性"所想实现的目标——人的自由的彻底实现。

"现代性"的理性至上主义崇尚超感性的、超验的东西,使哲学脱离人的日常生活;同时,它片面强调个人在社会中遵守经济秩序和法律秩序,贬抑人的感性功能,使人的日常生活"刻板化",失去了审美的意义和"诗意"。② 于是人的自由反而受到压抑。韦伯(M. Weber,1864—1920)生动地把现代人的日常生活形容为"铁笼"。③ 他认为艺术、审美具有一种把人从日常生活的刻板化和理性至上主义的束缚下解放出来的"救赎"功能。④ "后现代主义"反对现代主义把艺术、审美同日常生活分离开来,而主张艺术、审美与日常生活的融合。艺术、审美现已日益进入日常生活,应用艺术、应用美学成为学者们讨论的热门话题。对日常生活的重视,特别是日常生活的审美化、艺术化,已成为"后现代主义"的特征。对于这一特征,人们有不同议论:一说艺术堕落为商品,艺术的价值降低了,审美的神圣性丧失了,日常生活的廉价审美化造成了威尔什(Wolfgang Welsch)所说的"麻痹化"⑤;一说日常生活的美化让平民大众也有审美的享受,从而实现了文化的民主。这里涉及艺术、审美的自律性与应用性之间的矛盾问题,也是一个被很多学者关注和讨论的复杂问题。我以为,就中国当前的思想状况而言,还是应该注重提高审美的价值标准,不要把娱人耳目之美当做唯一的美,让视觉和听觉的暴力压制我们,所以我更倾向于多给审美增添一点神圣性,我们不要从理性至上主义的一个极端走到感性至上主义的另一个极端。

## 三、德里达对语音中心主义的批判

后现代主义者对人文主义的"主体性"和理性至上主义的批判,大都从分

---

① 参见高宣扬:《后现代论》,中国人民大学出版社 2005 年版,第 175 页。
② 参见 Hegel Werke 13,Suhrkamp Taschenbuch Verlag 1986,第 337 页。
③ 参见韦伯:《新教伦理与资本主义精神》,三联书店 1987 年版,第 143 页。
④ 参见 H. H. Gerth and C. W. Mills,*From Max Weber:Essays in Sociology*,New York,1946,第 342 页。
⑤ 参见 Wolfgang Welsch,*Undoing Aesthetice*,London,1997,第 25 页。

析、揭示作为言说者的"人"和语言言说都已"不在场"情况下的"主体"概念的分解出发。福柯和德里达等人都是如此。这里且以德里达对传统的语音中心主义(phonocentrism)的批判为例。德里达的解构理论实以此为核心。

传统的语音中心主义是主体性哲学的一种表现形式,它认为说话人所说出的言语声音最直接、最稳定、最确实可靠地表达言说主体的思想,而书写的文字则没有这个优点,所以语音中心主义总是把说出的言语声音放在优先于书写文字的地位。德里达和其他一些后现代主义者着重把语言同社会实践活动联系起来,认为语言本身就是一种社会实践,语言同语言以外的社会因素如权力、道德、知识等不可丝毫分离,知识分子、文化人有知识分子、文化人的语言,统治者有统治者的语言,社会各阶层人有各阶层人的语言。在当今社会里,权力、金钱、人际关系往往对语言的运用起决定作用。因此,对语言的研究远不能仅限于对言说的主体个人言说时的原意及其准确性的探讨,而应该着重揭示语言在说出以后,或者说在说话的主体已"不在场"在情况下,其在社会上扩散和增殖的意义。这样,语言就具有了不依赖于言说主体的独立的生命力,语言在言说主体之外的复杂社会关系中、在他发言之后的历史发展中自由翱翔。

德里达由此出发,更进而强调书写文字比口语更优越。自柏拉图以后,传统思想总是认为书写的文字是死的,它不可能为自己进行解释和辩解。德里达把这种传统观点与统治者的权力联系起来,认为那种贬低文字、强调言说主体作用的旧观点,无非是为了维护言说主体的原意,使其凝滞不变,从而把旧的传统固定下来。

早在德里达之前,胡塞尔已经看到书字文字比口语更有利于传达到后代,有利于使观念客观化,书写能"代替"口语,具有远离口语原意的特点。德里达指出了胡塞尔观点的优缺点:优点是看到了书字文字不囿于原意,缺点是胡塞尔仍固守"语言"指涉"意义"这一传统的语音中心主义的公式,从而把书写文字的特点看成是偶然的、无关本质的属性。德里达突破"语言—意义"这一二元论的老公式,反对传统的主体在语言中的主宰作用和统一作用,强调书写文字具有不断"延异"意义的本质属性。传统语言观总是只看到语言符号和意义之间的一致性、统一性,从而死抓住思想文化的稳定性。同这种保守观点相反,德里达则注重两者间的差异性,从而把人们的注意力引向思想文化的变化、发展,使思想文化更具生命力和创造性。

德里达认为,像传统观点所认为的那样,一心想"忠实地"、"真实地"、"原原本本地""再现"原说话主体或文本原作者当初的说话意图,是根本不可能的。我们后人只能在阅读原本时结合新的历史条件,对原本作出新的论释,从而使原本被"差异化"而获得新生,德里达把这叫做"延异"。这并不是要否定原作者的创造性和原作的历史价值,而是使之延续其生命力,使传统不断创新,而原有的以原作者主体为中心的旧的桎梏由此而得到挣脱。

可以看到,德里达对语音中心主义的批判,远非一个简单的语言学问题,而是他所代表的"后现代主义"对传统文化的彻底批判精神的表现,是对维护旧秩序的统治者的反抗,是对一心求稳定不变的保守势力的宣战。

## 四、"后现代主义"的文艺理论

传统的语音中心主义死抱住说话主体即创作者本人的语言意义不放,而不注重甚至否定原主体不在场情况下后来的读者亦即新主体对原作所赋予的新的意义、新的诠释。这样,社会历史的创新能力凝固了,新的创作也不可能产生了。后现代主义者特别是德里达反对死死地尾随于原作者和原作品之后,而强调创作的本质在于超越原作者和原作品,具体地说,就是在于新的诠释。原作者和原作品不过是新的创造活动的始点,文化创造活动的生命力寓于诠释之中,诠释比原作者、原作品更具有优先地位。试想,如果我们总是死抱住"子曰诗云"不放,而不思超越"子曰诗云",我们的中华文化还能谈得上有什么创新? 我们现在也有人提倡读四书五经,如果仅仅让我们的读者停留在弄懂原作原意的阶段,如果我们的国学研究工作仅仅停留在考证原作原意的范围,其结果恐怕就只能是复古。当然,弄懂原作原意,考证原作原意,都是必要的,但正如西方后现代主义者所说,那只是创造活动的始点。

人所生活于其中的世界本来是人与世界交融合一的整体,无论从人类历史文化发展的角度来看,还是从个人出生到死亡的人生历程来看,都是在后来(欧洲文化史主要是在文艺复兴以后,个人的人生历程主要是在脱离婴儿的状态以后)才被纳入"主体—客体"的模式而被主体化。欧洲文化的发展史表明,自从进入"主体—客体"的模式以后,人就由于成了认识的主体、权力的主体、道德的主体,而忽视了、抹杀了人的感性、欲望、本能诸方面。后现代主义认为这样的主体是"被异化了的",而非真实的。真实的主体(如果也可以叫做"主体"的话)是人的感性、欲望、本能等非理性的方面(后现代主义者称之为"荒谬性"),这才是人的生命力、创造力的源泉。人和人类的历史文化是理性与非理性的结合,这也就是人与世界交融合一的整体中所包含的上述两方面的结合。传统的理性至上主义与主体性哲学片面强调理性,强调主体的独立性,致使人生反而日益失去自由。后现代主义则认为,正是文艺创作使人有了寻求自由的途径。在后现代主义者看来,文艺活动与其说是为了寻求美,是为艺术而艺术(像"现代主义"所主张的那样),不如说是为了生活的自由,文艺创作是超越各种现实束缚的、无意识的自由生活的游戏。这样,以美为最高创作标准的传统美学观点便被后现代主义所谓"反艺术"、"无所谓美"的观点所代替。后现代主义的这种"荒谬原则",使许多摆脱理性原则以至摆脱与理性相联系的语言形式的创作成为时尚,无言的裸体舞被认为是解除伦理道德束缚的自由生活的表现和自由境界的实现。文艺在后现代主义者看来,乃是同日常生活紧密结合在一起的,它是人的自然本性、原始欲望和感情的表演。

　　但是我们也绝不能把"后现代主义"的文艺创作理解为现实的简单照搬和复制,更不能理解为文化的倒退。后现代的创作实际上具有强烈的审美特点,它特别着重通过"象征"的艺术手法,让鉴赏者想象隐蔽在作品背后的东西。所以后现代主义的创作可以说仍然保留了源于生活而又高于生活、结合现实而又超越现实的审美意识的特点。即使是后现代主义的男女双双的裸体舞蹈,也并未照录赤裸裸的性行为,而是把男女双方的爱恋之情留在无尽的想象之中。后现代主义的绘画和建筑也往往是"无限多未显露出来的东西"的"象征"。"象征"的艺术手法实乃一种超越现实的活动,它让鉴赏者展开想象的翅膀,实现对现实中一切界定性的突破,而自由飞翔。后现代主义艺术家声称,艺术不应该有"意义",其实,他们所反对的"意义"是一种对固定的概念和目标的追求,此种意义下的"意义"是对自由生活、自由创作游戏的限定,所以在他们看来,是应该加以否定的东西。但从他们把人的自由看做是人性的最高表现而言,又可以说把握了人生最高意义之所在。

　　在欧洲文化史上,文艺从来与人的感情、欲望、本能等非理性方面有着千丝万缕的联系,但文艺也因人性的这一方面在文化发展史上屡遭压抑而同步地被降居低等的地位。柏拉图把诗人画家逐出理想国之外,中世纪的基督教轻视艺术,都与压抑人的感性、欲望、本能有关。现代主义的"为艺术而艺术"的口号和审美的自律性观点,使艺术脱离日常生活,实际上是艺术自卑、自傲、自慰的表现。唯有"后现代主义"敢于直面日常生活,把男女的欲望、本能展现在文化创作之中,让人性的最"卑微"的方面闪耀着美的神圣的光辉。后现代主义艺术并不是欲望、本能的简单再现,而是具有审美的神圣性。也许这正是后现代艺术在西方美学史上最大的突破。

后现代主义所崇尚的审美意识,实际上就是海德格尔显隐说所讲的审美意识的一种延伸和变式,后现代主义的特点是着重以现实生活中的原始情节为素材,从中显现出人生对自由的向性。就拿后现代主义男女双双赤裸裸的肉体表演来说,与其说是意在这种表演本身,毋宁说是通过在场的表演显现出一种对传统压制人欲的逆反之情。后现代主义的创作常常令人迷惑为解,其原因都在于意在不言中,它们都"言说"着其所未言说出来的东西,给鉴赏者留下无尽的想象空间。我以为对后现代主义的创作,特别需要展开想象力,通过显现出来的东西去领会背后隐蔽的东西,通过明白的东西去领会不明白的东西,从而使隐变为显,使不明白变为明白,只有这样,才能真正品味到后现代艺术之美。后现代创作常常令人在它面前流连忘返,就因为它所引发的无限想象的空间能让鉴赏者在其中尽情地自由驰骋,能让你细细地、一点一滴地琢磨。

后现代审美意识的这种特点归根结底还是它的彻底批判精神的表现。前面说的男女双双裸体表演,既是隐含着对传统压制人的感性欲望的一种逆反之情,也是对传统的理性至上主义的一种彻底批判。对于后现代主义,我们可以有各式各样的议论,但其彻底批判的精神——不断自我超越的精神,则是值得我们吸取的,中华传统文化的凝滞性方面亟须这种精神来激活。

# 第十八章 欧洲美学思想与自我<sup>*</sup>

## 一、中欧两种不同的自我观

什么是自我？中国传统思想基本上不讨论这个问题。欧洲哲学家则多有对这个问题的思考或明确回答。当代美国哲学家 J. R. Searle(1932—　)对这个问题的论述特别引起我的兴趣,他在其著作《心智》(Mind)一书的"自我"(The Self)一章中,从分析笛卡尔的"我思故我在"和休谟否认自我的经验的怀疑论出发,提出了他自己关于自我的观点。他既否认笛卡尔建立在二元论基础上的、作为独立的精神实体的自我,又不同意休谟建立在经验论、怀疑论基础上的那种怀疑自我的观点。他针对休谟的观点说:"除了我们的身体和我们一连串的经验之外","我们绝对地必须设定一个自我"。① 他认为任何一个自我在作出某种行为时,虽然总是出于某种原因,总是有某种因果关系参与其间,但自我的行为又是自由的,自我的某种行为最终是出自我自己的选择。自我行为的自由特征,是不能完全用因果关系来解释的,自由行为不同于因果关系。这自由行为靠什么来解释呢?"我相信,答案就是,我们必须假设,除休谟所描绘的'一捆知觉'而外,还有某种形式上的约束,约束着作出决定和付诸行动的存在(entity),我们必须假设一个理性的自我或行动者(agent),它能自由地动作,能对行为负责。它是自由行动、解释、责任和给予

*　原载《北京大学学报》2008 年第 2 期。

①　J. R. Searle, *Mind —A Brief Introduction*, New York , Oxford University Press ,2004,第 292 页。

动机的理由等概念的复合体(complex)……"①塞尔在这段话里所说的"约束"是指"理性的约束"(the constraints of rationality)，即自我"在理性的约束下确认和考虑行动的理由"②。Searle 认为，在"自我"这个 entity 的诸因素("有意识、知觉、理性、付诸行动的能力，以及组织知觉和推理的能力，从而在自由的前提下完成自愿的行动"③)中，"最重要的"是"遵照理由而行动"("*acting on reasons*")，"其所以重要，是因为遵照一种理由而行动的观念不同于某事物与另一事物发生因果关系的观念"。"遵照行动"(acting on)的观念，"预设了自由意志的空隙"④。这就是说，有所遵循(遵照)、有所考虑的行动，以有自由意志为前提；因果关系的锁链密密实实，无自由意志的空隙。例如，我一想到投布什一票，我就肚子疼，这中间完全是因果关系，没有自由意志的"空隙"。但在由于我想投布什一票，便在选票上打×的情况下，这中间就有自由意志的"空隙"：这是一个有所遵循、有所考虑的行动，我可以为了这个理由而在选票上打×，但也可以为了另一个理由而决定不投布什的票，不在选票上打×。打×不打×都是自我的自由行动。⑤ Searle 说："当我们作出人的自愿的动作时，我们典型地是基于理由(reasons)而行动的，而这些理由在解释我们的行为时，以原因的方式(causally)而起作用，但用理由解释人的行为，这种逻辑形式根本不同于因果关系的标准形式。"⑥因果关系中无自由意志可言，就像在一定条件下"一旦发生地震，高速公路就一定坍塌"⑦。自我的自愿行动包括"自由意志"、"目的或动机的明确"和"意向性因果的作用"三个特点，此三者都可

①　J. R . Searle, *Mind － A Brief Introduction*, New York, Oxford University Press, 2004，第 294—295 页。

②　J. R . Searle, *Mind － A Brief Introduction*, New York, Oxford University Press, 2004，第 295 页。

③　J. R. Searle, *Mind － A Brief Introduction*, New York, Oxford University Press, 2004，第 297 页。

④　J. R. Searle, *Mind － A Brief Introduction*, New York, Oxford University Press, 2004，第 296 页。

⑤　J. R. Searle, *Mind － A Brief Introduction*, New York, Oxford University Press, 2004，第 293—294 页。

⑥　J. R. Searle, *Mind － A Brief Introduction*, New York, Oxford University Press, 2004，第 212 页。

⑦　J. R. Searle, *Mind － A Brief Introduction*, New York, Oxford University Press, 2004，第 212 页。

以概括和归纳在"一个更大的现象—理性"(rationality)之下。①

　　我国当代心理学家朱滢在其新著《文化与自我》一书中,开宗明义就专章讲述了 Searle 的自我观。他对 Searle 所讲述的"自我"作了这样的概括:"Searle 认为,自我是一个形式上的概念,它从逻辑上说明一个人的行为、思想是由他的自我决定、支配的,强调个体的主动性。"②朱滢还把 Searle 的自我观和我在拙著《哲学导论》"超越自我"一章中所讲的自我观作了一个对比:"Searle 代表西方哲学对自我的看法,张世英代表中国哲学对自我的看法。"③"他们之间最根本的、最明显的区别在于,Searle 只谈个体的自我,个人认同问题,只字不谈'自我'与他人的关系;张世英则不讨论个人认同问题,为什么要有'自我'这个概念,只谈论'自我'与他人的关系。并且对西方传统哲学那样执著于'自我'持批评态度。""可以说,Searle 的自我观,是法制社会的产物,强调一个人必须对他的思想和行动在法律上负责。而张世英的自我观则是人情社会的产物,更强调人所处的周围环境对一个人的思想和行动负责。"④朱滢认为,东西方不同的自我观是两种不同的文化的产物。⑤ 他说:"自我是文化的产物,一般认为,东方亚洲文化培育了互依型的自我(interdependent self),而西方文化培育了独立型的自我(independent self)。"这种"互依型的自我"表现在中国人的自我观念上就是"倾向于从社会角色和关系来界定个人的自我概念,自我与他人并没有一清二楚的界限,人们习惯于从关系中去认识一切,将个人看成是群体的一分子,是群体里的一个角色,而不是独立的个体。中国人的自我概念包括母亲等十分亲近的人"。⑥ 西方的"独立型自我"则如"所罗门在反思西方社会时指出的","倾向于认为我们真正的、本质的或本真的自我仅为我们自己所独有,而我们与他人的关系则相对来说是次要的,或者从某种意义上来说是外在的"。⑦ 因此,西方"独立型的自我"把包括母亲在

---

　　①　J. R. . Searle, *Mind －A Brief Introduction*, New York, Oxford University Press, 2004,第213—214 页。

　　②　参见朱滢:《文化与自我》,北京师范大学出版社 2007 年版,第 6 页。

　　③　朱滢:《文化与自我》,北京师范大学出版社 2007 年版,第 5 页。

　　④　朱滢:《文化与自我》,北京师范大学出版社 2007 年版,第 16 页。

　　⑤　朱滢:《文化与自我》,北京师范大学出版社 2007 年版,第 48 页。

　　⑥　朱滢:《文化与自我》,北京师范大学出版社 2007 年版,第 17 页。

　　⑦　朱滢:《文化与自我》,北京师范大学出版社 2007 年版,第 27—28 页。

内的"任何其他人"都看成是"非自我",而不像东方人那样把"父母、亲人、好朋友"等都看成是属于自我概念范围内的"自家人"。①

朱滢作为心理学家作了大量的实验和社会调查,证明了中国人的自我观属于"互依型的自我",西方人的自我观属于"独立型的自我";证明了不同的自我观与不同的文化之间的密切关系:"美国文化下人们通过关注自我并发现和表达自身独特的内在特质而保持自我的独立性,而东亚文化下,人们则注重自我与他人间的内在联系,强调关注他人,与他人保持和谐的互动关系。"例如西方人更多地使用个人的特征来描述自我,而中国人则更多地使用所处的社会地位、所扮演的社会角色来描述自我。② 与此相联系的是,西方文化影响下的人对他人的行为常常做"特质归因",即归因于行为者个人的特质;东方文化影响下的人则更多地做"情境归因","更多地考虑到情境因素的影响"③。又如"在行为动机方面,拥有独立型自我的个体在拥有自主权时内在动机最高,任务完成的最好。而拥有依赖型自我的东亚人却不尽然,关系取向使他们对于他人作出选择的情景下也表现出较高的动机"。例如由母亲、权威人士"为其作出选择时,表现出最高的内在动机,任务也完成得最好"④。朱滢由此得出结论:"中国人依赖于别人的观点,而英美人依赖自己的观点。""东方人的自我概念强调同他人的关系。离开了父母、好朋友、同事等,自我的内容就很少了。而英美国家是绝对的独立的自我。自我不包括好朋友、父母、同事等,只包括他自己。"⑤朱滢同时也指出:不能把这种东西方的差异绝对化,"尽管独立型自我主要分布在西方,互依型自我主要分布在东方,但东西方人都具有这两种自我结构"⑥。

结合 Searle 和朱滢的研究和论述,我以为,西方的"独立型自我"可以归结为自由、理性、个性三大特点,自我乃是一个遵照理性而自由行动的独特的个体。如果能以此作为自我的标本,则东方的"互依型自我"实不能算是自

①　朱滢:《文化与自我》,北京师范大学出版社 2007 年版,第 67 页。
②　参见朱滢:《文化与自我》,北京师范大学出版社 2007 年版,第 84 页。
③　朱滢:《文化与自我》,北京师范大学出版社 2007 年版,第 87 页。
④　朱滢:《文化与自我》,北京师范大学出版社 2007 年版,第 89 页。
⑤　朱滢:《文化与自我》,北京师范大学出版社 2007 年版,第 113 页。
⑥　朱滢:《文化与自我》,北京师范大学出版社 2007 年版,第 173 页。

我。我在拙著《哲学导论》中多处谈道,自我源于主客体之间的明确划分,中国传统哲学不重作为认识主体的自我与作为认识客体(对象)的非自我之间的区分,两者在中国传统哲学中浑然一体,故中国传统哲学不讨论"自我是什么"的问题。① 孔子的"仁者爱人",是讲的人与人之间的关系,尽管不能说不是一种自我观,但并未回答"自我是什么"的问题,孟子主张"万物皆备于我",这里的我与万物本为一体,无人我之分,实无独立的我之可言,道家到了庄子,则更明确地提出了"至人无己"(《逍遥游》)的命题。"无己"就是无我,没有自我。可以毫不夸大地说,作为中国本土文化支柱的儒家与道家文化中,大体上说来,"无我"是一条根本原则,"我"(自我)的观念在中国传统文化中,一般说来不过是一个自私、私己的贬义词。我在《哲学导论》等论著中指出,中国传统文化中"无我"的观念其优点在于崇奉人的高远境界,其缺点在于缺乏独立自我的创造性,缺乏主客二分的观点。我们应当学习、吸纳西方主客二分的思维方式,亦即"独立型的自我"观。但西方的这种自我观已愈来愈暴露了极端的人类中心主义和唯自我中心主义的缺点,所以我在"超越自我"一文中又着重阐述了超越西方独立型自我的观点,其中心意思是要取长补短,会通中西,走出一条既尊重自我的独立性又有关注他人的高远境界的新的哲学道路。我的主张并不如朱滢所说,代表中国传统哲学的自我观,但我从他的著作《文化与自我》中认识到,中国传统的那种"更依赖于别人的自我"观根深蒂固,学习、吸纳西方那种"依赖自己"的"独立型的自我"观,远非一朝一夕所能完成。我过去总爱说,"不能亦步亦趋地先花几百年时间补西方文化思想之课,然后再来纠偏",现在由于更深切地意识到传统之顽固,我觉得中华文化要想求得新生,还是需要先多花点时间,做点补课的工夫,当然不是亦步亦趋。近年来我讲的"超越自我"之"超越",未免提得过早了,强调得过多了。我毕竟还是一个在中国传统文化背景下成长起来的中国人的"自我"! 当前,我们还是应当在会通中西、取长补短的大原则和总的趋势下,更着重注意学习、吸纳西方"独立型的自我观"。

朱滢在他的著作中,举了许多有关中西不同自我观对中西社会心理、道德意识方面的影响的例子,而未涉及审美意识。本文受他和 Searle 的启发,想专

① 参见朱滢:《文化与自我》,北京师范大学出版社 2007 年版,第 7 页。

门谈谈西方的"独立型自我观"对西方审美意识、西方美学方面的影响。关于中国审美方面的问题当另文论述。

## 二、古希腊的美学思想与自我——自我在孕育中

中国儒家文化以道德为最高的人生境界,审美服务于道德,而道德的主要标准是去私,"我"、"己"("自我")在儒家看来大多是"私"字的代名词,去私等于去我。道家思想是整个中华传统文化中审美观念的主要来源,而道家的审美境界很明显地是一种无我("无己")的境界。庄子的蝴蝶梦不知庄周梦为蝴蝶,还是蝴蝶梦为庄周,便是一个最生动的例子,中国人最欣赏这种人与万物齐一之美。这里的审美意识中,显然无庄周之自我。与中华传统的审美文化不同,西方传统的审美文化重自我,审美意识是一种自我实现、自我表现的意识。西方有一种观点,认为西方美学史的主线是:美就是理性、理想、理念在感性中的显现。这样的概括当然是不错的,但我以为还可以把这样的概括深化一层。按照我前面对于西方"独立型自我"的界定("自我是一个遵照理性而自由行动的独特的个体"),我们很可以说,西方美学史的主线是:"美是自我在感性中的显现。"具体一点说,美就是在感性形象中显现"自我"的"理性、自由、个性诸特点"。当然,说美是理性、理想、理念在感性中的显现也好,说美是自我在感性中的显现也好,这两种说法在西方美学史上都有一个漫长的发展过程。本文的主旨是想简略地论述一下"自我在感性中的显现"这种对美的界定在西方美学史上是怎样萌生、形成和发展的,论述一下"自我"的诸特点,理性、自由、个性,在西方美学史上是怎样逐步展开的。相对西方而言,中国传统的审美意识和美学思想比较缺乏这几个特点。

纪元前5世纪,古希腊人的审美意识与真、善,与实用性、道德意识尚难以区分。这对于人类思想不成熟的童年时期的古希腊人来说,也是很自然的。例如,当时的人神同质同形的观念就把神像雕画成和现实中的人形一样,神不是人所看不见的超自然的东西,而是一个可见的现实。这说明,这个时期的古希腊人还缺乏超越现实的意识,缺乏把审美再现看成是区别于现实的意识,也说明自我尚深深地沉陷在原始的"天人合一"之中,自我尚未凸显出来,从而也缺乏一种不与现实、不与真善相混淆的审美意识。

　　与此相联系的是古希腊美学思想中的"模仿说"。既然万有同质,美也就只能具有对现实事物的模仿意义,而不能具有对超越现实事物之外的东西的象征意义。柏拉图以致亚里士多德都把艺术美置于"模仿性"的技艺之下,就是由于这个缘故。根据这种"模仿说",则审美的标准只能是按照现实生活中的标准——善和真来评判,审美再现没有比被模仿的现实生活更深远的意义。柏拉图与亚里士多德的审美观念都由此而深深地打上了善与恶和真与不真的烙印。柏拉图关于艺术隔真理三层之说,这是大家最熟知的。仅以亚里士多德为例,他对悲剧和喜剧人物就主要是从好人和坏人的角度来评判的,而对于人物个人("自我")的个性、激情则极少言及。

　　尽管如此,古希腊美学思想中却也隐含着超越现实、超出真、善的审美意义。例如柏拉图认为,艺术模仿现实事物,只是对事物的表面的复制,但这样的复制却隐含着人的想象力,人在复制事物的表面时已舍弃了现实事物的现实性、功用性,这就是一种不同于真、善的审美情趣。这种想象力在一定程度上已意味着自我的自由创造力。尤有进者,柏拉图的艺术美与真理隔三层说,从表面上看讲的是艺术创作、审美形象只模仿现实事物而不能模仿最真实的"理念"("理式")。但他又认为现实事物是对"理念"的模仿。这样一来,其所谓隔三层说就间接地包含着艺术美有象征"理念"、象征超现实事物的东西的意义。[1] "理念"实际上是自我的理性思维的产物,显然,柏拉图的隔三层说,已为后世关于美是"自我"的理性(理念、理想)之感性显现的思想观点开辟了道路。

　　亚里士多德认为模仿之所以能引起快感,原因在于,人在看到模仿的事物时,会惊奇、推想该事物是什么,会欣赏艺术家的技巧,从而得到一种快感。"甚至本身让我们看起来感到不快的东西,例如低等动物的或尸体的形状,在精确的描绘中,却令我们看到它们时兴起了快感。"[2]这种"由于运用智力和惊奇感"而得来的快感,说明审美愉悦不是来自现实事物,而是来自有理性(推想)、有自由的自我。亚里士多德这里把"丑"(令人不快的东西)引入了美学思想范围,这就扩大和深化了自我的特性。自我可以化现实之丑为艺术之美。

─────────────

①　参见鲍桑葵:《美学史》,商务印书馆1985年版,第40—41页。

②　Aristotle, *On the Art of poetry*, The English Edition by Penguin Books, 1965, 第35页。

特别值得注意的是,亚里士多德的美学思想尽管还未脱"模仿"说的框架,但他已大大扩展了模仿的含义,几乎突破了"模仿"说。他认为艺术上的模仿不只限于现实的事物之"所是",而更要模仿事物之"应该是"。这就向"美是理想在感性事物中的显现"说靠近了一大步。当然,"理想"在亚里士多德那里还深受现实性、道德性的束缚,美仍从属于善。但无论如何,在亚里士多德的美学思想中,自我的理性——理想这方面的特征,比起柏拉图来,是更加凸显出来了。

亚里士多德认识到,美的艺术活动包含合乎理性的内容,对现实事物能有不受限制的自由处理的能力,以及个人自我表现的方式等因素。这都是亚里士多德美学思想靠近后世关于美是具有理性、自由和个性特征的自我的感性凸显观点的体现。

但是,我们也不要忘记,亚里士多德的美学思想所表现的毕竟是古代人的审美意识,离近代人的思想意识还相当遥远。他忽视审美意识中个人个性的自我表现,而重普遍性。他之所以认为"诗比历史是某种更有哲学意味和更值得严肃关注的东西",乃是因为"诗关注普遍的真理,而历史论述的是个别的事"①。在亚里士多德看来,诗的真实性(Poetic Truth)高于历史的真实(Historical Truth)。② 正是根据这个观点,亚里士多德认为诗和戏剧的关键不在于对自我的独特个性的描述,而在于显示一种类型,悲剧的最重要的要素(他认为有六个要素)是"情节"(Plot),即事件的安排,而不是个人自我的"性格"(Character),"情节"是悲剧的生命,"性格"居第二位。③ "情节"具有事件的普遍性、必然性,而且亚里士多德所讲的"性格"也带有类型性、普遍性,而不完全是近代意义的个性。亚里士多德的美学思想显然还属于古代人——古希腊人的范畴。

在古希腊审美意识中,完全不涉及现实性、不涉及真与善的纯粹意义的美,是形式美。古希腊人特别重视形式美,这是古希腊人审美意识的特色,也是古希腊人对整个西方美学思想的一大贡献。形式美是任何审美意识都不可

---

① Aristotle, *On the Art of Poetry*, The English Edition by Penguin Books 1965,第43页。

② 参见 Aristotle, *On the Art of Poetry*, The English Edition by Penguin Books 1965,第43页。

③ 参见 Aristotle, *On the Art of Poetry*, The English Edition by Penguin Books 1965,第39、40页。

缺少的成分,即使近代的审美意识已远远超越形式美,但它又必然包括形式美在内而不能舍弃它。所谓形式美,概括起来说,就是指多样性的统一,亦即和谐,例如对称、比例、秩序、完整等,其在音乐中的表现就是节奏、圆润之类,在绘画中的表现就是图形上的比例、匀称之类(例如"黄金分割"的矩形能特别引起人的审美愉悦),在诗歌、戏剧(包括乐曲)中的表现就是有头、有尾、有中局,有点类似中国古典文学中讲的"起承转合",如此等等。形式美的理论源于毕达哥拉斯学派对于数和形式乃宇宙结构之基础的信仰,它把音乐和图形之美归结为数的和谐。柏拉图也承认形式美给人以一种不同于真善的纯粹意义的审美愉悦。[①] 形式美之所以令人产生愉悦感,在毕达哥拉斯学派看来,是因为人与自然都受数的和谐原则支配,两者由此而相互契合;在柏拉图看来,这种愉悦不是由于简单地复制现实性事物而产生的,它包含有人的自我的自由创造力,然而形式美只能算是美的必要条件,只表现了自我审美能力的抽象方面。把美简单地仅仅界定为多样性的统一或和是远远不够的。美的内涵必须随着从古代到近代的历史前进过程而不断扩大和充实,其大体的方向是愈来愈凸显自我的理性、自由和个性诸特征。

亚历山大里亚和希腊—罗马时代,由于社会的变迁和各种矛盾的加剧,个人日益转向对自我的审视。一方面有像斯多噶派、伊壁鸠鲁派和怀疑派那样的伦理思想占当时思想界的统治地位,它们注重自我的安宁静穆;另一方面也有像朗吉努斯(Casius Longinus,213—273)那样突出自我的崇高方面的美学思想。他在西方美学史上是第一个把"崇高"引入审美反思的学者。他的《论崇高》尽管没有像近代的康德那样对崇高的本质做系统的阐述,但他对自我的崇高特征的赞扬,却使他在美学思想方面向近代走近了明显的一步。他说:"凭借内在的力量,真正的崇高提高我们的灵魂。"[②]"崇高是高贵精神的回声。"[③]"大自然判定我们人不是卑下的动物,它把我们带进生命和整个宇宙中,毋宁是好像把我们邀请到一个大的会场上,在那里既成为观众,以欣赏它所创造的一切以及最有智慧的、渴望成名的人,又从一开始它就给我们的灵魂灌注了一种不可克服的渴望,渴望一切伟大的东西,渴望一切比我们自己更神

①　参见 Plato, *Philebus*, 51。

②　Longinus, *On the Sublime*, The English Edition By Penguin Books, 1965, 第 107 页。

③　Longinus, *On the Sublime*, The English Edition By Penguin Books, 1965, 第 109 页。

圣的东西。也就由于这个缘故,整个宇宙都不能满足人力范围之内的沉思和思想,我们的观念常常超出了我们周围的界限之外。如果我们从各方面把生命审视一番,看到在与我们有关的每一事物中那不平凡的、伟大的和美丽的东西是如何凸显着,我们立刻就会领悟到我们出生的目的。这就是为什么按照某种自然的本能,我们赞赏尼罗河、多瑙河、莱茵河,尤其是海洋,而不赞赏小小的溪流,尽管它们清澈,甚至有用。"①从朗吉努斯的"崇高"概念中,我们似乎看到了一个气魄宏伟、敢与一切渴望成名的、最有智慧的的人相竞争的"自我"。西方近代的"主体"意识("自我"意识)和近代"主体性哲学"的"主体性"似乎呼之欲出! 这里不能不让我们情不自禁地联想到,中国传统以"无我"为最高境界的哲学思想和美学思想,与西方的自我进取精神相比,未免显得太消极了。当然,中国传统美学思想中,也不乏类似于西方"崇高"观念的成分。

　　处于古代与中世纪交接处的新柏拉图主义者普罗提诺(Plotinus,205—270),在关于美显示自我的理性特征方面,突破了柏拉图主义以至整个古希腊美学理论的框架。以柏拉图和亚里士多德的模仿说,尽管我们不能把他们的"模仿"这个术语作简单的理解,但其基本思想却是认为,美的艺术模仿现实事物。普罗提诺则大大地延伸了、以致可以说打破了柏拉图的"同真理隔三层"说,认为艺术不是仅仅简单地模仿有形的现实事物,而且更进而显示"理性"、"理念",深入到"理性"、"理念"。"心灵由理性而美,其他事物——例如行动和事业——之所以美,都由于心灵在那些事物印上它自己的形式。使物体能称为美的也是心灵。"②这就是说,只有当自我把自己所具有的"理性"打印在(显示在)感性事物上,事物才是美的。"美是理性在感性中的显现"这一近代的美学观点,在普罗提诺这里,实际上已初步形成,只不过他的"理性"、"理念"是与神秘主义的"太一"说紧密联系在一起的。无论如何,古希腊的模仿说从普罗提诺起,已明确地过渡到象征说:艺术是理性的象征。

　　与此相联系的是,普罗提诺既然不同意美只是模仿现实事物,也就很自然地不同意一味重视形式美的古希腊美学观点。他认为对称本身并不是美,美

①　Longinus, *On the Sublime*, The English Edition By Penguin Books, 1965, 第 146 页。
②　转引自朱光潜:《西方美学史》,上卷,人民文学出版社 1985 年版,第 119 页。

乃是在对称事物中所闪耀的"光"。例如刚死的人,面形上还未有什么改变,也许还称得上对称,但死人的脸上没有像活人那样闪耀着生命的"光"、美的"光"。也就是因为这个缘故,普罗提诺提倡人的肖像画要特别注意眼神。眼神在他看来,最能显示人的心灵。强调理性、心灵在审美中的作用,这就孕育着近代审美意识的萌生。

## 三、中世纪美学思想与自我——自我
## 被蒙上了宗教神秘主义的阴影

基督教的表面特征,如禁欲主义、敌视艺术美(破坏偶像是其突出的表现)、重视自然美等,显然会让我们比较轻易地得出结论:在基督教占统治地位的中世纪,自我的理性、自由、个性诸特征都受到了削弱和压制,人性的审美方面已被湮没。但是,如果我们能从另一个角度作一点更深入、更全面的反思,就可以看到,中世纪的自我和相关的审美意识乃是在基督教的宗教神秘主义外衣下,以隐蔽的形式潜在地生存着、发展着。

就拿基督教的"化身"的观念来说,它就把犹太教中那种非个人自我所能及的造物主拉回到了个人自我所能及的范围之内,而这一点一直渗透在基督教的宗教意识之中,成为中世纪审美意识的一大特色。

中世纪基督教对自然美的赞赏虽然包含一种对人为的艺术的敌视,但与古希腊审美意识相比,却蕴涵了一种观点:自然美既然表现着自然界的神意,那就意味着自然美是由于有了更深层的"意蕴"才美,而这正是古希腊人一般所难于设想的,尽管这里的"意蕴"披上了"神性"、"神意"的外衣。

中世纪破坏偶像的运动,认为基督的人性太崇高、太伟大了,以致不能用艺术画像按照尘世的人体来描绘。基督的精神高于人的形体,甚至先于人的形体,这从一个侧面说明,基督教正是要凸显人的自我的崇高性(神圣性),基督教的灵肉二元论,算得是突出人的自我性的曲折表现。而且,破坏偶像的这种过激之举在当时已引起争议,6世纪的格雷高里(Gregory of Nyssa)大帝就主张,崇拜图像本身固然不妥,但通过图像来崇拜神灵则是应该的,它可以启发自我的心灵。格雷高里的观点意味着艺术形象具有象征神灵的意义。这种以艺术形象象征神灵、启发自我的说法,比起柏拉图之视"理念世界"完全外于和超出"感性世界"的观点来,显得更贴近人生、贴近人的心灵——自我。

奥古斯丁(354—430)的美学思想虽然与普罗提诺不同,他主张美必须讲究形式,讲究对称与色彩之类的东西,但他在注重美的形式的同时,又继承了普罗提诺的思想,认为美之为美,其内蕴主要在于美的形象是由于受了上帝光耀的照射。美不限于感官形象,而是超越了感官形象,这是基督教美学思想的核心,也是西方美学思想发展史上由古希腊前进到近代的具有关键意义的一步。美必须具有理性、理想的内蕴,这一只是到近代才完成的审美观念,如果说在古希腊尚处于孕育状态,那么,到了中世纪,就可以说是在基督教神秘主义外衣的掩盖下诞生了。

9世纪的爱里根那(约810—817)更进一步实现了由古希腊模仿说到象征说的转化。他虽然也贬斥艺术,但他比奥古斯丁更明确地把美在于显示上帝光辉的思想与人的自我联系起来。他认为,"人是宇宙中的一个小宇宙,因为人有感官能感知世界,有理性能考察可理解的自然和事物的原因,有智力(intellect)能沉思(contemplate)上帝。"①夏娃表征着人的感官,亚当表征着人的理性,上帝创造一切现实事物是为了让人赞美上帝。但人必须"沉思"上帝,与上帝合一,才能领悟上帝是美,从而欣赏被神所光照的万物之美。人通过感官所感知到的和通过理性所考察到的,都只是被创造之物,其本身没有美,这些被造物之美不是通过人的感官和理性,而是通过"智力"之"沉思"才能达到的。爱里根那的这些思想,说明他看到了审美意识超越于感官知觉和一般的理性思维之上,超越于感性和知性之上。② 爱里根那的美学思想似乎有接近康德的美学思想之处。

圣托马斯·阿奎那(1226—1274)继承了奥古斯丁的美学思想,主张美必须讲究形式,但重要的是,美的形式(无论自然美还是艺术美)都源于上帝:"精神性的真理通过物质事物的貌似(under the likeness of material things)而被启示、教导,乃是恰当的,就像 Dionysius 说的那样:'除非借助于隐藏在许多神圣面纱覆盖之下的神圣的光耀,我们是不能受到启迪的。……精神性的真理是靠来自有形体的东西的图像而得到说明的。'"③托马斯在神学的外衣下,

①　*The Now Encyclopedia Britannica*, Chicago,1993, Volume 4, 第 542 页。
②　参见鲍桑葵:《美学史》,商务印书馆 1985 年版,第 187 页。
③　*Basic Writings of Saint Thomas Aquinas*,Random House , Inc .1945 , volume I ,第 15 页。

表达了美是自我的理性("精神性的真理")的显现的思想。

托马斯继承了柏拉图关于区分审美感官与非审美感官的观点,但他比较注意美与善的区分:善关系到感性欲念的实际利益,而味觉和嗅觉两种非审美感官所得到的就是这种实际利益的满足,其中有目的因;听觉和视觉两种审美感官所涉及的不是感性欲念的实际利益,而是"认识能力"(cognitive power)。在托马斯看来,相对地说,视觉和听觉更多地具有理性认识的性质,更能领悟形式美。因为感官感知到适当比例的事物时,就感到一种相似于感官本身比例适当的美的愉悦。"感知也是一种理性(reason),如同每种认识能力一样。""由于知识借助于同化相似与形式相关,故美本身属于一种形式因的性质。"①托马斯在这里明显地看到了美与自我的理性认识特征的密切关系,他也开启了康德形式美的观点。

但丁(1265—1321)比托马斯晚生不到半个世纪,是中世纪最后一位诗人,同时又是意大利文艺复兴运动的先驱。他没有什么专门的美学理论著作,但他的名著《神曲》(《神圣的喜剧》)却表明了,他的美学思想明显地打上了他所处的转折性时代的烙印。《神曲》采取了中世纪所惯用的梦幻文学的基督教手法,描述了但丁从森林迷途中走出之后,游历"地狱"、"炼狱",并进入"天堂"的历程。其主旨正如但丁自己所说,从字面意义上看,不过是讲的"亡灵"的境遇,但从寓言意义上看,则"其主题是人",其"目的"是要使得生活在这一世界的人们摆脱悲惨的境遇,把他们引到"幸福的境地"②。实际上,但丁在《神曲》中,表现了人的自我的独特性、甚至他本人的个性解放的思想,但他同时又通过他个人的个性解放,通过寓言,表达了一般人的自我的理性与理想内容,尽管他所运用的中世纪寓言式语言的感性形象还没有达到适合于理性内容的地步。当然,但丁所探索的理性与理想内容主要还是伦理道德方面的,美服从于善。美的独立地位还有待于近代美学思想来树立。

《神曲》的另一不容忽视的特点就是,它不是用教会的官方语言、亦即先前的学者所用的传统语言拉丁语,而是用民间口头语言写成的。他还有专门

---

① *Basic Writings of Saint Thomas Aquinas*,Random House ,Inc .1945 ,volume I ,第47 页。并参见鲍桑葵:《美学史》,商务印书馆1985 年版,第195—196 页。

② 但丁:《致斯加拉大亲王书》,见《西方文论选》,上卷,上海译文出版社1980 年版,第160、162 页。

论述和提倡用民间口头语写作的专著《论俗语》,但丁的自我解放已经延伸到语言的层面了,朱光潜把它与中国五四时代提倡白话文运动相比,是很有意义的。①

## 四、文艺复兴时期和近代的美学思想与自我——自我脱下了基督教宗教神学的外衣而展露自身

文艺复兴时期的人文主义(Humanism,人本主义,人道主义),是一种与基督教神学相对立的以人为中心的思想精神,它否定禁欲主义和来世的观念,追求个性解放、理性至上(如果说13—14世纪的人文主义的这种倾向尚不很明显,那么,到了15—16世纪,则表现得非常明确了)。自我的观念,其中包括重理性、自由、个性等属于自我的特征,从人文主义思潮开始,逐渐公开对抗神权而赤裸裸地展露自身。恩格斯所谓"巨人的时代",就是从这种自我解放的精神中产生的。以自我表现、自我显现为核心的西方审美意识和美学思想亦由此出发而走向其顶峰时期——近代。

文艺复兴时期的巨人列奥纳多·达·芬奇(1452—1519)专门谈到画家的"心"要"像一面镜子",研究"普遍的自然",运用构成一事物的"类型"的"优美"部分。达·芬奇的美学思想实际上继承和发展了亚里士多德的观点,算得是近代美学上典型说的先声:审美形象应描绘出自我("心")所"反映"的普遍性理想。但达·芬奇还有美从属于神、绘画为神服务的思想。

文艺复兴时期的伟大作家莎士比亚(1564—1616)不再像但丁那样把"来世"、"天堂"奉为理想的圣地,而是注重现实的世界;但丁运用的中世纪寓言式语言在莎士比亚作品中也不见了。自我的价值和意义不是作为超感性的上帝的光辉来表现,而是按照人的理性力量和个人性格而起作用和被描写的。莎士比亚在《哈姆雷特》中主张"演戏要像镜子一样反映自然",这就说明他的美学思想要求艺术再现人的生活。他所谓的"反映自然",显然不是照搬自然。马克思、恩格斯也称赞莎士比亚的美学思想,恩格斯明确说莎士比亚的戏剧观点是"现实主义的东西"。

---

① 参见朱光潜:《西方美学史》,上卷,人民文学出版社1985年版,第114页。

　　文艺复兴时期以后的近代哲学分为唯理论和经验论两大派。法国新古典主义派的美学思想家布瓦洛(Boileau Despreaux,1636—1711)从唯理论者笛卡尔的理性主义出发,认为文艺作品都要以理性为评判的标准,美源于自我的理性特征,而理性的东西必然具有普遍性,所以布瓦洛主张文艺需要创造"典型",需要显现普遍性的东西。也就因为这个缘故,布瓦洛所讲的"典型"也就成了呆滞凝固的"类型";他忽视想象在审美意识中的作用,更轻视抒发自我的个体性情感的抒情诗,而这种抒情诗正是近代意识兴起的一个标志。

　　和唯理论者不同,经验派学者的美学思想则主要是从感性知觉和个人的情感出发。培根强调的创造的想象力,具有自由的特点,它让人的心灵世界比现实的世界更广阔,因而使人感到审美的愉悦。休谟认为,美是对象的形式通过人心的特殊构造而感受到的情感;他区分"感觉的美"(形式美)和"想象的美"(对于对象效用的联想所引起的美)。博克(Edmund Burke,1729—1797)关于"崇高"的美学理论是一般都很熟悉的。他关于"美感"来自"社会生活"方面的"情欲","崇高感"来自"个体保存"方面的"情欲",乃是从个人情感、欲望的生理方面来立论的,他所谓的"社会生活"也只是就个人的生理要求如性要求、群居要求而言的。经验论的美学思想忽视自我的理性特征,而着重美的事物的感性性质。美如何显现自我的理想、理性——事物的内蕴,这一点几乎不在经验论派的视野之中。博克把"竞争心"、"自豪感"与"美感"、甚至与"崇高感"联系起来,这是一种近代审美意识的表现。但"竞争心"、"自豪感"还算不上是理性、理想的体现。培根关于诗的想象能敞开人的胸怀的观点,倒是有点突破经验论的范畴。

　　然而,无论唯理论也好,经验论也好,他们与古代和中世纪相比,则表现了一个共同的特点,那就是主体——自我的公开现身。经验论者所讲的感知着的主体和唯理论者所讲的理性思维着的主体,都同样重视和突出一种独立于和外在于客体而又支配和宰制客体的主体意识——自我意识。这种意识,如前所述,在古希腊哲学和美学思想中尚处于孕育阶段,在中世纪则蒙上了基督教神学的外衣,于今则以公开的形式而诞生和展露了,它是近代意识(包括近代审美意识)的最根本的特点。用西方哲学的专门术语来说,这种近代意义的主体意识——自我意识是在明确的"主客二分"("主体——客体"关系式)的思维形式基础上建立起来的。唯理论不过是从理性的侧面突出主体—自我意识,经验论不过是从感性的侧面突出主体—自我意识。两者之间的分歧也不是绝对的,其中有不少相互交叉之处。两派的结合在康德的美学思想中实现出来了。在康德那里,美学的问题就是如何把经验派所强调的感性和唯理派所强调的理性结合起来,具体地说,也就是感性的东西如何显现理性的问题,联系到本文的主题来说,这个问题也就是一个如何在美学思想中凸显自我的问题,具体地说,是一个如何在自我的感性中显现自我的理性的问题。这个问题,经古希腊、中世纪而在近代的美学思想中才明确地公开地展现出来。康德的美学思想标志着近代美学的正式诞生。当然,康德也从他的前辈那里吸取了一些美学思想特别是从鲍姆嘉通那里借来了"美学"这个名称。

鲍姆嘉通(Baumgarten,1714—1762)以 Aesthetica 命名的一门独立的新学科,使他成为后世公认的"美学之父"。他认为美乃是感觉到的完善,这种完善不同于理性认识到的完善,后者属于科学上所讲的真,前者属于美学上所讲的美,例如人通过感官感觉到一朵花的完善,那就是见到了花之美。他所讲的完善,不完全等同于唯理论者伍尔夫所讲的完善,他重视审美对象的个体性,认为愈是个体的东西,其内涵愈丰富,也愈完善、愈美。最有诗意的东西是最具个体性的东西,而不是抽象的普遍性。鲍姆嘉通对审美意识中个体性的强调,是近代审美意识的体现。

近代人的自我的特点是既突出自我对自然界必然性的认识,又突出了自我的独立自主和自由。康德三大《批判》中的前两个《批判》,一个(《纯粹理性批判》)讨论了前一个问题,一个(《实践理性批判》)讨论了后一个问题。前者所得到的结果是可感觉世界的必然性领域,后者所得到的结果是超感觉的理性自由领域。如果这两个领域没有真正地、深切地结合起来,则作为具有自由和理性诸特征的自我,便被放逐到了现实世界以外,而失去自我的本性。康德在《判断力批判》中就是要在两者中找到一个结合点。他最终认为,美正是这样的一个结合点:美既是现实的、可感觉的东西,又是合乎理性自由的东西。康德从不同的角度对美作了各式各样的界定,其核心是,在审美意识中,人似乎体玩到事物的形式符合主体(自我)的认识功能(想象力和理解力)。所以在康德看来,美也就是事物之符合主体(自我)的形式。这种符合引起了主体(自我)在情感上的一种快感。这种快感就叫做审美快感,它不同于满足

（符合）欲望所得到的快感，因为这种快感是对事物的表象形式的快感，而不是对事物的实实在在的存在的快感。这种快感源于事物形式符合于主体（自我），是对主体（自我）而言的，所以康德认为它是符合"主观的目的"（实即自我），把它叫做"主观的符合目的性"。这种目的不同于平常说的那种作为概念、目标而被明确认识到、被明确树立起来的目的，所以康德又把它叫做"没有目的的符合目的性"。例如，一朵花的美就在于花的形式的统一性与主体（自我）的认识的统一性符合。一切美都具有"符合目的性"的特点，自然美和艺术美皆然。"符合目的性"这一观念，正好体现了理解力所涉及的自然界必然性领域和理性所涉及的自由领域两者的结合。"符合目的性"者，必然性的可感世界符合理性自由的自我之谓也。倒过来说，"符合目的性"也就是指理性自由的自我表现、显现于必然性的可感世界之中。美就是自我表现（于外），美具有主体性、自我性，这一表征着西方近代美学特点的思想，在康德这里已经非常清楚地确定了。

康德并不认为上述纯粹的、形式的美是最高的、理想的美。他超出了纯粹美、形式美的观点，还看到了主体（自我）的全面性和事物的全面性，例如他看到了事物的"无形式"方面，看到了主体（自我）之由痛感到快感的转化方面，这就是他关于"美"之外的"崇高"的理论。他认为崇高非感性形式所能容，而是自我心灵本身固有的一种情感因受到激发而体会到了一种"更高的符合目的性的观念"，也就是一种比美更具有振奋、惊羡的崇敬之心，这也就是说，同属"审美判断"之下的"崇高"，比"美"更多地、更深刻地具有主体性（自我性）。主体（自我）在崇高感中更显示出其超越感性的理性的威力——自我高过自然、主宰自然的能力。

康德在美的分析和崇高的分析中，从不同角度讨论了典型问题，典型问题实际上是讲的审美意识中主体性（自我性）观念的内涵比起纯粹美、形式美来更为广阔、更为丰富的问题。主体（自我）不仅有审美的意识，还有道德意识、功用意识等，审美意识不可能脱离其他方面的意识而独立存在，所以康德最终在讲到美时，认为不能抽象地只讲纯粹美、形式美，还要讲与事物内容相关的依存美，依存美即依存于道德、功用等之美。康德认为，只有依存美才是理想美，这种美以显现主体（自我）的道德理想为目的。这里的目的已不是"主观的符合目的性"的目的了，理想乃是一种"客观的符合目的性"的目的。①

　　如果仅仅从美以显现道德理想为目的这一点来概括康德的全部美学思想,那未免有点片面性和表面性。实际上(尽管不是明显地),康德扩大了、超越了美依附于道德的观点。他关于"Ästhetische Idee"("审美意象"、"审美观念"、"审美理念")的理论就说明了这一点。他的"审美意象"不仅指人的道德理想,而且包含自然的合理性,它是道德秩序和自然秩序的有机统一,是囊括人和自然于一体的理性在感性世界中的客观化、具体化,或者说显现。这样,美在康德看来,就是理性观念在感性形象中的显现。"审美意象"更深入地指明了主体(自我)的理性自由的特征。"审美意象"说似乎超越了康德美学思想中的道德主义因素,而接近了黑格尔的"美是理念的感性显现"说。按照康德的思想线索,主体(自我)在审美意识中超越了单纯对道德的依存,进而达到了比道德意识更高的自由。② 美学也由此而取得了最高的地位。科学所追求的是真,是普遍必然性,人如果只是以被动的态度对待普遍必然性,则无自由可言。道德追求的是善,是人所应该做之事,亦即人所要达到的一种明确的理性目的,而且总要涉及功利(为他人谋取功利也包括在功利之内),所以,这种自由也是有限度的。唯独审美,它是一种无明确目的的目的性,它既超越了科学所讲的自然感性世界必然性的限制,又超越了道德世界所树立的明确目的("应该")的限制,所以自我唯有在审美意识中才是最自由的。美学就以追求这样的自我为目标。这样的自我,就其实际上蕴涵超越道德的含义而言,已经超越"互依型的自我",而完全进入了"独立型的自我"。道德不能脱离自我的互依性,只有有了独立的审美意识,有了独立的美学,才有真正独立型的自我。康德似乎已指出了这一标志着近代意识特点的美学观点的方向。

　　然而康德的美学思想还有许多缺点,至少在字面上更多地表现了道德主义的因素,康德并没有明白地把审美的地位放在道德之上。

　　康德的"审美意象"或"美的理想",其实都是讲的艺术典型。典型乃是感性特殊性与理性普遍性的统一。但对于这种统一也可以有两种不同的理解:

---

① 参见鲍桑葵:《美学史》,商务印书馆1985年版,第351—352页。

② 参见鲍桑葵:《美学史》,商务印书馆1985年版,第353—354、367—369页。

一种是从普遍性概念出发,另一种是从感性特殊性出发。究竟是哪一种才真正具有美学意义,这个问题要到歌德那里才突出起来。所谓从普遍性概念出发,就是指艺术家事先主观地心存一个抽象概念,然后再去找特殊性的感性事物作为例证来说明,例如从某个道德教条甚至政治概念出发编制出来的所谓艺术作品。这种作品以普遍性压制特殊性(个体性),矫揉造作,令人生厌。歌德明确地反对当时在席勒那里所表现的这种"为普遍而找特殊"的典型观。他认为真正的艺术典型,应该是从感性特殊性出发的普遍性与特殊性的统一,即"在特殊中显示出一般"。歌德的意思是,艺术形象首先必须是现实的活生生的特殊的东西(个体性的东西),但作为艺术形象、作为美的东西,它又不是同类中随便一个特殊的东西,而是其中最能充分地"显出特征"的特殊的东西。事物的本质并非同类事物的简单类型或平均状态,而是事物的"最内在的"、"最富有意蕴"的东西,简单地说,事物的本质乃是它的"特征"。以橡树为例,在茂林丛中只能一直冲天向上长的细长橡树和低洼地带匍匐在地上的橡树,都不能显示出橡树的那种刚劲之美的真正本质和特征。也就因为这个缘故,歌德的典型观被称为"特征说"。他断言:只有这种能显示出特征的艺术才是唯一真实的艺术。

这里值得特别注意的是,歌德所讲的"特征"(本质)并不是离开人、离开自我的精神而独立自存的所谓自然本身之物,而是艺术家对自然加以"艺术处理"过的东西,经人"感觉过"、"思维过"、让人感到"有品味"的东西。这样,艺术作品所显示出的东西,就远不是自然物的复制,它既显示了事物的最内在的东西,同时也显示了艺术家"自我的内心深处"。艺术与人、与自我的关系不可丝毫分离。艺术是自我的表现——自我的创造。通观歌德整个的美学思想,重视个体性是其特色,这也是近代意识的特点。

康德在审美意识中(更具体一点说,在"审美意象"中)所达到的自然必然性与理性自由相结合的合理性、统一性,就其超越道德意识的方面而言,把人的自我提升到了一个新的高度。他的这个观点,经谢林而被发展为"das Urselbst"("本我"、"原本的自我",黑格尔称之为"绝对的自我")的观点。"本我"是无意识的自然活动和有意识的自由活动的统一,但在谢林这里,这种统一已明确地超越了道德意识。这种最高的统一活动体现在人的有意识的活动中,便是审美意识的活动。美的东西、艺术作品乃是这种活动的产物。这样,自我(在审美意识中的自我)的自由才同时也是自然的,而不是与自然对立的。有限性自我的自由特征囊括无限性统一体的特征,这一点在谢林这里更加明确了。谢林由此而给美下了这样一个定义:美就是以有限形式表现出来的无限。无限是"本我"—"绝对",有限是个别性的感性形式。因此美的作品总是以有限的形式暗示出比它本身要深广得多、丰富得多的含义。后者是"绝对",是"本质",是理想性的东西。有限形式似乎成了达到无限意义的桥梁,这颇有点像中国人所说的"得意忘言"、"得鱼忘筌"的意思。但谢林所讲的这种具有近代意识特征的"本我"、"主体"(通过艺术感性形式所表现、显示、暗示的"绝对"、"自我"),不是古希腊艺术所表现的"类型"—抽象的普遍性,而是个体性。由于"本我"(最高的合理性、统一性)是通过个人的有意识的活动而体现出来的,所以它必然具有个体性、独特性。这样,艺术作品所显示、表现("暗示")的普遍性便同时又是特别具有个性的。近代人的审美世界,可以说是个体的自我所独创的世界。①

黑格尔关于美的著名定义,"美是理念的感性显现"(Das Schöne bestimmt sich…als das sinnliche Scheinen der Idee),把西方古典美学思想中关于美是自我显现的含义作了系统的、深刻的申述。黑格尔明确指出,主体—自我的"最高内涵"是自由(Freiheit)。② 自由在于不以自己的对立面为外在的,从而也就是不以它是限制自己的。自由的主体本身就是一个整体,他不满足于自己只是一种内在的东西,而要求把自己变成客体,在对它的外在的东西中见到他自身,实现他自身。主体只有在这样的对立统一中,才得到自由,得到自我满足。然而,要达到充分的自由和自我满足,则有一个过程:起初,自我只要求吃饱睡足之类的感性满足和自由,这种满足和自由对主体—自我来说,显然还是很有限的。作为人的主体之自我,必然要进一步要求精神上的自由和满足。③ 没有知识的人,不懂得客体的规律,客体对主体是异在的,他显然是不

---

① 参见鲍桑葵:《美学史》,商务印书馆 1985 年版,第 412—429 页。谢林在早期的作品(Ueber die Moeglichkeit einer Form der Philosephie überhaupt, 和 Vom Ich als Prinzip der Philosophie)中,就已突出了"绝对"的基本观点,认为每个人本身就是作为绝对自我的绝对,这个自我是永恒的、无时间性的,可以在直接的直觉(这种直觉与感性直觉相反,而具有理智的特点)中得到理解(*The New Encyclopoedia Britannica*, volume 10, Chicago, 1993, 第 512 页。

② 参见 *G. W. F. Hegel Werke* 13, Suhrkamp, 1986, 第 151、134 页。

③ 参见 *G. W. F. Hegel Werke* 13, Suhrkamp, 1986, 第 133—136 页。

自由的。人的各种文化活动,其实都旨在克服主客间的对立,消除自我内在的
自由要求和外在的必然性之间的矛盾,以最高的自由和自我满足为追求目标。
但在有限的领域内,主体—自我不可能达到充分的自由和满足。① 黑格尔于
是提出一个可以达到充分自由和满足的领域——"自身真实的境界"。他说:
由于人在有限的领域受到有限事物的束缚而得不到充分的自由,于是希望达
到一种"更高的、更实体性的真实境界"( die Region einer höheren
substantielleren Wahrheit),在这里,有限性领域的各种对立、矛盾都得到统一,
得到最终解决,主体于是达到完全的自由和满足。"这就是自身真实的境界
( die Region der Wahrheit an sich selbst),而非相对真实的境界"。简言之,主
体(自我)只有在作为最高的统一体的"自身真实的境界"里,才获得真正的自
由和满足。黑格尔认为,对于这唯一的"自身真实的境界",主体—自我通过
三种形式来把握,或者换句话说,"自身真实的境界"以三种形式呈现于主
体—自我的意识中:第一种形式是"自身真实"呈现于感性的意识之中,这就
是美的艺术。"美是理念的感性显现"这个定义中的"理念"也就是"自身真
实"。正因为如此,我们才在艺术的各种感性形象中体玩出其中的"真实"、意
蕴,从而得到一种美的享受。这里,陶渊明的诗句"此中有真意",似乎可以借
用来界说艺术美之为美。艺术由于越过了各种有限领域(科学、法律、政治、
道德,等等)而达到无限的绝对领域,所以,相对于有限性领域而言,艺术给主
体—自我带来的享受(美的享受)是充分的(充分的自由、充分的满足)。在美
的艺术中,自我不再是片面的、主观的自我,而是"迄今分裂为自我与对象两
个抽象方面的结合"②。"因此,审美带有自由的性质",它不把对象作为服务
于有限需要的工具,不受外在的东西的干扰。③ "正是由于这种自由和无限
性,美的领域才挣脱有限关系的相对性而进入理念及其真实性的绝对领
域"④。当然,黑格尔并不认为艺术是呈现"自身真实境界"的最高方式,他在
艺术之上,还列有宗教和哲学两个更高方式,本文不拟赘述。

　　黑格尔把呈现在感性形象中的理念,特称为"理想"(Ideal),他所强调的

---

① *G. W. F. Hegel Werke* 13, Suhrkamp,1986,第 137 页。
② *G. W. F. Hegel Werke* 13, Suhrkamp,1986,第 155 页。
③ 参见 *G. W. F. Hegel Werke* 13, Suhrkamp,1986,第 155—156 页。
④ *G. W. F. Hegel Werke* 13, Suhrkamp,1986,第 157 页。

是，"理想"不仅仅是一般的普遍性，而且同时是具体的个别的现实。"理想"就是"符合理念之概念而又具体化了的现实"①。主体—自我在把理念的本质（"理念的概念"）显现于具体现实时，不是在具体现实中复印一个抽象形式的普遍性，而是要在其中显现出理念的本质性，即活生生的、灌注着精神性的统一。这也就是说，艺术作品所要显现或表现的，是世界整体的灵魂—最高的统一、最高的自由，至于一切与此不相干的、无关宏旨的东西，艺术家则一概舍弃掉。②

艺术既然是人出于一种内在的要求、冲动，要把自我心目中"自身真实的境界"—"理念"显现于感性形象之中，这就必然使艺术品成了自我表现、自我创造的产物，艺术品都深深打上了自我的烙印，我们从感性形象的每一个角落中都可以看出深藏在其中的自我的"灵魂"，看出"在其无限性中的自由的灵魂"。③

根据以上这些，黑格尔特别注重艺术创作中对人物个性的描写。他所强调的 Pathos，就是理念显现于具体人物身上的个性情绪。他认为，理想的人物性格是独立、自由。"人的自我立独性"（Selbständigkeit）对于艺术理想是本质上必要的。"④他明确反对当时社会里"人的每种活动不是采取各自的活生生的方式，而是越来越按照刻板的机械方式"的文化现象。⑤ 黑格尔对刻板式文化现象的反对和对自我的独立性的追求，对我们当代中国人来说，似乎也有值得玩味之处。

和整个黑格尔哲学一样，黑格尔的美学思想也可以说集西方古典美学思想之大成。他把主体、自我的主要特征：理性（理念）、自由、个性，结合成了一个整体而贯穿于他的美学思想体系之中。

然而，黑格尔的美学观点毕竟不脱西方古典哲学中理性至上主义的旧传统，他的主体—自我只是一个理性的主体—自我。西方古典美学思想中自我的三大特征，其中理性是核心，自由与个性都建立在理性的基础之上。这一点

---

① *G. W. F. Hegel Werke* 13，Suhrkamp，1986，第 105 页。

② *G. W. F. Hegel Werke* 13，Suhrkamp，1986，第 217 页。

③ *G. W. F. Hegel Werke* 13，Suhrkamp，1986，第 204 页。

④ *G. W. F. Hegel Werke* 13，Suhrkamp，1986，第 293 页。

⑤ 参见 *G. W. F. Hegel Werke* 13，Suhrkamp，1986，第 337 页。

在黑格尔美学思想中尤为突出。后现代主义美学思想对理性至上主义进行了激烈的批判。

## 五、后现代主义美学思想与自我——自我作为理性与非理性相结合的整体而更充分地表现了自由和个体性的特征

　　人所生活于其中的世界,本来是人与世界交融合一的整体,无论从人类历史文化发展的角度来看,还是从个人出生到死亡的人生历程来看,都是在后来(西方文化史主要是在文艺复兴以后,个人的人生历程主要是在脱离婴儿的状态以后)才进入"主体—客体"的模式而被主体化,从而以自我为中心。西方文化的发展史表明,自从文艺复兴明确进入"主体—客体"的模式以后,人就从哲学理论上成了理性的主体—自我,而忽视了人的感性、欲望、本能诸方面。理性至上主义是反中世纪神权至上的产物,对解放人性、发挥人的创造性、发展科学,都有积极的意义,但理性至上主义毕竟把主体—自我片面化了。后现代主义认为这样的主体—自我是"被异化了的",而非真实的。后现代主义认为,真实的主体—自我(如果也可以叫做"主体—自我"的话)是人的感性、欲望、本能等非理性的方面(后现代主义者称之为"荒谬性"),这才是人的生命力、创造力的源泉。后现代主义诚然有过激之处,但毕竟突出了主体—自我的非理性方面。人和人类的历史文化是理性与非理性的结合。单纯的理性统治往往会使人生陷入一种严酷的刻板的公式之中。传统的理性至上主义与"主体性哲学"片面强调理性,致使人的自我反而日益失去全面性和自由,失去个性。后现代主义则认为,正是美的艺术使人有了寻求自由和表达个性的途径。在后现代主义者看来,艺术活动与其说是为了寻求美,是为艺术而艺术(像古典的美学思想所主张的那样),不如说是为了人生、自我的自由和个性表现,艺术是超越各种现实束缚的、无意识的个人自由生活的游戏。这样,以美为最高创作标准的传统美学观点便被后现代主义所谓"反艺术"、"无所谓美"的观点所代替。后现代主义的这种"荒谬原则",使许多摆脱理性原则以至摆脱与理性相联系的语言形式的创作成为时尚,无言的裸体舞被认为是解除伦理道德束缚的个人自由生活的表现和自由境界的实现。艺术在后现代主

义者看来，乃是同日常生活紧密联系在一起的，它是自我的自然本性、原始欲望和感情的表演。

后现代主义艺术家往往声称，艺术不应该有"意义"，其实，他们所反对的"意义"是一种对固定的理性概念和目标的追求，此种意义下的"意义"是对个人自由生活、自由创作游戏的限制，所以，在他们看来，是应该加以否定的东西。但从他们把自我的自由看做是人性的最高表现而言，又可以说是把握了人生最高意义之所在。

艺术从来与人的感情、欲望、本能等非理性方面有着千丝万缕的联系，但在西方文化发展史上，艺术却又因人性、自我的这一方面屡遭压抑而同步地被降居低等的地位。柏拉图把诗人、画家逐出理想国之外，中世纪的基督教轻视艺术，都与压抑人的感性、欲望、本能有关。西方古典美学思想中"为艺术而艺术"的口号和审美的自律性观点，使艺术脱离日常生活，实际上是艺术自卑、自傲、自慰的表现。唯有"后现代主义"敢于直面日常生活，把人的欲望、本能展现在艺术创作之中，让人性的最"卑微"的方面闪耀着美的神圣光辉。后现代主义艺术并不是欲望、本能的简单再现，而是具有审美的神圣性，也许这正是后现代艺术在西方美学史上的最大的突破。

在当今形势下，科学技术日益繁荣发达，德治日益规范化，这种以理性居主导地位的文化生活，相对于封建社会而言，诚然在一定程度上给自我的自由和个性表现带来便利，但科学、道德相对于审美而言，都不能给人以充分的自由和个性表现。科学活动，就其本身而言，是一种最具普遍性的活动，其成果不能表现科学家个人的个性和自由。道德源于普遍理性，亦难充分表现个人的个性和自由。唯有审美活动完全是个人自我实现、自我创造、自我表现的活动，审美活动的产品比起科学、道德来，最能体现自我的个性和自由特征。人皆有自我表现的冲动，但人也只有在审美活动中才能找到独立自主的自我。大概也就是因为这个缘故，在当今的社会文化生活中，一方面人们越是讲科学、讲道德，另一方面人们也就越需要讲审美。自我不能仅仅像古典学者所强调的那样，主要是科学认识的主体，是道德实践的主体，而且应该更进而是审美的主体，这个主体由于在当代国际思潮中已毋庸置疑地成为理性与非理性相结合的主体而具有充分的自由和个性。西方后现代主义美学正在继承和发扬其过去的美学思想传统而在此方向上前进。我们中国的传统美学思想，则

更需要借鉴西方古典的和后现代主义的美学思想,多注重吸收一点其中重
"独立自我"的思想观点,提高我们审美意识的自我独立性,以丰富我们民族
审美意识的内涵。

# 第十九章　欧洲现代画派的哲学

## ——人的主体性与自我表现*

　　欧洲近代史上占主导地位的哲学是"主体性哲学"，其基本思维方式是"主体—客体"式，亦即人与自然、我与非我的对立以及在此对立基础上的统一，这种哲学不同于中国传统不重主客之分的"天人合一"思想。中欧两种不同的哲学观表现为两种不同的自我观：欧洲重自我表现，中国重无我之境。中国的无我之境，是一种和谐高远的精神境界，这是它的优点，但"无我之境"中的自我被湮没于"天人合一"—"万物一体"的"一体"之中，是一种"互依型的自我"，缺乏独立自主和自我创造性；欧洲的自我观不讲高远的精神境界，其自我是"独立型自我"，具有较强的独立自主、自我创造的精神。西方现代画，尽管派别林立，异彩缤纷，但大体上是在"主体—客体"的框架内、在主体与客体两者关系上畸重畸轻之变，其基本趋向，则归结为重人的主体性，重自我表现。

## 一、欧洲现代画派由理想主义、现实主义到表现主义的转化

　　文艺复兴，特别是18世纪的法国大革命，意味着人的自我觉醒和个性解放，在审美意识方面，理想主义（Idealism）盛行，绘画领域多以人为题材，自然不过是衬托，这是对中世纪重神权而轻人权的一种反动。例如法国古典派画家热拉尔（F. Gerard，1770—1837）的名作《普赛克第一次接受爱神之吻》，以

---

　　* 原载《学术月刊》2009年第2期。

古希腊神话为题材,描绘了一对少年男女洁白细嫩的裸体之美和爱情之美,把灵肉的结合理想化到了美之极致。法国浪漫派画家德拉克洛瓦(Paul Delacroix,1798—1863)的画作《自由领导人民》,以1830年7月革命的史实为题材,展现了现实中人的热情和自由的精神。但古典派和浪漫派的理想主义绘画多有脱离现实、陷入空想的缺点。从哲学上来说,这是过分倚重主体而轻客体的表现。从中世纪神权统治的束缚中解放出来的人性,先走一段片面重主体、重自我高扬的狂热道路,也是很自然的。

思想发展的实际历程,往往是由一个片面走向另一个片面。现实主义(Realism)画派在19世纪代替了作为现代画派之前驱的理想主义,这就是写实派与印象派(Impressionists)绘画。这时,西方现代科学日益繁荣发达,人们对待生活也日益采取科学的态度,重客体,重自然。其在绘画方面的表现便是重视对客观事物的如实描写。写实派的法国画家米勒(J. F. Millet,1814—1875)和库尔贝(G. Courbet,1819—1877)之注重"形似",印象派的法国画家莫奈(C. Monet,1840—1926)和马奈(E. Manet,1832—1883)之重"光"和"色",其共同点都是采取科学态度,忠实于对客观现实("形"和"光"、"色"都是客观现实)的描绘。米勒的名作《拾穗者》和库尔贝的名作《碎石工》都是对平民现实生活的如实描写。印象派更是对自然现实物的光与色进行科学的分析,着重从视觉中所得到的光与色的印象来描绘外物,以致画面上尽是光和色,而难以分辨其所画为何物。例如莫奈的《印象:日出》,只有日出时天空的光与色,根本见不到物象,被人讥讽为"印象派",而印象派之名,亦由此而来。莫奈描绘过15幅"稻草堆",春夏秋冬和朝夕晦明所出现"稻草堆"在光的变化上各不相同,画面也异彩纷呈。比莫奈较早的马奈,其代表作《草地上的午餐》,描绘穿黑色上衣的两位衣冠整齐的中年男子与一位刚从水中上岸的全裸洁白的女子共坐在绿色草地上。这画面如从意义、内容上追求,似有猥亵之嫌,但作者在画面上所着力展现的各种色调上的协和,却深深地吸引着鉴赏者。印象派为了摄取活生生的自然界色与光的变化,便一反以前坐在室内凭想象作画的作风,而走到野外的光天化日之下作写生画。印象派把现实主义的科学态度和直接接触现实的态度向前推进了一大步。印象派画作之美,也许只有能鉴赏"形式美"之慧眼的人才能享受到,那种一味重内容、意义之追求的人,必然会对这种画作感到茫然。就我个人来说,我一向爱好无标题音乐

（我在一些文章中谈到这一点），爱好无歌词的乐曲，在这方面，我是一个爱好"形式美"、爱好"纯粹美"的人，但我过去对画的欣赏与评论，却总爱注重内蕴—含义。其实，印象派所讲究的光与色之美，和音之美一样，都是"形式美"、"纯粹美"，在一定意义下可以脱离内蕴—含义而美。①

随着时代思潮的进展，写实派与印象派的现实主义片面性日益显露：现实主义画作过分重客体而轻主体，过分重物而轻自我。所谓"形式美"、"纯粹美"似乎只能满足感官，而不能满足人的心灵，只有深藏内容、意义的东西才能满足心灵的要求，而这是与主体—自我相联系的。于是由客体返回到主体，由物返回到自我的表现主义（Expressionism）画派自 20 世纪起就应运而生。当然，这种返回不是简单地复原到先前的理想主义的片面性，而是吸取了现实主义的积极方面，融客体于主体之中，融物于自我之中，其特点是重自我表现，以客体表现主体，通过物以表现自我。客体、物在表现主义派的画作中，不是被模拟、被再现，而是被主体化、被自我化。

本来，完全脱离主体、自我的形式美或纯粹美，实际上也很难存在。康德强调形式美，但他也承认，即使形式美如颜色和音调，仍然与心灵有关，不无内容和意义。② 所以现实主义画作，特别是印象派，也并非绝对地全然没有主体，没有自我。这样看来，由现实主义到表现主义，由再现（自然或物）到表现（自我），其间也并无不可逾越的鸿沟。

但从现实主义画派到表现主义画派的转化，其中却包含了一个很重要的人生观和哲学观方面的转化，这就是对待科学的态度问题。现实主义画派的诞生，与欧洲现代科学之繁荣发达密切相关。科学的哲学基础是重客体、重分析、重观察、重理性思维，这种哲学和思维方式发展到极端，就是科学至上主义、唯科学主义，一切都用科学来衡量，其结果是把人生变得苍白枯燥，缺乏自由和热情。表现主义画派实际上是对科学至上主义、唯科学主义的人生观和哲学观的一种反对和克服。主体不能受制于客体，自我不能受制于物，而必须主导客体、主导物。表现主义正适应于时代和人生的这种要求。

---

① 参见丰子恺：《西洋美术史》，东方出版社 2007 年版，第 307—308 页。
② 参见康德：《判断力批判》，第 53 节。

## 二、西方现代画派的表现主义与中国古代
## 重"神似"的画论之间的差异

　　欧洲现代表现主义画派之重自我表现,强调通过客观的形体以表现主体,有点类似中国古代画论轻"形似"而重"神似"的主张。晋王廙《与羲之论学画》:"画乃吾自画,书乃吾自书。"这显然是强调书画要抒发自我。晋顾恺之更明确提出"以形写神"(《论画》)即以传神为目的、以形似为手段的美学命题,他在为裴叔则画像时,甚至大胆"妙想",不拘泥于形似,而在裴叔则的颊上"益三毛"以"妙得"其"神"。这种大胆表现的精神,似乎可以与西方后现代画家在蒙娜丽莎脸上涂八字胡媲美。宋代苏轼反对院体画之重形似,而强调重神似,主张作画要"寓意于物"(《宝绘堂记》),与西方表现主义之重自我表现,似乎在语言表达上也有相似相通之处。清初石涛说:"我之为我,自有我在"(《画语录》)。石涛画论强调自我。——凡此种种,似乎都说明中国传统画论轻再现而重表现,有西方现代的表现主义画派之妙。但细察之,两者在民族特色和时代背景上却大异其趣。

　　第一,欧洲现代表现主义画派哲学思想是对现实主义画派的唯科学主义、科学至上主义的反对与克服,而中国古代画家之重形似者,主要是凭直观以求画与物之相似,而非如西方印象派之对光与色进行科学的分析,以求画之逼真;至于轻"形似"、重"写神"的画家,则根本没有唯科学主义、科学至上主义的背景,其画作并不像欧洲表现主义画作那样既有科学成分,又超越了科学。

　　第二,欧洲现代主义画作所表现的自我,主要是个人的情绪、个性,而中国古画所表现的"神"也者、"我"也者,归根结底,主要是"天人合一"意义下的"道"或"意境",而非"主—客"关系中具有独立意义的自我;在中国古画中,难见这种独立意义下的自我,他被湮没于"天人合一"的"一体"之"道"或"意境"之中。即如王廙所说的"自画"、"自书",固然是强调书画要独立成家,不庸碌依人,但其深意则是"学画可以知师弟子行己之道"(《与羲之论学画》),"道"是自我的最高理想。顾恺之强调"写神"、"传神",其直接讲的是个人自我之"神",但从"神"之更深更广的意义上来看,在顾恺之所处的魏晋玄学时代,文人名士皆重得意而忘形,得意就是得道,绘画写神的最终目的是"得

意"—得道,"迁想妙得"之"妙得"就是得道。顾恺之的画论实系魏晋"得意忘形"说之具体表现,与西方现代表现主义画派的哲学相去尚远。顾恺之"益三毛"以"传"裴叔则之"神明",乃魏晋得意忘形之最形象、最生动的说明,与欧洲后现代主义者在蒙娜丽莎画像上涂八字胡之反传统精神,有中西古今之别。苏轼的"寓意于物"是相对于"留意于物"而言的,后者是功利之心,前者是审美意识。"寓意于物"之所谓"寓意"不是西方现代表现主义画作所表现的个人情绪,而是"江上之清风与山间之明月,……吾与子之所共适"(《前赤壁赋》)的一种忘物我的天人合一之境界。清初画论家石涛的名言:"我之为我,自有我在"(《画语录》),的确表现了石涛之重自我,但在如何表现自我的问题上,他的"一画论"仍然在于主张画出老子之"一"即"道"。所谓"山川与予神遇而迹化"(《画语录》),也是一种忘物我的天人合一之境界。足见石涛画论所强调的"我"也不同于西方"主—客"关系中独立型的自我,他之强调"我",不同于欧洲现代的表现主义画论所讲的自我表现。

　　总之,中国古代画作属于我所说的"前科学的文化",欧洲现代表现主义画作属于"后科学的文化",①两者的哲学基础亦如前述,大不相同。

## 三、"后期印象派"与"野兽派"
## 重主体、重自我表现的精神

　　欧洲现代的表现主义画派又可细分为"后期印象派"(Post-impressionists)、"野兽派"(Fauvists)、"立体派"(Cubists)、"未来派"(Futurists)、"抽象派"(Abstractionists)、"达达派"(Dadaists)等。本章拟以其中的"后期印象派"、"野兽派"、"立体派"、"抽象派"为例,来具体说明欧洲表现主义画派之不同于中国古典画作、画论的特点:自我表现—独立自主、自我创造的精神。

　　"后期印象派"虽然保留了"印象派"的痕迹,实与"印象派"之间有根本的区别:原先的印象派属于现实主义,"后期印象派"则属于表现主义,前者重在再现客体、外物,后者重在表现主体、自我。"印象主义,在严格意义上,是基于用色与光的瞬间效果对自然作客观的记录;后印象主义派则拒绝这种有

---

　　①　参见张世英:《境界与文化》,人民出版社2007年版,"境界与文化"章。

限的目的,而主张更强烈的表现……"①由于重主体、重表现自我,故后期印象派一改原先的印象派画面的静态而为动态:人的主体、自我,相对于客体、外物而言,更明显地处于活动状态之中。② 例如后期印象派代表人物之一荷兰画家梵·高(Vincent van Gogh,1853—1890)所描绘的《向日葵》,就不是一个死板板的、静止的向日葵,而是一朵朵光彩夺目、汹涌翻腾、火焰般缭绕的向日葵,它象征着画家本人狂热奔放、烈火燃烧样的个性。梵·高热爱太阳,热爱向日葵,所以他画了许多向日葵以表现他这种具有独特性的自我。表现主义不重画的形象是否与外物的相似性,而是"触景生情",因外界之景而表现自我之情。梵·高的向日葵画,与其说是描绘向日葵,不如说是表现他个人"向日"的精神世界,表现他的自我。他的名言:"只有艺术,才可以表现自我"。显然,梵·高所表现的自我,不是中国传统式的、把人湮没于天人一体之中的自我,而是主客关系式中不断要求超越客体的自我。我中华儿女在沉醉于"春江花月夜"式的自满自足境界的同时,又多么需要这种不断冲向太阳的自我表现—自我创造的精神啊!

　　野兽派不过是更进一步表现了后印象派之表现主义成分的画派,其特点是更重自我的内心活动,更轻形似;笔法粗野,色彩鲜艳浓重;寓自我之深沉的情绪、情感、情趣于线条、色彩、构图之中。法国野兽派领军人物马蒂斯(Henri Matisse,1869—1954)说过:他把色彩用作感情的表达,而不是对自然进行抄袭。他的著名画作《生活的欢乐》中,鲜艳的色彩,起伏摇动的线条,交织成各种姿态的裸体的原始人群,或男女拥抱,紧贴得似乎共有一个头部,或与常春藤共舞,如水蛇绕树,激起人对摆脱了尘世生活之乐园的梦想之情。这幅画的特点之一是,没有繁杂的精雕细刻,而只是简约的线条和色彩,但蜿蜒起伏,极富音乐感。马蒂斯说:"首先,我所追求的就是表现。……人物面部流露出的激情中并不存在着表现,表现也不是通过激烈的动势来表达的。我的绘画作品的全部安排都是具有表现力的:形象占据的位置、形象周围空白的空间、比例关系,每样东西都有它的价值。构图就是画家为了表现自己的感情,有意识

---

① *The New Encyclopedia Britannica*, Volume 9,15th Edition, by Encyclopedia Britannica , Inc , Chicago ,1993,第 639 页。

② 参见丰子恺:《西洋美术史》,东方出版社 2007 年版,第 170 页。

地使种种不同的因素依照装饰的方式安排在一起的方式。""构图的目的就是为了表现。"①马蒂斯的画作所要表现的,并非什么深奥的哲理或重大事件,其表现让人们超越现实和功利喧嚣的尘世而得到一种美的宁静和抚慰。他力主"用儿童的眼睛看生活",就因为"我们在日常生活里涉及的每一事物,或多或少被已经养成的习惯歪曲了,这种情况在我们这个世纪或许会更加明显,电影广告和杂志每天向我们提供了大量供眼睛看的现成的形象,它们的作用就如同偏见对心灵的作用一样"。艺术家"应该像他是孩子时那样去观察生活,假如他丧失了这种能力,他就不可能用独创的方式(也就是说,用个人的方式)去表现自我"。②我们在日常生活中过多地用功利的眼光看待生活,以致"一叶障目",看不到生活中真正真实的东西(我这里不是指要抄袭自然),因而也不能"创造"—"表现""存在于我们自身中的东西"。③只有保留一颗"赤子之心"——"用儿童的眼睛看生活",才能超越现实,超越尘世间功利的缠绕而获得自我。马蒂斯的质朴、粗放的自我表现风格,难道不值得我们今天经受重重束缚的人们惊羡和崇敬吗?

马蒂斯的表现主义,也是对过分拘泥客观现实的科学至上态度的一种反叛,但他的画并非完全排斥科学的分析。尽管他自称,他选择色彩"并不依据任何科学理论",他"依据的是观察、感受或亲身经验"。④但实际上,他在选择色彩与安排线条时,其中的"转换移位丝毫不是偶然的或一时兴致所致,而是一系列研究的结果"。⑤例如他的画作《舞蹈》,就是他科学地研究了视觉对色彩的反应过程的产物。五个裸体女身围成一个椭圆形,把蓝色的天空和绿色的地面分成错落有致的不同空间,使画面产生一种梦幻感。马蒂斯的作品是有科学分析头脑而又不囿于科学的"后科学文化现象"。

---

① 《现代艺术大师论艺术》,中国人民大学出版社2003年版,第4—5页。
② 《现代艺术大师论艺术》,中国人民大学出版社2003年版,第16—17页。
③ 《现代艺术大师论艺术》,中国人民大学出版社2003年版,第17页。
④ 《现代艺术大师论艺术》,中国人民大学出版社2003年版,第11页。
⑤ 《现代艺术大师论艺术》,中国人民大学出版社2003年版,第18页。

## 四、"立体派"的表现主义重在
## 表现自我的想象力与理性

从后期印象派、野兽派到立体派,是西方现代表现主义画派中一次重大的转折。立体派以前的画作都是从一个固定的视点去表象一个形体,因而只显露形体面对视觉的这一面,却不能现出形体的其他各个侧面。立体派不满意这种传统的画法,而要求通过画面,同时显现形体的所有部分或侧面,这就意味着把不同时间从不同视点(上、下、正、侧)所看到的形体都同时显现在画面上,简言之,就是把三度空间的画面归结成平面,在平面上画出三度空间。这样,从正面不能看到的其他侧面,也就都可以通过画家所采取的特殊方式(如并列、重叠等)显现出来,亦即让看得见的面与在同一时间看不见的面都出现在平面上,从而见到形体之有机统一的整体,也见到对某一形体的认识过程的时间连续性。立体派的这种画法,有其深层的科学的认识论基础。单凭视觉,不能作立体画,还要通过认识,特别是通过想象。我这里说的是现代科学认识论意义的想象。为了说明这个道理,我且花点篇幅,照抄一段我在拙著《新哲学讲演录》中关于"想象"所讲的一段话:西方哲学史上对想象有两种不同的理解:一种是把外在的对象看成是原本,把人的意识中对原本的模仿或影像叫做想象的东西。按这种"原本—影像"的公式(Schema of image-original)来理解想象,这是旧形而上学的观点。另一种观点是康德初步提出来的:"想象是在直观中再现一个本身并未出场的对象的能力。"以后,现代哲学家胡塞尔、海德格尔等人又对康德的想象作了发展。这种意义下的想象不是对一物的原本的模仿或影像,而是把不同的东西综合为一个整体的能力,具体地说,是把出场的东西和未出场的东西综合为一个整体的综合能力。康德提出了"三重综合",其中的第二重综合叫做"想象中再生的综合"。例如,把一条直线分成1、2、3、4……许多部分,当我们看到第2时,实际上已经把第1包含进去了,否则,就不会说它是第2;当看到第3时,实际上已经把第1和第2都包含进去了,否则就不会说第3,如此类推。反之,如果我看到后面某一点时,忘却了前面的各个点而不能把前面的各个点包含进来,不能把前面的各个点与后面正在看到的某一点综合起来,那就无法说这是"一条"直线,无法形成关于这条直线的整体观念。所以当我们浏览到一条直线的最后一点时,必须把前面的各个点同时再现出来,或者说"再生"、"再造"出来。人们正在看的那个点是"眼面前的"、"出场的"、"在场的",那些同时"再现"、"再生"的、被包含着的以前的各个点,是"不在场的"、"非眼面前的",这种不在场的、非眼面前的东西的"再现"、"再生",是一种非现实的、潜在的出现,这种潜在的出现就叫做"想象"。又例如昨天的事物已经过去了,如何把它同今天的事物结合为一个整体呢?那就要把昨天的、已经不在场的事物"再现"出来,这种"再现"与今天当前在场的东西的出现不同,它是一种非现实的、潜在的出现,一种想象中的出现,所谓非现实的、潜在的出现,就是说保留了不在场的东西的不在场的性质。但又只有通过这种出现,才能与今天当前的在场的东西结合为一个"共时性"的整体,正是这个整体构成我们想象的空间,它使不同的东西,在场的与不在场的,显现的与隐蔽的,过去的与今天的……互相沟通、互相融合。

胡塞尔( E. Husserl, 1859—1938)举过一个非常形象、非常生动的例子。胡塞尔认为,即使是一个简单的东西(thing),也要靠想象才能成为一个"东西",例如一颗骰子,赌博用的色子,有 1、2、3、4、5、6,6 个面。单凭知觉,凭眼睛看到的在场的东西,只是一个无厚度的平面,不能算做是一个"东西"。我们之所以能在知觉到一个平面的同时就认为它是一颗立体的骰子,是一个有厚度的东西,那是因为我们把未出场的其他方方面面,通过想象,和知觉中出现的在场的一面综合为一个"共时性"("同时")的整体的结果。我上面说了这么一句话:"想象中的出现保留了不在场的东西的不在场的性质。""保留不在场的性质"这几个字对于理解想象的含义很重要,"保留不在场的性质"就是指,想象中的出现不是真正的出场、在场,它实际上不出场、不在场。例如你在看到骰子的幺这一面时,你同时,注意我说的是同时,你同时就在想象幺面的背后还有 6 点的那一面,还有其余的 2、3、4、5 几个面,只有这样,你才会认为骰子这个"东西"不是一个无厚度的平面。但你在同时想象到 6 点那一面,以至 2、3、4、5 等面时,你没有知觉到、看到它们,它们并没有真正出场,并没有实际上的出场,这就叫做"保留不在场的性质"。如果你用手把骰子翻面,看到了 6 点那个面,那时就是让 6 点那个面真正出场了,就是没有保留 6 点的不出场的性质,那时的 6 点的那个面,也就不是想象中的东西,而是十足的在场的东西了。还要注意的是,在想象中出现的不在场的东西和实际上在场、出场的东西是同时的,所以我用了"共时性"的整体这个词,我前面不是特别提醒大家要注意同时这两个字吗?同时就是"共时性"。你把骰子从么面翻到 6 点那个面,是需要时间的,哪怕这个时间非常短,反正不能同时。要同时让未出场的那一面出现,只有靠想象。① 胡塞尔关于想象的理论实际上成了立体派绘画的哲学基础。我在这里强调"想象"(想象不同于联想,这一点,我已多处讲过,兹不赘述。)是"潜在的出场",而非"现实的出场",非视觉中出场。而立体派画作则是要把想象中的东西画在画面上,让它出场,以便通过视觉见到它。立体画派可以说是通过绘画把"历时性"的东西(不同时间从不同视点见到的东西)变换成"共时性"的东西(在画面上同时见到的东西),让鉴赏者通过想象,以想象到形体之有机统一的整体。所以立体派大师西班牙画家毕加索(Pablo Picasso,1881—1973)说:"绘画有自身的价值,不在于对事物如实的描写。""人们不能只画他所看到的东西,而必须首先要画出他对事物的认识。"②"画家画画是要宣泄感觉和想象。"③这些话都告诉我们,要画出一个形体的各个侧面的有机统一的整体,不能单靠感觉—视觉,还要靠想象—认识,没有后者,不可能构成立体的整体。立体画在一看之下,的确不知其为何物,但把它所包含的各个侧面综合起来,就可以想象出一个完整的形体。例如毕加索的画《小提琴与葡萄》,一看之下,都不过是小提琴的一些侧面,不知其为何物,但通过想象,把它们综合为一,就能"认识"到、"想象"到它是一个小提琴。立体派画与想象力不可分。画家本人和鉴赏者都需要具有丰富的想象力。当然,立体画所画的母题,一般都是人们所熟识的东西。否则就无法想象而综合为一。一个从未见过某物的侧面的人,不可能想象它的侧面而与其正面综合为一。立体派以前的传统画法,是通过感觉—视觉所见到的一面以暗示其他见不到的侧面,也可以说是用"在场的东西"暗示"不在场的东西",用显现的东西暗示隐蔽的东西。立体派则强调表现,强调把隐蔽的东西表现出来。立体派绘画比传统画更能展示人的自我表现力和创造力,例如在如何选择形体的侧面以及如何把这些侧面布置在平面上,都需要有自我表现和创造

---

①  参见张世英:《新哲学讲演录》,广西师大出版社 2004 年版,第 80—83 页。

②  《现代艺术大师论艺术》,中国人民大学出版社 2003 年版,第 49 页。

③  《现代艺术大师论艺术》,中国人民大学出版社 2003 年版,第 58 页。

的精神。① 所以,毕加索从不简单地临摹实物。他说:他作画不是在"寻找",而是在"发现"。"发现"不仅需要感觉,而且需要理性、想象。立体派绘画是感性与理性、与想象相结合的产物,它与西方现代科学技术的发展有不可分离的联系。立体派绘画,在缺乏现代科学以及与之相联系的认识论的民族、国家里,是很难想象的。

## 五、"抽象派"超越物象的自我表现精神

抽象派在现代表现主义的前进道路上,比立体派及其以前的画派更加走向极端,连形体都被忽视了,认为无需借助物象,只要用抽象的线条和颜色就足以表现自我的感情。所以抽象派奠基人俄国画家康定斯基(Wassily Kandinsky,1866—1944)的画作大多只有线条和颜色而无物象。他画的不是物象,而是要从物象中超脱出来,②通过形与色以表达自我的主观感受、主观情绪。音乐中有所谓"无标题音乐",不讲究声音对客观事物的描述,只让听者能欣赏音调的协调之美就行。抽象画就是绘画中的无标题音乐,观赏者不应问画中画的是什么,而只需从线与色的各式各样的协调中获得某种情绪、感受,如激动、静谧、热烈、清凉之类。抽象画乃是用线与色作出的乐曲。例如康定斯基的画作《几个圆形》,画面上就只有几个不同颜色、不同大小的圆圈,但其中色彩的变化,形态的组合,却构造得错落有致,给人一种静谧、圆润、流畅的音乐感。康定斯基在谈到抽象画与音乐的紧密关系时说:"一般说,色彩是可以用来直接对精神发生作用的手段。色彩是琴键,眼睛是键锤,精神是多位的钢琴。画家是手,一只以某种琴键为中介相应地使人的精神发生震颤的手。"康定斯基由此得出结论:"这样说来,色彩的和谐只能建立在相应地震颤人的精

---

① 立体派画家格莱兹(A. Gleizes,1881—1953)和梅青格尔(J. Metzinger,1883—1956)曾提醒人们,不要从字面上理解立体主义,过于绝对化,以致并置一个立方体的六个面,或在一个侧面像中竟画出两只耳朵,闹出笑话(参见《现代艺术大师论艺术》,中国人民大学出版社2003年版,第39页)。

② 参见康定斯基:《回忆录》,见《现代艺术大师论艺术》,中国人民大学出版社2003年版,第72、73、80页。

神这个原则的基础上。"①他把"色彩的和谐"(又称"形式的和谐"②)所依据的"人的精神"这一原则称为"内在必需的原则"。③ 画家在选择形式—色彩时,唯一的根据是自我的"内在生活"、"内在需要",而不要去考虑别人的"认可"或"不认可",不要去考虑"时代的指令和希冀"④。

康定斯基认为,"人的精神"也就是"艺术的精神"。他把物质、现实与精神的关系—现实主义与抽象主义之间的关系比喻为一个三角形,他称之为"精神三角形"。这是"一个巨大的锐角三角形",其最尖端是精神,是高贵的艺术,其下部、底部是物质、现实,是绘画中的现实主义。音乐被他奉为三角形的顶尖:音乐"不是为了描述外在自然现象,而是为了表现音乐家的精神生活,为了创立音乐基调独特生活的艺术"⑤。抽象画家吸取了音乐的特点和优点,也不满足于复制外在自然现象,而渴望表现自我的内心生活,于是将音乐的方法运用于绘画,创作出了画中的乐曲,把音乐在时间延续性中展示的东西展示于画面的一瞬间。⑥ 抽象派绘画打破了以往"全部仰赖于从自然借用来的形式"⑦的窠臼,在现代绘画中,是一次重大的变革,其意义在于把人的精神更进一步从物质、自然、现实中解放出来,从而达到更高的自由境界。康定斯基在《艺术中的精神》一书中经常提到艺术、绘画使精神获得从直接对外界自然的依赖性中"解放出来"的"自由"之类的话,⑧认为只有出自"内在生活"、"内在必需"而不为外在的东西(包括"世人皆认可的道德")所限制的东西才是美的。"内在的美是美的。"他断言,"精神三角形"这种"向上向前的运动"虽然是"缓慢的","但依然是坚定的、不间断的。"⑨"抽象的精神是一种力量,使人类精神一往无前,永远攀升。"⑩康定斯基的抽象主义所提倡的"抽象精

---

① 康定斯基:《艺术中的精神》,中国人民大学出版社 2003 年版,第 46 页。
② 康定斯基:《艺术中的精神》,中国人民大学出版社 2003 年版,第 51 页。
③ 康定斯基:《艺术中的精神》,中国人民大学出版社 2003 年版,第 46、51 页。
④ 康定斯基:《艺术中的精神》,中国人民大学出版社 2003 年版,第 65 页。
⑤ 康定斯基:《艺术中的精神》,中国人民大学出版社 2003 年版,第 36 页。
⑥ 参见康定斯基:《艺术中的精神》,中国人民大学出版社 2003 年版,第 37 页。
⑦ 康定斯基:《艺术中的精神》,中国人民大学出版社 2003 年版,第 38 页。
⑧ 参见康定斯基:《艺术中的精神》,中国人民大学出版社 2003 年版,第 89、92、101、105—106、109 页。
⑨ 康定斯基:《艺术中的精神》,中国人民大学出版社 2003 年版,第 109 页。
⑩ 康定斯基:《艺术中的精神》,中国人民大学出版社 2003 年版,第 119 页。

神"，说得简单通俗一点，就是一种超越现实、超越物质、超越自然的精神。"抽象"者，超越之谓也。抽象主义画派的创立，把西方现代表现主义的主体超越客体的特征—自我的自由本质和自我表现、自我创造的精神推到了顶峰。

尽管康定斯基对形与色作过科学的分析，特别是他的那些几何图形画表现了几何学对他绘画的影响，但他显然反对科学至上主义。他说，他"一听到把解剖学与艺术直接联系起来，就禁不住特别恼火"。①"只有艺术才能使我超越时空。学者的工作从未给予我这样的体验、内在的张力以及创造性的时刻。"②康定斯基画中的符号和几何图形都具有象征性，起着暗示作用，给鉴赏者留下了充分的自由想象的空间。作为一个对物象不感兴趣的抽象派画家，康定斯基的抽象画显然属于我所说的"后科学文化"现象。在现代科学繁荣发达、以致唯科学主义和与之相联系的功利主义在思想文化界日益占上风的西方现当代世界里，抽象画及其思想根源——纯音乐（无标题音乐、无歌词的乐曲），无疑是一切力求表现自我之内在精神的人们所向往的理想境界。

抽象画与中国传统之轻形似、重神似的写意画，似有相近之处，但细察之，两者却有时代性与民族性方面的差异。中国传统的写意画虽不重形似，但仍有物象，抽象画则无物象，只有线条与颜色。从这方面来比较，中国的写意画还显得太具体、太现实，而抽象画的确太抽象、太玄虚。另外，中国传统写意画所"写"的"意"，归根结底是"道"或"意境"———种"前主客关系的天人合一"之精神境界，一种"无我"之境（道家推崇的是审美意义的"无我"之境，儒家推崇的是道德意义的"无我"之境）；而西方抽象画所表现的"内在精神"，则是"主—客"关系中主体—自我的情绪、情感、情趣，是康定斯基所谓与线条颜色相应的一种"精神上的震颤"，这是一种与客体之实体相对应的主体之实体所具有的东西。康定斯基的通神论思想虽不无"天人合一"的色彩，但毕竟不同于中国传统所讲的"道"或"意境"。把抽象画所极力表现的这种东西与中国的"道"或"意境"相比较，则抽象画又显得太具体、太现实，而中国传统的写意画又太抽象、太玄虚。这种差异的根源还是在于我已多次论述过的，一是"前科学的文化"，二是"后科学的文化"。作为长期在"前科学文化"熏染下

---

① 《现代艺术大师论艺术》，中国人民大学出版社2003年版，第86页。
② 《现代艺术大师论艺术》，中国人民大学出版社2003年版，第71—72页。

成长起来的中华儿女,应当如何看待属于"后科学文化"现象的抽象画,这是一个值得深入探讨的问题。

## 六、吸取一点西方重主体、重自我表现的精神,是中西会通应走的艺术道路

文化是包括科学、道德、艺术、宗教等在内的诸种因素的一个有机整体,其中只有科学可以用"进步"与"落后"这样的尺度来衡量,而道德、艺术、宗教则不然。爱尔兰作家摩尔(1852—1933)说过:"认为我们在宗教信仰、道德和艺术上远远超过了我们的祖先,这纯粹是愚蠢之谈。我们仅在科学方面超过了我们的祖先。""艺术是最民族化的、最高贵的、也是最不朽的。"①康定斯基说:"在许多方面,艺术很像宗教。艺术的发展并非由那些推翻旧的真理并称之为谬误的新发现所构成的(在科学上,这一点是显而易见的)。它的发展像闪电一样,是由突发性的光明所构成的,……""艺术发展的有机过程","也揭示了早期智慧并不是被后期智慧所否定,而是作为智慧和真理继续存在和生产……"②总之,科学是新的否定旧的过程,而艺术则具有永恒的魅力。因此一个具有民族性特色的艺术,不会由于时代性的迁移而丧失其价值。按照这个原则,中国传统的写意画的民族特色和优点也是不朽的。问题是,艺术与科学同属文化这一有机整体,任何民族的艺术都必然打上科学之进步或落后的烙印。当前的中国正处于科学日益昌盛之际,中华传统文化也必然要由"前科学的文化"状态转化为"后科学的文化"状态,在这一转化过程中,我们必然面临一个如何借鉴西方"后科学文化"的问题。一味沉溺在旧的传统之中而自满自足,是不可能的。就绘画来说,我以为我们应该考虑,在保存传统写意画强调写出"天人合一"之"道"和"无我之境"的特点和优点的同时,又能突破"前主—客关系"和"前科学"的窠臼,吸取欧洲抽象画之重主体性,重自我表现的特点和优点,走出一条中西会通的艺术道路。据我所知,有的青年画家用水墨和毛笔,画出了没有物象、但见墨迹和笔姿的画卷。初看之下,不知其

---

① 乔治·摩尔:《十九世纪绘画艺术》,中国人民大学出版社 2003 年版,第 133、135 页。

② 康定斯基:《回忆录》,载《现代艺术大师论艺术》,中国人民大学出版社 2003 年版,第 90 页。

为何物,细细品味,其笔姿之驰骋飞舞,黑白之浓淡辉映,既显出了一种天人合一的意境,又表现了画家自我精神之"震颤",堪称中国写意画与西方抽象画融合为一之作。

当然,艺术上的中西会通,不是一件易事,而是一个极其缓慢的过程。艺术是民族的,同时也是顽强而固执的。把西方的东西融入中华文化传统,和把中国的东西融入西方一样,都会有碰撞、有曲解。上述某些青年画家画的中国式的抽象画,在有些人看来,就是不伦不类。另外,西方画家想要把中国的古代思想融入他们的画作,更非易事。法国著名画家杜尚(Marcel Duchamp,1887—1968)以颠覆西方传统的艺术观和消融艺术与生活的界限而闻名。给蒙娜丽莎的画像画胡须,把尿池送到展览会,是人皆熟悉的话题。他反对西方重理性的二分法和划界的传统,而主张不分你我;反对绘画只取悦于视觉,而主张"艺术服务于思想"。西方艺术史研究专家王瑞芸说,在杜尚的作品中,"找不到他的自我,他是无我的"。"他用无来代替有。"[1]他的艺术观"迥异于西方一贯的传统而特别地接近东方,接近禅",[2]尽管他"从不谈禅"。[3] 他的境界可与庄子的"至人无己"相比。[4] 他的哲学"近似中国老子的有无相生、是非混淆的哲学"。[5] 的确,杜尚本人有中国传统思想的某些特点,但单就他的画作来说,是否很好地融进了中国老庄和禅的"无我"的思想,恐怕也难下定论,至于美国现代艺术界一些想学杜尚的人,则一直受欧洲传统思想文化的影响,很难理解中国传统,"在根本上完全不能领会禅的意义。"[6]不过,无论如何,还是王瑞芸先生说得好:我们仍然应当"赞叹美国文化惊人的包容能力。她对来自东方的、迥异于西方文化本质的东西,也力图去消化吸收。美国现代艺术在20世纪50年代后的发展,哪怕是对东方禅的曲解或者说是美国化的领会,也还是一个蔚为壮观的努力。……美国的现代艺术家们……他们什么都敢尝试,什么都敢放弃。心中不存一点顾虑,思想上不背任何包袱"。美国

① 《杜尚访谈录》,中国人民大学出版社2003年版,第182页。
② 《杜尚访谈录》,中国人民大学出版社2003年版,第232页。
③ 《杜尚访谈录》,中国人民大学出版社2003年版,第238页。
④ 《杜尚访谈录》,中国人民大学出版社2003年版,第182页。
⑤ 《杜尚访谈录》,中国人民大学出版社2003年版,第236页。
⑥ 《杜尚访谈录》,中国人民大学出版社2003年版,第244页。

现代艺术家的创新来自他们"对自由的追求"。① 有着五千年来以"天人合一"和"无我"为特点的古文化传统的中国当代艺术家和思想家们,是否也可以不把它当做"包袱"来背负,而"敢于放弃",吸收一点欧洲思想文化独立自由、自我创新、自我表现的精神呢? 哪怕是对它的"曲解"和"中国化的领会",是否也可以鼓足"探索的热情"②"敢于尝试"一下呢? 当然,目前正在作这样一些尝试的艺术家和思想家也大有人在,但能否做到"心中不存一点顾虑",则无论在主观方面还是在客观方面,都是一个值得深思的大问题。

　　也许有的学者和画家,特别是青年学者和画家会认为,我所强调的重主体性、重自我表现的问题已渐成过去,当前最迫切、最尖锐的问题已超越这个问题,而集中在如何对待后现代甚至后后现代的问题。我承认这一点。但在中国整个思想进程比西方"慢半拍"的现状下,先谈谈重主体性、重自我表现的问题,也许还是有现实意义的。

---

① 《杜尚访谈录》,中国人民大学出版社 2003 年版,第 245—246 页。
② 《杜尚访谈录》,中国人民大学出版社 2003 年版,第 245 页。

# 第二十章　欧洲后现代艺术的哲学思考*

## 一、欧洲现代画派的特点及其局限性

　　欧洲现代绘画,派别林立,其基本思维方式不脱"主体—客体"的框架,这是自文艺复兴特别是自 18 世纪法国大革命以来,欧洲近代哲学思想的核心。作为欧洲现代画派之先驱的古典派与浪漫派的理想主义,是文艺复兴以后,由于人的自我觉醒和个性解放而过分重主体、轻客体的思想表现。19 世纪盛行的现实主义画派则反其道而行之,偏重对客观现实的忠实描绘,从思维方式来说就是重客体而轻主体。20 世纪初兴起的表现主义画派又由客体返回到主体,强调自我表现,主张融客体于主体之中,融物于自我之中,通过客体以表现主体,通过物以表现自我。可以看到,欧洲现代各种画派的思维方式无非是在主体与客体、自我与物之间畸重畸轻之分。而从现代画派由现实主义走向表现主义的发展趋向来看,则是越来越重主体,重自我表现。

　　以"主体—客体"为基本思维方式的欧洲近代"主体性哲学",乃科学和理性的哲学前提,"主体性哲学"同科学和理性有不可分割的联系。也就因为这个缘故,欧洲现代画派都以科学和理性作为自己构成原理。这样,欧洲现代画就很自然地形成了自己独有的特色:(1)各派绘画艺术都与科学、技术有不同程度的、各式各样的联系。例如写实主义的印象派就同光与色的科学研究密不可分;表现主义的立体派就与科学认识论紧密结合在一起。当然,科学对现代画派的过分参与,也造成了现代画派对科学的质疑。可以说,对科学的质疑与科学的参与在现代画派中往往交织在一起。(2)追求视觉上的形式美和美

---

　　* 原载《北京大学学报》2009 年第 4 期。

的纯粹性；与此相联系的是，现代绘画脱离生活，只能为少数专家、精英所欣赏，所谓"为艺术而艺术"的口号，实际上是艺术自傲而又自卑、自慰的表现。(3)强调表现自我和与众不同的个性化，从而使绘画不易为社会大众所理解。

## 二、后现代艺术对科学和理性的批判

现代绘画艺术的这些特点也是其局限性之所在。20 世纪 60 年代末出现的后现代艺术，正是对现代艺术的这些特点及其局限性的一种反思和克服。后现代绘画艺术由此而表现为如下一些特点：现代艺术中本已蕴涵的对科学与理性的某种程度的质疑，发展为对科学与理性的进一步批判，特别是对科学和理性所崇奉的普遍性和标准尺度的固定不变性的批判。被誉为"后现代艺术之父"的法国艺术家杜尚（Marcel Duchamp，1887—1968）就曾说过："我们毕竟要接受所谓科学的法则，因为这给生活带来许多便利，但这并不意味着它们就是事物的真相。也许它们只是幻象。我们太看重自己了，我们以为自己就是这个地球上的主宰，我对这一点非常怀疑。'法则'这个词压根儿和我的处世原则相抵触。科学显然是一种封闭的循环，每 50 年或者某个时候，新的法则一出，旧的就得全部改过。我看不出我们为什么要如此推崇科学，因此，我要给出另一种伪证，我全部的所作所为就是在证伪，这就是我的个性。我就是不能对生活抱一本正经的态度，但是，让一本正经带上幽默的色彩，倒是很有趣的。"①杜尚早在 1914 年的作品《三个标准的终止》中就对科学尺度表达了一种嘲讽。他让一根一米长的线从一米高的地方自由落体式地落到一个一米长的平面上，以形成任意弯曲的样子，如此重复三次，做成三个不规则的尺子。杜尚把这样做成的尺子看成是他的艺术作品，以表示对巴黎计量局规定的标准尺的不敬。杜尚的这个艺术作品，似乎是在开玩笑。杜尚上述关于科学的那些言辞也似乎有些过激。但仔细玩味，其中确实包含一些很深刻的哲理。科学法则都是对作为有机整体的宇宙施行割裂分解和剖析的产物，它诚如杜尚所说（尼采也持这种观点），为生活所必需，但有失事物的真实面目。天地万物，一气相通，其中各个部分之间相互渗透、相互融通，并且不断流变，生生

---

① 《杜尚访谈录》，中国人民大学出版社 2003 年版，第 196 页。

不息,中国传统哲学所谓"万物一体",就是讲的这个道理。特别是人的生活世界,更是如此。作为西方现代艺术之哲学基础的主—客二分式,人为地把这个"一体"分裂为主体与客体,并以为,作为主体的人能凭借科学,通过理性的分析、判别,找到普遍性"法则",从而征服自然,成为"这个地球的主宰",于是形成"人类中心主义"。但实际上,人所寻找到的普遍性"法则"只具相对性。可是科学至上主义却把科学和理性绝对化,认为科学是衡量一切的最高尺度,于是科学所崇尚的理性普遍性反而变成了绝对固定不变的、束缚人的现实生活的牢笼。但人的现实生活的特点正在于随时都在冲破各种固定的界限、界定,对科学至上、理性至上提出挑战。这就是杜尚之所以"看不出我们为什么要如此推崇科学",从而要对科学作出"证伪"的原因。

　　杜尚的思维方式,其实,颇与中国传统的思维方式有相似相通之处。中国传统的思维方式,特别是易老之学,强调相辅相成,阴阳合一,此中有彼,彼中有此,你中有我,我中有你,一中有二,二中有一。这同西方传统思维方式,特别是同西方近代的主客二分式之重视界定、明晰,强调彼此有别,"说一不二",有明显的差异。请看杜尚 1932 年的作品"门"。通常的门不是关就是开,开与关非此即彼,不可能做到开与关彼此合一。但杜尚却设计了一扇可以同时既是开又是关的门。他在两面墙壁直角相交处分别做一个门框,两个门框共用一扇门,当门向此墙的门框关上时,彼墙上的门框就是打开的。杜尚通过这扇门的艺术品,其所表达的就是对西方传统思想所崇尚的对立、分离和彼此外在性的否定。杜尚所设计的"门"后来被摄成了一张和门同等大小的彩色照片送到展览会上,引起观赏者的不少思考。

　　欧洲近代思想所尊崇的界定、明晰,彼与此判然有别,乃科学所必需。中国几千年的思想传统所崇尚的融通、合一与模糊,有高远的精神境界方面的优点,但也是中国科学落后于西方的思想根源。西方后现代艺术家杜尚,尽管不直接谈中国传统思想,实际上却是运用了中国传统思想来批判他们西方近代科学的弊端。从杜尚的艺术思想那里,我们更懂得了中国传统思想的优胜之处和西方科学的某些流弊。但我们也应当清醒地认识到,中国传统思想文化处于一种"前科学"的状态。当今之中国急需发展科学,不能简单地照搬杜尚对科学的批判态度,我们还应在保持传统思想文化的优胜处的前提下,多学习一点欧洲近代重分辨、明晰的科学精神。我们甚至还需要更多地注重吸收、运用欧洲的科学精神来批判中国几千年来一味片面地崇尚合一、模糊的那种"前科学"状态的思想传统。我们所处的思想文化状态与杜尚的处境有时代性的差异，二者对科学的态度不可能完全一致。我们从杜尚的艺术思想中所应当吸取的，不是笼统地反对科学，而是把欧洲思想文化所走过的曲折道路当做前车之鉴，在强调发展科学的同时不重蹈科学至上主义、理性至上主义的覆辙，以致把明晰、分辨变成普遍概念的固定性，从而束缚人的现实生活。我们现在正大力提倡科学，杜尚的提示特别值得我们珍视。我们需要警惕，不要因科学而抹杀人的精神生活，把人生弄得"千篇一律"，枯燥无趣，毫不"带上幽默的色彩"。

# 三、后现代艺术反传统的特点

反传统是欧洲后现代艺术的另一重要特点。传统具有凝滞性、顽固性。反对科学至上主义、理性至上主义所崇尚的普遍性概念的固定不变性，同反对传统的凝滞性、顽固性是相通的。作为后现代艺术之父的杜尚，在反传统方面有其独特的、惊人的表现。1917 年美国独立艺术家协会第一次展览，杜尚在一个陶瓷小便池上签了一个假姓名，并把这小便池起名为《泉》，作为艺术品送到展览会上。1919 年，他在达·芬奇的名画《蒙娜丽莎》上画了口须和一束山羊胡子。这些都是尽人皆知的杜尚反叛传统的例子。杜尚不喜欢传统深重的欧洲，而喜欢没有传统背负的美国。他说："在欧洲，年轻人总像是老一代人的孙子，雨果、莎士比亚，或者其他人，甚至立体主义也喜欢说他们是普桑的孙子。欧洲人真要动手做一点事，传统对他们来说几乎是不可能摧毁的。在美国就不同，这里谁都不是莎士比亚的孙子，所以要发展新东西，在美国最好。而且，这里的人互不干涉，你爱干啥就干啥。"①我们当然不能单纯从字面上理解这段话，好像他既然"爱干啥就干啥"，就一定是一个完全任性胡为的人。实际上，杜尚为人，超然物外，潇洒自在，不计名利，乐于助人，从不张扬个人，虽反传统，却与周围的人都能和睦相处，男人女人都很喜欢他。原来他之所以反传统，其更深层的目的在于自由、变化、创新。科学以"进步"的标准衡量事

① 《杜尚访谈录》，中国人民大学出版社 2003 年版，第 172、174 页。

物,于是有进步与落后之分;艺术无固定标准,只要求变化、创新,科学的东西总是可以重复的,唯有艺术境界是一次性的。真正的艺术品有永恒魅力,无所谓进步与落后,但后人如果简单重复模仿前人的艺术品,哪怕只是重复一次,也不成其为真正的艺术品。此乃杜尚之所以反传统的真意之所在。一个人如果老是甘于作雨果、莎士比亚的孙子,不敢越传统之雷池一步,那还有什么创新之可言,有什么艺术之可言。杜尚敢于在蒙娜丽莎画像上画八字胡,类似中国人所谓"太岁头上动土"的精神,也许只有具备这种精神的人,才能有创新、有艺术。杜尚所反对的传统是西方人的传统,是科学至上主义、理性至上主义带来的概念固定化、生活刻板化,与我们中国人的传统不完全一样。但中国长期封建专制主义的传统,其凝带性、顽固性与欧洲的传统相比,恐只有过之而无不及。中华传统文化有精华,也有糟粕,但总起来说,需要新生。我们今天的艺术家,如果有人不甘做孔子的孙子,敢于在孔子的头像上插上一朵小茶花,那该是一幅多么发人深思的中国式的后现代画啊! 也许这还只能算是模仿(模仿西方),但在中国文化氛围下能有这样的模仿,也应该算得是一次大胆的艺术创新。我最近在一次画展上看到一幅画:五个笑面孔,笑的神态一模一样,找不出半点差异,画的标题是《幸福》。真有意思! 五个人,一个面孔,一样的笑脸,这就叫做"幸福"! 这是对"千篇一律","全场鼓掌","一致通过"等老一套社会现象模式的讽刺,算得是一幅反传统的后现代画。我为我能看到这样的画感到一点幸福。

## 四、艺术生活化,生活艺术化

后现代艺术的另一鲜明特点是艺术生活化,生活艺术化。欧洲现代艺术追求形式美、纯粹美、感性美、视觉美,主张为艺术而艺术,于是脱离日常生活成了现代艺术的一大特点。杜尚一反现代艺术的这种旧传统,把艺术扩大到日常生活领域,扩大到追求人生意义的思想领域,让我们领会到了生活之美、生命之美。他的作品《泉》(1917)并非简单的玩笑,而是他深刻的人生哲学的一种艺术表达:一个物品,在日常生活领域中,是一件有实用价值的东西,但当你把它放到一个新的地方,从新的角度去看它,它原先那种实用的性质就消失了,而成为供人赏玩的艺术品。一个便池,把它倒转过来,它就呈现出柔和、流

动的曲线,而显得很美,甚至有点类似圣母像和佛像,令你产生神圣感。① 日
常生活中的东西是美不是美,是艺术不是艺术,关键在于你的选择——观看的
角度。这就是一个人是否能把日常生活艺术化的关键。中国人懂得"禅"。
对于一个有禅意的人来说,担水砍柴之类的日常生活小事中都有禅。② 对杜
尚来说,只要一个人有艺术眼光、有艺术境界,则便池亦可成为艺术品。上面
提到杜尚的艺术品"门",就是一种把关和开合二为一的一种相反相成的反理
性主义哲学思想的艺术表达。杜尚本人的生活其实也是这样一个艺术化了的
人生——"行到水穷处,坐看云起时"般的艺术人生。他自己就说过:"我最好
的作品是我的生活。"据此,他提出了一种反传统的主张:艺术应该成为非艺
术,艺术与非艺术之间,与现实生活之间没有不可逾越的鸿沟。他的艺术活动
就是要变艺术为非艺术,或者也可以说是变非艺术为艺术。"艺术为思想服
务",而不是为视觉、为感性服务。杜尚的艺术具有思想性,表现的是人生
哲理。

为了表现艺术非艺术化、艺术生活化,杜尚甚至放弃普通的绘画,而把日
常生活用品改换一个观看的角度,使之成为艺术品,这就是他著名的以"现成
品"为艺术品的主张。上面提到的《泉》就是作为艺术品的"现成品"中最著名
的一个例子。

此外,他还引机器般的描绘入画,以反对一般传统艺术着重表现感性美、
视觉美的特点,以实现他的"非艺术化"的主张。例如,他 1912 年的画作《从
处女到新娘的变迁》,完全没有一般艺术的特点,即仅限于在视觉上引起性感
的肉体形象,而尽是些机器般的线条,这是他非艺术化的思想表现,和他的另
一著名画作《下楼的裸女》(1912)一样,源于他"用机器化的人来对抗感性
美"的"潜意识"。③ 然而,就这样一幅初看起来完全是机械般的画面,却从左
到右,表现了一个女性从少女的形体一步一步发育到成为少妇的形体的"变
迁"过程,以致在最右边出现了一个男人窥看的瞬间画面。"处女"在这一瞬
间成了"新娘"。这幅画的左下角的标题有"通道"一词。"通道"就是由处女

---

① 参见孙矫雁:《杜尚》,中国人民大学出版社 2004 年版,第 65 页。

② 参见王瑞芸:《禅宗、杜尚与美国现代艺术》,见《杜尚访谈录》,中国人民大学出版社
2003 年版,第 212—246 页。

③ 《杜尚访谈录》,中国人民大学出版社 2003 年版,第 46 页。

状态到新娘状态的"这一变化瞬间",这是杜尚在这幅画中所思考和表现的焦点。没有性感,没有色情,却把一般人羞于谈说的人生旅程中最神秘的一幕描绘得淋漓尽致。鉴赏者从这里所体玩到的,的确不是什么一般的艺术之美,悦人耳目之美(那是杜尚"非艺术"的主张所轻视的),而是一种深远的人生境界。

更有甚者,他甚至既不做"现成品",也不作画,而是完全放弃艺术创作,长时间下棋,以实现他潇洒自在的生活。他说过:"反艺术与为艺术其实是一个事物的两面。"①所以他的非艺术的生活实际上也可说是真正艺术化了的生活:正反无别,自由自在。中国庄子的"齐物"和"逍遥游"的思想可以算得是他生活境界的写照。

此种生活本身,在杜尚看来,是比"现成品"和绘画那两类作品更高的作品,是他所谓"最好的作品"。杜尚以生活境界为艺术之最高峰的观点,同我近些年来所主张的美学思想有相似相通之处。我在许多论著中一再强调:形式美所讲的和谐、匀称、比例恰当之类的东西,只是美的必要条件,美之极致在于高远的人生境界。"我们平常用的美学概念中的美或审美意识中的美,实在用的太宽泛了:美玉、美目之美叫做美,美妙之美也叫做美,物我两忘的精神境界也叫做美。其实,美玉、美目之美只不过是平常说的漂亮的意思,远不足以涵盖物我两忘的诗意境界。凡符合多样性与统一性相结合之条件的东西都可以在不同形式下、在不同程度上具有漂亮之美的特性,但诗意的境界绝不只是漂亮之类的言词所可以界定的。美学或审美意识这类名词术语,大家都用习惯了,我不想在这个问题上多费笔墨,我只是主张把漂亮、好看之类的意义下的美与诗意的境界区分开来。我的具体目的在于,所谓美学应当重在提高人的境界,而远不只是讲漂亮、讲好看之学。如果有人硬要坚持美学就是讲漂亮、讲好看、讲娱乐之学,那我倒是愿意把着重讲提高生活境界之学不要冠以美学之名。"②中国人爱讲"万物一体"。我以为我们今天的美学应继承中国的这一思想传统,"以提高人生境界为旨归"。"把这种境界与平常所谓漂亮、美丽、娱乐意义之下的美相提并论,显然降低了提高境界的意义。""美学的最

---

① 《杜尚访谈录》,中国人民大学出版社 2003 年版,第 236 页。
② 张世英:《哲学导论》,北京大学出版社 2005 年版,第 158 页。

高目的应是使人高尚起来。"①我还主张"审美的真实"高于"科学的真实",高于"道德的真实",唯有"艺术的真实"是最高层次的真实,而艺术的真实又有高低之分,"艺术真实的最高峰就是达到'万物一体'的崇高境界。"唯有达到这种崇高境界的人,才是"获得最高自由的人"②。杜尚反对"推崇科学",反对推崇形式美、视觉美、感性美,而以自由的生活境界为"最好作品",和我所主张的以漂亮、美丽等娱人耳目之美为低层次之美,以"万物一体"的人生境界为最崇高之美,显然可以相通。杜尚的艺术哲学在一定程度上突破了欧洲传统的主客二分式和"主体性哲学"的框架,接近了中国传统的不分主客,亦此亦彼、万物一体、天人合一的思想,值得我们大加赞赏。难怪有些学者说杜尚的思想接近中国的禅,西方艺术研究专家王瑞芸更进而略带夸张地说,杜尚"自己全然是禅"③。

# 五、对欧洲后现代艺术特点的反思与吸收

不过,我这里还想提醒的一点就是:杜尚虽然说过"反艺术与为艺术是一个事物的两面"之类的话,并且他自己的生活也确有正反相成、彼此合一的思想表现,但他过分反对传统艺术观,以致否定、排斥形式美、感性美,用机械绘图"对抗"、代替感性美,甚至干脆放弃绘画,这都说明他仍未摆脱艺术与生活、艺术与非艺术、感性美与崇高的人生境界之间二元对立的窠臼。我在论述崇高生活境界是艺术真实的最高峰时,总是强调,作为高层次的艺术真实不能脱离低层次的科学真实与道德的真实,作为艺术真实之最高峰的崇高的人生境界不能脱离属于低层次的悦人耳目之美(感性美、形式美)。高与低不是绝对对立的,高层次包含低层次而又超越之,崇高的人生境界包含形式美、感性美而又超越之。杜尚的艺术观中显然还有浓重的把高低对立起来,把二者看成彼此相互排斥的思想成分。杜尚在西方人中独特地具有较多的中国传统的思维方式,但他毕竟是西方人,还背上了西方近代那种非此即彼的传统思维方

---

① 张世英:《哲学导论》,北京大学出版社 2005 年版,第 161 页。
② 张世英:《新哲学讲演录》,广西师范大学出版社 2006 年版,第 145、149 页。
③ 张世英:《新哲学讲演录》,广西师范大学出版社 2006 年版,第 238 页。

式的包袱,很难达到像中国人那样亦此亦彼、圆通无碍的境地。这就像要求我们中国人少一点模糊混沌,多一点分析、界定,也很困难一样。由此也可以看到,中欧思想文化要想做到会通融合,彼此吸收对方的优点而又超越对方,需要一个漫长的过程。

杜尚可算是西方人中最接近中国传统思想方式的人,却还有对中国传统思想格格不入之处,至于美国20世纪60年代后的后现代艺术流派,为了模糊艺术与生活的分界,则在吸收中国人的思想文化因素过程中,似乎走上了一条不伦不类的歪路。"波普艺术"把生活中的俗物、废物,如什么啤酒罐、可乐瓶、旧轮胎、烂床垫等都搬进了艺术殿堂,赋予美的含义,而实际上却是商业化,失去了审美意义。"身体艺术"的作品竟在相隔10几米两道墙之间跑来跑去,直到累倒为止,或把自己锁在一间小房内几天不出门。"行为艺术"把自己关在笼子里,一年不同外界交流,以此体验生活,如此等等,千奇百怪,都想破旧立新,以显示自己独特的艺术生活境界。但杜尚身上所特有的那种亦此亦彼、生活与艺术相统一的、接近中国传统文化的思想,在这些后现代艺术派别中却都被歪曲了。亦此亦彼,生活与艺术相统一,本应是以艺术的、审美的态度和眼光看待日常生活,这样,日常生活才随时随地、自然而然地皆艺术、皆审美,从而随时随地皆自由。然而这些后现代艺术只是刻意地制造一些非日常的所谓日常生活,主观地自认为那就是艺术的生活境界。人们很难看出后现代艺术家所设计的那种非日常生活的生活中显示了杜尚所崇尚的精神境界。他们的那些稀奇古怪的"作品",显然还是非此即彼,割裂了生活与艺术的思想表现。实际上,这些后现代艺术流派仍然是西方近代传统思维方式的产儿。

当然,20世纪60年代以后的后现代艺术流派尽管在追求艺术与生活相统一的道路上走歪了,但他们和"后现代艺术之父"杜尚的艺术思想毕竟从正反两面启发了我们:艺术应该生活化,但不能脱离美(形式美、感性美);生活应该艺术化,但有待于提高精神境界。

美国20世纪60年代以后那些既不讲形式美、感性美,又缺乏精神境界的后现代艺术流派,遭到了德国新表现主义的蔑视。德国人在第二次世界大战以后,既因战败而有失落感,又对美国文化的浅薄极度反感。80年代在绘画领域兴起的德国新表现主义就是这种心态的产物。

传统的表现主义原本产生于20世纪初期的德国,其特点是强调艺术家个人情绪的自我表现,缺乏社会政治方面的批判意识,在表现形式方面比较重和谐、愉悦。而新表现主义,则在上述时代背景和思想背景下,一方面与美国的波普主义、极少主义等相对抗,而重返本土先前的表现主义之重自我表现的特点,强调自我的自由表现、自由联想,注重绘画性和形象性,而非抽象主义的无形象,更非搬用"现成品"。另一方面,与传统表现主义不同,新表现主义所表现的是缅怀本民族传统的情绪,反映了德国的民族精神,新表现主义由此而具有浓厚的关注现实社会政治的特点,似乎恢复了一定程度的现实主义,而在表现方面却比传统的表现主义更加狂放、更加粗犷,以致有些荒诞,而这同缅怀民族传统情绪中所蕴涵的抑郁感又是联系在一起的。德国著名新表现主义画家吕佩尔茨(Markus Lupertz,1941—　)的作品《酒神颂歌》,把纳粹军帽、徽章之类的符号引入他的画面,让人记住第二次世界大战,激发了人们对民族命运的关怀,尽管他自称是唯美主义者,认为艺术无关社会使命。伊门道夫(Jorg Immendorf,1945—2006)对当时政治的热情,甚至使他成为一个马克思主义者,他的名作《德国咖啡馆》反映了他对当时德国东西分裂的焦虑,他明确表示艺术应服务于社会,应回答人生意义问题。

德国新表现主义绘画中那种深沉、严峻以至荒诞的画面,是德国民族在痛苦中力图挣扎,在黑暗中渴望光明的思想表现。在德国新表现主义那里,绘画、艺术不是单纯地对和谐、愉悦的追求,像传统的现代艺术那样,而是深刻思考、沉着应对、艰苦卓绝的宣言。与美国20世纪60年代以后波普艺术、行为艺术之类的那些后现代艺术派别相比,德国新表现主义艺术的境界显得崇高,而后者则显得浅薄。与杜尚所强调的生活境界相比,德国新表现主义的境界既是个人的,又是民族的,它是个人与民族精神境界的结合,而杜尚的境界还只属于个人,杜尚所崇奉的还只限于小我,而德国新表现主义所崇奉的是小我与大我的统一。德国新表现主义堪称超越西方传统主客二分式和主体性哲学的艺术高峰,是西方后现代主义艺术中的优秀代表。根据我中华民族文化传统的特点,我以为,我们当前的艺术观、审美观,应该着重从西方学习的:一是西方现代艺术中表现主义的自我表现的精神;二是后现代主义艺术中生活艺术化,重视提高人生境界的精神;三是德国新表现主义中的忧患意识和关心民族命运的精神,我们可以把德国人的这种精神同中国传统的天人合一、民胞物与的思想联系起来,发掘其中的异同,以收取长补短之效。

# 第五编　美与人生境界

# 第二十一章　论境界[*]

## 一、境界的含义及其在中欧哲学史上的意义

　　任何一个人,和任何一个物一样,都是宇宙间无穷的相互关联(相互联系、相互作用、相互影响)的网络中的一个聚集点或交叉点,这个点不是实体,而是空灵的,但又不是虚构,就有点像几何学上所讲的点那样,无面积、无厚度,但又是真的。人之不同于物的地方在于人这个聚焦点是"灵明"的,而其他万物则无此"灵明"。"灵明"的特点就是前面说的能超越在场,把在场者与背后千丝万缕的不在场的联系结合为一。正是这点"灵明"构成了一个人的"境界",动物不能超越,故无境界之可言。"境界"就是一个人的"灵明"所照亮了的、他所生活于其中的世界。动物没有自己的世界。借用胡塞尔的哲学术语来说,"境界"也许可以说约略类似于"生活世界"。显然,我所讲的境界不同于,或者说不只是中国古诗中所讲的境界。

　　从时间的角度来看,境界这个交叉点也就是人所活动于其中的"时间性场地"("时域"),它是一个由过去与未来构成的现实的现在,也可以说,是一个融过去、现在与未来为一的整体。我们平常说,任何一个人都有他自己的世界或境界,此世界或境界就是这个"整体"或"现在"。它是每个人都必然生活于其中的"时域",也就是每个人所拥有的自己的世界。一个人的过去,包括他个人的经历、思想、感情、欲望、爱好以至他的环境、出身等,都积淀在他的这种"现在"之中,构成他现在的境界,从而也可以说构成他现在的整个这样一个人;他的未来,或者说得确切一点,他对未来的种种向往、筹划、志向、志趣、

　　[*] 原载张世英:《哲学导论》,北京大学出版社 2002 年版。

盘算等,通俗地说,也就是,他对未来想些什么,也都构成他现在的境界的内容,从而也构成他现在的整个这样一个人。从这个方面来看,未来已在现在中"先在"。我们看一个人的境界如何,看一个人是怎样一个人,就得了解他的过去曾经是如何,以及他对未来想些什么,其中也包括他对自己的过去将要采取什么态度。借用海德格尔的比喻,每个人当前的境界就像"枪尖"一样,它是过去与未来的交叉点和集中点,它放射着一个人的过去与未来。一个诗人,他过去的修养和学养,他对远大未来的憧憬,都决定着他现在的诗意境界;一个过去一向只有低级趣味,对未来只知锱铢必较的人,他当前的境界也必然是低级的。这两种人从各自的"枪尖"上发射出来的东西是大不相同的。

境界又可以说是浓缩和结合一个人的过去、现在与未来三者而成的一种思维导向(思维在这里是广义的),也可以叫做"思路"或"路子",它之表现于外就是风格。一个人有什么样的境界,就有什么样的风格。"清新庾开府,隽逸鲍参军。"庾开府有庾开府的清新风格,它标志着庾开府的境界和思维导向,鲍参军有鲍参军的隽逸风格,它标志着鲍参军的境界和思维导向。"人心之不同,各如其面。"其实,这句话也是说的人的境界之不同,各如其面,彼此不可代替。从这个意义来讲,各人在世界这个大舞台上所扮演的角色就像戏院里小舞台上所扮演的角色一样,生旦净丑末,各有各的位置和脸谱。

生活就是实践,如前所述,我所讲的实践不只限于革命的实践,而是指人类的一切活动,包括政治活动、文化活动、伦理道德活动和日常生活的活动,甚至连审美鉴赏活动也可以叫实践。人生就是人的生活、人的实践,人生所首先面对的就是人所生活于其中、实践于其中的生活世界。但人在这个生活世界中怎样生活、怎样实践,这就要看他的那点"灵明"怎样来照亮这个世界,也就是说,要看他有什么样的境界。一个只有低级境界的人必然过着低级趣味的生活,一个有着诗意境界的人则过着诗意的生活。

中国传统思想讲境界,除古典诗所讲的境界属于审美艺术领域外,也讲比诗意境界的范围更广的人生境界,人生境界包括诗意境界,人生境界也就是前面所说的由一个人的"灵明"所照亮了的、他所生活于其中、实践于其中的生活世界。王国维《人间词话》所谓"古今之成大事业、大学问者,必须经过三种之境界",这里的"境界"就是广义的人生境界。他所谓"词以境界为最上。有境界则自成高格,自有名句",这里的"境界"则是指诗意境界。不过诗意境界同时也就是人生境界,或者说,是人生境界中之上乘者。儒家所讲的"孔颜乐趣"也是人生境界中之一种,而在儒家看来,乃是人生境界中之最上乘者。

中国传统思想爱讲境界,与其重人生、重生活实践有密切关系。"境界"这个范畴可以说是对于人所寓于其中、融于其中的活生生的生活世界的最恰切、最深刻的表达。与中国传统思想重人生境界不同的是,在欧洲,"生活世界"这个概念范畴的提出则是很晚近的事,具体地说,是由狄尔泰、胡塞尔明确提出的。从古希腊柏拉图、亚里士多德到近代的笛卡尔、康德、黑格尔,欧洲哲学史由古代的本体论的哲学思维转向近代的认识论—方法论的哲学思维,这两种哲学思维方式都属欧洲传统形而上学的范畴,从前者到后者的转化不过是主体与客体对立统一的模式由开端到完善的发展过程。柏拉图、亚里士多德已经把前苏格拉底时代重认识客体转向认识主体自身,但他们所处的时代毕竟只是人类思想的童年时期,他们所着重讨论的"存在本身"的问题一般地说仍停留在抽象的本体论层面,人的主体化和人的实际生活世界被湮没在超感性的"理念"或"纯形式"之中(尽管他们也关心人)。从柏拉图、亚里士多德时代的哲学到中世纪的经院哲学主要都是环绕个别与一般本质或"存在"本身的问题进行讨论,人的生活实践并未取得应有的重要位置,而且更进一步说,人的命运实际上由处于第一性地位的彼岸世界(柏拉图的理念世界与中世纪的神权)所控制,人的主体性问题,虽早已由苏格拉底—柏拉图开其先河,但在到文艺复兴以前的一千多年的历史过程中并未在人的生活实践中实现。由笛卡尔开创的西方近代哲学,把主体与客体的模式和主体性原则明确起来,实现了由古代本体论的哲学思维到近代认识论—方法论哲学思维的转向,从此,人们才越来越重视认识活动对于人的主体性地位的重要意义,人们的注意力似乎由非人世的彼岸回到了人世的此岸。但这种哲学思维方式由于突出认识活动在人的生活整体中的优先地位,使认识活动成了整个人的生活世界的主宰,或者用哈贝马斯的话来说,导致了人的生活世界的"殖民化",①其结果是,一方面,认识活动给人的物质生活带来了巨大利益;另一方面,人却成了只有认识而缺乏感情、缺乏欲望的无实际生活气息的、苍白枯燥

---

① 参见 J. Habermas, *Theorie des Kommunikatiren Handeln Bd* Ⅱ, Frankfurt am Main: Suhrkamp, Bd Ⅱ, 第 293 页。

的人,认识活动于是脱离了人生的目的,人实际上脱离了活生生的生活世界。总之,从柏拉图到笛卡尔再到黑格尔的上述传统哲学,虽然经过了一个长期的不断完善的发展过程,但都逃不出主客对立统一的模式,人的实际生活未提到首位。胡塞尔首先强调"生活世界"的概念,对这种传统哲学提出了挑战,当代哲学家哈贝马斯在胡塞尔哲学的基础上又对"生活世界"的概念和理论作了新的发挥和发展。"生活世界"成了西方现当代思想特别是人文主义思潮的思想家们所谈论的中心范畴之一。① 中国传统思想所讲的"人生境界"与西方现当代一些思想家们所讲的"生活世界"也就有了对话的机缘。

中国人谈"境界"一般总是着重把它理解为一种精神境界,而且是个人主观的东西,西方现当代思想家们谈"生活世界"则不单纯是把它理解为精神性的、个人主观的东西,而且更着重讲生活世界所包含的物质的、社会的、客观的方面。

## 二、境界的形成

任何一个人都是无穷关联的网络上的一个聚焦点,但每个人所聚焦的无穷关联的形式各有其独特性,因此,每个人的境界又是千差万别、各有其特性的。正因为如此,每个作为具有"灵明"的人的境界才自有其仅仅属于个人特有的主观能动的方面,境界的独立自主性、创造性和自由才有可能。但境界的独立自主性、创造性和自由又是与天地万物有着千丝万缕的关联的,每个人的境界都是由天地万物的无穷关联形成的,这无穷的关联包括自然的(例如生长于不同地理环境的人有着相应于其所属的地理环境的不同境界,另外,每个人的遗传因素也是影响人的境界的自然因素之一)、历史的(不同时代的人有不同的境界)、文化的(不同文化背景的人有不同的境界)、教育的(受不同教育的人有不同的境界),如此等等,以至最切近的关联如个人所处的具体环境和具体遭遇(每个人的具体的生活经历会造成各不相同的境界)。这些关联往往是不能完全由个人自由选择的,它们是每个人的境界之所以能形成的客

① 参见高宣扬:《当代社会理论》,(台北)五南图书出版公司1998年版,上卷,第285、390、391、402页;下卷,第1177—1179页。

观因素。我们虽然很难按这些关联距离境界之形成的远近强弱程度排出一个有等级的表格,但无论如何,我们还是可以说,境界是一个有层次的结构网,有深层次的,有浅层次的,即是说,有的关联对一个人的境界的形成起着深远的作用,有的则只是起着表面的作用。

这样看来,境界乃是主观与客观交融合一的产物。欧洲传统形而上学特别是康德、黑格尔所发展了的意识哲学或主体性哲学以主体为中心,忽视了构成人的精神境界(虽然他们没有非常恰切的相当于我们所说的境界这样的术语)的客观结构,我们的看法显然不同于这种传统哲学。另外,我们的观点也不同于一般的结构主义,后者几乎完全否定了人的境界的主观能动方面。我们一方面主张人在自己的生活世界中有自己的主观能动性和创造性的自由,另一方面又承认人的自由和独立自主性是受宇宙间无穷关联的制约的,具体一点或者缩小一点说,是受历史、文化、社会、教育以至许多具体遭遇的制约的。境界乃是个人在一定的历史时代条件下、一定的文化背景下、一定的社会体制下、以至在某些个人的具体遭遇下所长期沉积、铸造起来的一种生活心态和生活方式,也可以说,境界是无穷的客观关联的内在化。这种内在化的东西又指引着一个人的各种社会行为的选择,包括其爱好的风格。一个人的行为选择是自由的——自我决定的,但又是受他的生活心态和生活模式即境界所指引的。可以说,现实的人都是一个具有由客观的社会历史性和主观的创造性两者相交织而成的境界的人,人就是在这样的境界中生活着、实践着,人的生活姿态和行动风格都是他的境界的表现。

人在形成了一定的境界之后,此种境界的指引作用往往是不自觉的、无意识的。所以境界的概念似乎与习惯、禀性、气质、素养之类的概念有某种相近的意义。有某种境界的人,几乎必然有某一种的言行举止,而他自己并不清楚地意识到他处于何种境界之中,但有识之士会闻其声而想见其为人,即是说,能从其言行中判断他有什么样的境界。甚至一个人的服装也往往能显露出他的境界,显露出他所内在化的各种客观的社会历史结构和意义。一个爱出风头、好表演、不停地叽叽喳喳的小丑,他很自鸣得意,但他并不意识到清醒的观众会如何评价他是一个有什么样的境界的人。社会历史是一个无情的大舞台,它让具有各种境界的角色在意识不到自己的境界的情况下充分自由地进行各种自具特色的表演活动,相互角逐,相互评判。

# 三、不同境界之间的沟通问题

　　境界按照各式各样的标准,可以有各式各样的分类。例如按时代的标准来分,有古代人的境界,中世纪人的境界,近代人的境界;从东西方文化背景的标准来分,有东方人的境界,西方人的境界;就中国文化传统来说,有儒家的境界,道家的境界,释家的境界;就人的社会地位来说,有统治者的境界,被统治者的境界;就受教育的情况来说,有受过教育的人的境界,有未受过教育的人的境界;至于中国传统诗论中所讲的诗意境界更是名目繁多,众说纷纭;冯友兰把人生境界按高低分为功利境界、道德境界和天地境界,也是大家所熟知的。我不打算提出新的分类法,只想谈谈不同群体的境界之间的沟通问题和如何提高境界的问题。

　　人们的境界一旦形成之后,它便有相对稳定性,所谓"江山易改,本性难移",不是完全没有道理的,这里的"本性"可以理解为已经形成了的、具有相对稳定性的某种境界。说稳定性是相对的,就意味着不是不可移易的,但又是有难度的。正因为移易有难度,所以就产生了如何使不同群体的境界之间互相沟通的问题和如何提高人们的境界问题。哈贝马斯所提出的普遍性原则("U原则")和讨论性原则("D原则")相结合的"商谈伦理学",以本文所讲的境界论的观点来看,实际上也可以说是试图沟通不同群体特别是统治者与被统治者的境界的设想,只不过是限于道德方面的境界;哈贝马斯所谓"理想的谈话环境",他自己承认不过是一种"假定"或"预期"。国内伦理学界不少人提出"普遍伦理"作为国际间交往的准则,我以为也是一种以沟通不同群体间不同道德境界为目的的观点,值得我们重视。

　　我们可以把一个民族的生活世界或一个个人的生活世界看成是由经济、政治、文化……方面的生活构成的一个不断运转着的圆圈,其中文化居于中心地位,经济是周边,更具体一点讲,就一个民族而言,是该民族文化的观念形态特别是该民族的精神境界居于中心位置,经济特别是生产是边缘;就一个人而言,是其人生境界居于中心,物质生活是边缘。在这样一个不断运转的圆圈中,越是居于边缘的因素如一个民族的经济特别是生产和一个个人的物质生活,其运转的速度越快,而居于中心的文化特别是精神境界则虽随之而运转,但其变速则甚为缓慢。换言之,经济特别是生产是比较敏感、比较灵通的领域,而文化特别是精神境界则是比较迟钝、比较固执的。这主要是因为民族与民族之间、个人与个人之间,其在文化方面、精神境界方面的接触比起经济方面、物质生活方面的接触来,是间接的、无形的、深层次的。这也就是为什么民族与民族之间、个人与个人之间,以至各类群体与群体之间的精神境界较难沟通的原因。但是,从长远的观点来看,随着经济全球化的日益发展,文化将逐步逐步地、包括经过严酷的斗争而走向融合(融合不是消除差异,不是消除各民族文化的特色,而是你中有我,我中有你)的大趋势则是不可避免的,而这也就构成了各民族的精神境界之间得以沟通的大趋势。

最难的是统治者与被统治者之间的精神境界的沟通。原因是统治者可以利用他们手中的权力,利用他们所掌握的官僚机构和宣传工具,控制和钳制被统治者,被统治者的生活世界几乎大部分被统治者所占有,他们的精神境界当其被说成是与统治者一致时,往往只不过是一种屈于压力的虚假的一致,有时甚至连这种虚假也是无意识的,而实际上则是经常处于互相矛盾、互相揣度的情况之中。但是,许多思想家特别是西方一些现当代的哲学家和社会学家,仍然在不断探索统治者与被统治者间精神境界的沟通渠道。前面谈到哈贝马斯的商谈伦理学就是一例。

通过建立普遍的伦理道德规范以求得各民族、各群体之间包括统治者与被统治者之间的精神境界的沟通,诚然是一条值得赞赏和提倡的途径,也是有理论根据的。但我以为这条途径并非最根本的。

## 四、用"万物一体"、"民胞物与"的思想精神提高和沟通不同的精神境界

我在前面已经论述了天地万物各不相同而又彼此相通的道理,并以此为根据诠释了中国传统哲学所讲的"万物一体"论。我想,那里所讲的基本观点应适用于各民族、各群体包括统治者与被统治者之间的精神境界的沟通问题:不同类型的境界之间之所以有可能相互沟通,就是以万物各不相同而又相通的道理亦即"万物一体"论为其最根本的哲学本体论的根据。各民族、各群体包括统治者与被统治者彼此各不相同,千差万别,这是客观事实,不可能强求

一律,我们平常讲宽容,其实就是容许各自的特性和差异性,但这些不同的民族、群体包括统治者与被统治者又是处于息息相通的万物一体之中的,因此,他们一方面可以容许对方的特性和差异性,另一方面又可以相互感通,建立同类感和共通感。哈贝马斯的商谈伦理学和当前一些学者所企图建立的普遍道德规范,我想,都需要建立在万物不同而相通的"万物一体"论的基础上。否则,就没有商谈伦理学之商谈的前提和道德规范之普遍性的前提。更具体一点说,人们只有有了"万物一体"的感悟,或者说,只有有了"万物一体"的境界(万物一体的境界就是对万物一体的一种感悟或体悟),才有可能进行商谈、进行平等对话,建立共同遵守的道德规范,而这种境界不是原则上不可能达到的,因为人人都生活于万物一体之中,用一句不太妥当的话来说,这是"先验的"。当然,人人都生活于"万物一体"之中,不等于人人都能有"万物一体"的感悟,所以我们不能要求人人都能达到这种境界,但只要经过启发教育,让人们多一分这种境界,则彼此沟通和平等对话的可能性也就会多增加一分。

在中国哲学史上,如张载的"民胞物与"的精神,王阳明的"一体之仁",其实都是以"万物一体"的哲学本体论为基础的,只要去其封建义理的思想,都可以加以新的诠释,作为今天沟通各民族、各群体的精神境界的理论根据。在西方,我以为,卢梭的道德观实际上是以"万物一体"的境界为依据的。卢梭认为人与人是相通的,故人天生就有同类感,这是一种普遍的感情。人的道德意识来自同类感,由自爱而扩大为爱他人:每个人都要生活,都要为自己谋幸福,但每个人也因此而不假思索地、自然而然地、不计较个人利害地希望他人有幸福,这就是道德意识。人的这种源于人己一体的自然同情心,"在自然状态中代替着法律、风俗和道德"。① 卢梭的思想有很多缺点和局限性,特别是他排斥科学、文明、理性的观点显然是不切实际、不可取的,但他认为人与人同为一体,因此人皆有天生的同类感,应当加以恢复,这一点在今天也应该可以成为建立普遍伦理学的哲学根据。特别是就统治者与被统治者之间的平等对话和精神境界的沟通来说,更值得提倡:统治者只要多懂得一点"万物一体"的道理,多一点点"万物一体"的境界,他们与被统治者之间的境界差距应该是可以缩小的。

---

① 《西方伦理学名著选辑》,下卷,商务印书馆 1987 年版,第 114、109、113 页。

　　最糟糕的是人们普遍缺乏万物一体的境界,大家都以自我为中心和主体,以他人为客体和被利用的对象,于是产生了这样一种社会现象:被统治者埋首于眼前物质利益的追求而缺乏自由自主的意识,什么同类感,什么人的基本权利,都茫然无所知,统治者利用被统治的鸵鸟把头埋在物欲的沙堆里的弱点,对被统治者进行各种压榨,贪污腐化的现象日益猖獗。面对这样的社会现象,除了需要有政治上的措施不说外,仅仅靠道德说教,我想也无济于事,最根本的还是要通过教育,提高人们的精神境界。不仅被统治者要受教育,统治者也要受教育:被统治者多一点万物一体的精神境界,就会多一分自由自主的意识,少给统治者以射杀鸵鸟的可乘之机;统治者多一点万物一体的精神境界,就会多一分平等感(平等感也是一种同类感),多为被统治者创一份福利。这比起道德说教来似乎更是迂阔之论,更不切实际,但这是从根本上抓起。如果我们的思想界能首先不把万物一体的境界看做是迂阔之论而多加阐发和提倡,是否也可以起到一定的实际效果呢?

　　普遍提高人们的精神境界,绝非一朝一夕之功,也许需要几代人的努力才能初见成效。前面说过,一个时代有一个时代的精神境界,欧洲中世纪的那种避世的精神境界,不是统治了人们的头脑达千余年之久一直到文艺复兴以后人们才逐步有了近代人那种进取的精神境界吗? 要改变一个时代的精神境界,就需要付出一个时代的努力。在今天被视为迂阔之论的万物一体的境界,经过一个时代的努力之后,也许会成为普遍的或比较普遍的现实。

　　重要的是抓儿童和青少年时期的教育。一个人的最早或较早的生活经历和所受的教育对于以后的精神境界的形成往往起着基础的作用,如果我们能经常给儿童和青少年一种"万物一体"、"民胞物与"的精神熏陶,我想对于改变整个时代人们普遍的精神境界将会有不可估量的作用。欧洲近代的民主思想与基督教的上帝面前人人平等和博爱的思想是有很大关联的,为什么我们不可以批判、继承和发扬我们自己的"万物一体"、"民胞物与"的优良传统,让这种思想产生像宗教信仰一样的威力,从童年和青少年时期起就扎根于人们的心灵之中呢? 这样的教育无疑会逐步增强统治者与被统治者的精神境界之间的沟通,为民主思想奠定基础。

# 第二十二章　哲学之美[*]

## 一、后现代艺术由视觉美转向人生的哲学思考

从欧洲现代绘画到后现代艺术,最根本的区别是审美标准、审美观点上的转变:现代绘画主要以视觉上"好看"、"漂亮"为美(当然,这并不是说,现代绘画只讲视觉美而完全不讲意境),这也就是美学上所讲的"形式美",以和谐、匀称、比例恰当等为美的标准,实际上也就是一种悦人耳目之美,平常所谓美玉之美、美目之美皆属之。后现代艺术则以思想上、心灵上的自由为美,以人生高远的精神境界为美。当然,视觉美、感性美也含有自由的性质,但还不是很明显、很明确的。后现代艺术之父杜尚(Marcel Duchamp,1887—1968)的作品《门》,其所表达的思想,就是对欧洲传统所崇尚的对立、分离和彼此外在性思想的否定。杜尚所设计的门后来被摄成了一张同样大小的彩色照片送到展览会上,引起不少观赏者流连久久,思绪万千。是这扇门在视觉上的美感吸引了观众吗? 显然不是。杜尚的思维方式颇与中国传统的思维方式有相似相通之处。中国传统思想,特别是易老之学,强调相辅相成,阴阳合一,此中有彼,彼中有此,一中有二,二中有一。这同欧洲传统思维方式之重视界定、区分,强调彼此有别,"说一不二",有明显的差异。杜尚的《门》,对欧洲近代因片面重理性、科学的固定性而引起的千篇一律、枯燥乏味的生活方式和精神状态,带来了"有趣的"、"幽默的色彩"(杜尚语)。《门》之美不是单凭"目之官"可以看到的,而是需要用"心之官"才能领悟到的。《门》所给予人的艺术享受,不是视觉美—感性美,而是思想美。

---

[*] 原载《江海学刊》2009 年第 4 期。

　　杜尚出于他"对抗感性美的潜意识"①,甚至引机器般的描图入画。他的画作《从处女到新娘的变迁》,完全没有视觉上引起性感的肉体形象,而尽是些机械般的线条,把人画成了"机器人"。没有性感,没有色情,却把一般人羞于谈说的人生旅程中最神秘的一幕描绘得淋漓尽致。鉴赏者从这里所领悟到的,也不是什么一般的视觉美——悦人耳目之美,那是杜尚所要"对抗"的;杜尚在这里所提供的是一种值得玩味的人生历程,此种玩味也是一种审美意识,这是一种生活境界之美,一种思想美。

　　更有甚者,杜尚反抗感性美的思想竟然发展到干脆放弃绘画,长时间下棋,以实现其彼此无别、万物融通、潇洒自在的生活境地。杜尚的名言:"我最好的作品是我的生活","艺术为思想服务"而非为视觉、为感性服务。显然,杜尚的艺术,已经不是传统的、具有感性意义下的艺术,其所表现的是直截了当的人生哲理。

　　杜尚这种生活化的艺术观和思想化、哲理化的审美观,在后来的后现代艺术中有了更鲜明的表现。纽约的一位女艺术家 Mierle Laderman Ukles,花了近一年的时间,和清洁工人待在一起,体验他们的生活,甚至站在清洁管理站入口处和八千多名清洁工一一握手道谢,说:"谢谢你们让纽约保持了生命力。"这位女艺术家把她的这一行为当做一种特别的"艺术作品"献给清洁工。清洁工们说:"一辈子没有见过这种事,如果这是艺术的话,我们喜欢这种艺术。"②这位艺术家填平了艺术和现实生活间的鸿沟。她的行为完全抛开了视觉美,而体现了一种崇高的人生境界之美,这是一种思想上的崇高美。德国著名的后现代艺术家 Joseph Beuys(1921—1986)把他的"行为艺术"落实到了社会实际活动中。参加议员竞选,带领群众到丛林中打扫,安排种植七千棵橡树等活动,都被当做是自己的艺术作品,他希望通过他的这些艺术作品——艺术行为,拯救社会,医治人心。艺术在 Beuys 那里完全成了提高人生境界之术。为了让世界完满,符合自己的理想,他往往作出一些不切实际的举动,却稚子般地高喊:"我的意图是美好的。"他的心灵深处,隐藏着一种不苟同流俗的"童心"之美。

---

① 《杜尚访谈录》,中国人民大学出版社 2003 年版,第 46 页。
② 王瑞云:《通过杜尚》,中国人民大学出版社 2004 年版,第 221—223 页。

后现代艺术由视觉、感性的审美意识进入人生、社会的哲学思考,或者用他们中间某些人用的术语来说,由"艺术"到"非艺术化"的转变,很自然地会让我们联想起黑格尔关于艺术让位于哲学的观点。实际上,两者有明显的不同。黑格尔以精神战胜物质的程度为划分艺术门类高低的标准:一种艺术门类愈受物质的束缚,其精神活动的自由愈少,则愈属低级;反之,一种艺术门类愈不受物质的束缚,愈显出精神活动的自由,则愈属高级。象征型艺术,物质超出精神,最低级;浪漫型艺术,精神超出物质,最高级。到了浪漫型艺术中的最高峰,精神即将完全超出物质,亦即摆脱感性形式,而最终达到(通过宗教阶段)以概念的形式认识最高的真实——"绝对理念",这就宣告了艺术的终结和哲学的开始。可以看到,在黑格尔那里,由艺术到哲学的转化,归根结底,意味着精神脱离物质,思想脱离感性。当然,黑格尔并没有像有些研究家所说的那样,让艺术"灭亡"。他只是说,"艺术的形式已不再是精神的最高需要"("……ihre Form hat aufgehört, das hörchst Bedürfnis des Geistes zu sein")。①但无论如何,黑格尔的确认为"心灵的最高需要"是脱离物质,脱离感性的哲学——一种超感性的(Supersensible)"纯概念"的哲学。可是后现代艺术所谓"非艺术"的艺术,如上述诸种"行为艺术",却远非超感性的东西,而是现实的生活。黑格尔认为精神的最高定性是自由,这个观点是应当肯定的,但他崇奉理性至上主义,他尽管认为艺术已越过各种有限领域,通过人类对自然需求的满足,以致对知识、意志方面的需求的满足,达到高度的自由,但即使在艺术里,仍受感性的有限性的束缚,没有达到绝对的、完全的自由;只有在概念中,才最终调和了彼此限制的对立性而达到了最真实的自由,满足了精神的最高需要。而"这种把握真理的概念,就是哲学的任务"("Diesen Begriff der Wahrheit zu fassen, ist die Aufgabe der Philosophie")。② 黑格尔把这种一步一步超出了自然需求和知识意志等方面的需求,超出了一切感性有限性束缚的概念,称之为"纯概念"。黑格尔此种以把握"纯概念"为己任的哲学,实际上脱离了人的现实生活,把人生变得苍白无力,枯燥乏味,与后现代艺术主张的艺术生活化的主旨实大相径庭。

---

①　*G. W. F. Hegel Werke* 13, *Theorie Werkausgabe*, Suhrkamp Verlag, 1981,第 142 页。
②　*G. W. F. Hegel Werke* 13, *Theorie Werkausgabe*, Suhrkamp Verlag, 1981,第 138 页。

欧洲近代思想重视理性,本是反中世纪神权至上的产物,对解放人性,发挥人的自由创造性有积极意义。但理性至上主义把人片面地理解为只是理性的主体,而忽视甚至抹杀人的情欲、感性、本能等非理性方面。黑格尔虽不排斥人的情欲,甚至盛赞亚里士多德指责苏格拉底—柏拉图的道德定义中缺乏非逻辑、非理性的环节。但他仍明确主张"道德应抑制热情","在道德中理性的东西占统治地位。"①他的"纯概念"说,尤其抹杀了非理性的环节。实际上人和人类的历史文化是理性和非理性的统一体。单纯的理性统治,会使人生陷入严酷的、刻板的公式之中。黑格尔声称在"概念"中,可以达到自由,但这种唯理性至上的"概念",恰恰使人丧失全面性,丧失创造性和自由。后现代主义认为,人的感性、欲望、本能等非理性方面才是人的生命力、创造力的源泉。后现代艺术,特别是其中某些"行为艺术",简直就是人的自然本性、原始欲望和感情的充分自由的表演。法国后现代艺术家 Yves Kiein(1928—1962)竟异想天开,创作了一个命名为《虚空》的作品,只是一间一无所有的空房子,让人去参观。许多参观者哈哈大笑,掉头而去。可是作家加谬却有深刻的领悟,他在留言簿上写下了一句颇富哲理的题词:"虚空充盈着力量。"这位艺术家甚至用他学过柔道的本领,从一栋楼房的二层楼上跳下,作为他飞翔于虚空的艺术作品。这种行为作品显得异常荒谬,但他确实表现了人的自由创造性的一种冲动,也许是一种过激的冲动。艺术审美的特性——自由创造在后现代艺术中,从原先视觉领域延伸到了现实生活的领域,从而也更明确、更鲜活、更深化了。而黑格尔的艺术之让位于哲学,却不仅没有使艺术的自由特性得到延伸,而且,扼杀了这种特性。后现代艺术的"非艺术化",导致了生活的艺术化和思想境界的提升;黑格尔的艺术之"退位",导致了生活的苍白无力和哲学概念的公式化。

后现代艺术的确也有许多偏激的、荒谬的东西,例如有的行为艺术家把自己关在笼子里,一年不同外界交流,以体验生活;有的艺术家在相隔十几米的两道墙之间跑来跑去,直到累倒为止,叫做"身体艺术"。如此等等,千奇百怪,都想破旧立新,以显出自己独特的艺术生活境界。但实际上人们很难看出这些非日常生活的生活作品能表现什么精神境界。后现代艺术之所以如此无

---

① *G. W. F. Hegel Werke* 16, *Theorie Werkausgabe*, Suhrkamp Verlag, 1981,第 223 页。

视规矩,放荡不羁,乃是一种反传统的思想表现。欧洲长期的理性至上主义和科学至上主义,一味强调划界、分析,崇奉概念的普遍性、标准尺度的固定不变性和法则的永恒性,把人生弄得刻板无趣,把哲学弄得干瘪乏味。后现代主义往往自觉或不自觉地运用中国传统的模糊界限、万物融通的思维方式,对此种传统进行冲击,甚至矫枉过正,作出一些不近人情、不合常理的行为表现。但后现代艺术各派之主旨都是求得思想之自由,生活之豪放,这是西方后现代艺术特别值得我们珍视的。

　　前面提到,杜尚以他的生活本身为"最好的艺术作品"。的确,杜尚曾明白表示,他的人生哲学是正反相成,彼此无别。杜尚为人,超然物外,淡泊名利,乐于助人,周围的人无论男女,都很喜欢他。中国庄子的"齐物"和"逍遥游"的思想,禅宗的担水砍柴皆有禅意的思想,一句话,万有相通,亦此亦彼、自由豪放,似乎可以作为杜尚生活境界和人生哲学的写照,而这正是艺术美的真谛之所在。杜尚的"非艺术"和"非美",实际上是最高层次的艺术和美。撇开 20 世纪 60 年代以来某些后现代艺术中那些过分偏激,甚至在学习杜尚、学习中国禅意而误入歧途的现象不说,杜尚的生活艺术算得是西方后现代艺术的最佳代表。但以杜尚为代表的后现代艺术,毕竟还不是哲学,后现代艺术大都富有哲学意味,但哲学意味还不等于哲学理论。哲学之为哲学,总得运用概念,运用理性的说明;后现代艺术却只有生活而乏说理和论证。黑格尔的体系是一步一步地摆脱现实生活,而进入专注纯概念、纯理性的哲学,把哲学变得没有生活气息,不具艺术之美。后现代艺术是生活艺术,根本不是讲概念、讲推理的学科。我们当然并不要求艺术家成为哲学家,但我们有理由要求哲学具有艺术美的特性。哲学从后现代艺术中得到的启示应该是:讲出生活中的哲学理论;只要把艺术化的生活境界,通过理性思考,以说理的方式表达出来,就可以使之转化为美的哲学。

## 二、割裂哲学与审美的欧洲传统哲学应当 终结,哲学应以提高人生境界为己任

　　欧洲传统哲学以柏拉图为开端,几乎成了"形而上学"的同义语,这种传统形而上学强调主客二分,理性至上,崇尚超感性的抽象概念、理念,而疏离现

实的感性世界和感性生活。柏拉图贬抑艺术，要把诗人逐出他的理想国，强调至高无上的幸福与快乐在于对抽象概念的理性追求，把人的感情欲望压到最低限度。黑格尔是欧洲传统哲学之集大成者，他关于艺术让位于纯概念哲学的理论，是柏拉图主义的延伸和变种，①所以，要让哲学具有艺术美的特性，必须让欧洲传统形而上学的哲学终结，我在《境界与文化》一书的"哲学的身份"一章中论述了这个问题。此种旧哲学终结之后的哲学，一般称之为"后哲学"或"后现代主义哲学"。"后哲学"的特点之一就是哲学与诗的融合。这种观点在海德格尔的后期哲学思想中已很明显，德里达更进一步撤除了哲学与诗之间的藩篱。② 所谓哲学与诗的融合，其实就是让哲学具有艺术美的特性。

　　哲学要美，首先就要与人的生活紧密结合。如前所述，那种专讲脱离人生的超感性的概念哲学，不可能产生哲学之美。哲学乃是"对攸关人生问题所作的理性的、方法上的和系统的思考"。③ 人生活动的方面多种多样：科学、道德、审美等皆属之。对人生的这些不同方面作各式各样的深层次的追问（"理性的、方法上的和系统的反思"，亦即我们平常所说的"打破砂锅问到底"的追问），就有了各式各样的哲学，如科学的哲学、经济的哲学、政治的哲学、道德的哲学、审美的哲学等。我们通常在用语上大都去掉"的"字，于是成了"科学哲学"、"政治哲学"等。反思自然现象，就有自然科学的规律，反思政治现象，就有政治规律，反思道德现象，就有道德规律。某一门学科，就是讲某种现象的规律之学，物理学是讲物理规律之学，政治学是讲政治规律之学，如此等等。于是有一种观点认为，哲学不同于这些具体科学之处，就在于它是讲的最普遍的规律的科学。规律总具有普遍性、整齐划一性。"最"普遍的规律，有"最大"的普遍性、"最大"的整齐划一性。于是这种观点更进而认为，哲学只能是唯一的科学。

　　我们对任何人生活动的反思，的确都包含有对普遍规律的追求，包括对"最"普遍规律的追求。科学都是知识体系，关于"最"普遍规律的科学，也是知识体系。但人生的反思、追问，是否在达到知识体系之后就此停步了呢？我以为单纯地把握到规律，甚至"最普遍的规律"，那还不是人生的反思活动之

---

① 参见张世英：《境界与文化》，人民出版社 2007 年版，第 125—130 页。

② 参见张世英：《天人之际》，人民出版社 2007 年版，第 157 页。

③ *The New Encyclopedia Britannica*，Chicago，1993，Volume25，第 733 页。

极致,算不上哲学的反思。也许科学规律显现于眼前之日,就是哲学的反思、追问开始之时。哲学反思的特点在于打破砂锅问到底:问这些规律的最终根据是什么? 采取什么样的态度来对待这些规律? 以及为什么采取某种态度? 这些都是哲学所应当专门研究的问题,而不是其他科学研究所能代替的。这些问题可以概括地简称为人生境界问题。这才是哲学应当探索的终极问题。哲学是讲人生境界之学,以提高人生境界为最高任务(而非如某些人所说,"哲学的最高任务是把握最普遍的规律")。一个人或一个群体有什么样的生活境界,就有什么样的哲学:有悲观主义的哲学,有乐观主义的哲学;有极端个人主义的哲学,有民胞物与的哲学;有人类中心主义的哲学,有非人类中心主义的哲学。不同阶层的人有不同阶层的生活境界,因而有不同阶层的哲学。不同民族的人有不同民族的生活境界,因而有不同民族的哲学。不同宗教信仰的人有不同的生活境界,因而也有不同宗教的哲学。不同时代的人有不同时代的生活境界,因而也有不同时代的哲学。哲学所反思和追问的问题不是科学所能回答的问题,没有最终的、确定的答案,所以也没有唯一的科学的哲学。当然,同一个民族、同一个时代、同一个宗教信仰,因其共同的生活环境,可以有为大家所共鸣的哲学,但共鸣不等于唯一,不等于同一。①

我按人的精神自由的程度,把人生境界分为高低四个层次:最低的境界是"欲求的境界"。人在此种境界中,只知道满足个人生活所必需的最低欲望。这种境界,无自由之可言。第二种境界是"求实的境界"。人在这种境界中,不再单纯地满足于最低的生存欲望,而是有求知欲,要求理解外在的客观事物的秩序、规律。无知则无自由,有了知识,掌握了规律,人的精神自由大大前进了一步。所以"求实的境界"是得到某种程度的自由境界。但所谓"认识必然就是自由",其实只是说了事情的一半。掌握规律,认识必然之后,还有一个如何对待规律的态度问题。科学的追求还只是人作为主体对外在的客体的认识。把哲学界定为仅仅是认识普遍规律之科学,以致人生被变得千篇一律,苍白枯燥,那不是真正自由的哲学,谈不上有哲学之美。随着科学追求的进展,也随着个人的日益社会化,人进而领悟到人与他人以至世界万物本来内在地

---

① 参见张世英:《归途:我的哲学生涯》,人民出版社 2008 年版,第 114 页。

融合为一体,人的科学活动与人伦道德意义不可分离①,人生由此而进入第三境界——"道德境界",人在此境界中,一定程度上摆脱了主客间的外在性,而获得更大的自由。② 但道德总是以理想与现实之间存在着一定的距离为前提,以主客间尚未达到完全的融合为前提,道德上的"应该"就是这种差距的表现。道德的实现与完成,既是道德境界的极致,也是它的结束,这就开始进入了人生第四境界,即"审美境界"。"审美境界"包摄道德而又超越道德、高于道德。在"审美境界"中,人不再只是出于道德义务的强制(尽管这是一种自愿的强制)而行事,不再只是为了"应该"而行事,人完全处于一种与世界万物融合为一的自然而然的境界之中。"自然而然"是老子"道法自然"的"自然",不同于"应然而然"。后者尚有不自由的因素,前者则是完全的自由。"审美境界"中的人,其行为必然合乎道德,但他是"自然而然"地——自由自在地做应该之事,无任何强制之意。

关于人生四种境界的问题,我将另文详细论述。

黑格尔也是根据自由之为精神的定性的原则,依实现自由的程度,把人的活动从最低级的满足生存欲望的活动到最高级的精神活动,分为许多高低层次,但他最后却功亏一篑,认为只有摆脱了人生各种具体活动,包括最后摆脱艺术活动,而达到纯概念的领域,才算是最高的自由。③ 而我所讲的四种境界始终不脱离人的具体生活,自由丝毫不脱离人生。一般来说,人生往往是四种高低不同层次的境界交织在一起,只不过有的人以低级境界为主导、为至上,有的人则以高级境界为主导、为至上。大体上说来,高级境界包括低级境界在内,而不能脱离低级境界,一个最有审美境界的人,一个真正的诗人,也不可能不满足他所必需的最低欲望而生存。但他作为一个有审美境界的人,作为一个诗人,他能以审美的精神境界来对待这些满足最低生存欲望的生活行为。哲学以提高人生境界为最高的任务,就是要把人的生活境界提高到审美的境

---

① 参见张世英:《境界与文化》,人民出版社2007年版,第291页注①。

② 在人的科学研究活动与人伦道德活动之间,还有经济、政治之类的活动,这些活动既有人的自然方面(例如人的经济活动就离不开自我保存的自然本性),又有人之不同于自然的方面,前者接近科学活动,后者接近人伦道德活动,故经济、政治活动的自由程度亦居于两者之间。本书所讲的四种人生境界,只是举其大略而言,故未针对经济、政治活动另列一种人生境界。

③ *G. W. F. Hegel Werke* 13, *Theorie Werkausgabe*, Suhrkamp Verlag, 1981,第134—144页。

界中来，就像席勒所说的那样，做一个结合感性与理性为一体的"审美直观"中的人——一个"自由的人"，一个"完全的人"。

我在其他许多论著中曾特别强调，审美中还有高低价值之分，形式美、感性美、视觉美是美的低级层次，人的心灵之美、生活境界之美才是美的高级层次，西方现代艺术到后现代艺术的转变包含了由重形式美、感性美、视觉美到重心灵美、生活境界之美的转化过程，这是审美观的进步表现。我以为"审美境界"之极致是万物一体，天人合一、彼此融通无碍的高远境界。后现代艺术之父杜尚的人生，就基本上达到了此种审美境界。只可惜杜尚毕竟是艺术家，对于他的这种人生境界只有片言只语的描述，缺乏理性的反思和理论性的、系统的论述，算不上真正的哲学家。至于杜尚以后的后现代艺术家，虽亦有审美的人生境界，却更乏理性反思和理论性的论述，有行而无言，谈不上具有哲学之美的哲学。

根据艺术与生活相结合的观点，我们可以很清楚地看到，审美境界往往渗透、浸润到各种较低级的人生活动之中，从而产生高低层次不同的生活之美：最低的"欲求"活动中男女之间的爱欲，如果单纯地以主客二分的态度看待，把对方视为简单发泄兽欲的工具，就像一些境界低下的人那样，则无美之可言；但以人与世界融合为一的态度对待，则可在爱欲中体验到一种美。"软玉温香抱满怀，……春至人间花弄色，……露滴牡丹开。"这就使爱欲具有诗意，具有美，这种美既是视觉美、感性美，也包含更高层次的美——心灵美、精神美。我把这种渗透到爱欲中的生活美称为"爱欲美"。对于较高的科学活动，亦可作如是观。以主客二分的态度，把它视为不过是作为主体之人寻求外在的客观之物的普遍规律，并利用规律使物为人所用，就像那种认为哲学不过是寻找最普遍规律之唯一科学的观点那样，则亦无美之可言；但以人与世界融合为一的态度来看待，则在科学活动中也可体验到一种美：首先是普遍规律、定理的和谐、统一之"形式美"（且不说显微镜下的美和太空之美等视觉美、感性美）。更重要的是心灵美、思想美。例如爱因斯坦曾明确表示，他对整个宇宙的秩序和可理解性（所谓"可理解性"实即物与人之间的交融）抱有一种崇敬的"宗教感情"（religious feeling），并认为此种非人格性上帝意义下的"宗教感情"是推动科学家不断努力理解和研究物理的动力。他称这种非人格的上帝是"斯宾诺莎的上帝"。我以为爱因斯坦的这种"宗教感情"，实际上是一种高层次的审美境界,一种崇高美。此外,我还认为,科学活动本身所具有的那种不计较功利的自由精神,给科学家以愉悦感,也是一种高层次的审美境界。我把这些渗透到科学活动中的不同层次之美,统称为"科学美"。① 道德行为出于"应该",接近审美活动而非严格意义的审美活动;但如能以自然而然的、完全自由的态度行"应该"之事,则可以达到一种"道德美",只不过日常语言中不大用这个词。总之,人生——人与世界的关系,绝不仅仅是使用工具的关系,而且是更深层次的审美享受的关系。但又非人人都能达到审美享受的境地:爱欲人皆有之,但只有达到审美境界的人才能体验到"爱欲美";科学界也只有一部分达到审美境界的科学家,才能体验到"科学美"(当然,对于显微镜下和太空中的那些浅层次的视觉美、自然美,也许每个科学家都能体验到,不过我并不主张以这类美作为"科学美"的主要例证)。欧洲后现代艺术乃是对各种生活美的艺术表达,只是它缺乏理论上的论述和分析,没有像我这样提出高低层次之分。而具有美的特性的哲学,正是对审美人生的理性反思和理论上的阐释。

## 三、欧洲"后哲学"与中国传统哲学大都 具有哲学与审美相结合的优点

欧洲"后哲学"反对传统哲学超感性、二元对立(包括主客二分)和理性至上主义、科学至上主义的缺点,讲究人生境界,故多具哲学之美。海德格尔、德里达等人的哲学皆如此,在他们之前,尼采的哲学尤有鲜明的美的特性。他明确指出:"同艺术家相比,科学家给生命以限制和降级","艺术比真理更有价值"。尼采关于"善于无知"的理论,关于人生最高境界是"醉境"和超然物外的自由之境的理论,关于"远观"的理论,等等,对哲学之美作了生动的、细致的阐述和论证②,是我们体悟哲学之美的范例。

中国古代的"天人合一"的思想,使中国传统哲学大都具有与诗相结合的特征,中国古代哲学著作往往就是文学著作,哲学家往往就是文学家和诗人。

---

① 参见张世英:《境界与文化》,人民出版社 2008 年版,第 5 章"科学与审美"。
② 参见张世英:《天人之际》,人民出版社 2007 年版,第 315—329 页。

　　这是因为"天人合一"本是一种物我两忘、主客不分的审美境界,中国传统哲学中也大多是对这种境界的一种理性反思和理论陈述。即使是儒家哲学,以道德境界为人生境界之最高层次,其"天人合一"之"天"主要具有道德含义,但儒家的"天人合一"也含有诗意,它企图通过诗意的审美意识,把道德意义的"天理"变成一种自发的内心追求。至于道家,则明显地是以审美境界为人生的最高境界,道家哲学具有鲜明的哲学之美的特征。

　　《老子》十二章:"五色令人目盲,五音令人耳聋,……是以圣人之治也,为腹而不为目。"老子似有否定视觉美之意,然老子在他的理想社会中仍主张"甘其食,美其服"(《老子》第八十章)。可见老子并非完全否定视觉美。老子的本意在于不重视觉美,而崇尚人生的精神境界之美;老子形容这种境界为"愚人之心","昏昏"、"闷闷";"我独泊兮其未兆,为婴儿之未孩";"众人皆有以,我独顽似鄙"(《老子》第二十章)。老子称这种境界为"玄同",具有此种境界的人叫做"贵食毋"之人,亦即得道之人,一种具有不计功利、大智若愚的境界之人。老子以此种人为其理想人格。《老子》一书虽仅五千言,却是中国最早的具有丰富的理性反思和说理的哲学著作,其核心就是论述此种审美境界的本体论根据——"道"。《老子》是中国第一部堪称"哲学"的哲学著作,也是第一部具有哲学之美的哲学著作。

　　庄子在老子"道"论的基础上,把老子的"玄同"发展成为"天地与我并生,而万物与我为一"(《庄子·齐物论》)的"天人合一"的精神境界,这种境界比老子的"玄同"更具诗意,更多美的意义。"蝴蝶梦"是庄子对他的"天人合一"境界的最形象、最美的描述。

　　庄子对审美之自由本质的理论性论述,尤为精彩。这一点集中表现于庄子的"有待"与"无待"之说;"夫列子御风而行,泠然善也。……此虽免乎行,犹有所待者也。若夫乘天地之正,而御六气之辨,以游无穷者,彼且恶乎待哉?故曰:至人无己,神人无功,圣人无名。(《庄子·逍遥游》)"乘风而行,固然免得行走,但仍"有所待"——需要有依赖,即依赖风力,这还不能算得是逍遥,是自由自在。世俗之人,以私己为重,以获得功名利禄为自由自在,实际上,这种自由自在都"有所待",即有待于满足私己的功名利禄之获得,一旦得不到功名利禄,就满怀不自由不自在。其所以不自由不自在,是由于受到"所待"的限制。只有根本不受限制,才是真正的自由自在或逍遥,这就要求"无所待"——不依赖任何外在的东西。如果能"乘"天地之正理,"御"阴阳风雨晦明之变化("辨"),一句话,顺乎自然之法则,达到"天人合一"的境界,则可以不依赖世俗间任何东西的限制,这才是真正的自由和逍遥。"圣人"、"至人"、"神人"忘己,无功名利禄之牵绕限制,乃真正自由之人,逍遥之人。简言之,"无所待"就是在"天人合一"的境界中,顺乎自然,不受世俗间外在事物("身外之物")的限制。这种自由也正是席勒所谓"游戏"——"审美"的特征。庄子继承和发展了老子"复归于朴"(《老子》第二十八章)的思想,反对虚饰之美,而主张出自自然真情的精神境界之美。① 庄子还进而认为,要创造出此种美,必须有不同于凡俗的"游心","游心"也就是"天人合一"境界中审美主体的一种超越有限之实而达乎无限之虚的感情。庄子非常形象地打过一个比喻:室无空虚,则婆媳易于争吵;心无天游,则六窍不和,虚("天游"、"游心")正所以"和"("和"字作动词用)现实的有限之物也。现实事物要达到和谐,靠的是超现实事物之"虚"。"游心",实即游于虚之心,"虚"字乃庄子以至整个道家哲学之美的核心。② 庄子关于"游心"和"空虚"以至"虚实生白"(《庄子·人间世》)的理论分析,不禁使我们联想到前面已经提到的法国后现代艺术家 Klein 的艺术作品《虚空》。一个是中国古人,一个是西方今人;一个是哲学家,一个是艺术家,古今中外实可互相辉映、互相发明;哲学与艺术(美)有异曲同工之妙。

　　庄子哲学以"虚"为美,是对我前面所讲的四种境界中前三种境界的超越,而非简单抛弃。庄子不是虚无主义者,不是禁欲主义者,他所谓"至人无己,神人无功,圣人无名"并非一切皆无,不讲私欲与功利,不讲道德,不讲规律,而是超越"欲求",超越"规律",超越"道德"。庄子妻死,鼓盆而歌。惠子问其故,答曰:"是其始死也,我独何能无慨然? 察其始而本无生。……今又变而之死。是相与为春秋冬夏四时行也。人且偃然寝于巨室,而我就嗷嗷然随而哭之,自以为不通乎命,故止也。"(《庄子·至乐》)可见庄子之鼓盆而歌,远非麻木不仁,绝情无欲,而是一种从痛苦中挣扎出来,以主动顺应自然的态度来对待生死的高远的精神境界。

---

① 参见张世英:《境界与文化》,人民出版社 2007 年版,第 160—161 页。
② 参见张世英:《境界与文化》,人民出版社 2007 年版,第 161—162 页。

## 四、道家哲学与欧洲后现代艺术的"相通"与"不同"

把庄子哲学拿来与欧洲后现代艺术作比较,似乎有点不伦不类:一是哲学,一是艺术,两种不同的专业,如何相比?但二者在思想上确有相通之处,作点比较,亦颇有意味。鼓盆而歌,如果没有庄子对惠子所作的哲理性论述,简直就是后现代艺术中"行为艺术"派的一件杰出的艺术作品。我们之所以不觉得庄子的鼓盆而歌的行为不像一般的后现代艺术作品那样"怪诞"和费解,就因为庄子作为哲学家,对此种行为作了理论上的说明。后现代艺术家 Klein 的艺术作品《虚空》之所以让参观者哈哈大笑,掉头而去,就因为作者不是哲学家,没有作哲理性的论述。幸有大作家加谬写下了"虚空充盈着力量"的深刻留言,人们才能理解作品中的深意,其实,庄子关于"虚室生白"、"室无空虚,则妇姑勃谿"的哲理论述,与加谬的留言真可谓心有灵犀一点通,是对 Klein 作品的最好的解说。如果把后现代艺术作品《虚空》作出哲理的说明,那简直就是一篇老庄哲学。庄子的哲学,或者推广而言之,中国的道家哲学,为什么与欧洲后现代艺术能如此相通?原因就在于二者都重视人的生活境界,崇尚生活美、思想美、心灵美,这种美的核心是在思想上破除限制,彼此融通,自由创造,而非视觉上、感性上的美。哲学之美与艺术之美在这里结合起来了。歧议在于:两者是不同民族文化传统、不同时代背景下的产物:后现代艺术是欧洲后科学的文化现象,道家哲学是中国前科学的文化现象。后现代艺术是对西方近现代一味重界定、重分析的科学至上主义和理性至上主义的一种反叛、一种批判;但又由于传统的凝滞性和顽固性,未能摆脱严格划界、非此即彼的传统思维方式的影响,于是在实际上由一个极端走向另一个极端:近现代艺术是艺术脱离生活,而处于至上的地位,后现代艺术("行为艺术"、"身体艺术")则声称否定艺术、否定美;近现代艺术是重视感性美、视觉美,后现代艺术则干脆否定感性美、视觉美,只讲生活境界,只讲思想,以致画家放弃绘画。后现代艺术家所谓"模糊"艺术与生活间的界限的口号,主观上意在反传统思维方式,客观上却让生活脱离艺术,思想美脱离视觉美,未脱传统思维方式的窠臼。后现代艺术中,某些由作家刻意制作的非日常生活的生活作品和行为作品,皆由此而来。我个人认为,把视觉美、感性美与生活美、思想美绝对对立起来,是西方后现代艺术的一大缺点。

# 五、继承和发扬中国传统哲学之美

中国的老庄哲学、道家哲学,是一种原始的天人合一的思想,比起西方传统思维方式来,显然缺乏科学界定、彼此判然有别的理性分析。老庄哲学、道家哲学虽亦有说理,不失为具有理性反思的哲学,但形象思维过多,诗意掩盖了哲理分析,老庄哲学毕竟过于朴素。在科学日益繁荣昌盛的今天,中国哲学不可能停留在前科学的、朴素简单的状态,其未来发展的道路,应该是在保持老庄哲学、道家哲学之美的前提下,吸取欧洲科学文化的优点,加强理论分析,从而让中国传统哲学以崭新的姿态走向世界。

但中国哲学自上世纪中期以来,受欧洲近代哲学的影响,以主客二分的思维方式为主导,认为哲学就是作为主体之人寻找作为客体的外在事物的最普遍规律的科学。哲学失去了传统的美的特性和优点。为维护中国传统哲学之美,我们不能停留在哲学仅只是寻找最普遍规律之学的界定上,不能停留于主客二分的思维方式,而应该在此基础上进而把哲学理解为提高人生境界之学。有生活境界之美,才有哲学之美,哲学应当像西方后现代艺术那样生活化。继承和发扬老庄哲学、道家哲学,借鉴欧洲后现代艺术所蕴含的生活哲理,似乎是我们提高人生境界、追求哲学之美的一条可行之道。

# 第二十三章　人生的四种境界*

按照人的自我的发展历程、实现人生价值和精神自由的高低程度,我把人的生活境界分为四个层次。

## 一、欲求境界

最低的境界,我称之为"欲求的境界"。人生之初,无自我意识和自我观念,不能说出"我"字,尚不能区分主与客,不能区分我与他人、他物。人在这种境界中只知道满足个人生存所必需的最低欲望,舍此以外,别无他求,故我以"欲求"称之。刚出生的婴儿,据心理学家测定,一般大约在两岁以前,就处于此种状态之中。此种境界"其异于禽兽者几希"(《孟子·离娄下》)。但此种境界实伴随人之终生。当人有了自我意识以后,生活于越来越高级的境界时,此种最低境界仍潜存于人生之中,即使处于我后面将要讲到的"道德境界"和"审美境界"中的道德家和诗人,亦不可能没有此种境界,此禁欲主义之所以不切实际之故也。《孟子》书中所谓"食色性也"(《孟子·告子上》),大概就是指的这种境界。

单纯处于"欲求境界"中的人,既未脱动物状态,也就无自由之可言,更谈不上有什么人生意义和价值。婴儿如此,成人中精神境界低下者亦若是。当然,在现实中,也许没有一个成人的精神境界会低级到唯有"食色"的"欲求境界",而丝毫没有一点高级境界。但现实中,以"欲求境界"占人生主导地位的人,确实是存在的,这种人就是一个境界低下的人,我们平常所谓"低级趣味"

　　* 原载《光明日报·光明讲坛》2009 年 12 月 31 日。

的人,也许就是这种人。

## 二、求知境界

第二种境界,我称之为"求知的境界"(或"求实的境界")。美国当代著名发展心理学家 Jane Loveinger 说:"刚出生的婴儿没有自我。他的第一个任务是学会把自己与周围环境区别开来,……认识到存在着一个稳定的客观世界。……在这一过程中,孩子形成了一个不同于外在世界的自我。处在这一阶段的儿童,自我与无生命的客体世界是不分的。"①用哲学的语言来说,这是一个由主客不分到主客二分的过程。在达到主客二分的阶段以后,自我作为主体,不再仅仅满足于最低生存的欲求,而进一步有了认知作为客体之物的规律和秩序的要求。此种要求是科学的求实精神的萌芽。故我把这个第二境界,既称之为"求知的境界",又称之为"求实的境界"。有了知识,掌握了规律,人的精神自由程度、人生的意义和价值大大提升了一步,所以,"求知的境界"不仅从心理学和自我发展的时间进程来看,在"欲求境界"之后,而且从哲学和人生价值,自由之实现的角度来看,也显然比"欲求境界"高一个层次。黑格尔就是这样按照自由之实现的程序来划分人生境界之高低的。他明确指出:"自由是精神的最高定性(Die Freiheit ist die höchste Bestimmung des Geistes)。"②自由在于不以自己的对立面为外在的,从而也就是不以为它是限制自己的。自由的主体本身就是一个整体,他不满足于自己只是一种内在的东西,而要求把自己变成客体,在外在的东西中见到他自身,实现他自身。主体只有在这样的对立统一中,才得到自由,得到自我满足。然而,要达到充分的自由和自我满足,则有一个过程:起初,自我只要求吃饱睡足之类的感性满足和自由,这种满足和自由对主体—自我来说,显然还是很有限的。作为人的主体之自我,必然要进一步要求精神上的自由和满足。没有知识的人,不懂得客体的规律,客体对主体是异在的,他显然是不自由的。人必须从最低欲求的满足,"进而走进精神的元素中,努力从知识和意志中,从知识和行为

---

① [美]简·卢文格:《自我的发展》,韦子木译,浙江教育出版社1998年版,第14页。
② *G. W. F. Hegel. Werke* 13,Suhrkamp Verlag,1986,第134页。

中求得满足和自由。无知的人是不自由的,因为和他对立的是一个异在的世界,……"①"求知境界"之高于"欲求境界",从黑格尔的此番论述中,得到了深刻而确切的论证。

主客二分阶段的"自我"观念,还有一个由隐到显的发展过程,这影响着求知的深浅程度。人在形成"自我"观念之初,往往把"自我"隐蔽、湮没在与自己最亲近的社会群体(家庭、同伴集体之类)之中,言所属群体的"我们"之所言,行"我们"之所行,尚不能见由己出,言个体性的"自我"之所言,行"自我"之所行。对于这种隐蔽、淹没在群体的"我们"之中的"自我"而言,群体内部的每个人和其他人都是一样的,也就是说,"自我"的个体性、独特性尚未显现于外。心理学家称"自我"的这个阶段为"遵奉的阶段"(Conformist stage)。② 当"自我"从"我们"中凸显出来,从而把自我与所属群体的其他个人区分开来之时,这就达到了心理学家所谓的"自主阶段"(Autonomous stage)。③ "自主阶段"的"自我"不再是隐蔽的,而是显现的,即真正具有个体性、主体性的自我。显然,"遵奉阶段"的"自我"是不自由的,只有到了"自主阶段","自我"才有了精神上的自由。与此相联系的是,"遵奉阶段"的"自我"在求知方面缺乏独立的创造性,只有到了"自主阶段"才有了独创性。此种情况表现在中西文化发展的进程中也很明显。我在《个体性自我显现的历程:中国与西方》和《我们—自我—他人》等文中,已经比较详细地论述过:中国人的传统自我观是"依赖型自我",长期的封建专制主义让中国人大多只习惯于按自己的社会身份(即所属社会群体的"我们")说话和行动,说官话,说套话,说空话,缺乏个性和创新。如果说,儿童在尚处于"遵奉阶段"的自我成长期,是由于年龄关系、生理关系,而"不能"见由己出,那么,在中国文化传统自我观束缚下的自我,则是屈于封建专制的压力,而"不敢"见由己出。中国传统的自我观是中国封建社会缺乏自由和科学不发达的思想根源之一。反之,西方人的传统自我观是"独立型自我","自我"是个体性的,不一味依赖于"我们",故惯于和敢于见由己出。此乃西方近代科学发达,在自由民主方面

---

① *G. W. F. Hegel. Werke* 13,Suhrkamp Verlag,1986,第 135 页。

② 参见[美]简·卢文格:《自我的发展》,韦子木译,浙江教育出版社 1998 年版,第 16—17 页。

③ 参见[美]简·卢文格:《自我的发展》,韦子木译,浙江教育出版社 1998 年版,第 22 页。

比中国先进的思想原因之一。

是否在个人的自我达到"自主阶段"之后，民族文化发展到"独立型自我"观之后，就算是有了充分的自由呢？就算是实现了人生最高价值呢？不然。"求知境界"的自由毕竟还是有限的，也远非人生最高价值之所在。这也就是说，单纯的科学不能使人达到最高的精神境界。

所谓"认识必然就是自由"，其实只说了事情的一半。认识了客体的必然性规律之后，还有一个主体（自我）如何对待客观规律的问题：以被动的态度屈从客观规律，在客观规律面前哀鸣悲泣，那就没有自由；只有以主动的态度，"拥抱必然"，才算得是自由。这是因为"求知的境界"以主客二分为基础，客体及其规律外在于主体，是对主体（自我）的一种限制，限制就是不自由。黑格尔在《美学》中说："主体在理论的层面上（im Theoretischen）是有限的和不自由的，因为物的独立自在性（Selbständigkeit）是预先就被假定的。"①这里所谓"在理论的层面上"，亦即指认识、求知的层面。这也就是说，在"求知的境界"中，作为客体之物被假定为独立于主体之外的自在之物，它与主体相互对立，彼此限制，故无自由之可言。黑格尔说：在认识中，对象独立自在，有"片面的自由"，而主体—自我反而只是"按现成的客观性去单纯地吸纳现成的东西，从而失去主体的自我规定性（按：指主体的自由——引者注）。②黑格尔在《精神现象学》中也谈到这个问题："知性"所认识的普遍、永恒的东西（按：指普遍规律），是"没有自我的"（selbstlos），"远非自知其为精神的精神"。③通俗一点说，认识、求知阶段所达到的客观普遍规律，尚未与主体—自我融合为一而成为黑格尔所谓"精神"——人生最高境界。

人之所以有求知欲，最初是出于无功用的好奇心，后来则多出于功用心，即出于通过认识规律，使客体为我所用的目的。无论如何，求知最后都落实到功用，理论最后都落实到实践。所以"求知的境界"与"功用的境界"紧密相连。在功用、实践中，主体—自我也是不自由的。黑格尔对此也作了很好的说明：在实践中，主体按自己的意志改造外物，使之"为自己服务，把它们视为有用的（nützlich）"，"主体变成自由了"，但"实际上"这种自由也是"一种单纯臆

①　G. W. F. Hegel. Werke 13, Suhrkamp Verlag, 1986, 第 154 页。
②　G. W. F. Hegel. Werke 13, Suhrkamp Verlag, 1986, 第 153 页。
③　G. W. F. Hegel. Werke 3, Suhrkamp Verlag, 1986, 第 495 页。

想的自由"，因为"目的"来自主观，就"具有片面性"，而且始终存在着"对象的抵抗"。① 黑格尔在《精神现象学》关于"实践理性"的论述中，还谈到了人因谋利而遇到与客观必然性的矛盾，谈到了人因贪图个人利益而造成人与人之间的矛盾和自由的丧失。

奥地利宗教家、哲学家布伯（Martin Buber，1878—1965）按照人的生活态度把世界分为两重：一重是"被使用的世界"（the world to be used），另一重是"相遇的世界"（the world to be met）。布伯用"我—它"（"I-It"）公式称谓前者，用"我—你"（"I-Thou"）公式称谓后者。前者实指一种把世界万物（包括他人在内）当做黑格尔所谓"为自己服务，把它们视为有用的"对象的态度，亦即把人也视为物（"它"）的态度；后者实指一种把他人视为具有与自己同样独立自由的主体性的态度。布伯所说的前一种态度，实际上，也就是本文所说的"求知的境界"—"功用的境界"；后一种态度实际上属于我即将讲到的"道德的境界"。布伯从宗教的角度极力提倡人生应由前一种态度升华到后一种态度。② 我以为，布伯的思想为人生境界应从"求知的境界"—"功用的境界"升华到"道德的境界"提供了强有力的论证。黑格尔在《精神现象学》中也谈到了这一转化的必然性：功用主义会导致"绝对自由与恐怖"，"精神"陷入矛盾，于是由外在的欲求转向内心，以求得真正的自由，即"道德的精神"。③

## 三、道德境界

个人的道德意识，在上述个人成长的"遵奉阶段"就已见端倪。在"遵奉阶段"中，个人的独立意识已处于突破遵奉意识的过程之中，从而逐渐产生了区分"好人"与"坏人"的意识，以至达到对他人负有责任和义务的真正意义的道德意识，心理学家 Loveinger 称之为"公正阶段"（Conscientious stage），紧靠"遵奉阶段"之后，甚至把这二者结合为一个水平——"公正—遵奉水平"。发展到这一水平的"自我"既然有了责任感和义务感，这也意味着他有了自我选

①　*G. W. F. Hegel. Werke 13*，Suhrkamp Verlag，1986，第 153—154 页。
②　参见张世英：《哲学导论》（修订版），北京大学出版社 2008 年版，第 20 章"人与世界的两重性"。
③　*G. W. F. Hegel. Werke 3*，Suhrkamp Verlag，1986，第 441 页。

择、自我决定的能力,他"把自己看做是命运的主人","而不是听凭命运摆布的小卒"。①

可以看到,人生的"道德境界"与自我意识和"求知境界"的出现几乎同时发生,也许稍后。就此而言,我把"道德境界"列在"求知境界"之后,只具有相对的意义。但从实现人生意义和价值角度和实现精神自由的角度而言,则"道德境界"之高于"求知境界",是不待言的。

从上述心理学家的论述中还可以看到,个人的道德意识也有一个由浅入深的发展过程:当独立的个体性自我尚未从所属群体的"我们"中显现出来之时,其道德意识是从"我们"出发,推及"我们"之外的他人。中国儒家的道德观就是和这种个人自我观念形成的阶段相对应的。儒家所讲的差等之爱,首先是爱与我有血缘亲情关系的"我们",这里的"我们"就是"我","我"就是"我们",爱"我们"以爱"我"为基础,由此而"推己及人","及人"乃是同情他人,甚至是怜悯他人。这样的道德意识显然尚未达到尊重他人、对他人负有责任感和义务感的水平,缺乏平等待人和基本人权平等的观念。我认为,这是浅层次的道德意识。只有当"自我"发展到从"我们"中凸显于外,有了独立的个体性自我观念之后,自我才有敢于独立负责的观念,才有深层次的道德观念。在这里,"自我"是独立自主的,"他人"也是独立自主的,我与他人相互尊重,平等相爱,大体上说来,这就是西方传统的道德观。我在《我们—自我—他人》一文中对上述中西不同的道德观作了较详细的论述。

黑格尔的《精神现象学》在论述到"实践的理性"即人的社会活动时指出,个人的行为不能脱离他人","作为个体,他必须在别的个体中,要求并产生其现实来",②黑格尔显然已认识到,自我意识、自我行为开始之时,就具有社会性,就有了道德意识的萌芽。黑格尔在论述到社会历史发展的进程时,还认为,其最初阶段是个体意识与集体意识融合为一的阶段,他称之为"真正的精神,伦理",个人隶属于集体(城邦、家庭)。这是较低级的道德境界,个体性自我淹没于社会群体之中。后经个体性自我凸显的过程(自我异化的精神,教化),才进入深层意义的"道德"领域("自我确定的精神,道德")。这是一个

① 参见[美]简·卢文格:《自我的发展》,韦子木译,浙江教育出版社1998年版,第18—20页。

② *G. W. F. Hegel. Werke* 3,Suhrkamp Verlag,1986,第263页。

高级的道德境界。在这里，人才在自我的个体性基础上有了独立负责、尊重他人的道德意识。①

高级的道德意识首先以独立自我的主体性为前提，那种湮没于群体的"我们"之中的"自我"，不可能有个人负责的责任感。只有当个体性"自我"从"我们"中凸显出来以后，才有可能达到高级的、有责任感的道德意识水平。黑格尔强调："道德的观点，……把人规定为主体。"道德意识是"自我"自由自主地作出决定，是自我自己负起责任，故道德意识使人的精神达到更加自由的水平。②

但是，仅仅有独立的个体性自我观念，还不足以达到完满的高级的"道德境界"。欲达此境，还必须进一步有尊重他人的自由意志和独立自主性的意识。故黑格尔在界定"道德的意志"时，除了强调道德行为出自于"我"而外，还特别强调"与他人的意志有本质关系"。③ 承认"他人"的独立自主性，是高级的道德意识的另一主要前提。尽管西方传统文化，相对于中国文化传统而言，较重责任感，但在没有达到真正承认"他人"的独立自主性以前，还不可能进入高级的道德境界。作为西方近代主体性哲学创始人的笛卡尔，由于一味强调自我的主体性，而不讲"他人"，就"没有很大的道德热忱"。④

康德既否定了笛卡尔"自我"的实体性，把"自我"的主体性提升到更高的、先验的地位，同时，又强调不把"他人"当手段，而要把"他人"当目的。道德的责任含义得到了加强。但康德所讲的对"他人"的尊重，源于"自我"的理性——"纯粹理性"，即所谓"自律"。尊重他人源于尊重普遍的理性，而非尊重"他人"之"他性"。故康德哲学的"道德境界"仍未达到完满的地步。

黑格尔在《精神现象学》中明确宣称：自我意识源于"承认""他人"。"自我意识是自在的和自为的，由于并从而因为它是自在自为地为一个他者而存在的；即是说，它只是作为一个被承认者（als ein Anerkanntes）。"⑤每个人只有

---

① 参见张世英：《自我实现的历程——解读黑格尔精神现象学》，山东人民出版社 2003 年版，第 152—153 页。

② 参见 G. W. F. Hegel. Werke 7, Suhrkamp Verlag, 1986, 第 203—205 页。

③ G. W. F. Hegel. Werke 7, Suhrkamp Verlag, 1986, 第 211 页。

④ 罗素：《西方哲学史》，商务印书馆 1976 年版，第 94 页。

⑤ G. W. F. Hegel. Werke 3, Suhrkamp Verlag, 1986, 第 145 页。

通过他人承认其为自我意识着的,才能找到自我的真实性。黑格尔把"他人"的地位抬到了多么崇高的地位! 黑格尔几乎达到了对笛卡尔以来那种以我为主,以他人为客(为对象)的主体性哲学的明确批判。黑格尔说:"在道德领域,我的意志的规定性与他人意志的关系是积极的(positiv,肯定的),……这里不是一个意志,而是客观化同时包含着单个意志被扬弃,从而片面的规定性消失,于是两个意志及其相互间的积极(肯定)关系建立起来了。""在道德领域,他人的幸福至关重要。"①黑格尔因此而把人生的道德境界提升到了一个新的高度。

　　然而,从黑格尔的整个哲学体系来看,他并没有贯彻他自己所提出的上述道德观点。相反,大家都很熟悉的是,黑格尔的精神现象学,或者也可以说,他的整个哲学体系,是一个不断克服与"自我"对立的"他者"而达到绝对同一的"绝对主体"的过程。黑格尔哲学既是西方哲学史上用最多篇幅、最系统讲述"他者"、"他人"的哲学,又是一个用最多篇幅、最系统地强调"克服""他者"、"统一""他者",从而压抑"他者"的哲学。在黑格尔那里,"自我"一步一步地吞噬了"他者"、"他人",成了唯我独尊的"绝对自我"。

　　黑格尔死后,他的"绝对自我"和整个欧洲近代主体性哲学遭到批判,"自我"的霸权日渐消失,代之而起的主流思潮是主客融合,尊重"他人"。胡塞尔提出"同感"说,企图走出"自我"之外,承认"他人"的独立自主性。接着,海德格尔更进而提出"共在"说,更进一步论证"他人"的独立地位。尽管伦理道德哲学在胡塞尔和海德格尔的哲学体系中都没有什么位置,但他们关于重视"他人"的思想观点,都为提升"道德境界"的内涵作出了重要贡献。犹太裔宗教家和哲学家、奥地利籍的布伯(M. Buber)和法国籍的莱维纳斯(E. Levinas)两人大不同于胡塞尔和海德格尔,更从宗教的角度,以不同的方式强调了"他人"的神圣性。特别是莱维纳斯,更一反整个西方以"自我"占优先地位的传统,详细论证了"他人"优先于"自我","自我"只能被动听从"他人"之命令的观点,把"伦理学"奉为"第一哲学",实际上也就把"道德境界"看成了人生最高境界(关于胡塞尔到莱维纳斯的上述观点,我在《我们—自我—他人》一文中,已作了较详细论述,这里只是一点简单的概括)。尽管我不同意莱维纳斯

---

① *G. W. F. Hegel. Werke* 7,Suhrkamp Verlag,1986,第211页。

视"道德境界"为人生最高境界的观点,也不同意他关于超感性的"上帝"观念,我认为他的道德观带有明显的乌托邦性质,但他关于对"他人"负绝对责任的思想,的确为高级的"道德境界"增添了丰实的内涵。

总起来说,黑格尔死后,从胡塞尔到莱维纳斯,其关于"他人"地位的思想学说,虽各不相同,但都给了我们一个重要启示:"道德境界"不能停留在"推己及人"和"同情"、"怜悯"的水平,那是一种"俯视""他人"的态度,一种低层次的"道德境界"。高级的"道德境界"应是平等待人、尊重他人,对他人负责。只有具备这种道德境界的人,才是一个有高级趣味的人。

当然,说欧洲现当代思想家主张尊重他人、对他人负责的高级道德境界,这绝不等于说欧洲现当代人的道德意识现实已达到了此种"尽善"的水平。相反,欧洲现当代人道德境界中的自我中心主义、个人主义,仍然是我们应当予以批判的。

"道德境界"对于实现人的精神自由而言,尚有其局限性:其一,黑格尔说:"道德的观点是关系(Verhältniss)的观点、应然(Sollen)的观点或要求(Forderung)的观点。"①"应然"、"要求"、"关系",都是说的理想与现实之间、主体与客体之间尚存在着一定的距离,尚未完全融合为一,故精神的自由仍是有限的,"应然"—"应该"就有某种强制之意,尽管"道德境界"中的强制同时又是自愿的。其二,"道德境界"不能完全脱离功利(尽管是为他人谋福利),对象作为工具,服务于外在的目的,在此种意义下,主与客之间也显然是对立的。由此可见,"道德境界"并未实现充分自由,不能算是人生的最高精神境界。

# 四、审美境界

人生的最高精神境界是"审美的境界"。"审美的境界"之所以"最高",是因为审美意识完全超越了主客二分的思维方式,而进入了主客融为一体的领域。

第一,审美意识超越了"求知境界"的认识关系。审美意识不再像在认识

---

① *G. W. F. Hegel. Werke 7*,Suhrkamp Verlag,1986,第 206 页。

关系中那样把对象预先假定为与我对立的、外在的独立自在之物,通过认识活动(通常所谓感性认识和理性认识),认识到对象"是什么"。"审美意识"乃是把对象融入自我之中,而达到一种情景交融的"意境"。① 所谓对象、个别事物之存在本身"是什么",已经不再滞留在人的考虑和意识之中。对立物消逝了,自我得到了充分的自由。黑格尔在《美学》中说:"从理论的关系方面看,客体(按指审美意识中的客体——引者注)不是仅仅作为存在着的个别对象,其主体性概念外在于其客观性,并在其特殊现实性中按不同方向消散为外在的关系;美的对象让它专有的概念作为实现了的东西而显现于其存在中,并在它自身中显示主体的统一性和生动性。这样,对象就从外向返回到自身,从而消除了对他物的依存性,并且对于观照(Betrachtung)而言,它的不自由的有限就转变为自由的无限性。"②黑格尔这段话的意思就是说,在审美意识中,对象不再像在"求知境界"中那样"仅仅作为存在着的个别对象"而与"主体性概念"处于外在关系中;审美意识乃是让概念显现于客观存在之中,主客统一而具有生动性,审美对象不再依存于外在之物,而由有限变为无限,由不自由变为自由。另外,黑格尔认为,审美意识中的"自我"(Das Ich)不再只是感知事物和用"抽象思维"去"分解"事物,"自我本身在客体中成为具体的了,因为自我自为地造成了概念与现实性的统一,造成了一直被割裂了的我与对象两抽象片面的具体结合。"③

第二,审美意识也超越了"求知境界"和"道德境界"中的实践关系。"在审美中,欲念消退了";对象作为"有用的手段"这种"异己的目的"关系也"消失了";那种"单纯应该"的"有限关系"也"消失了"。④ "由于这些,美的观照(die Betrachung des Schönen)就具有自由的性质,它允许对象作为自身自由的和无限的东西,而不是作为有用于有限需要和意图而满足占有意志和功利心的东西。"⑤总之,在黑格尔看来,美既超越了认识的限制,也超越了功用、欲念和外在目的以及"应该"的限制,而成为超然于现实之外的自由境界。黑格尔

---

① 参见张世英:《哲学导论》(修订版),北京大学出版社 2008 年版,第 117—119 页。
② *G. W. F. Hegel. Werke* 13,Suhrkamp Verlag,1986,第 154—155 页。
③ *G. W. F. Hegel. Werke* 13,Suhrkamp Verlag,1986,第 155 页。
④ *G. W. F. Hegel. Werke* 13,Suhrkamp Verlag,1986,第 155 页。
⑤ *G. W. F. Hegel. Werke* 13,Suhrkamp Verlag,1986,第 155—156 页。

由此而把美—艺术列入人生旅程中超越有限之后的无限领域。我个人认为，
人生以"审美境界"为高境界这一观点，应已在黑格尔的以上论述中得到了充
分的说明。但黑格尔把无限的领域又分成了艺术、宗教和哲学三个高低不同
的层次，并以哲学所讲的超时间、超感性的"纯概念"为最高层次，实际上也就
是以达到"纯概念"领域为人生最高境界。我在《哲学之美》等几篇论文中已
对黑格尔的"纯概念"说表示了不同意见，这里不再赘述。其实，席勒也持审
美为最高境界的观点。席勒认为，单纯的"感性冲动"让人受感性物欲的"限
制"，单纯的"理性冲动"让人受理性法则（例如作为道德法则的义务）的"限
制"，两者皆使人不自由，人性的完满实现在于超越二者的"限制"，以达到"无
限"，这才是最高的自由，席勒称之为"游戏冲动"，即"审美意识"。故只有
"审美的人"、"游戏着的人"，才是获得最高自由的人，"完全的人"。① 席勒再
明显不过地把"审美境界"看做是人生最高境界！

　　由于审美意识源于主客的融合为一，故随着"自我"由"原始的主客融合"
（我借用中国的"天人合一"的术语又称之为"原始的天人合一"或"前主客二
分的天人合一"）经过"主客二分"到高级的"主客融合"（我又称之为"高级的
天人合一"或"后主客二分的天人合一"）的成长和发展过程，"审美境界"也
有高低层次之分。黑格尔说："正是单纯沉浸在自然中的无精神性的和彻底
摆脱自然束缚的精神性之间的中间状态"，形成为"与散文式的理解力相对立
的诗和艺术的立场"。② 所谓"单纯沉浸在自然中的无精神性"状态，就是指
我上述的"原始天人合一"状态；所谓"彻底摆脱自然束缚的精神性"状态，就
是指"主客二分"状态。③ 黑格尔认为"诗和艺术立场"，即审美意识，在人生
旅程中，最初发生于由"原始天人合一"到"主客二分"的"中间状态"。这是
"审美境界"的最初阶段。平常所谓"人天生都是诗人"，其实就是指的这种低
层次的"审美境界"。真正的诗人都是达到"主客二分"、有自我意识的人，但
他又通过教养和陶冶，能超越"主客二分"、超越"自我"，达到"后主客二分的

---

　　① 参见张世英：《哲学导论》（修订版），北京大学出版社 2008 年版，第 207—208 页。
　　② *G. W. F. Hegel. Werke* 13，Suhrkamp Verlag，1986，第 410 页。
　　③ *G. W. F. Hegel. Werke* 13，Suhrkamp Verlag，1986，第 410 页；并参见张世英：《哲学导论》
（修订版），北京大学出版社 2008 年版，第 131 页。

天人合一"，从而具有高层次的审美境界。①

　　和个人自我成长的这种过程相联系的是，中西文化传统所崇奉的"审美境界"也有阶段性的差异。中国传统文化重原始的天人合一，不重主客二分，个体性自我尚湮没于宇宙整体之"道"和社会群体之中而未凸显于外，故其所崇奉的"审美境界"是"无我"之境，一直到19世纪中叶鸦片战争以后才因学习欧洲的主客二分而有较明显的转变。欧洲传统文化重主客二分，个体性自我比中国较早显现，故其所崇奉的"审美境界"由重客观现实转向重自我表现。及至欧洲后现代主义，则更进而超越和批判传统的片面重自我表现的审美观，而主张后主客关系的审美观。当然，我在这里也无意说欧洲后现代的"审美境界"已达到"尽美"的高级水平。相反，欧洲后现代审美观—艺术观中那些低俗的降低审美水平、艺术水平的东西，仍是我们应当排除的。不过，无论如何，中国传统重"无我"的"审美境界"，毕竟是"前科学"的文化现象，欧洲后现代的超主客二分—超越自我的"审美境界"是"后科学"的文化现象。在当今中国大力提倡科学的新形势下，在国际当代思潮的大背景下，我们也应当适应科学的发展，吸取西方传统的和后现代审美观的优胜之处，把国人的审美境界提升到一个新的更高水平。

## 五、四种境界总是错综复杂地交织在一起

　　上述四种境界，显然只是人生自我实现历程中极其粗略的阶段性划分。黑格尔的《精神现象学》一书的目录表，实可视为人在自我实现过程中所经历过的最详尽的阶段和境界，只不过黑格尔主要是参照西方传统文化的发展史来描述这一历程的。若要了解我中华儿女在人生自我实现历程中所经历过的更详细的阶段和境界，也许需要写一部以中华传统文化为背景的中国式的《精神现象学》，这也是我所期待于后学的一项伟大工程。

　　在现实的人生中，上述四种境界总是错综复杂地交织在一起的，很难想象一个人只有其中一种境界而不掺杂其他境界。只不过现实的人，往往以某一

--------

　　①　*G. W. F. Hegel. Werke* 13，Suhrkamp Verlag，1986，第410页；并参见张世英：《哲学导论》（修订版），北京大学出版社2008年版，第131页。

种境界占主导地位,其余次之,于是我们才能在日常生活中区分出某人是低级境界的人,低级趣味的人,某人是有高级境界的人,高级趣味的人,某人是以审美境界占主导地位的真正的诗人,真正的艺术家,某人是以道德境界占主导地位的道德家,如此等等。

高层次的境界都潜存着低层次的境界中。且不说人人皆有"欲求的境界",就说处于第三境界"道德境界"中的人,显然不可能没有第二境界"求知的境界";全然无知,不可能有真正的"道德境界"。第四境界"审美境界"也必然包含求知和道德,所以我一向认为,真正有"审美境界"的人也一定是"有道德境界"的人。

我这里更想着重指出的是,高层次的境界往往体现、渗透在低层次的境界之中。择其要者言之,例如,一个现实的人,一般都有一定的第三境界"道德境界",把"道德境界"渗透在第二境界"求知境界"中,就会使科学活动具有道德意义。① 又如最高境界"审美境界"渗透在其下三种境界中,就使人生各种活动、各种境界都具有美的性质:把"审美境界"渗透到低级的欲求活动之中,就会在茶中品出诗意,产生"味之美"。反之,一个以"欲求境界"占主导地位的人,则只能知道饮茶不过是解渴,无美之可言。把"审美境界"渗透到求知活动之中,就会产生"科学美":科学家对科学规律之和谐与统一的"形式美"的体悟;对宇宙万物之可理解性(人与万物之融通)的"宗教感情"(爱因斯坦的观点);科学活动本身所具有的不计较功利的自由精神所带给科学家的一种愉悦之情,这些都是"科学美"的最佳体现(我并不把科学家在显微镜下和太空中看到的视觉美看做是"科学美"的主要例证)。当然,科学界只有一部分确有"审美境界"的人才能享受"科学美",并非每位科学家皆能如此。把"审美境界"渗透到道德活动中,则也可以产生美。无以名之,姑称之为"德行美"。纽约后现代女艺术家 Mierle Laderman Ukles 站在清洁管理站的入口处和八千多名清洁工一一握手道谢,说:"谢谢你们让纽约保持了生命力。"有人说,Ukles 的行为不过是一种道德行为,不算艺术,算不上"审美境界"。其实不然。Ukles 行为的特点正在于,她不仅仅是出于道德上的"应该"而行事,而是超越了"应该",自然而然地从事这一活动,她把这一活动当做一种特别的

① 参见张世英:《境界与文化》,人民出版社 2007 年版,第四章第三节。

"艺术作品"献给清洁工。在她的精神境界中,这一活动是席勒所说的"游戏冲动"———一种"自由的活动"、"审美的活动"。她的行为,像许多西方后现代艺术家一样,撇开了视觉美,而体现了一种崇高的人生境界之美。

其实,欧洲后现代艺术中那种关于艺术生活化、生活艺术化的主张,就是要把审美的境界渗透到日常生活中去,具体地说,就是渗透到欲求、求知(包括功用)、道德等日常活动中。后现代艺术中那个著名的男女双双裸体之舞,同《西厢记》中"春到人间花弄色"那段诗句,一古一今,一中一西,一个是人体舞蹈,一个是诗的语言,似乎风马牛不相及,然就其将高级的"审美境界"渗透、体现到低级的"欲求境界"一点而言,真可谓"异曲同工","其揆一也"。

欧洲后现代艺术中,存在着许多缺点和片面性,例如为了强调艺术生活化,竟至完全否定视觉美,根本放弃绘画;为了强调生活艺术化,而降低审美标准,以致造成艺术庸俗化。我以为,艺术需要生活化,不应远离生活,但不能完全否定视觉美,更不能完全抹杀艺术美的特点;生活需要艺术化,不宜苍白乏味,但关键在于提高人生精神境界,而不只为了取乐,更不能造成低俗化。总之,人生应以高远的审美境界为主导原则。以此为主导,则虽"担水砍柴",亦觉"此中有真意";无此主导原则,则虽吟诗作画,亦只能贻笑大方。

欧洲后现代艺术家毕竟不是思想家,对自己所崇奉的思想美、精神美,大多没有文字上的阐述,只有后现代艺术之父杜尚明白表达了自己的哲学观点和美学观点,即反对欧洲传统的非此即彼、界限分明的思维模式,而崇尚亦此亦彼、万物融通的思想,颇有与中国传统文化思想相似相通之处。但杜尚所提倡的"审美境界",重在逍遥自在,超然物外,缺乏积极向上、自强不息的精神。我认为,我们所提倡的"审美境界",应从黑格尔《精神现象学》中得到启示。《精神现象学》是一部描写人的自我实现历程的大书,其主要的特点之一是强调这一历程的漫长性、矛盾性和曲折性。人为了达到自我实现历程的最高峰———"绝对精神",需要经过一系列不断克服对立面的过程,在此过程中,总是原先以为真的,到后来才认识到其为不真。经过这样不断接受经验、教训的历程,人生的最后目标,才作为一个"身经百战"、"遍体鳞伤"的"战将"而出现于世人面前(美国著名哲学家 J. Royce 语)。我把黑格尔所谓接受"经验"、"教训"的历程,称为"磨炼"。我以为人生最高境界"审美境界",既非漂亮、好看之类的"视觉之美",亦非庄子的"逍遥"之境和王维的"万事不关心"的

"禅意"之境,而是一种经得起磨炼的蓬勃奋发、博大高远之境。前面说,人生最高层次的"审美境界"渗透到人生各种较低层次的境界之中,这其实就意味着把人生最高境界渗透到人的日常生活中,经历世俗各种对立面的磨炼,却仍如荷出污泥而不染,海纳百川成汪洋。我们理想中的"审美境界",既是入世的,又是超越的。黑格尔在《精神现象学》中所描绘的人生自我实现的历程,处处都与人类思想文化(主要是西方的思想文化)发展的过程紧密相连,我们若要达到上述的人生最高境界,当然也必须熟谙和吸纳我中华传统文化以至全人类文化之精华,把历史传统与个人人生经历有机地结合起来。我以为,当今的中华儿女,应以此为人生最高理想。

# 第二十四章　生活的艺术化与艺术的神圣性*

## 一、从美在声色到美在自由

在"生活艺术化"的国际思潮的大背景下,人们热衷于"五色"、"五音"之美,热衷于"巧笑倩兮,美目盼兮"之美,应可视为社会思想文化发展之自然趋势,无可厚非。问题在于,声色之美,或者说,感性美,是否就是美之极致,就是美的核心。

柏拉图《大希庇亚篇》中关于"美是由视觉和听觉产生的快感"①的定义,把美的特点只赋予视觉和听觉,此种声色之美遭到苏格拉底和亚里士多德的批判。但这个定义本身所蕴含的审美感官和非审美感官的区分,却显示了审美的兴趣不同于实际兴趣的独特之处,这是很有意义的:视觉和听觉的对象,不同于味觉和嗅觉的对象,后者涉及人的感性欲念和功利追求,而前者无功利欲念的牵挂。"望梅"可以产生美感,但并不能满足"止渴"的功利欲念。中世纪的圣托马斯·阿奎那申述了美的这一定义的深层内涵,继承公元3世纪古希腊最后一个伟大思想家普罗提诺关于"美源于上帝"的基本思想,认为事物的对称之美不在于其本身而在于其为神性的象征。美在于形式而不在于实物,在于超出欲念功用之上。这一思想揭示、扩大和加深了"美在于声色"的含义,美由此而可以定义为超越功用欲念之意。比起苏格拉底、柏拉图之重审美的效用性观点来,显然提高了审美的超功利的地位,尽管他并不很崇尚艺术品,认为艺术品是人造的,不及上帝所造的自然事物之美那样更能显现"真"。

---

\*　原载《文艺研究》2010 年第 11 期。
①　柏拉图:《大希庇亚篇》,298a—299b。

康德继承和发展了阿奎那的思想,强调美是唯一独特的不计较欲念功用的愉悦之感,他称之为"自由"的感情,即不受欲念功用制约之意。在康德看来,不计欲念功利——自由,乃艺术创造之精髓。"美在声色"的思想和命题从此明确地发展为"美在自由"。但康德认为,艺术创造所创造出来的东西是"审美意象",即理性观念的感性形象,这里所要显现的是具有最大普遍性的概念——"理想",类似后来黑格尔所发展了的"美是理念的感性显现"说中的"理念"。所以康德的艺术创造的产物,仍然是柏拉图式的"理念",属于欧洲传统的超感性世界。在康德看来,从有限的感性世界,通过艺术创造,跳到无限的超感性世界,就是达到了自由。席勒更进一步提出了审美意识是既不受感性物欲限制又不受理性法则限制的"自由活动"的论断,并认为只有此种"自由活动"的人——"审美的人"——才是"完全的人"。席勒把美之为美在于自由(超欲念功利)的观点提升到了整个欧洲近代意识的最高峰。①

　　从总体上来看,欧洲近代美学,基本上是以感性显现理性为美,把自由放在超时空的、超感性的王国,于是造成了美和自由的抽象性。欧洲现当代美学反对这种传统的审美观。海德格尔的"显隐"说,就是这种反传统观点的重要代表。"显隐"说认为美和自由不在于超越时空、超越感性,而在于通过和超越时空之内的、当前在场的东西,显现出(实系一种暗示)同样在时空之内、然而不是当前在场的东西。这里的超越不是古典美学所讲的超越到抽象的概念世界中去,而是从此一具体的领域(包括感性与理性的具体统一物)超越到彼一具体的领域中去,只不过前者出场(在场),后者未出场(不在场)而已。所以,此种超越就是由"显"见"隐",即通过显现于当前的东西,显现出隐蔽在其背后、作为其深层根源的东西。审美意识就是通过想象的途径,超越到无穷尽的隐蔽的领域,此即艺术之所以能创造出一个令人玩味无穷的全新世界的原因。"全新"者,隐蔽的东西被全部敞开之谓也,亦即海德格尔所说的"去蔽"。欧洲现当代的"显隐"说,与中国刘勰"隐秀"说所讲的意在词外、言有尽而意无穷的美学思想颇相类似。中国传统美学的"意象"说,也是讲的"美在象外"之意,亦即通过在场之"象",显现(暗示)未出场的、隐蔽之"意"。欧洲现当代的"显隐"说和中国古典的"意象"说、"隐秀"说,都不是要创造一个超时

---

① 参见张世英:《哲学导论》,北京大学出版社 2008 年版,"美与真善"一章。

空、超感性的抽象世界,而是要创造一个同样在时空之内的、具体的然而又是全新的世界。这是两者的共同之点,只不过在欧洲早有追求抽象概念王国的思想传统,故欧洲现当代美学在建立自身的理论体系时需要加倍努力,做一些反传统的工作,而中国则是"意象"说、"隐秀"说的传承至今不衰。

欧洲由追求抽象的概念王国的美学思想传统到现当代"显隐"说的转化,其最重要的意义在于由自由的抽象性转化到自由的具体性。集欧洲传统哲学之大成的黑格尔哲学,最典型地表现了欧洲传统美学所追求的自由的抽象性。黑格尔把艺术、审美列为他哲学体系的无限性领域中的最低阶段,强调哲学所讲的"纯粹概念"是其最高阶段,他主张"结束艺术"而进入(中经"宗教"阶段)"哲学",其根本理由就是艺术具有感性具体性,而仍带有限性,因而不够自由,只有最终达到了"纯粹概念",才有最充分的自由。最抽象的领域就是最自由的领域,因而也是最高的领域——这就是黑格尔的审美观和自由观。黑格尔哲学垮台以后,欧洲现当代哲学、现当代美学的总趋势是由抽象走向具体:人的主体不单是理性的主体,而更是包括感性、欲望、本能、下意识等在内的主体。单纯理性的主体是苍白无力的,包括感性、欲望、本能、下意识等在内的主体,才是活生生的,因而也是真正自由的。欧洲后现代艺术充分体现了这一点。对此,我在其他论文中多有论述,兹不再赘。这里需要着重阐明的是艺术创造亦即审美的"去蔽"活动所创造的全新世界何以是真正自由的本体论根源。

## 二、艺术的本质在于进入神圣的"澄明"之境

天地万物本是各不相同而又彼此相通(互相联系、互相作用、互相影响、互相支持)的一大有机整体,人与他者(他人、他物)亦本互相融通,无有间隔。中国传统哲学所谓"天人合一"、"万物一体",就是讲的人与天地万物之间的这种本然状态。但自从人有了自我意识之后,人与他者的关系就不再是平等共处和互动的关系,而为一种主体与客体二分的关系,即"对象性关系":每个人都把自我当做主体,而把他者当做客体——认识和使用的对象。人与他者于是分隔开来了,所谓"宇宙不曾限隔人,人自限隔宇宙"(《象山全集》卷三十四《语录上》)是也。"限隔"就是限制——约束,人为了自我的生存而认识客体、

使用客体,其结果是同时受到客体的限制—约束而失去了自由自主。求自我生存而同时丧失自由,这一悖论是人生不可逃避的必然,也可以说是一般人日常生活的常态。海德格尔称此种一般人的常态为"沉沦"(Verfallen),由于此常态是人生之必然,故又称为"必然的沉沦"。但海德格尔认为"沉沦"中的人既然是受"人"束缚的、不自由的"丧己"之人,那么,"沉沦"就是一种"非本真状态"(Uneigentlichkeit)。海德格尔主张人应摆脱"非本真状态",返回到"本真状态"(Eigentlichkeit)①。

　　什么是"本真状态"? 如何进入"本真状态"?

　　海德格尔认为,人与天地万物本来浑然一体,人若能从天地万物之无限整体的角度,而不是从具体有限事物的角度看待生活、看待事物,那就叫做"超越"。海德格尔又称此种"超越"为"无"。"超越"是"对整个现实存在的克服","对现实存在的超出"②。"超越"并"不脱离现实存在",而是对现实存在采取一种超然物外、泰然任之(Gelassenheit)的态度,此种人生态度使人既不脱离现实,又能摆脱"欲求、异化和自我束缚",达到一种不依傍他人、不为外物所累,一句话,超脱功名利欲的自由境界,此即回复到了"本真状态"③。"本真状态"似乎是一种婴儿状态,"复归于本真"似乎相当于老子的"复归于婴儿"。但完全恢复婴儿状态是不可能的。老子的"复归于婴儿"也只是以婴儿比之,实系一种超越"欲"和"知"的"若愚"状态。同样,海德格尔的"复归于本真"之"复归",也当然不是回复到完全"无知"、"无欲"的状态,而是指一种超越上述主客二分和"对象性关系"的自由境界。此境又称"澄明"。海德格尔的"澄明"、"无"、"超越"之说,为康德、席勒的美在自由,找到了本体论根源。

　　著名抽象艺术的鼻祖、俄国画家康定斯基(Wassily Kandinsky)认为,"艺术的精神"把人的精神从"外在的东西"中"解放出来"而"达到自由"。艺术

---

　　① 参见 Zhang Shiying,"Heidegger and Taoism",*Reading Heidegger:commemorations*,ed. John Sallis,Bloomington:Indiana University Press,1993,第 309 页;并参见张世英:《天人之际》,人民出版社 2007 年版,第 350 页。

　　② 参见张世英:《天人之际》,人民出版社 2007 年版,第 352、372 页。

　　③ 参见 Zhang Shiying,"Heidegger and Taoism",*Reading Heidegger:commemorations*,ed. John Sallis,第 310—312 页;并参见张世英:《天人之际》,人民出版社 2007 年版,第 352—355 页。

创造不计较他人的"认可"或"不认可",只听从自我的"内在需要",像儿童一样,"因有赤子之心"而"与实用性无缘",这样,画家才能以不同于日常生活的"新鲜目光观望一切",画出有创造性的艺术品。① 康定斯基的这些话告诉我们,艺术创造的本真状态的自由境界,就是一颗赤子之心。

海德格尔曾以面临死亡无之"畏"来描述这种自由境界,虽亦有深意,但不足为训。晚期的海德格尔则和康定斯基相似,也以艺术创造来回答如何进入此境的问题。他作为一个哲学家,其论述比康定斯基更富哲理性。

海德格尔认为,艺术的本质(亦即诗)是把日常生活中被分割、限隔的存在者带入天、地、神、人聚合为一的、敞开的"澄明"之中,从而显现其本真,人用诗的语言,言说着这四者的不同而相通的统一性,在此统一体中,不同的万物"相互隶属",每一物都因其所属而成为该物,这是一种不同而和的统一体。海德格尔用"Ereignen"一词以表示这种相互隶属。人通过艺术创造,通过诗,而进入这不同于日常生活的全新世界——一个"去蔽"了的、敞开了的澄明世界。在此世界中,日常生活中的某物——一个壶、一座桥或农夫的一双鞋——与人的关系都不再是"对象性关系",而是"真正人性的关系":某物不再是人的对象,不再是被人认识、被人理解的对象,不再是"实现人的意图的材料",而是在与万物一体的一体中被看待。人在用此种眼光看待某物时,人才算是本真地作为人而诗意地栖居。诗——艺术的本质,是人生进入"本真状态"的自由境界之源。这种"进入",为前所述,是一种"复归",一种高一级的复归。如果把美狭义地看成只是声色之美的外观之美,把美学狭义地界定为只是对此种愉悦之情的研究,那么海德格尔这里关于进入"本真状态"的自由之境的途径,关于诗的创造功能的讨论,便远远越出了美和美学的范围。我倒是愿意把此种自由之境,叫做"心灵之美",以别于表面的、浅层次的"声色之美"。

海德格尔认为这种照亮每一事物的"澄明"是"神圣的"。"澄明即定位,独自就能使万物各得其所。""澄明"使"每一事物都自由徜徉着"。"澄明是最高者","澄明将每一事物都保持在宁静和完整之中。澄明……是神圣的。对诗人来说,'最高者'与'神圣'是同一个东西,即澄明"。"澄明是欢迎之

---

① 参见康定斯基:《艺术中的精神》,中国人民大学出版社2003年版,第16、17、36—38、65、89、92、101、105、106、109、119、138、144 页。

源,即神性之源。"①海德格尔的这种种说法,都表明一个意思:艺术的本质(诗),使人进入澄明之境,而澄明是照亮一切事物之所是、之本真的最高源头,故它是神圣的。"神圣的"一词是相对于日常生活的功用境界而言的。日常生活,特别是现代技术化,把任何事物(包括人)都"对象化",人的世界变得千篇一律,这样的世界成了现代人生活的"白天"。但这种"白天"在海德格尔看来是扼杀了人的本真,人的自由的"黑夜",这样的世界是"不神圣的"②。艺术的本质在于使人从"不神圣"的日常生活"突然地"进入一个全新的"神圣的"领域(艺术作品所揭示出来的领域)。试举一座石建筑的希腊神庙为例。石之本性在于"顽"(坚硬、沉重、块然、粗蛮等),其可用性、服务性,如制成石斧供人砍物,是人强加于它的,不足以表现石之"顽"性。与日常生活用科技对待石的情况不同,石在艺术品中,例如一座石庙(作为一个艺术品)之石,就"显现了在它上面肆虐的风暴的威力,同时,又在其对风暴威力的抗拒中""显现了石之沉重和自我支撑"的本性——"顽"性。另外,石之"顽"性通过石庙这一艺术品,敞开了一个全新的世界:"石的光彩和闪烁使白昼之光,天空之宽广,夜之黑暗第一次出现。"天空的空间原是不可见的,但"石庙之矗立却使不可见的空间成为可见的"。③ 这就是说,顽石一旦进入了艺术品,就恰恰由于其"顽"而显现出一个全新的生动具体的景象——"世界"。"正是石庙之矗立,才第一次给予事物以神色,给人以对其自身的看法。"④这就是说,只有艺术品才照耀出万物之本然,使万物得以"升起"、"发生"(Aufgeben)。艺术创造的"神圣性",从海德格尔所举的石庙这一例子中,得到了十分形象地说明。

## 三、"生活的艺术化"在于以艺术的<br>神圣之光照亮生活

艺术,一般来说,总是与艺术品相联系,具有声色之美。但在把美的内涵

---

① 海德格尔:《追忆诗人》,载《海德格尔诗学文集》,华中师范大学出版社 1992 年版,第229、232—233 页。

② 参见海德格尔:《诗人何为》,载《海德格尔诗学文集》,华中师范大学出版社 1992 年版,第107 页。

③ Heidegger, *Gesamtausgabe*, B. 5, Frankfurt a. M. : Vittorio Klostermann, 1977, 第 28 页。

④ Heidegger, *Gesamtausgabe*, B. 5, Frankfurt a. M. : Vittorio Klostermann, 1977, 第 29 页。

由视听的感性美延伸为心灵的自由,更进而像海德格尔那样追寻到自由的本体论根源,把艺术的本质归结为神圣的"澄明"之后,艺术就不仅与艺术品相联系,而且很自然地可以进而与人的生活相联系,艺术、审美可以扩展到人的生活了,这就是"生活艺术化"或"生活审美化"。生活艺术化有低层次与高层次之分:低层次的"生活艺术化"是指生活用品的艺术化,生活环境的装修,以致人体的化妆之类,所有这些显然还与物质、功用、消费等密切相关。但还有更高层次的"生活艺术化",这就是超越日常生活的、具有内在的心灵之美的艺术化生活,我以为这也就是进入海德格尔所谓"澄明"之境的生活。只有当人的生活达到了"澄明"之境,为"澄明"所照亮,这种生活才是真正艺术化的生活,生活本身成了艺术品。此种心灵之美显然不是表面的声色之美可以涵盖的,它是生活之美的核心和灵魂。欧洲后现代艺术所倡导的"生活艺术化",特别是所谓"行为艺术"、"身体艺术"之类,也许就是上述艺术观或审美观不断延伸和深化的体现,尽管现当代某些"行为艺术"、"身体艺术"只是在表面上表现生活的艺术化,而丧失了艺术之心灵美的本质。

海德格尔本人并未像后现代艺术之父杜尚(Marcel Duchamp)那样做到生活的艺术化,但他的艺术理论实际上为后现代的"生活艺术化"奠定了基础。

海德格尔艺术理论的核心,如前所述,是超越日常生活之功用性,敞开一个"澄明"之境,这"澄明"就在于体悟到万物各不相同而又"相互隶属"、相互融通为一整体。以"澄明"的眼光看物,物非人使用的对象,而为艺术品;以"澄明"眼光看人,则人亦非被我使用的对象:人与人不是相互利用,相互限隔,而是因"相互隶属",相互融通,从而相互尊重。我隶属于他人,故我尊重他人(的"自我");他人隶属于我,故他人亦尊重我("自我")。处在这种人际关系中的人,就是进入"澄明"之境的人,其生活就是为艺术的神圣之光所照亮了生活。奥地利犹太裔宗教家、哲学家布伯(Martin Buber),从宗教的角度,用宗教的语言,论述了这种生活的神圣性。布伯没有运用"艺术"、"审美"这样的字眼,但他的观点完全适用于生活的艺术化、审美化。

布伯根据人的生活态度,把人的"生活世界"分为两重:"被使用的世界"(the world to be used)和"相遇的世界"(the world to be met)。布伯用"我—它"(I-it)公式称谓前者,意即自我把他者(不仅指物,而且指人),当做"物"来使用。布伯用"我—您"(I-Thou)公式称谓后者,意即自我把他者(不仅指人,而且指物)当做神圣的、大写的"您"来看待。布伯是一个宗教家,他把"我—您"的关系看做是人与上帝的关系的体现,这是人性中的根本,布伯认为他所处的时代和社会已经失去了根本,他极力主张恢复人性之根本,要求承认"我—您"关系在人生中的首要地位。"人生并非只是在及物动词的领域里度过的,并不只是依靠以某物为对象的活动才存在着的。我知觉某物,我想象某物,我意愿某物,我感触某物,我思考某物。人生并非仅仅在于这一类的东西。所有这些只构成'它'的领域。"①而在"我—您"关系中,"当说到'您'时,言说者并没有把什么物当做他的对象"②,而是把"您"当做"能作出自我决定"的"有自由意志"的人来看待的③。人皆有"自我性"(独立自由的主体性)。布伯所谓有"自由意志"的人,实即我们一般所谓人的"自我性",布伯所要求的实系尊重他人(布伯的"您")的"自我性"。在布伯看来,人的"自我性"具有神性,犹太人就是以"您"来尊称上帝的。人的"自我性",在布伯看来,是"真实生命的摇篮"④。那种把他人当做物一样来看待,当做满足自我的欲望或期望的目标,当做实现自我之私利的工具的人,是不能和他人"相遇"的。所谓"相遇",也就是不夹杂功利的隔阂,两人在灵魂深处直接见面,也就是赤诚相见。布伯特别强调"相遇"中双方的相互回应。在日常功用的世界中,只有我对他者("它")的主动作用,他者("它")完全是被动的,没有回应,故两者隔阂;反之,在"相遇的世界"中,双方互相回应,构成"我—您"的一体。布伯的"一体关系"颇像我所说的"不同而相通"的"万物一体"。布伯的"互相回应",源于彼此"相通"。"相通"才能构成整体——"一体";在"我—它"的使用世界中,彼此不相通,不能构成"一体"。⑤ 布伯的"一体"关系由于上帝的光照而形成,是一种宗教情绪,但也具有中国人所讲的"万物一体"的诗意,我把布伯的"我您一体"的关系解读为审美情绪,与海德格尔的"澄明"相似相通,也是一种艺术的神圣之光,它能照亮人的生活,使人的生活艺术化。

---

① Martin Buber, *I and Thou*, trans. Ronald Cregor Smith, New York：Scribner, 1958,第 4 页。

② Martin Buber, *I and Thou*, trans. Ronald Cregor Smith, New York：Scribner, 1958,第 4 页。

③ 参见 Martin Buber, *I and Thou*, trans. Ronald Cregor Smith, New York：Scribner, 1958,第 4、8—9、51 页。

④ Martin Buber, *I and Thou*, trans. Ronald Cregor Smith, New York：Scribner, 1958,第 9 页。

⑤ 参见 Martin Buber, *I and Thou*, trans. Ronald Cregor Smith, New York：Scribner, 1958,第 3 页。

布伯说："一切真实的生活乃是相遇（All real living is meeting）。"①达到"相遇"（不仅人与人"相遇"，而且人与自然物"相遇"），就做到了人的生活的艺术化。

## 四、中欧两种不同的"生活艺术化"

在欧洲，"生活艺术化"本是后现代主义为反对现代艺术片面重少数精英艺术、重声色的感性美、重理性和科学的产物。但后现代的艺术生活化，在我看来，却产生了高低两个层次的审美观和艺术观：一是把生活艺术化简单化、表面化为大家谈论的所谓"日常生活的审美化"：生活用品的艺术化，消费品的广告宣传，生活环境的装修，人体的化妆，等等。此种"生活艺术化"，特别是其中的低俗之风的结果，是把本来与物化、功用化相对立的艺术化变成了物化、功用化，反而扼杀了自由，扼杀了艺术的解放功能。这种弊病的关键在于把艺术降低到日常生活的水平，而不是提高日常生活的精神境界，把艺术降低为审美的低级形式，甚至降低到动物的低等审美形式，以致肉欲横流。此种"日常生活的审美化"现象已遭到德国当代美学家沃尔夫冈·韦尔施（Wolfgang Welsch）等人的大力批判，我国许多美学学者，结合我国社会上所出现的此种现象，也从不同角度剖析了此种现象的弊端，本文不拟在这方面多论述。我这里只想申述的一点是，我们倒也不必简单否定日常生活的审美化，不必简单否定这种艺术化的活动。特别是我国当前社会上所热衷的种种"日常生活审美化"现象，可能是改革开放以前片面讲革命而压制生活的一种反作用，值得谅解。重要的是提高日常生活的精神境界，让商品的艺术化，生活环境的装修、人体的化妆等都渗透着人生高远的精神境界。现在社会生活中许多低俗现象，来源于高远的精神境界的缺失，我们应当加强这种种活动背后的人的审美教育。这就涉及后现代"生活的艺术化"的更高层次。关于这方面的理论，我在其他论著中已有论述，这里倒是想简单重述一下后现代艺术之父杜尚的艺术生活的例子，因为他的名言最能说明"生活艺术化"的深层含义："我最好的作品就是我的生活。"杜尚生活的前期虽然作画，但出于他个人

---

① Martin Buber, *I and Thou*, trans. Ronald Cregor Smith, New York: Scribner, 1958, 第 11 页。

"对抗感性美"的"潜意识"①,其画作的特点是根本没有感性美。例如他的名画《从处女到新娘的变迁》,完全没有视觉上引起性感的肉体形象,尽是些机械般的线条,把人画成了"机器人",然而这幅"机械画",却把一般人羞于谈说的人生旅程中最神秘的一幕,淋漓尽致地展现在观众的眼前,观众从这里所欣赏的,完全不是视觉美,而是对人生的领悟。这里的美,不属感性美,而是一种思想美。杜尚的画作不在意悦目,而在于展现他生活的思想境界。"艺术为思想服务",这是杜尚生活艺术化的具体内涵。杜尚的思想,是对西方那种非此即彼的重分别、分析的理性至上主义传统的反抗,他认为这种理性至上主义压制了自由。他为了获得更多的自由,提倡一种亦此亦彼、彼此融通、相辅相成的思想,有些类似中国传统的"天人合一"、"万物一体"、易老之学的阴阳合一。杜尚生活的晚期,其生活艺术化的思想甚至进一步发展到干脆放弃绘画,让他的生活本身成为他所说的"最好的艺术作品"。杜尚为人,超然物外,淡泊名利,尊敬他人,乐于助人,周围的男男女女都很喜爱他。杜尚潇洒超脱的生活本身,为"澄明"的神圣之光所照亮,属于"我—您相遇"的"最真实的生活",的确体现了艺术的本质——自由,是"最好的艺术作品"。

　　就"生活艺术化"的实质内涵而言,它在中国传统文化中,可谓古已有之。庄子妻死,鼓盆而歌,可以说就是超脱了生死大限而进入了一种艺术的自由之境,用西方后现代艺术的语言来说,算得是一种"行为艺术",而且是具有深刻思想性的"行为艺术"。庄子的庖丁解牛,也是一种顺乎自然规律而达到自由之境的"行为艺术"。魏晋士人,其言行举止,大都展现了潇洒自由的神采和风姿,真的是一种"生活艺术化"。如王右军"飘如游云,矫若惊龙";嵇康"肃肃如松下风,高而徐引",其"为人也,炎炎若孤松之独立,其醉也,傀俄若玉山之将崩"(刘义庆:《世说新语·容止》)。阮籍"容貌瑰杰,志气宏放,傲然独得,任性不羁"(《晋书·阮籍传》)。刘伶虽"形貌丑陋",然"肆意放荡,悠焉独畅。自得一时,常以宇宙为狭"(《世说新语·容止》)。魏晋士人所崇尚的这种种"生活艺术化"的人物风格,皆其自由境界之体现,究其社会历史根源,盖由于对汉武帝以来思想统治之反动。汉武帝用董仲舒策,独尊儒术,个体性

---

① 皮埃尔·卡巴内:《杜尚访谈录》,王瑞芸译,中国人民大学出版社2003年版,第4—6页。

自我从此被湮没于三纲五常、贵贱等级森严的封建社会群体之中。魏晋人士上述种种"艺术化"的生活姿态，一言以蔽之，皆在于"越名教而任自然"（嵇康：《释私论》），欲摆脱各种封建社会群体之束缚而求得个性之自由、解放。如果说欧洲后现代所宣讲的生活艺术化，是为了自由而反对欧洲理性至上主义之类的传统束缚，那么中国古人所践行的生活艺术化，则是为了自由而反对中国长期封建专制主义对个体性自我的束缚。欧洲后现代艺术所追求的审美自由，是在文艺复兴已经让个体性自我从封建神权统治下获得解放而独立之后，要求自由的进一步深化；而中国从魏晋士人开始所追求的审美自由，则远远落后于欧洲，此种自由还只不过是要求从封建统治下获得个性解放，要求个体性自我从封建社会群体的湮没中脱颖而出，从而获得独立地位。

在中国长期封建统治的历史条件下，中国人追求审美自由的历程，既漫长，又艰苦，甚至惨烈：其结局或归隐田园，或就囹圄，惨遭屠杀。嵇康"早孤，有奇才，远迈不群。……恬静寡欲，含垢匿瑕，宽简有大量"（《晋书·嵇康传》）。然嵇康公开揭露统治者"矜威纵虐"，批判儒家名教的虚伪，主张"越名教而任自然"，以致为统治者所不容，惨遭杀身之祸。嵇康下狱时，"太学生数千人请之，于是豪俊皆随康入狱"（《世说新语·雅量》）。临刑，"太学三千人请以为师"（《晋书·嵇康传》），而"康临刑自若，援琴而鼓"（《三国志·魏志》注引）。临刑援琴，何等惨烈悲壮的"艺术"人生！何等崇高豪迈的"审美"境界！

陶渊明的艺术化生活是另一番景象。陶渊明第一次为官，就"不堪吏职"，深感"志意多所耻"，于是"少日自解归"。最后一次为官，任彭泽令，仅三月，又因不甘"为五斗米折腰"而赋《归去来辞》："归去来兮！田园将芜胡不归？既自以心为形役，奚惆怅而独悲？悟已往之不谏，知来者之可追；实迷途其未远，觉今是而昨非。"所谓"以心为形役"，就是湮没自我于宦途，为功名利禄所束缚。迷途知返，归隐田园，就是为了越名缰利锁而进入自由的境界。《归田园居》："野外罕人事，穷巷寡轮鞅。白日掩荆扉，对酒绝尘想。时复墟曲人，披草共来往。相见无杂言，但道桑麻长。"《饮酒》："结庐在人境，而无车马喧。问君何能尔？心远地自偏。采菊东篱下，悠然见南山。山气日夕佳，飞鸟相与还。此中有真意，欲辨已忘言。"陶渊明自复归田园以后，如鸟脱樊笼、复返自然的艺术化生活，深切而生动地表现了他抱朴含真的审美自由境界。

"此中有真意"之"真意",与海德格尔的"本真状态"相似相通;"时复墟里人,披草共来往",与布伯的"我—您相遇"可以互相辉映。

中国的封建专制和思想统治的历史,自汉武以后,一直延续不断,至晚明而愈演愈烈。晚明的大思想家李贽则是一个为反对封建专制和思想统治而用自己的生命、身体来实现自我之自由本质的悲剧性人物。李贽福建泉州人,26岁中举,30岁初仕,任河南辉县县学教谕。52岁任四品姚安知府,54岁离任告归后,潜心著书,设坛讲学,听众"一境如狂",因不满黑暗统治,屡遭污蔑,62岁削发为僧,由于正道直行,遭官府迫害,76岁被捕入狱,在狱中自刎。

李贽强烈反对以孔子之是非为是非,"夫天生一人,自有一人之用,不待取给予孔子而后足也。若必待取足于孔子,则千古以前无孔子,终不得为人乎?"(李贽:《焚书·答耿中丞》)"虽孔夫子,亦庸众人也。"(李贽:《焚书·答周柳唐》)"咸以孔子之是非为是非,故未尝有是非耳……夫是非之争也,如岁时然,昼夜更迭,不相一也。昨日是而今日非矣,今日非而后日又是矣。虽使孔夫子复生于今,又不知作如何非是也,而可以据以定本行罚赏哉!"(李贽:《藏书·世纪列传总目前论》)李贽以反孔闻名,并非反对孔子的一切言论思想之本身,其本意在于反对定孔子为一尊,一切依傍孔子而无己见。"夫孔子未尝教人之学孔子,而学孔子者,务舍己,而必以孔子为学,虽公亦必以为真可笑矣"(李贽:《焚书·答耿中丞》)。由此观之,李贽反孔之思想主旨在于反对"舍己",亦即反对唯他人残唾是咽之人,反对丧失自我的自由本质之人。

李贽为人、为文,唯撼其胸中之独见,劝人力戒言不由衷,说"伪言",行"伪行",做"伪人",他要求人吐"真言",行"真行",做"真人"。他认为人皆有本然之心,伪道学使人心蒙上尘垢而失其本然,乃"真心"之障碍。"夫童心者,真心也,绝伪纯真,最初一念之本心也。若失却童心,便失却真心,失却真心,便失却真人"(李贽:《焚书·童心说》)。李贽斥责伪道学先生之"伪":"口谈道德,而心在高官,志在巨富(李贽:《焚书·又与焦弱侯》)。"与伪道学先生相反,以李贽本人虽在"学而优则仕"的传统下,官至四品,仍然学陶渊明,辞官归里。究其"本心实意",在于不因富贵而屈于人,在于"一念真实,受不得世间管束",与陶公"偶与同耳"(李贽:《焚书·豫约》)。李贽如此超脱功名利禄的"世间管束"之"真心"、"童心",是他以"游于艺"为人生最高精神境界的人生观、审美观的体现。至于他最后出家为僧的行为,则更彻底地表现了他不受世间管束之"真心"、"童心"，也是他"游于艺"的人生观、审美观的更深一层的表达。削发为僧，应可称为对世俗、功利—"世间管束"的一种反抗，尽管这种反抗是消极的。

李贽之死，是他追求自由的一生的悲剧性总结。李贽以"妄著书"、"敢倡乱道，惑世诬民"之罪人狱，狱中仍作诗读书自如。一日忽持剃刀自割其喉，气不绝者两日。侍者问："和尚痛否？"以指书其手曰："不痛。"又问："和尚何自割？"书曰："七十老翁何所求！"遂绝（袁中道：《李温陵传》）。李贽死后，其著述被视为"异端之尤"，下令"尽行烧毁，不得存留"。然"卓吾死而书愈重"，其著述更广为流传，以至远及外洋。

李贽不过一介书生，著书立说，"其意大抵在于黜虚文，求实用；舍皮毛，见神骨；去浮理，揣人情。"其为人也，"绝意仕进"，"狷洁自厉"（袁中道：《李温陵传》），"不蹈故袭，不践往迹"（李贽：《焚书·与耿司寇告别》），奋不顾身，一往无前。其"所求"者何？非功名利禄也，为不受"世间管束"之自由故也，为做"真人"之故也。不自由，毋宁死。李贽不仅是一般为自由而死之"真人"，而且是出自他的自由意志，在面临死亡中体悟人生的自由本质之"真人"，就像海德格尔所谓面临死亡而"返回本真状态"一样。用西方后现代"生活艺术化"的语言来说，李贽的生和死，都是最好的、最深刻的"行为艺术"和"身体艺术"。而且他不是表演给观众看的，而是用自己的生命和鲜血绘制成的。杜尚说他的生活就是他的最好的艺术作品，李贽也是一个以自己的生活来表现和创造自己最好的艺术作品的人，不过杜尚的生活作品是潇洒自在，而李贽的生活作品是惨烈悲壮。这种差别是在中西两种不同文化传统的历史背景造成的。

西方后现代艺术化的生活，特别是"行为艺术"和"身体艺术"，是用生活中的行为和身体来表现自我的自由本质的艺术，如前所述，它是适应文艺复兴已经让自我的个性获得解放而独立之后，人们对自由有了更进一步的更深入的要求而产生的，杜尚生活作品的潇洒自在是此种自由的表现，他也无需为他的生活自由付出什么代价。中国长期的封建专制主义使中国历史文化长期处于湮没自我、湮没个性的阶段，故中国人的生活艺术化的作品必须为摆脱封建统治、思想统治的传统桎梏而付出惨痛的代价。李贽的生活作品不过是其中的一例而已，虽在晚明，至今仍有现实意义。

　　根据以上关于中欧两种不同"生活艺术化"的对比,我以为:欧洲当代人的"生活艺术化",有待于进一步超越传统的非此即彼、主客二分的思维方式,不要从一个极端走向另一个极端,为了生活艺术化便放弃绘画,为了艺术服务于思想便放弃感性美,甚至生硬地制造一些非正常生活的"艺术化"生活。针对中国的历史文化传统和现实状况,我以为我们的"生活艺术化"的关键在于提高人的心灵美,重在一个"真"字,像李贽所主张的那样:吐"真言",行"真行",做一个"真人";由此而建立的美学体系应在阐发"美在自由"的思想和命题方面下工夫。如果像《论语·为政》所讲的求官之道("学干禄")那样,"言寡尤,行寡悔";像《论语·乡党》所教导的那样,见"上大夫"是一个姿态,见"下大夫"是另一个姿态;进入朝廷的门,就要像害怕而谨慎的样子,好像没有自己容身的地方一样("入公门,鞠躬如也,如不容");经过君王的座位("过位"),连话都像说不出来("其言似不足者");"升堂",憋着气似乎不能呼吸("屏气似不息者")……总之,言不由衷,行不由己,那还谈得上什么"生活的艺术化"! 谈得上什么建立新的美学体系!

# 第二十五章　美在自由[*]

什么叫做美？美的最基本的内涵究竟是什么？古今中外，异说纷纭：美在"模仿"；美在"和谐"；美在"意象"；美在"隐秀"；美在"通过感性以显现理性"；美在"澄明"；如此等等，莫衷一是。我以为，这些界定和观点，从理论上来讲，都各有其理由、根据；但从文化思想的历史现实来看，则每种界定和观点之所以能盛行于某一时代、某一民族，皆有其各自的时代背景和民族文化背景。本文无意为什么是美的问题寻求一种放之四海而皆准的、排他性的界定和观点，而主要是想从中欧文化思想发展的历史实际和发展趋势的角度，探讨一下美的最基本的内涵。

## 一、欧洲"美在自由"思想的<br>孕育、成长和发展的过程

古希腊的思想文化尚处于人类的童年时期，重视实际功用的兴趣在人生中占首要地位，对美的衡量标准亦重在功用。在这方面，苏格拉底是最早的代表。苏格拉底虽并未简单主张美即是功用，但他的确强调美依赖于效用的相对性。与此相联系的是古希腊盛行的模仿说。模仿说的特点在于强调现实是衡量美的标准，这和古希腊人之重现实的兴趣是紧密相连的。对于尚处在不成熟的思想文化水平阶段的人来说，要想超越现实性、功用性，是很困难的。

然而古希腊对于美的观念又绝非只是片面地讲功用。即使是苏格拉底，他虽然同意一般的模仿说，但他反对艺术简单复制自然，认为雕刻家的雕像应

---

＊　原载《社会科学战线》2011 年第 1 期。

当表现出人的心灵状态,雕得比现实的人更美。苏格拉底在这方面的论述很简单朴素,却为审美意识的自由创造闪现了一点空间。以毕达哥拉斯学派为代表的古希腊的美在和谐,美在多样性的统一性的学说,也是古希腊人超越现实、欣赏感性的形式美的一种表现。柏拉图在《大希庇阿篇》中关于"美是由视觉和听觉产生的快感"①的定义,把美的特点只赋予视觉和听觉,这种对审美感官与非审美感官的区分,表现他实际上看到了审美兴趣不同于实际兴趣的独特之处在于其无欲念的牵挂,在于其对功用追求的超越。亚里士多德虽然仍用"模仿"一词来界定"美",但他对原先的"模仿"说已作了很大的延伸:(1)模仿之所以能引起快感,在于模仿的东西引起人的"领悟"和"推断"以致对人的智力运用的"赞赏"。(2)模仿不仅指模仿事物的简单"形象",而更应模仿事物所"应当如何的样子"——理想。亚里士多德对"模仿"意义的这些延伸,向美之超越现实的束缚——美之自由的特性靠近了一步。但亚里士多德并未根本摆脱古希腊美在模仿思想的基本框架,他对模仿的"应当如何的样子"这一理想并未作更进一步的探讨。

总起来说,古希腊人的审美意识与现实性、功用性尚难以区分,美在自由的思想尚在孕育中。②

在基督教神权占统治地位的中世纪,一般说来,人性中自由的特征受到压制。但美之超越感性、超越现实的特征也有所凸显。4—5世纪的奥古斯丁虽主张美必须讲形式,但他又认为美的内涵主要还是在于美的形象受了神的"光"的照耀。

13世纪的圣托马斯·阿奎那也主张,美虽然必须讲究形式,但更重要的是,美的形式之所以美,其根源在上帝。"精神性的真理通过物质事物的貌似(under the likeness of material things)而被启示、教导,乃是恰当的,就像Dionysius说的那样:除非借助于隐藏在许多神圣面纱覆盖之下的神圣的光环,我们是不能受到启迪的。……精神性的真理是靠来自有形体的图像而得到说明的。"③托马斯在神学的外衣下表达了美是人的"精神性真理"的显现的思想,这实际上也表达了美之超越感性束缚的特点。托马斯还比柏拉图更进一步申

---

① 柏拉图:《大希庇阿篇》,298a—299b。
② 参见张世英:《西方美学思想与自我》,《北京大学学报》2008年第2期。
③ *Basic Writings of Saint Thomas Aquinas*,Random House,Inc. 1945,volume I,第15页。

述了关于审美感官与非审美感官之区分的内涵,强调作为非审美感官的味觉和嗅觉所得到的是功利欲求的满足,包含有实际的目的和意图,而作为审美感官的视觉和听觉则不求实际功利的满足,而是"认识能力"(cognitive power),具有理性——认识的性质,更能领悟"形式美"。

总之,美不限于感性形象,而在于超越感性形象,这是中世纪基督教美学思想的核心,也是西方美学思想史上由古希腊前进到近代历程中所曾经走过的关键性的一步。这一步的含义就在于从感性形象的束缚中走向超越感性形象之束缚的自由,尽管这种"美在自由"的思想在整个中世纪还只是在基督教宗教神秘主义的笼罩下匍匐前行。至于明确地主张美必须具有理性、理想的内涵的思想,则是到近代才能完成的。①

文艺复兴以后,人的自由、理性的特征逐渐从基督教神权的统治下解放出来而赤裸裸地展现其自身。"美在自由"亦自文艺复兴开始而日益明确,成为欧洲近代美学思想的标志。

唯理论与经验论的美学思想,虽有重理性与重感觉、情感之分,但都同样重视和突出独立于客体之外而又主宰客体的主体意识,主体意识也就是自由。此种建立在主—客二分基础上的自由,是包括审美意识在内的欧洲近代意识的最根本的特征。到了康德,美学问题就是如何把唯理论所强调的理性与经验论所强调的感性结合起来,具体地说,就是感性的东西如何显现理性的问题。康德认为,在可感觉的必然性领域和超感性的理性自由领域之间有桥梁可通,这就是审美意识。在康德看来,美就是事物的形式符合主体的认识功能的统一性,此种"符合"引起了主体的愉悦之感,就是审美快感。审美快感不同于满足(符合)欲念功用追求所得到的快感,后者是对事物的实体性的快感(如口渴、充饥之类),前者是一种对事物的表象形式(不同于事物的实体性)的快感,其特点是不计较欲念功用,是一种超脱了欲念功用之束缚的自由。此种审美的自由就是从上述的"符合"而来。康德把事物的形式符合主体的认识功能中的"符合"又称之为"无目的的符合目的性":"无目的"是指无意愿、无欲求之限制、束缚之意。此种"符合"是理性之自由表现于必然性的可感世界之中。故审美快感也就是"自由"的感情。当然,康德的美学思想,远不限

---

①　参见张世英:《西方美学思想与自我》,《北京大学学报》2008 年第 2 期。

于上述的形式美。他关于崇高的理论,关于依存于道德的"理想美"的理论,都值得重视。康德的"审美意象",并非仅仅指道德理想,而且包含了自然的合理性,它是道德秩序和自然秩序的有机统一,是囊括了人和自然于一体的理性在感性世界中的具体化。这样,美在康德看来也就是理性观念在感性形象中的显现。"审美意象"说更深刻地指明了人的理性自由的特征,人在审美意识中超越了单纯对道德的依存,进而达到了比道德意识更高的自由。不过康德的美学思想至少在字面上更多地还是表现了道德主义的因素,康德并没有明白地把审美的地位放在道德之上。"美在自由",在康德这里,还颇受道德上"应该如何"的限制。

席勒明确地把"审美意识"(他称之为"游戏冲动")视为"感性冲动"与"理性冲动"的统一。单纯的"感性冲动"使人受自然的感性欲念的强制,单纯的"理性冲动"使人受理性法则(如道德上"应该如何"的法则——义务)的强制,二者分开来皆不自由。唯有人的第三种冲动"游戏冲动"能将此两种冲动结合起来:一方面不让感性欲念因失去理性而成为至上的东西,以致物欲横流;另一方面不让理性法则例如道德义务因缺乏感性欲念而令人有被迫接受之感。这样,单纯的"感性冲动"和单纯的"理性冲动"所给人的强制——束缚就"都被排除了"。席勒由此而得出结论:只有"游戏着的人"——"审美的人",才是"自由的人"、"完全的人"。① 席勒断然超越了康德,认为美之自由不仅在于突破了个人欲念功用的限制,而且在于超越道德法则的限制。席勒把"美在自由"的命题和思想作了空前明确的表述。

黑格尔认为,人作为主体,其"最高内涵"是"自由"。② 自由在于克服对立面的限制以达到统一,而在科学、法律、政治、道德等有限领域内,人总是受有限事物的束缚而不可能达到充分的自由,只有在最高的无限性整体即他所谓"自身真实性的境界"(die Region der Wahrheit an sich selbst)③里,有限性领域中的各种对立得到最终解决、最终统一,人才有了充分的自由。黑格尔认为,属于无限领域的"自身真实的境界",最初呈现于感性的东西中,这就是美的艺术。黑格尔关于美的定义:"美是理念的感性显现",此定义中的"理念"

① 席勒:《审美教育书简》,第 15、23 封信。
② *G. W. F. Hegel Werke* 13,*Suhrkamp Verlag*,1986,S. 134.
③ *G. W. F. Hegel Werke* 13,*Suhrkamp Verlag*,1986,S. 137.

就是"自身真实性"(die Wahrheit an sich selbst)。黑格尔告诉我们,当我们在艺术的感性形象中体玩到其中的"真实性"("理念"—意蕴)时,我们就能得到一种自由的愉悦之感。"因此,审美带有自由的性质",①它不是把对象当做服务于我的有限性功用追求的手段,它根本不受外在之物的干扰而独立自由。至此,黑格尔可以说把美在自由的思想阐述得相当清晰了。然而黑格尔认为美的艺术并未达到最充分的自由,因为艺术仍具有感性的有限性,其所达到的自由并非最充分的。艺术还只是无限性领域的最初的低级阶段。他由此而主张"结束艺术"而进入(中经"宗教"阶段)以最抽象的即毫无感性拖累的"纯粹概念"为内容的"哲学"阶段,才算是达到了最充分的自由。最抽象的领域就是最自由的领域因而也是最高的领域,上述黑格尔所谓"自身真实的境界"至此而达到顶峰。欧洲近代美学思想,从总体上来看,是以感性显现理性为美,把自由放在超时空、超感性的抽象王国,于是造成了美和自由的抽象性。而集欧洲古典哲学之大成的黑格尔美学思想,则最典型地表现了欧洲传统美学所追求的自由的抽象性。

黑格尔哲学垮台以后,欧洲现当代哲学的总趋势是由抽象走向具体。其美学思想的特点也是将"美在自由"之"自由"由抽象的转化为具体的。人的主体不是像古典哲学所主张的那样,只是抽象的理性的主体,而更是包括感性、欲望、本能、下意识等在内的具体的主体。单纯理性的主体是苍白无力的,其自由受到限制;包括感性、欲望、本能、下意识等在内的主体才是活生生的,因而也是真正自由的。

海德格尔是欧洲现当代美学("后现代美学")的先驱。他一反以黑格尔为代表的欧洲古典的概念哲学,突破了以超感性概念王国为人生最高追求目标的旧套,而代之以显隐融合为一的现实的整体。海德格尔认为天地神人本来浑然一体。他所说的"神"并非指基督教的上帝,而是指有限性的人对自己的有限性的超越,即对无限性的向往;"天"指事物之显现方面;"地"指事物之隐蔽方面。任何一物都是有限与无限、显现与隐蔽的结合点。有限的、显现于当前的东西,都有隐蔽于其背后的无限的东西为其根源,双方融合为一整体而构成具体的、真实的某物。但人在日常生活中,特别是在当今技术占统治地位

---

① *G. W. F. Hegel Werke* 13,*Suhrkamp Verlag*,1986,S. 155–S. 156.

的世界中,人不是在本然的"一体"中对待事物,而是人为地把事物对象化,使之成为服务于人的工具,从而与事物相敌对,人与事物的关系不再是相互融通的关系,而是主—客二分、彼此隔绝的关系。人为了自己的生存而认识客体,使用客体,却同时受到客体的限制、约束而失去了自由。这一悖论是人生不可避免的必然,也可以说是一般人日常生活的常态。海德格尔称此常态为"必然的沉沦"。"沉沦"是人生中一种不自由的"非本真状态"。人为了自由,就要复归人之本然,复归到天地神人融合为一之本然,亦即海德格尔所谓"本真状态"。这种复归,海德格尔称之为"转向"(Kehre)。如何"转向"? 这就要求既能入乎其内,又能出乎其外的态度,即"超越"(又称为"无")。"超越"并"不脱离现实存在",而是"对整个现实存在的克服","对现实存在的超出",具体地说,"超越"就是不从有限的个体事物的角度看待事物,而是从无限整体的角度看待事物,所谓超然物外是也。海德格尔又把此种"超越"更具体地称之为"泰然任之"(Gelassenheit)。此种态度使人既不脱离现实(入乎其内),又能摆脱"欲求、异化和自我束缚",达到一种不依傍他者、不为外物所累,一句话,超脱功名利欲的自由境界——"本真状态"。此境又称"澄明"。① 海德格尔曾以面临死亡之"畏"来描述对此种境界的领悟。海德格尔的晚期则以艺术创造来回答如何进入"澄明之境"的问题。他认为艺术的本质(亦即诗)在于把日常生活中被分隔的存在者带入天地神人融合为一的、敞开的"澄明"之中。人通过艺术创造、通过诗,而进入一个不同于日常生活的全新世界——一个"去蔽"了的、敞开的"澄明"世界。在此种世界中,日常生活中的某物与人的关系不再是"对象性关系",而是"真正人性的关系":某物不再是与人分隔了的认识对象和使用对象,而是在人与万物一体的整体中、在显隐合一、有限与无限合一的整体中被看待。人用此种超然的眼光—态度看待事物,人就是"诗意地栖居",就是诗意地生活。显然,海德格尔教人通过艺术、通过美所达到的自由之境——"澄明",远非传统美学所追求的抽象概念王国,而是同属现实具体领域的显隐合一的宇宙整体。海德格尔的美学思想把自由的抽象性转化到了自由的具体性,从而实际上也为后现代美学特别是为后现代艺术

---

① 参见 Shi-Ying Zhang, *Heidegger and Taoism*, Reading Heidegger, Indiana University Press, 1993, pp. 309—312;并参见张世英:《天人之际》,人民出版社 2007 年版,第 350、352—355、372 页。

的生活化和生活的艺术化奠定了理论基础。

欧洲后现代艺术是为反现代艺术片面重少数精英艺术、唯理性至上和唯科学至上的产物。它把美及其自由的特性具体地体现于大众生活和日常生活中,让人不仅在特制的艺术品中,而且就在日常生活中、日常行为中获得美的享受,获得自由。用海德格尔引用诗人荷尔德林的话来说,就是让"人诗意地栖居在这大地上"。海德格尔对这句话的解释是:人既要如荷尔德林的诗所说,要讲功用,要"建功立业",立足于"这大地上",但人又可以以"超越"的态度仰望神性,进入天空。人就是在此"大地上"和"天空下"的翱翔之中而自由地生活("诗意地栖居")。这实际上就是后现代艺术所讲的"艺术的生活化"和"生活的艺术化"。后现代艺术中的所谓"行为艺术"和"身体艺术"特别明显地表现了这一"诗意地栖居"的审美生活。

## 二、在中国的"意象"说中,"美在自由"的思想有待争取独立和伸展

如果说,在欧洲美学思想史上,"美在自由"的命题和思想自文艺复兴以后便长期处于主导地位,而且自由的发展方向是越来越从抽象走向具体,那么,中国美学思想的发展,则是一个自古以来长期以"美在意象"的命题和思想占主导地位的历史,而美在自由的思想则是其中所蕴藏的、有待延伸和发展的一个内容。

中国古代思想家不爱讲感性美,而更多地爱讲感性形象之外的"意"或"境"。《周易·系辞上传》所谓"言不尽意,立象以尽意",刘勰《文心雕龙·神思》所谓"窥意象而运斤",刘禹锡《董氏武陵集序》所谓"境生于象外",都是说的感性形象之外的"意"、"境"。中国古典美学思想,从其主要方面来说,就是指对此种"意"、"境"的体悟。用"美在意象"来总括整个中国古典美学思想之旨归,应该说是很深切的。"意象"者,"象"外之"意"也,就是对感性形"象"之外的"意"的体悟。

"意象"说所要求体悟的"意",不同于西方古典美学所要求进入的超感性的抽象王国,如"理念"、"典型"之类。海德格尔所讲的"显隐"说,倒是与中国传统的"意象"说相似相通:"意象"之"象"就是显(现)于外者,"意"是隐

（蔽）于内者（背后的东西）；"意象"说以体悟"象"外之"意"为美，"显隐"说以由"显"见"隐"，去蔽而敞开"澄明"之境为美。二者的确可以互相辉映，互相发明。只是二者所产生的时代背景和民族文化背景不同，这就产生了二者的差异。海德格尔的"显隐"说是反对西方传统的"主客二分"的思维方式和"主体性"哲学的产物，是对此种思维方式和哲学的克服和超越，从而也是对自由——主体性的更进一步的弘扬；中国传统的"意象"说基本上是"前主客二分"和"前主体性"的"原始的天人合一"思想，缺乏"主客二分"的思维方式和"主体性哲学"，从而也把美在自由的思想掩盖甚至湮没在双重的"原始的天人合一"的思想（一重是与封建的各种社会群体的原始合一，一重是与自然的原始合一）之中，有待大力发掘、开发。可以说，美在自由的思想在西方，自文艺复兴以来，一直在神采飞扬地阔步前行；而在中国，则是在"原始的天人合一"思想的压抑下，为争取独立而挣扎。

孔子对美与善已作了区分，但孔子强调美从属于善，具体地说，即从属于"仁"德。在孔子看来，"仁"是"美"的本质。大概也就是因为这个缘故，孔子所开创的儒家美学，基本上不像古希腊美学思想那样讨论和重视不涉及实际兴趣的纯粹意义的美——形式美，如对称、比例、秩序、数的和谐所给人的愉悦之情。儒家所讲的"乐从和"，也许是讲的形式美之所以美在于"和"，但过于简单、朴素。

《易传》的美学思想虽有儒家的成分，但更多地属于道家范畴。《易传》"立象以尽意"的命题，为中国传统的美在意象的基本思想奠定了理论基础。"立象以尽意"之"意"当然也包含儒家强调的"仁"德之"意"，但它主要是指自然变化之"神"。"知几其神"，"神以知来"。"知几"、"知来"，都是讲的由显知隐，由著知微，这里包含有想象力之自由的成分。

老子是中华历史上第一个哲学家，也算得是第一个美学家。如果说儒家重善，那么，老子所奠定的道家哲学则是崇美。老子所崇奉的美不是"五色"、"五音"之类的形式美，但他又非笼统地否定形式美。老子所否定的美似乎是指矫揉造作之美。他所崇奉的美，是一种与"道"合一的境界。就字面上来看，他倒不是用"美"字来称谓，而是以"道"、"自然"、"真"、"妙"、"无"等概念来规定，其核心是"道法自然"之自然而然，是"无为"。换言之，在老子看来，最高的美在于自然而然，质朴真实，等等。其反面是人为，即"伪"（矫揉造作之雕饰、虚伪等)。美在于去伪而顺其自然而然,即"无为"。老子所提倡的与"道"合一的"无为"境界也是一种原始的天人合一,但与儒家所讲的原始的天人合一的内涵有所不同,儒家的"天"主要是道德的含义,而老子的"天"即"道",是超越道德之上的自然而然之义。这样,老子所崇奉的美,就比儒家少一层仁义道德方面的约束———一种来自封建社会群体关系方面的约束,而多一分自由。与此相联系的是,老子所讲的"道之为物,惟恍惟惚。惚兮恍兮,其中有象",以及"大音希声,大象无形"等,和《易传》相似,也是后世所谓通过"象"以显现"道"—"意"的"意象"说之先声。此中的"道"—"意",亦超越了道德的含义。老子教人超越"欲求"、超越"求知"、超越"道德",而达于自由之境。

庄子认为我们一般人讲的形式美之美是与丑相对的,其间无绝对鸿沟,关键在于悟道。庄子认为,"道"—"一"才是"大美"——真正的美。"天地有大美而不言"(《庄子·知北游》)。能"游心"于"道",则"至美至乐"(《庄子·田子方》),那才是最高的审美享受。

此种"至美至乐"的境界,乃是一种物我不分的天人合一境界。在此境界中,人能超越我与他物、他人之分,"外天下"(摆脱世事的纠缠),"外物"(摆脱物欲的诱惑),"外生"(摆脱生死的牵挂)(《庄子·大宗师》),而成为"无己"之"至人","无功"之"神人","无名"之"圣人"。此种人才是"无待"(无所依傍)之人、逍遥之人——真正自由之人。美("大美")在自由的思想,在庄子这里,似乎已得到了淋漓尽致的阐发和表述,为中华后世以审美境界具有不计较功名利禄以至生死问题的自由精神的观点,起了光辉的先导作用。

先秦儒道两家,一以"仁"德为人生最高境界,一以"大美"之"无待"(自由)为人生最高境界。如果说,二者在先秦尚显二水分流之势,那么,自秦汉以后,特别是自西汉武帝用董仲舒策,独尊儒术,实行思想一元化以后,中华文化思想的发展,便是一个以儒家的"仁"德压抑道家自由之"美"的历史。讲道德,说仁义,成为"学而优则仕"的必经之道;特立独行,越名教、卑浮理而傲然自得者,则或遭贬黜,或就囹圄。

汉代自武帝以后,思想界从总体上来说,为天人感应、三纲五常和谶纬之学所统治,美在自由的思想理论少见。

魏晋南北朝时期,是老庄道家美学思想突破汉代几百年来唯儒独尊的思想一元化局面而成为一时风尚的时代。王弼的"得意忘象",顾恺之的"以形写神",宗炳的"澄怀味象",谢赫的"气韵声动"等美学命题,其主旨各有所重,然大体上都可以"意象"说来概括,王弼的"得意忘象"说最有代表性。"得意忘象"者,通过有形之"象"以显现("得")无形之"意"也。"象"总是有限的、个别的,"意"即是"道",是无限的、整体的。"忘",实为超越。"得意忘象"就是超越有限的个别之物象以显现无限的整体之道。这里所显现的"道"——"意",是一种"天人合一"的高远境界,也就是一种不分人和物、不分尔我的无我之境,所谓"神"、"灵"、"气韵",实皆可归结为此种无我之境,魏晋南北朝时期的"意象"说亦可归结为以无我为美。刘勰的"隐秀"说,是魏晋南北朝时期"意象"说的总结与发展,尤具现代意义。此种以"无我"为美的"意象"说,蕴涵了摆脱汉代儒家纲常名教之束缚而追求个性解放的思想。美在自由的命题,呼之欲出。值得注意的是,美在自由的思想在魏晋南北朝时期不仅表现在美学理论方面,而且具体地体现在当时士人的生活行为方面:魏晋南北朝士人之言行举止,大都潇洒自得,放荡不羁,越名教而纵情山水,颇有些类似西方后现代所讲的"艺术化生活",特别是其中的"行为艺术"和"身体艺术"——一种用生活中的行为和身体来表现人的自由本质的艺术。当然,魏晋南北朝时期士人所追求的自由——个性解放,还是不彻底的,因而是有限度的,特别是就道家强调与道合一,把自我湮没于自然整体之中而言,则根本谈不上有什么主宰自然的自由。所以,我以为,当时的"美在自由"之自由,还是朦胧的。然而,即使是这样一点自由的追求,在当时思想一元化的历史条件下,也往往遭到摧残。嵇康遭杀身之祸,陶渊明归隐田园,皆因追求艺术人生和自由的审美境界所致。

唐代既有以韩愈、白居易等人为代表的儒家美学思想,还有以王昌龄、皎然、司空图、刘禹锡等人的"意境"说为代表的道家美学思想和以王维为代表的佛教禅学的美学思想。美在自由的思想显然蕴藏于佛道之中。"意境"说是"意象"说的延伸和发展,皆源于易老之学。"境"乃物我两忘之境,但此境需要通过人的想象力(张彦远称之为"凝思遐想")的创造,才能达到,这就把"至人无己"之"无己"向个体性自由的方向推进了一步。李白诗之狂放,与其鄙视儒家以礼教束缚自我和崇尚道家思想之自由不羁,有密切关系。

禅宗所强调的"自悟",实乃美在自由之核心。如果一切都已"说破",都是"大白话",便了无余味,毫无自由想象的空间,也就无诗意之可言,无美之可言。"自悟"说与"意象"说相通,而且比"意象"说更提高了自由的内涵。"禅悟"根本不立文字,超越了"言",只通过一些棒喝怒呵之类的行为、动作,以取得"自悟"的效果,简直就像西方后现代艺术的"行为艺术"和"身体艺术"。难怪西方许多后现代艺术家公开地大讲中国的禅宗!

自宋至明清,"文以载道"、"作文害道"的理学美学思想,虽然长期统治思想文化领域,但"文"的审美意义和价值却日益申张。与道德说教有密切关系的宋诗之强调"以理入诗",遭到严羽等人的非议;反之,与宋诗相抗衡的宋词,则具体地以一种与音乐融为一体的语言,抒发了个体性自我的真情,给人以"无拘无束"的自由之美的享受。

明末清初王夫之的"情景妙合"说,继承和发展了宋代的情景合一说,把情和景二者更进一步作了有机的融合,并更多地强调美在于表现个人的情趣,在于表现与理学家所讲的名教相对立的"幻妙"之理———一种超理性之理。

叶燮强调审美意象是由于"造物"与"人"之"遇合"而成(叶燮:《己畦文集》卷)。他的"遇合",已不是原始的天人合一之"合",其中的"人"已不是"无己"之人,而是区别于"造物"之人。叶燮在讲"遇合"中注意到了"人"的独立自由的本质。叶燮由此而特别强调审美主体自由创造的胆识和魄力。①叶燮的美学思想有些接近西方近代美在自由的观点,算得是中国传统美学思想的高峰与终结。

鸦片战争至五四运动的 80 年间,西学输入对中国传统审美意识起了重大影响,究其思想根源主要在于欧洲近代科学及其思维方式——主客二分。改良派首领康有为赞赏西洋画之重形准、求真,反对中国传统画重写意而忘形的画论,及其弟子徐悲鸿所提倡的"惟妙惟肖"的"写实主义",应可视为中华美学思想由以原始天人合一为基础的"意象"说走向美在自由说所必经的一个历史阶段。梁启超一方面提出"真美合一"说,把艺术与科学联系起来,实际上主张美源于真;另一方面又超越了现实主义,而有表现主义的思想,强调美术重在表现个性。他的"趣味主义"论,更多突出不计较功用的美在自由的观点。他甚至明白表示"美"还是"人类生活"中"各种要素中最要者"(梁启超:

---

① 参见张世英:《中国古典美学思想与自我》,《江海学刊》2008 年第 5 期。

《美术与生活》)。美有自由,在梁启超这里,已被提升到了人生的最高境界。

王国维的美学理论更直接地深受欧洲近代哲学家康德、叔本华的影响。王国维作为中国近代美学思想的先进代表人物,明确地用欧洲近代的主客二分式概念和术语,对他的"境界"说作了近代意义的阐述。他认为"境界"乃"情"与"景"之合:"景"是"客观的";"情"是"主观的"。王国维的美学思想显然也为中国美学走向美在自由的方向做了铺垫。

# 三、结　语

中国传统美学之主流,大体上是建立在道家"原始的天人合一"之本体论基础的"意象"说。中国传统美学思想的发展,是深藏于"意象"说中的美在自由的思想不断挣脱儒家名教纲常的束缚而力求自拔的历史。中国传统审美意识重现实生活之美,重人生境界之美,故以"生活艺术化"为其特征的欧洲后现代的"行为艺术"和"身体艺术",就其内容实质而言,在中国实可谓古已有之。但此种中国式的"行为艺术"和"身体艺术",是以现实生活中人的血肉绘制而成的,因而中国式的行为艺术家和身体艺术家,为追求自由之美的生活,必须与封建专制主义和思想一元化统治势力作斗争而付出代价。本文提到的嵇康之死、陶渊明之归隐田园,等等,最典型地表现了此等中国式行为艺术家和身体艺术家的结局。

和中国传统美学不同,欧洲传统美学特别是自文艺复兴以后,大体上以建立在主客二分思维方式基础上的美在自由的思想观点为主导,其发展过程是由自由的抽象性走向自由的具体性。欧洲后现代以海德格尔为代表的"显隐"说,类似中国古典美学的"意象"说,但在中国的"意象"说中,美在自由的思想观点尚未得到申张,而海德格尔的"显隐"说则是自由的更进一步的深化。由于欧洲人的自由早在文艺复兴时期就已挣脱封建神权统治的束缚而获得,血肉的代价早成过去,故欧洲后现代人在追求艺术化生活中更进一步的自由时,显得轻松自在。此乃杜尚之所以能以潇洒自如、整日下棋的生活为"最好的艺术品"之故也。杜尚的艺术生活和中国式"行为艺术家"嵇康等人的"艺术生活"如此相反,是中欧两个不同民族、不同文化背景和不同时代的产物。

　　为中欧审美意识各自的未来发展计,我以为,就欧洲而言,传统的自我专制主义过于跋扈了,需要有点中国式的"无我"之美加以节制。当今的欧洲人,为了使自由之美更具体化,还应更深入地学习一点中国"意象"说中彼此融通、天然浑成的气象。就中国而言,要更多地发掘"意象"说中的自由思想,给"无我"之美增添一点自我表现的神采。中国传统的"意象"之美,过于含蓄了,需要随着时代的步伐而展翅飞扬。

# 第二十六章　审美意识的三重超越

## ——再论美在自由*

不久前发表的《美在自由》一文，①主要是从中欧美学思想发展史的角度论述审美意识的核心在于自由的观点。本文拟从人生精神意识发展历程的角度再论这一观点。如果说"一论"讲的是历史，是思想史，这篇"再论"则可以说是讲的逻辑。"一论"和"再论"之间的一致性正好体现逻辑和历史的一致性。

## 一、最低层次的超越："感性美"

美的最低层次是声色之美。但只要是美，它就是一种超越。声色之美是对人生最低级的欲望之超越。人如果仅仅沉溺于"食色"之"性"而不思超越，则无美之可言。柏拉图、托马斯·阿奎那、黑格尔都讲了审美感官—视觉和听觉之不同于非审美感官的特点在于前者不占有实体的欲望，不涉及欲念、功用。这实际上就指明了，从视觉和听觉所获得的声色之美是对欲念、功用的超越。欲念、功用，乃维持人的最起码的生存之所必需，而美则是"后"生存必需之事，"后"者，超越之谓也。

上面谈到视听感官是审美感官，嗅味触感官是非审美感官，前者是审美意识的通道，只涉及外物的形式、形象，不涉及欲念功用——不涉及对外物的实体性占有；后者则是非审美意识的通道，涉及欲念功用——涉及对外物的实体

---

\* 原载《哲学分析》2011 年第 3 期。

① 参见张世英:《美在自由》,《社会科学战线》2011 年第 1 期。

性占有。但这种划分不是绝对的,并不意味着两者间存在着不可逾越的鸿沟。实际上,人在视听外物的形式、形象时,也很难想象完全没有嗅、味、触的感官欲念掺杂其间,很难想象完全不涉及欲念。与欲念、功用相对立的形式、形象,很难简单地令人产生美感。

外物的形式、形象之所以对人产生美感,正如休谟所说,是由于对象"各部分间的秩序和结构"、"形式或性质"同"人性本来的构造"、"心理器官或功能"这主客两方面的"协调"、"适宜",或者如康德所说,是由于"外在形式"同"认识功能"之"符合"。而判断感性形式是美还是不美的心理功能,则不是五官感觉本身,而是由人性本来的构造、个人的禀性、心情以及各种社会因素组成的另一种功能。借用英国 17—18 世纪美学家夏夫茨伯利(Shaftesbury,1671—1713)的术语来说,就是"内在的感官",亦即后人所称谓的"第六感官"。正是这"第六感官",才是评判由审美感官的通道(或者说,由审美感官与非审美感官纠缠在一起的通道)而得来的感性形象是美还是不美的评判者。这个作为评判者的"第六感官"(称做"感官"并不合适,只能是借用,因为它根本不是感官),也可以说,它就是某种程度的精神境界(其构成因素就是上述人性本来的构造、个人的禀性、心情以及各种社会因素)。人与人的精神境界既有大同之处,也有小异。大同之处决定了审美的普遍性,小异决定着各人之所谓美不尽相同。但无论如何,此种精神境界有高低之分。低级境界的人,或者说得极端一点,根本没有什么精神境界的人,以至于缺少"第六感官"的人,此种人只囿于非审美感官得来的欲念之满足,像动物一样不思超越。《红楼梦》中薛蟠的"女儿乐"便是一个典型的例子。薛蟠的"第六感官"之低级,真可谓"其去禽兽也几希"。一般地说,缺少"第六感官"的人,即使美声美色出现在他面前,他也不知其为美,他不能享受美。当然,在现实中,完全处于此种状态的人,也许根本找不到。反之,有精神境界的人,或者说精神境界较高的人,其"第六感官"则既通过非审美感官,欲可欲之事,又不囿于可欲之满足,而能进一步享受由审美感官得来的感性之美。许多高雅艺术作品中,对于男女爱情之美的某些描绘,都可以作为这方面的例子。有无"第六感官",是区分有无审美能力和能否享受"感性美"的标准。

关于"第六感官"究竟是感性的还是理性的问题,夏夫茨伯利曾有所涉及;却很模糊不清,但有一点是很明确的,即"第六感官"在分辨通过视听而得来的形式、形象是美或不美时,是"立即的",也就是说,是直接的,无需经过推论的间接性。根据夏夫茨伯利的这一看法,我以为判定"感性美"之为美的"第六感官",实系一种由人性本来的构造、个人的禀性、心情以及各种社会因素综合累积而成的一种"情调",它尚未达到理性的水平,但已带有理性的成分,它主要是感性直接性的东西。一般地说,动物没有"情调"这样的"感官",故只有满足欲念的快感,而不能达到感性之美的享受。① 更进一步说,这里所谓"第六感官",实系一种对待物的态度。停滞于唯欲念、功用是图的人,以主客二分的态度对待物,一心只把物当做占有、利用的工具对象;而"第六感官"则是以主客融合为一的态度待物:物我一体,斯有美感。此乃"感性美"之"超越"欲念、功用的真正内涵。

## 二、第二层次的超越:"理性美"

　　声色之美毕竟还只是审美意识发展过程中最初级的超越,因而也是最低层次的美。人生精神意识的发展显然不能停滞于此。这就是为什么中欧文化思想史上许多大哲人都不同程度、不同形式地贬低声色之美(亦即缺乏内涵的所谓"形式美")的根本原因。

　　声色之美属于"感性美"的范畴。感性形式总是个别的,因而也是有限的。人性的自由本质总是趋向于超越有限,向往无限。人的精神意识由感性到理性的发展,就是一个由有限朝向无限的发展过程。通过理性所获得的概念、理念,是一切有限的感性东西的概括,因而也是无限的。审美意识于是进而认为美之为美不仅在于感性形式,而更在于从有限的感性的东西中把握到无限的理性的东西。例如法国 17—18 世纪古典主义的代表人物布瓦罗(Boileau Despreaux,1636—1711)就认为,美的东西必须表现人性中理性的东西,亦即普遍永恒的东西,美要创造典型。黑格尔关于"美是理念的感性显现"的理论和论断,更为此种审美观提供了认识论根据或者说是逻辑根据,也是文学艺术中所谓"典型"说的哲学根据。美在于写出典型。黑格尔关于美的定义和文学艺术上的典型说,大体上代表欧洲思想文化史上的审美意识发

---

　　① 参见朱光潜:《西方美学史》,上卷,人民文学出版社 1985 年版,第 214 页。

展过程中的一个前进性阶段,即由"感性美"提升到"理性美":我所谓的"理性美",就是在感性形式中体现理性概念——理想、典型。中国美学思想发展史似乎缺少这样的一个阶段。

17 世纪法国古典主义艺术强调理性,算得是"理性美"的典型例证。法国著名古典主义画家尼可拉·普桑(Nicolas Poussin,1594—1665)的画作大多意在宣扬人类的理想在于理性和自由,提倡完美和理性至上。例如他的《花神王国》(*The Kindom of Flora*),描写花神在花园里与百花同乐,虽皆为笑脸,但沉着庄重,似乎隐含一种乐极生悲的理性思考。[①] 他的另一幅画作《有波吕斐摩斯的风景》(*Landscape with Polyphemus*),其中,失恋的波吕斐摩斯在山顶上呼啸的笛声,似乎吸引了四周的山水间的众多女神,整个画面把观赏者引向如烟云缭绕向上的崇高理想。黑格尔在谈到美的理想与自然的关系时,甚至认为 17 世纪荷兰的风俗画也能在平凡的自然中显现自由和崇高。

## 三、第三层次的超越:"超理性之美"

"理性美"的无限性仍然具有一定的局限性。这是因为理性概念必然是对某类事物的界定,界定就是划界、限定,而世界上的事物是一个更为宽广无垠、相互联系、相互隶属的整体,划界、限定就是彼此限隔,只在理性概念中讨生活的人并非最自由的人,也非达到了美之极致。审美意识的进一步发展于是由"理性美"提升到了"超理性之美"。我所谓"超理性之美"就是通过感性的东西和理性的东西,进而达到一种对万有相通(相互联系、相互隶属)的整体或者说对万物一体的领悟。此种领悟不是单纯的理性—理解所能达到的,而是一种"超理性"的产物。"超理性"就是一种想象力,这里所谓想象,特指把本身不出场的东西置于直观中而与在场的东西综合为一体的能力,非指一般说的联想之类的能力。审美想象甚至可以把逻辑上不可能出场的东西纳入万物一体之中。我在《境界与文化》一书第二章"论想象——体悟万物一体的认识论途径"中详细论述了这个问题,这里不再重复。说得更具体一点,西方

---

① 参见李春:《欧洲 17 世纪美术》,中国人民大学出版社 2010 年版,第 174 页。

立体画派的画作,就是此种审美想象力或"超理性"的形象表达。① 海德格尔讲的"澄明之境",就是通过审美想象力而达到的这样一种"超理性之美"的境界。此种美的境界比"理性美"的境界更自由,是最高层次的美。

这样看来,相应于"感性美"、"理性美"、"超理性之美"这三重审美境界,人的审美功能也是三重的:最低的是与视觉和听觉感官相联系的"情调",较高的是理性或逻辑思维,最高的是超逻辑的审美想象。总体来说,一个最有审美意识的人,应该是视听敏感、思维清晰而想象丰富的人。如果还可以借用"第六感官"这个并不准确但很形象的术语来说,人的三重审美功能就是:(1)辨别"感性美"的功能——"第六感官";(2)辨别"理性美"的功能,也许可以叫做"第七感官";(3)辨别"超理性之美"的功能——"第八感官"。前面提到,"第六感官"是对主客二分态度的超越,是主客之融合为一。其实,辨别"感性美"的主客合一还只是一种初步的融合,辨别"理性美"的"第七感官"才是更进一步的融合,它超越了"感性美"而把理性—理想、理念也融入了主客合一之中;但"理性美"中之理想、理念仍带有超乎感性形象之外的"外在性",可望而不可即,故"理性美"中之主客合一还是有局限性的;唯有"超理性之美",它是对万物一体相通的领悟,超越了物与我,内与外,彼与此之间的"外在性",万物一体的境界是至大无限而又是可即的,故辨别"超理性之美"的审美功能("第八感官")是最高层次的主客合一。

## 四、"超越"的双重含义

我这里讲的三个层次的美,都用了"超越"一词:"感性美"是对最低级欲念的"超越","理性美"是对"感性美"的"超越","超理性之美"是对"理性美"的"超越"。"超越"一词包括双重含义,一是"超过"、"高出",一是"通过"、"包含"。高层次之美如果不"超过"低层次之美,便不能提升自由;但如果不"通过"低层次之美,则高层次之美变成为抽象的。

任何层次的美,若不是通过而是抛弃人生的欲念、功用,那至少是脱离现实的,甚至是禁欲主义。苏格拉底关于的美的界说,有轻视美对于功用的超越

① 参见张世英:《西方现代画派的哲学》,《学术月刊》2009 年 2 月号。

性功能而过分重视美对于功用的依赖性之弊,但从另一方面看,她的审美观也说明美之为美不能抛弃功用。人生的现实生存之所必需的"食色"之"性",是任何高层次的美所不能完全弃之不顾的。

"理性美"若抛弃"感性美",那就是让理性概念脱离感性现实,而成为抽象的纯粹概念,黑格尔式的概念哲学奉之为人生追求的最高目标,但那不成其为美。典型美所讲的典型如果不囊括无限个体的感性的东西之美,此种美必然是空无内容的。前述法国17世纪的古典主义艺术,当然不能说抛弃了"感性美",但其所追求的绝对完美,毕竟与现实的感性生活有过大的距离,因而也缺乏生命力。

即使是最高层次的"超理性之美",亦不能脱离、抛弃"感性美"。法国后现代艺术家杜尚的作品可谓富有"超理性之美",但他出于"抗拒感性美"的"潜意识",竟将《从处女到新娘的变迁》这样最富性感的绘画主题画成了机器般的线条,尽管意蕴深远,但毕竟由于抛弃了"感性美"而仍然陷入艺术脱离生活的窠臼。

中国传统的审美观"意象"说,最典型地表现了抛弃"理性美"(典型美)或者说跳过"理性美"而不是通过"理性美"的弊端。"意象"说崇奉不分人我、不分彼此的"原始的天人合一"境界之美(我这里所谓"原始的天人合一",当然不是指回到尚无自我意识的初生婴儿的意识水平,而是指在人生观和价值观上无视自我的独立自主性,把自我湮没于社会群体和自然整体之中的一种精神状态),认为美只是源于对原始的天人合一体(原始的万物一体)的直观感悟,而基本上无需通过理性。此种片面重视感性直观、抹杀作为"理性主体"的人的自我性的美学理论,最终导致中国人的审美境界缺乏自由的理性本质,让自我湮没于群己不分,物我不分的混沌之中。此种境界诚令人陶醉,然亦使人迷蒙而难以自我觉醒。中国传统的"意象"之说,既未通过理性,故严格讲来,亦不能称之为"超理性之美"。当然,我们又不能由此简单推论,称之为低于"理性美"的"感性美"。"意象"说强调的象外之意,就是对感性形"象"的超越。只不过此超越"象"外之"意",不是西方人所讲的理性概念,而是未经理性分析的万物浑然一体之整体。中华传统审美观所走过的道路与西方不同,也许是一种文化早熟的现象。要克服这种早熟,还需补理性之课。

欧洲后现代的审美观,一般讲来,既超越了"感性美",又超越了"理性美",这就意味着它不是抛弃而是通过"感性美"、通过"理性美"而又超过之。欧洲后现代艺术之美基本上算得是"超理性之美"。这主要是由于欧洲后现代艺术理论主张审美主体既是理性的主体,又是感性(包括欲念、意志、下意识、本能等)的主体。欧洲古典的审美观片面强调对理性概念(理念)的把握,但只讲理性,其所达到的自由是抽象的、有局限性的。欧洲后现代的审美观一反旧传统,强调主体所包含的感性、欲念诸方面,认为只有这样的主体,其所达到的自由才是具体的、充分的。欧洲后现代艺术家、美学家在反传统的过程中,诚然有从一个极端走向另一个极端的过激之处,但从总的趋势和意图来看,后现代的审美观,其主旨仍然是在于超越理性美、超越感性美,而非抛弃理性美、抛弃感性美。

严格意义的"超理性之美",必须经过三重"超越",而且要按照"超越"的双重含义,这是美的最高理想。欧洲传统美学,或片面重"理性美",认为美是"理念的呈现",或片面重"感性美",认为美只是感性形式的和谐、均衡,二者都强调非功用性,这就排斥了"超越"一词的"通过""包含"的含义,把美理解成了抛弃功用性、抛弃感性欲念的东西,使美脱离了生活,脱离了实践。后现代美学一般为了纠古典美学之偏,认为美不能脱离功用,不能脱离人欲,于是又往往由此产生一种滑向另一极端的流弊,竟致让生活艺术化、审美化的正当口号走向了审美庸俗化、艺术媚俗化的邪道,使美失去了"超越"中的"超过"、"高出"欲念、功用的含义。尽管有些反传统美学观点的学者反复强调不能因重欲念而媚俗,但他们的观点仍然遭到不少批评和责难。我以为审美应当生活化、现实化,但不能有损美之"高出"、"超过"欲念、功用的本质。人生精神境界的提高,是实现美之"超越"欲念、功用的双重含义的关键。

## 五、德国新表现主义的"超理性之美"的特色

"超理性之美"要想真正做到超越"理性美",亦非易事。杜尚的审美观算得是崇奉"超理性之美"的代表,但他最终仍未达到"超过"、"高出""理性美"的境地。例如他的艺术作品《门》,典型地表现了融合"开"与"关"两个对立面为一体、合二为一的"超理性之美",远远"超过"、"高出"了崇奉界定、重"说一不二"的概念—理念的"理性之美"。但另外,杜尚深受西方那种非此即

彼的理性至上主义的传统思维方式的影响,为了"超越""感性美",竟片面"抗拒""感性美",把充满诗意的一段人生经历"从处女到新娘",绘成了机械般的设计图;为了反对脱离生活的艺术,竟片面反对艺术,放弃他生活中最重要的部分——绘画艺术。杜尚的这些表现,说明他的精神境界仍未摆脱二元对立,非此即彼的理性至上主义。杜尚的人生从总体上看来,并未真正进入"超理性之美"的精神境界。他有"超越""理性之美"之意,但因背负沉重的旧传统而缺乏"超越"之力。欧洲人要想真正达到"超理性之美"的精神境界,还需吸收中国传统"意象"说的优点,从中学习如何玩味、体悟天人合一、彼此融通的意境和神韵。"意象"说,如前所述,是中华文化早熟的现象,但早熟的东西亦往往具有永恒的魅力。

也许德国的表现主义,特别是新表现主义,算得是"超理性之美"的最佳代表。如果说杜尚身上的达达主义使他抛弃和抗拒理性,而非包含理性,那么德国的表现主义和新表现主义则是既包含了理性而又超过了理性,基本上达到了超越传统的主客二分和理性至上主义的审美高度。曾参加"桥社"(Die Brucke,1905 年成立,德国表现主义诞生的标志)的早期德国表现主义画家爱弥尔·诺尔德(Emil Nolde,1867—1956)的作品《围着金牛的舞蹈》(*Dance around the Golden Calf*,1910),用疾风暴雨般旋转的浓彩重墨,表现了被理性至上主义压抑的情欲在获得解放后的惊喜和疯狂,强烈的黄红色的人、兽和蓝天、黄土,融合为一幅震撼人心的而非宁静无我的天人合一的图景。这里既有鲜明的非理性东西的表现,又暗含着到传统理性至上主义的理性批判。另一个表现主义艺术团体"蓝骑士"的画家弗朗兹·马尔克(Franz Marc,1880—1916)对画动物有特殊的兴趣,其画作《蓝马》(*Blue Horses*,1911),用鲜艳圆润的曲线画成的蓝色马匹与背景中红、黄、绿三色构成的山峦、云彩,起伏共舞,鲜明地象征着万有一体相通的和谐与融合,但又不是中国传统式的静穆和无我之境,而是具有德国表现主义特征的激烈旋转和疯狂的个人感情。

1919 年"新客观派"(New Objectivity)出现。"新客观派"不注重自我的个性表现,而注重对社会现实的关怀。这些艺术家身处第一次世界大战前后,倾向于对社会政治现实的批判和对个人遭遇的表现。奥托·狄克斯(Otto Dix,1891—1969)的作品《大城市》(*The Grand City*,1927)以冷静客观的表现手法,表现了战争中残疾军人与浓妆艳抹的妓女在街头相遇的不幸与罪恶,尖锐地批判了当时政治社会的黑暗,也表达了人与人之间的同胞之情。

20世纪80年代兴起的德国新表现主义,是第二次世界大战后德国人缅怀本民族传统情绪中所蕴涵的抑郁感和在痛苦中挣扎图强、在黑夜中渴望光明以及深刻思考、沉着应对的思想表现。马库斯·吕佩尔茨(Markus Lupertz,1941—?)的作品《酒神颂》,约·伊万道夫(Jorg Immendorf,1945—2006)的名作《德国的咖啡馆》都有这类特点。① 德国新表现主义的艺术与杜尚相比,既保持了感性美,又保持了理性思考,其精神境界更超越了个人而成为个人与民族相结合、小我与大我相统一的整体。

## 六、最高的审美境界"超理性之美"
## 存在于三重超越"之间"

看来,按照"超越"的双重含义,实现三重"超越",以达到万有一体相通的领悟——领略"超理性之美",乃是一个人乎其内而又出乎其外,在欲念功用—感性美—理性美—超理性之美之间,高低上下,挣扎回溯的过程。欲念功用、感性美、理性美、超理性之美四者构成一个价值高低不同的四合一的有机整体。超理性之美的精神境界不是一个孤立的、抽象的、静止的王国,它是黑夜的一盏明灯,照亮着和引领着人生不断地由低向高、由下向上,奋发前行。最高的美是一种吸引人向上的强大力量。由唐初名僧玄奘所创导的"唯识宗"佛教,依高低秩序把"识"分为八种:前六种是眼、耳、鼻、舌、身、意,第七种是"末那识",第八种最高,是"阿那耶识",它是前七种"识"的基础、根本,又称"根本识",只有达到此"根本识",人才能超脱而成佛。如果可以把本文所讲的达到最高美的境界经历的过程与唯识宗所讲的成佛的过程做点比附的话,那么我们也可以说,"超理性"是达到最高美的"根本识"。成佛需要通过八识,我所讲的达到最高审美境界,则需要通过八种感官。这八种感官从最低的欲念感官到视听感官到第六、第七、第八感官,实际上包罗了天地神人之宇宙整体,人正是通过此种感官而遨游于无穷。前面说到,"第六感官"之辨认"感性美"("形式美")之美或不美,是直接的,也就是说,人在看到或听到对

---

① 参见张世英:《西方后现代艺术的哲学思考》,《北京大学学报》2009年第4期。

象的形式、形象时,可以"立即"感受到其与美或不美。与此不同的是,"第七感官"在辨认"理性美"之美或不美时,则不是直接的,不是"立即"可以辨认的,例如对于 17 世纪古典主义的画作,鉴赏者就要通过思考再思考,才能从画面上的感性形象中,看出其中所蕴涵的思想、理念,从而得到一种美的享受。"第七感官"具有明显的理性间接性。至于"第八感官",其在辨认"超理性美"之美或不美时,则不能停留于理性间接性,而要由此升入更高级的直接性,只有这样才能进入万有一体相通的澄明之境。如果说,"第六感官"对"感性美"的辨认靠的是"感受",那么"第七感官"对"理性美"的辨认,就可以说是靠的"沉思",而"第八感官"对"超理性美"的辨认则是靠的"玩味"或"体悟"。"感受"、"深思"、"玩味"是三个不同层次的审美享受。所以我们平常在看到"感性美"("形式美"或"声色之美")时,爱说:我"感"到它很美,或者说"好看"、"好听";在看到"理性美"时,爱说:发人"深思";在看到"超理性美"时,爱说:令人"玩味"无穷。这也许就是海德格尔引证荷尔德林诗句"人诗意地栖居在这大地上"所要申述的审美观的真实含义。"'诗意地栖居'意为:置身于神灵面前,涉步于事物本质之中。生存就其根本的性质来说是'诗意的'。""诗的本质作为中介,就把神灵的迹象与民众的心声紧紧联系起来,而这两方面的诸法则是既相互排斥又相互吸引的。诗人自己就置身于神灵与民众之间。他被抛出去———抛到'之间'里去,即神灵与民众之间。人是谁,他在何处确立其存在,这只有也首次在'之间'里得到解决。'人诗意地栖居在这大地上'。"①海德格尔对荷尔德林诗句的这番诠释启发了我们:人生的最高意义——"诗意地栖居"之美——存在于高低上下"之间",既非脱离低下而高高在上,又非沉溺于低下而不思仰望上天。最高的美,其旨归在于"神灵"(上天)对"民众"(大地)之"爱"的"赐予"(照亮),也在于"民众"之声对"神灵之爱"的"虔诚"。② 海德格尔的诗意本质在于"之间"之说,也许可以借用一句中国语言来表述,在于"天人之际"。只不过中国人所讲"天人之际"少有严格意义的"理性"环节的间接性,以致如前所述,天人之间的关系尚带有

---

① 海德格尔:《荷尔德林与诗的本质》,载《海德格尔诗学文集》,华中师范大学出版社 1992 年版,第 218—219 页。

② 海德格尔:《荷尔德林与诗的本质》,载《海德格尔诗学文集》,华中师范大学出版社 1992 年版,第 223 页。

原始性。美(诗意)的自由本质,归根结底在于"之间":既讲欲念、功用,又不囿于欲念、功用;既讲声色,又不囿于声色;既讲理性,又不囿于理性。最高的审美境界是最具体、最充分的自由境界,只有达到这种境界的人,才是席勒所谓"完全的人"。

人所面对的现实,具有两个特点:一是"实体性",即人欲所要求占有的实体之物的实体牲;二是"同一性":人必然生活在社会中,而社会的功能总是要求用"同一性"制约个体性个人的"非同一性"。这两个特点构成人之"沉沦"(姑且这么称呼)于现实的必然性。审美意识的特点却恰恰在于要求自由,要求摆脱此种"沉沦"的束缚。审美意识首先能做到的,就是撇开实体之物的实体性而只视、听其表面的形象、形式,这就是"感性美"之所以首先出现并成为美之必要条件的原因。而且"感性美"还同时具有另一个优点,这就是,感性形象必然具有个别性,这也为摆脱社会"同一性"的束缚、申张个人的"非同一性"提供了条件。

但表面的形象、形式毕竟带有虚幻性,是非现实的。人的意识发展过程不满足于此阶段,进而要求追寻表面背后的里层,于是兴起了柏拉图的美在作为本质的理念之说,黑格尔的美在通过感性以显现理念之说,等等。但这种"理性美"之理性,其核心在于追求"实体性"和"同一性",离此二"性",便不可能理解理性和"理性美"。这样一来,"理性美"从一方面看是脱离感性,更加玄远了;但从另一方面看,又回到"实体性"和"同一性"而重新受到现实的束缚。这也是人们特别是西方后现代思想家们抱怨理性至上主义对人的自由起限制作用的原因。

为自由故,审美意识必然要走向我所谓的"超理性之美"。"超理性之美"要求超越"理性美"与"感性美"而把二者结合起来。"超理性之美"的核心内涵是具有"非同一性"的个别物在"不同而相通"的"一体"中的绽露。审美主体通过此种绽露而在"实体性"、"同一性"与"非实体性"、"非同一性"两方面"之间",或者说在现实与虚幻"之间",来回旋荡。这里既有愉悦,也有痛苦(从现实中挣扎而出所经历的痛苦)。伟大的、真正的艺术家绝非简单脱离红尘之人,而往往是经历过现实的磨难而又最能勇敢面对现实痛苦的人。艺术、审美本是人类"沉沦"于现实而又从中挣扎而出的产物。现在人们都在谈生活的艺术化。如果有朝一日,社会发展到人人的现实生活都能艺术化了,那也许就是艺术终结之日！但现实中能有那么一天吗？

　　人为什么以对"万物不同而相通"之"一体"的玩味、领悟为最高的审美境界？从心理学的角度来看,归根结底,还是与人的自然本性密切相关。根据心理学家和某些精神分析派学者的论证,人生之初,当其处于婴儿状态时,是不分我与外物的,婴儿没有"外物"或"他者"的意识,也意识不到母亲的乳头之为"外物"或"他者"。婴儿处于此种状态,自满自足,毫无欠缺感,这是人生中完全无内外之分、无人我之分的最原始的自然状态。随着自我意识的孕育、萌生、出现和发展,欠缺感和与之相联系的欲求意识也逐渐孕育、萌生、出现和发展起来。但伴随人生这一过程而发生的,是摆脱欠缺——欲求而回归到最原始的自满自足状态的向往与追求之情。我以为,此种思归之情就是审美意识,其最高峰便是对"万物一体"的玩味、领悟——"超理性美"的境界。它是上述原始的自满自足状态的"回归",故最美。但此种"回归"又不可能是简单恢复原状,它是通过人生各种高低境界包括通过审美意识中各不同层次之后挣扎而出的结果,所以此最高的审美境界既是最高的自由,又非原始的自满自足,它是一个饱经人世沧桑的老年人的回顾与感叹:"逝者如斯夫!"

# 第二十七章　怎样才能成为一个"完全的人"、"审美的人"*

席勒认为，一个"完全的人"只能是"审美的人"和"自由的人"。但席勒对于为何只有"审美的人"才是"自由的人"，以及如何成为"审美的人"从而成为一个"完全的人"的问题，虽有所论述，却语焉不详。本文不是对席勒的评论，只是多受黑格尔精神现象学和美学思想的启发，试图从人生意识发展历程的角度，回答一下这个问题，看看人生是怎样从不完全的人一步一步走上完全人的道路的。

## 一、从最低欲求的意识到求知的意识

人生之初，主客不分，没有自我意识。人之区别于一般动物的分水岭在于能区分主客，能意识到有独立于外物之自我。故"主客二分"是人之为人的起点和标志。

人自从有了"主客二分"之后，同时也就有了占有欲，即以自我为主体，以外物为客体，视外物为我所占有——利用的对象。占有或者说功用的意识，乃人生意识发展历程之第一境域。但一个只求满足最低欲望的自我，其独立自由的程度是极其有限的，一个只有欲求意识的人显然是一个极不完全的人。黑格尔明确指出："自由是精神的最高定性。"①黑格尔断言：自由在于不以自己的对立面为外在的，从而也就不以为它是限制自己的。自由的主体本身

* 原载《江海学刊》2012 年第 1 期。
① *G. W. F. Hegel Werke* 13，Suhrkamp Verlag，1986，第 134 页。

就是一个整体,他不满足于自己只是一种内在的东西,而要求把自己变成客体,在外在的东西中见到他自身,实现他自身。主体只有在这样的对立统一中,才得到自由,得到自我满足。然而,要达到充分的自由和自我满足,则有一个过程:起初,自我只要求吃饱睡足之类的感性满足和自由,这种满足和自由对主体—自我来说,显然还是很有限的。①

这样,自我作为主体,便不再仅仅满足于低级的欲求,而是如黑格尔紧接着所说的那样,进一步有了认知作为客体之物的规律和秩序的要求。黑格尔指出:没有知识的人,不懂得客体的规律,客体对主体是异在的,他显然是不自由的。人必须从最低欲求的满足,"进而走进精神的元素中,努力从知识和意志中,从知识和行为中求得满足和自由。无知的人是不自由的,因为和他对立的是一个异在的世界,……"②有了知识,掌握了规律,人的自由程度大大提升了一步。

## 二、求知意识的两个层次

单纯的知识或科学认识还不等于达到了完全的自由。

人之为人的意识的特点,不仅在于主客二分,而且更在于由此而进入主客的结合。我们甚至可以说,人在开始区分主客之时,就已经有了结合主客的意识。只有主客的结合,才有自由的可能。求知欲的产生就是其最明显的表现。求知欲已经是主客结合的一种形式,尽管它还只是一种低级的形式。《墨经·经上》:"知,接也。""接"就是指人的主观能力与外物的接触—结合。

主客结合程度之深浅,决定人的自由程度之高低。

求知的意识依主客结合程度之深浅而分为两个层次。

在低层次中,只要主观认识符合客观事物的表面现象,就算是真。例如,说"挂在你背后墙上的画挂歪了"这一判断是真还是不真,这只需你转过身来仔细用视觉观察一下就可以判定。这样的真,只是主客间最初步的、最浅层次的结合,其所给人的自由也是最初步的、最浅层次的。仅仅认知此种真理的

①　参见 *G. W. F. Hegel Werke* 13,Suhrkamp Verlag,1986,第 135 页。

②　*G. W. F. Hegel Werke* 13,Suhrkamp Verlag,1986,第 135 页。

人,远非完全的人。

　　求知意识之主客间的进一步结合,则是以主观认识符合客观事物之本质、概念为真。这种结合需要通过理性。欧洲哲学史上,柏拉图的理念论,黑格尔的概念哲学,以至整个本质主义,都属于这种真理观。此种真理观,在欧洲哲学史上占主导地位。欧洲科学较为发达,西欧洲人在认识自然、主宰自然方面具有较多的主体性和自我的独立自主性,其认识论根源在此。中国哲学史上,《墨经·经上》所谓通过"心之察"可以"循所闻而得其意"(《经上》),其"知之也著"(《经说上》),颇有认识客观事物的本质之意。公孙龙的"白马论"与"坚白论",比较明确地表达了普遍性概念之为真的意义。佛教华严宗"四法界"说关于"理法界"系恒常不变的"真心"的论述,也有以理性认识为真的含义。朱熹关于"从理上看,则虽未有物,而已有物之理"(朱熹:《答刘叔文》)之说,在中国哲学史上最明确地表述了"理"在逻辑上先于"物"的真理观。但从总体上来看,此种以独立的理或普遍性概念为真的真理观,在中国传统哲学中并不占主导地位。中国传统哲学重原始性的天人合一,以不分主客为尚,故对于以主客之外在结合为主题的、属于认识论范畴的真理观,无论是以符合事物的表面现象为真,还是以符合事物的本质概念为真,都不大感兴趣。也就因为这个缘故,中国科学相对落后,中国人较少认识自然、主宰自然的主体性和自我的独立自主性。

　　即使是通过理性所达到的高层次的主客结合——高层次的真理,也不能给人以充分的自由。这是因为求知的意识以主客关系为基础,主客间的结合还具有外在性,客体及其规律仍外在于主体,是对主体(自我)的一种限制,限制就是不自由。黑格尔在《美学》中说:在求知的意识中,作为客体之物被假定为独立于主体之外的自在之物,它与主体相互对立,彼此限制,故不自由。① 黑格尔在《精神现象学》中也谈到这个问题:"知性"所认识的普遍、永恒的东西(按:指普遍规律),是"没有自我的"(selbstlos),"远非自知其为精神的精神"。② 通俗一点说,认识、求知阶段所达到的客观普遍规律,尚未与主体—自我融合为一而成为黑格尔所谓"精神"——人生最高境界。

---

① 参见 *G. W. F. Hegel Werke* 13,Suhrkamp Verlag,1986,第 154 页。
② *G. W. F. Hegel Werke* 3,Suhrkamp Verlag,1986,第 495 页。

人之所以有求知欲,最初是出于无功用的好奇心,后来则多出于功用心,即出于通过认识规律,使客体为我所用的目的。无论如何,求知最后都落实到功用,理论最后都落实到实践。所以求知的意识与功用的意识紧密相连。在功用、实践中,主体—自我也是不自由的。黑格尔对此也作了很好的说明:在实践中,主体按自己的意志改造外物,使之"为自己服务,把它们视为有用的(nützlich)","主体变成自由了",但"实际上"这种自由也是"一种单纯臆想的自由",因为"目的"来自主观,就"具有片面性",而且始终存在着"对象的抵抗"。①

显然,一个仅仅停留于探求普遍性概念、认识必然性规律以达到功用目的之人,不是拥有充分自由之人,也算不得"完全的人"。

## 三、道德意识的两个层次

为了提高自由的程度,人于是超越求知、功用意识中的外在要求,而转向内心:"良心"的意识,"做好人"与"做坏人"的意识,都意味着自我的自由和独立自主。"道德意识"成了人生追求自由而成为"完全的人"的一个更高的境域。美国发展心理学家 Jane Loveinger 认为孩子在区分"好人"与"坏人"的意识中,有了自我选择、自我决定的能力,他"把自己看做是命运的主人","而不是听凭命运摆布的小卒"。② 黑格尔在《精神现象学》中也谈到了这一由求知、功用到道德的转化过程的必然性:功用主义会导致"绝对自由与恐怖",精神陷入矛盾,于是由外在的欲求转向内心,以求得真正的自由,即"道德的精神"③。

道德意识中的主客关系表现为我与他人的关系。

道德意识,依我与他人结合程度之高低深浅分为两个层次。

低级层次是以恻隐之心、怜悯他人的自然感情为德。此中的他人尚未达到与我平等的地位。中国儒家创始人孔孟的"仁"德就属于此一层次的道德意识。孔子的"仁"始于血缘亲情的自然感情,"仁"德不过是"能近取譬",由

---

① 参见 *G. W. F. Hegel Werke* 13,Suhrkamp Verlag,1986,第 153—154 页。

② 卢文格:《自我的发展》,浙江教育出版社 1998 年版,第 18—20 页。

③ 参见 *G. W. F. Hegel Werke* 3,Suhrkamp Verlag,1986,第 441 页。

我出发,推及他人,"仁"之"爱人"是由推己及人之"推"才达到的,故"爱人"有亲疏远近之分,他人的"主体性"显然没有得到与我同等的承认与尊重。孟子讲的"恻隐之心仁之端","仁者爱人"("仁民")之德有待于"扩充"恻隐之心,这明确地是一种由近及远,发展同情心和怜悯他人的思想。"仁"德出自"自我"的施舍与恩赐。此种"仁"德意识中我与他人的关系是施予和被施予、恩赐和被恩赐的关系,此种"仁"德诚然也能给人以"温暖",但"温暖"之余,却留下了压抑和"欠债"之感。原因就在于这里的主客结合(我与他人的结合)是一种不平等的结合,带有不自觉的原始性。

在低层次的道德意识中,主体与客体、我与他人之分,还只是从原始的人我不分、天人合一状态中初见端倪,独立的个体性自我尚未从所属社会群体的"我们"中凸显出来,故人的道德意识、道德行为都还缺乏独自对他人负责的意识。那种怜悯他人的恻隐之心是未经理性思考的、当下的、原始的自然感情。此一层次的意识、行为,严格讲来,还缺乏道德意义,谈不上道德不道德。说孟子的道德观是性善论,实际上就人类有原始的恻隐之心而言,还谈不上善恶。当然,孟子倒是谈到了"仁"德有待于"扩充"恻隐之心,而"扩充"又有待于"心官"之"思"(《孟子·告子上》"心之官则思")。"思"就是一种理性的思考,故孟子的"仁"德意识又不能简单归结为无自觉、无理性的原始的自然感情。但孟子在这方面毕竟讲得太简单、太朴素,其所谓"思"、"扩充"亦带有原始性。荀子根据"目好色,耳好声,口好味,心好利,骨体肤理好愉逸"之类的自然情欲而主张人性恶(荀子:《性恶论》)。其实,出于自然感情而无自觉的行为,谈不上恶,就像孟子的恻隐之心,谈不上善一样。二者皆无道德意义。荀子也谈到在自然感情之上的"虑"、"知"。他认为,人凭"心"之"虑","知"对自然情欲作出权衡、判断、选择,这就有了道德,他称之为"伪"。"伪"者,人为也,实指人的理性。荀子比较明确地达到了道德与理性相联系的思想水平。不过,从总体上来讲,中国传统思想文化占主导地位的儒家,其伦理道德观主要还是以自然的原始的感情特别是孝悌亲情的自然情感为出发点,缺乏一个以独立自我的主体性和理性的自由选择为主导的环节和阶段。

高层次的道德意识是以出自理性的自由选择为德。欧洲传统的道德观和中国文化传统不同,其占主导地位的思想就是以通过理性的自由选择,建立在自由意志基础上的意识和行为为道德。苏格拉底认为"德行即是知识"①,意思是,知一事之为善而不行,实乃未真知其为善,亦即无知;反之,恶行皆由于无知。故没有人明知而故犯。苏格拉底的这一观点,曾遭到亚里士多德的批判。亚里士多德认为,无知的行为,没有道德的意义,无所谓道德不道德。尽管如此,苏格拉底毕竟把道德与知识联系了起来。他认为道德的意识不是天生的,而是要通过教育、通过智慧而来的。实际上,苏格拉底之所谓"知识"是指通过理性而能节制个人欲望,辨别事物之真正有益于人的意识②,这就有别于上述低层次的道德意识(一种缺乏理性思考、出自原始的自然情感的所谓道德意识)。

亚里士多德明确断言,道德是有知、有意的意识和行为,善行是通过理性的思考和选择而使个人欲望受到节制的行为,其最佳选择是"中道"③。故道德不是天生的自然感情,而是由潜能的"自然德行"通过"习惯"培养而逐渐使"德行"达于完善④,总之,道德与理性不开分离,这是亚里士多德道德观之区别于低层次的道德意识的最大特点。

奥古斯丁认为道德意识源于"神律",它是永驻于上帝中的"爱"铭记于人心中的法律,是上帝的真理之光照耀于人的产物。人的理性依真理之光进行判断,故人的道德意识服从理性。即使是犯罪的人,也有理性从内心深处让他知道犯罪是不应该的。⑤ 人的善行是因上帝的恩典,意志摆脱原罪而选择了善的结果。奥古斯丁实际上是在神学的外衣下表达了道德意识与理性不可分离的思想。

托马斯·阿奎那主张道德必须符合理性,只不过理性源于"上帝的律法"。他也谈到道德源于"自然法","自然法"为人的天性固有,但"自然法"是上帝的神光照耀在人心中的产物。他所谓"上帝的律法"是指《旧约》中的摩西十诫和《新约》中的耶稣登山宝训,这是律法以理性指导人的社会生活。所谓"自然法"则是指对人如何维持自然生活,如何保全生命,繁殖后代起指

---

① 柏拉图:《"美诺"篇》,86d—89d;色诺芬:《苏格拉底回忆录》,第3卷,第九章。
② 参见柏拉图:《"美诺"篇》,86d—89d。
③ 参见亚里士多德:《尼各马可伦理学》,1105b—1106a。
④ 参见亚里士多德:《尼各马可伦理学》,1103a—b。
⑤ 参见奥古斯丁:《上帝之城》,第15卷,第22章 PNF Ⅱ 303。

导作用。

可以看到,中世纪基督教哲学的道德观虽然大讲神学,但实际上都是在神学的外衣下,强调道德不是源于人之缺乏自觉性的自然感情,而是源于人的理性,源于人的自觉自愿,这就说明西方中世纪的道德观在结合主客方面比起低层次的道德观来要更深入一步。

不过,中世纪的道德观,只是强调个人对上帝的向往、崇拜,其对邻人、他人的爱被湮没于对上帝的爱之中,此种道德观所追求的,归根结底是个人精神境界(道德境界)的提升,未脱离古希腊以来个人主义的思想传统,基督教原始教义和希伯来文化中那种以"他人"占优先地位,爱他人如爱己的思想并未得到贯彻。

康德最明确地表达了道德源于理性而非源于自然感情的思想。在康德看来,自然感情属于自然现象,是被决定的东西,无自由可言,而一切非出自自由决定的行为,都没有道德意义。康德认为,人之超出一般自然物的特点在于人是有理性的。有理性才有自由,才有自觉地作出有道德意义的行为。道德行为是不以外在目的为目的的完全自主的行为,它总是"让你的意志所遵循的准则,永远同时能够成为普遍的规律的准则",即是说,一个人的行为所依据的判断,不仅是属于个人的,而且同时符合普遍性的理性要求。我个人行为的准则就是普遍要求的理性规律。这种符合理性要求的行为,既出自自我的决定,又尊重了普遍的他人,这就是道德的行为(行善)。康德的道德观隐含有尊重"他人"的思想因素,但他的道德观的根本出发点是为了申述自我的理性的独特性和自由自主性,而不是像希伯来文化那样首先是尊重他人的"他性"。以"自性"("自我性")优先,还是以"他性"优先,两者间是有区别的。康德的理性的普遍性植根于自我,是从自我推导出来的。有一种观点,把康德的这种"绝对命令"说和孔子的"己所不欲勿施于人"相提并论。我以为,这种比较未免有些表面化。其实,孔子说的"勿施于人"主要出自人的自然情感——同情心,而康德的论述以理性为基础,二者的论断相似,但属于道德意识的两个不同层次。孟子的人皆有之的怵惕恻隐之心,见孺子将入于井而救之,"非所以内交于孺子之父母也,……"都是说的恻隐之心不是出于外在目的,似亦可与康德的"绝对命令"相比,但实质上,孟子所讲的恻隐之心是一种带有原始性的自然感情,远未达到普遍性理性的自由选择的高度。

　　黑格尔也明确地把道德与人的主体性和自由概念紧密联系在一起,认为道德问题是一个与自我及其意图相关的问题。"道德的观点是关系的观点,应然的观点或要求的观点,又是意识的观点"。"关系"、"应然"、"要求"、"意识",这些都是说的道德意识超出了原始的自然情感。高级的道德意识首先以独立自我的主体性为前提,那种湮没于社会群体的"我们"之中的"自我",不可能有个人负责的责任感。只有当个体性"自我"从"我们"中凸显出来以后,才有可能达到高级的、有责任感的道德意识水平。黑格尔强调:"道德的观点,⋯⋯把人规定为主体。"道德意识是"自我"自由自主地作出决定,是自我自己负起责任,故道德意识使人的精神达到更加自由的水平①。

　　但是,仅仅有独立的个体性自我观念,还不足以达到完满的高级的"道德境界"。欲达此境,还必须进一步有尊重他人的自由意志和独立自主性的意识。故黑格尔在界定"道德的意志"时,除了强调道德行为出自于"我"而外,还特别强调"与他人的意志有本质关系"②。承认"他人"的独立自主性,是高层次的道德意识的另一主要前提。

　　黑格尔在《精神现象学》中明确宣称:自我意识源于"承认""他人"。"自我意识是自在的和自为的,由于并从而因为它是自在自为地为一个他者而存在的;即是说,它只是作为一个被承认者(als ein Anerkanntes)"。③ 每个人只有通过他人承认其为自我意识着的,才能找到自我的真实性。黑格尔把"他人"的地位抬到了多么崇高的地位! 黑格尔说:"在道德领域,我的意志的规定性与他人意志的关系是积极的(positiv,肯定的),⋯⋯这里不是一个意志,而是客观化同时包含着单个意志被扬弃,从而片面的规定性消失,于是两个意志及其相互间的积极(肯定)关系建立起来了。""在道德领域,他人的幸福至关重要。"④这说明黑格尔对"他人"的重视,说明黑格尔的道德观在结合主客的程度上比西方传统的个人主义前进了一大步。黑格尔把道德意识列为人生在到达无限性领域(艺术、宗教、哲学)之前的有限性领域中的最高阶段,就有把道德意识视为走近一个"完全的人"的门槛的意味。

---

①　参见 *G. W. F. Hegel Werke 7*,Suhrkamp Verlag,1986,第203—205页。

②　*G. W. F. Hegel Werke 7*,Suhrkamp Verlag,1986,第211页。

③　*G. W. F. Hegel. Werke 3*,Suhrkamp Verlag,1986,第145页。

④　*G. W. F. Hegel. Werke 7*,Suhrkamp Verlag,1986,第211页。

　　然而从黑格尔的整个哲学体系来看,他并没有贯彻他自己所提出的上述道德观点。相反,大家都很熟悉的是,黑格尔的精神现象学,或者也可以说,他的整个哲学体系,是一个不断克服与"自我"对立的"他者"而达到绝对同一的"绝对主体"的过程。黑格尔哲学既是西方哲学史上用最多篇幅、最系统讲述"他者"、"他人"的哲学,又是一个用最多篇幅、最系统地强调"克服""他者"、"统一""他者",从而压抑"他者"的哲学。在黑格尔那里,"自我"一步一步地吞噬了"他者"、"他人",成了唯我独尊的"绝对自我"。

## 四、审美意识的三个层次

　　道德意识对于实现人的自由而言,尚有其局限性:(1)黑格尔说:"道德的观点是关系(Verhältniss)的观点、应然(Sollen)的观点或要求(Forderung)的观点。"①"应然"、"要求"、"关系",都是说的理想与现实之间、主体与客体之间尚存在着一定的距离,尚未完全融合为一,故人的自由仍是的限的,"应然"——"应该"就有某种强制之意,尽管道德意识中的强制同时又是自愿的。(2)道德意识不能完全脱离功利(尽管是为他人谋福利),对象作为工具,服务于外在的目的,在此种意义下,主与客之间也显然是对立的。由此可见,道德意识并未实现充分自由,还不能算是跨进了"完全的人"的门槛。人生意识发展的最高峰是审美的意识。审美之所以"最高",是因为审美意识完全超越了主客二分的思维方式,而进入了主客融为一体的领域。

　　第一,审美意识超越了求知意识的认识关系。审美意识不再像在认识关系中那样把对象预先假定为与我对立的、外在的独立自在之物,通过认识活动(通常所谓感性认识和理性认识),认识到对象"是什么"。审美意识乃是把对象融入自我之中,而达到一种情景交融的"意境"。② 所谓对象、个别事物之存在本身"是什么",已经不再滞留在人的考虑和意识之中。对立物消逝了,自我得到了充分的自由。黑格尔在《美学》中指出:在审美意识中,对象不再像在求知意识中那样"仅仅作为存在着的个别对象"而与"主体性概念"处于外

---

① *G. W. F. Hegel. Werke* 7,Suhrkamp Verlag,1986,第 206 页。
② 参见张世英:《哲学导论》(修订版),北京大学出版社 2008 年版,第 117—119 页。

在关系中;审美意识乃是让概念显现于客观存在之中,主客统一而具有生动性,审美对象不再依存于外在之物,而由有限变为无限,由不自由变为自由。①另外,黑格尔认为,审美意识中的"自我"(Das Ich)不再只是感知事物和用"抽象思维"去"分解"事物,"自我本身在客体中成为具体的了,因为自我自为地造成了概念与现实性的统一,造成了一直被割裂了的我与对象两抽象片面的具体结合。"②

第二,审美意识也超越了求知意识和道德意识中的实践关系。"在审美中,欲念消退了";对象作为"有用的手段"这种"异己的目的"关系也"消失了";那种"单纯应该"的"有限关系"也"消失了"。③"由于这些,美的关照(die Betrachung des Schönen)就具有自由的性质,它允许对象作为自身自由的和无限的东西,而不是作为有用于有限需要和意图而满足占有意志和功利心的东西。"④总之,在黑格尔看来,美既超越了认识的限制,也超越了功用、欲念和外在目的以及"应该"的限制,而成为超然于现实之外的自由境界。黑格尔由此而把美—艺术列入人生旅程中超越有限之后的无限领域。

我个人认为,人生以审美为最高这一观点,应已在黑格尔的以上论述中得到了充分的说明。但黑格尔把无限的领域又分成了艺术、宗教和哲学三个高低不同的层次,并以哲学所讲的超时间、超感性的"纯概念"为最高层次,实际上也就是以达到"纯概念"领域为人生最高领域。这是我们所不能同意的。

审美意识,依主客结合程度之高低深浅而分为以下三个层次。(关于这方面的具体内容,我在《审美意识的三重超越》一文中已作了专门的论述,这里单从主客结合的角度略述如下。)

最低层次是"感性美"、"形式美",亦即声色之美,它以悦人耳目为美。就其消解外物之实体性、超越主体占有客体之欲念、功用而言,"感性美"作为审美意识已经达到了主客融合为一的境地,其所带给人的自由超越了求知意识和道德意识。但人在"感性美"中只能享受到表面的声色之美,感到"好看"、"好听"而已,不能对声色形象之外的思想、含义有所体会、有所玩味,此种审

---

① 参见 *G. W. F. Hegel. Werke* 13,Suhrkamp Verlag,1986,第 154—155 页。

② *G. W. F. Hegel. Werke* 13,Suhrkamp Verlag,1986,第 155 页。

③ *G. W. F. Hegel. Werke* 13,Suhrkamp Verlag,1986,第 155 页。

④ *G. W. F. Hegel. Werke* 13,Suhrkamp Verlag,1986,第 155—156 页。

美享受是很有局限性的。原因就在于"感性美"还只是人与物之表面的形式、形象合一,而未达到人与物之深层的东西的合一。一句话,在"感性美"中主客的融合还是有限的,浅层次的,带有原始性和朦胧性,其所带给人的自由因而仍然是有限的。

审美意识的第二层次是"理性美",即通过感性形式、形象以显现理性、概念、内涵、理想之美。感性形式、形象总是个别的、有限的。人性的自由本质总是趋向于超越有限而向往无限。人的精神意识由感性到理性的发展就是一个由有限朝向无限的发展过程。通过理性而获得的概念、理念是一切有限的感性东西的概括,因而具有无限性。审美意识于是进而认为美在于通过有限的感性的东西以显现无限的理性概念。"典型美"——"理性美"由此而产生。"理性美"使人体会到了个别感性形式、形象所蕴涵的含义、理想,达到了人与物中所内在的、未出现于视、听中的东西(具有一定无限性的理想、内涵、概念)的合一。一句话,在"理性美"中,主客的融合已达到较高程度的无限性。人在这一重的超越中享有较"感性美"更高层次的自由。我们平常在谈到美的典型性时,不像在视、听感"感性美"时那样说"好看"、"好听",而是爱说,"发人深思"。其所谓"深思"者,就是指思及概念、理想、典型所具有的较高程度的无限性。

"理性美"、"典型美"的无限性之所以仍具有一定的局限性,是因为理性概念必然是对某类事物的界定,而界定就是划界、限定。宇宙本是天地万物相互联系、相互隶属、相互支持的一个宽广无垠、无有限隔的、并无穷变化发展的动态整体,划界、限定便是限隔,只在理性概念中讨生活的人并非最自由的人,也非达到了审美之极致。审美意识的进一步发展,于是由"理性美"超升到了最高层次的美——"超理性之美"。我所谓"超理性之美",就是通过感性的东西和理性的东西进而达到对"万物不同而相通的一体"的一种领悟、玩味。此种领悟、玩味不是单纯的理性——理解所能达到的,而是一种"超理性"的产物。超理性是一种想象力,此所谓想象力特指把本身不出场的东西潜在地置于直观中而与在场的东西综合为一体的能力,非指一般说的联想之类的能力。审美想象把万物背后不出场的、无穷无尽的东西(不只是某类事物的概念所囊括的东西),甚至逻辑上不可能的东西,都潜置于直观之中(亦即置于"想象"中),都纳入万物一体之中,其所达到的主客融合是全然无限的,人由此而获得一种无限性自由的审美享受。它是人生最充分的自由之境。我们在体悟到"超理性之美"时不说"好看"、"好听",甚至也不说"发人深思",而是更爱说"玩味无穷"。"玩味无穷",就是指充分自由地优游于此种无穷无尽的无限性领域的一种心境。"超理性之美"既是审美意识的最高层次,也是人生整个意识发展过程的最高峰,"主客符合"意义的求知意识和"应然"意义的道德意识都在它的门前终止,它是人生的最高价值、最高意义之所在。人只有达到此境,才能成为"完全的人"。

## 五、在意识发展的最高境域中,真善美融为一体

我所说的"不同而相通的万物一体",是主客的最终融合,它超越了主客关系,对此种万物一体的领悟,既是美,也可以称之曰"真",曰"善"("道德")。

首先谈"真"。这里所说的"真",已不是以主客关系为基础的认识论义意义的真,故严格讲来,此所谓"真",已超越了求知意识的范畴。海德格尔对此种主客最终融合为一的最高层次的"真",论述得最为详尽。海德格尔认为,人与天地万物相通相融,构成一个有机的整体。他称两者的关系为"此在与世界"的关系,类似灵魂与肉体的关系。人是"自然之光"。任何所谓客观事物,只因其呈现于人之前才有意义。事物的意义——事物之"成为真",与人的揭示相关联。人能"绽出"("越出")对在场的个别事物的"执著",而从在场的个别事物所处的不在场的背景中,对该事物作整体的把握。此种把握不是理性所能达到的,而要更进一步靠超理性的想象。只有这样的把握才把个别事物("存在者")带入在场与不在场融合为一(万物一体)的"去蔽"状态,使存在者"如其所是"地显示其最真的面目。显然,海德格尔之所谓"真",是本体论意义的"真"。① 中国传统哲学中占主导地位的真理观,其所崇尚的是类似此种意义的"真"。庄子和一般的道家所讲的"真"(亦即"道"),魏晋玄学所讲的"无",陶渊明所讲的"此中有真意,欲辨已忘言"之"真",佛教的"缘起"说,以及中国古典诗画所讲的诗情画意,大体上都崇尚此种天人合一、万

---

① 参见张世英:《哲学导论》,北京大学出版社 2008 年版,第 4、63、67 页。

物一体意义之"真"。但中国传统哲学所崇尚的"真",与海德格尔的"真",其间有一个最大的不同之处:中国人所讲的"真"基本上是一种带有原始性的天人合一、万物一体,未经明确的主客二分和与之相联系的理性、个体性自我诸环节的洗礼,而海德格尔的"此在与世界"关系是批判欧洲传统的主客二分关系的产物,它是一种"后"主客二分的思想。也就因为这个缘故,海德格尔关于"真"的上述论证,远远超出了中国传统哲学关于"真"的思想之简单朴素性而多富理性的论证和说明。

对"不同而相通的万物一体"的领悟,其所以也可以称为"善"或"道德",是因为这里已蕴涵了对"民胞物与"的体会。

中国传统哲学,特别是宋明道学,爱讲天地万物息息相通,由此而构成"万物一体"之说,王阳明的"一体之仁",可谓此说之集中代表。"一体之仁"一词正好把"仁"的道德含义,与其"一体"的本体论基础结合了起来:最高层次的道德意识,源于万物一体相通之"一体"。不过中国传统的"万物一体"观有两个缺点,一是缺乏西方传统的主客二分思想方式及其与之相联系的独立的自我主体性,从而使中国传统的道德观一般都把自我湮没于社会群体特别是封建等级制的社会群体中;二是缺乏理性自觉,从而使中国传统的道德观基本上都把道德建立在原始性的自然感情基础上。我把中国的传统哲学与西方传统哲学结合起来,提倡一种新的万物一体说,即"万物不同而相通"。不同,而又因相通(相互支持、相互隶属……)而形成一个整体("一体"),其中,吸纳了西方注重人我有别和重理性自觉的思想。我强调:以此种新的万物一体观为基础的道德观,是在承认他人有别于我的"彼性"("他性"、"异己性")的前提下,承认他人的"独立自主性"(即"自我性"),从而尊重他人。通俗一点说,要尊重他人,首先要肯定"人心之不同,各如其面"。强使人人一个面孔,说千篇一律的话语,但求同一,扼杀差异,则"他人"之"他性",他人之尊严,必遭抹杀,而无道德可言。我所主张的此种道德意识,不是来自"自我"的原始情感,不是来自由己及人的差等之爱,也不是来自分析式的理性推导,而是来自对不同的而相通的"一体"之领悟,是一种超理性的产物:每个人都能领悟到他人所体现的"一体"之伟大,故每个人对他人之尊重都是无以回报的。①

---

① 参见张世英:《我们—自我—他人》,《河南社会科学》2010 年第 1 期。

"谁言寸草心,报得三春晖?"我怎能要求此伟大的"一体"回报于我。严格讲来,出自对此"一体"之领悟的行为,是自然而然的完全自由的行为,已经超越了道德意识之"应该"的范畴。此种领悟,其最恰当的名称是审美意识。

欧洲自黑格尔死后,现当代哲学特别是欧洲大陆哲学的主流是批判主客二分和自我的霸权主义,趋向于主张主客融合,尊重他人。胡塞尔提出"同感"("Einfuehlung",或译"移情"、"神会")的概念,认为他人出现在我前面时,是作为一个和我一样具有主体性的自我而呈现的,不是像一般外物那样作为一个无主体性的、只不过属于自我的对象而呈现的。胡塞尔的"同感"论,有走出主客二分、人我对立而转向主客融合、人我相通的意味。海德格尔认为胡塞尔的"同感"还是从自我的意识出发推论出他人的独立存在,他更进而提出,人的独立性自我不是孤立的、与世(包括他人)隔绝的,人生之初就是与他人"共在"的;从绝对孤立的自我意识出发,是达不到他人的独立存在的。但海德格尔哲学更多关心的是"此在",而不是"共在","共在"在他看来只是"此在"("自我")的一种特性和样式。

布伯(M. Buber,1878—1965)认为"我—你"关系是人与上帝的关系,由于"你"(实即"他人")具有神性,故我必须尊重"你"而与"你"处于真诚"相遇"、"相互回应"之中。布伯作为犹太宗教家,表述了人我无间的伦理道德观。

另一位著名犹太哲学家莱维纳斯(E. Levinas,1906—1995)为了更进一步凸显"他人"的优先地位,认为"他人"是作为超验的"无限"——上帝的"具体化",在上帝面前,我对"他人"负有责任,我应听从"他人"的命令,"他人"比"自我"更重要、更优先。莱维纳斯由此而大肆张扬"他性"、"彼性"、"外在性"("超验性")。我以为莱维纳斯的观点有乌托邦之嫌,超验性、外在性的上帝观念或无限观念是不切实际的。

哈贝马斯(J. Habermas,1929— )的交谈伦理学和"主体间性"的理论,主张道德行为是主体与主体之间进行相互沟通,彼此理解的行为,双方通过自己所提出的理由作为依据,以达到共同接受、共同认可的规则或规范。双方唯一服从的标准是理性。哈贝马斯自称他的交往伦理学是"认知主义"和"主知主义"。此种伦理学要求把个人的情感、爱好、欲望之类非理性的东西,纳入理性之中,为其建立理性根据。就其重"主体间性"而言,哈贝马斯突破了西方传统的自我霸权主义的框架。但我以为，一种伦理道德观，如果缺乏万物一体相通的本体论基础，人人都限于按理性标准而行，则其道德行为仍有"应该"和从自我的理性出发之意，尚未超越主观的"应然"之限制，达到自然而然的自由境界。按照我所提出的万物不同而相通的一体现，人对他人的尊重不是由自我的理性推导出来的，而是一种人与他人本来就融通为一体的自然（自然而然的）行为。

由此可见，我所主张的"新的万物一体"（"万物不同而相通之一体"），不仅是"美"的最高峰，而且是平常讲的"主客符合"意义之"真"和"应该"意义之"善"（"道德"）二者欲超越自身的有限性本质而向往登上的无限性殿堂。在此意义下，真善美可以说在这里融为一体。人生意识发展的最高境域不仅是美，而且有真与善的内涵。人能达到此境，就是一个既美且善且真的"完全的人"。

从最低欲求到求知、求善、求美，不是一个环节抛弃一个环节的简单过程。人生是这些环节相互渗透、彼此纠结在一起的复杂整体。诸环节在价值上有高低之分，但在现实中，不可能有一个只求美、求善而无最低欲求之人，恐怕也很难找到一个只有低级欲求而丝毫没有道德意识、审美意识之人。人的趣味、素质之高低只在于以何种环节——何种意识占主导地位而已。一个"完全的人"也不过是以最高层次的审美意识主导其整个人生的人。人为了登此最高峰，必须以此最高远、最博大的胸怀，历经人生前此诸环节的磨炼，身经百战，类似黑格尔的"绝对主体"那样成为一个"遍体鳞伤"的"战胜者"出现于世人面前。由于为欲求、功用而奔波便不讲道德，不讲美，固然不是一个"完全的人"，那种弃绝欲求、功用的禁欲主义，也与一个"完全的人"不相干。如果说欲求、功用皆属"有我"之境，那么，一个"完全的人"所处之境，就是"有我"而又"忘我"之境。庄子谓"至人无己"（《逍遥游》），我则曰："至人忘己。"

"至人"——"完全的人"——"审美的人"，是人生的最高理想。欲将此理想变成现实，确非易事，但它并不在彼岸。有此理想或无此理想，却会使人成为趣味高低大不相同的两种人。

# 第二十八章　化丑为美,意在自由<sup>*</sup>

## 一、丑何以能具有审美意义

所谓化现实生活中之丑为艺术之美,当然不是指把丑本身变成美。化丑为美如何可能的问题实际上是指丑之所以能具有审美意义的关键何在? 衬托说认为,丑作为美的对照物,能更好地衬托美之为美。此说过于肤浅,兹不具论。一般比较认可的说法,第一是认为现实生活中本来就有丑的东西,艺术作品中的丑表现了"生活的本来面目",故有审美意义。此说如果仅仅这么简单,那我们也可以简单化地质疑:用照相机拍下现实生活中的丑,难道不更能显示"生活的本来面目"吗? 此种简单说法显然未中肯綮。第二是此说的更深层的说法,认为经过艺术家作审美化处理之后的丑,不是对现实生活中丑的形象的简单模仿,而是通过艺术家的创造性想象力,发掘了现实生活中更深层的内蕴。此种内蕴仍然是"生活中的本来面目",但不是这"本来面目"的表面,而是其内在的深处。梵·高说他那幅《吃土豆的人》是"从农民生活的深处发掘出来的""一幅真正的农民画",就说明了此种丑的审美价值。还有第三种说法,认为现实生活中丑的东西,比起美的东西来,更具有个性—特征,经过艺术家作审美处理之后的丑,凸显了此种个性—特征(而不是凸显同一类型的共性),从而显现了更真实的东西,因为个性总比共性更真实。丑由此化为美。法国雕塑家罗丹明确地持这种看法。第四种说法认为,艺术家在对现实生活中的丑作审美处理时,尽管其内容本身为丑,但艺术家凭借自己的创造力,在色彩、线条、语言等方面所创造的形式美具有审美价值。

---

* 原载《社会科学战线》2012 年第 2 期。

　　我想在我的"万物不同而相通"的"新的万物一体"观的基础上,将这些说法加以延伸、深化,以回答丑何以能具有审美意义的问题。

　　万物不同而相通,从而构成一个有机的整体,这是我的美学思想的一个本体论前提。在此前提下,我以为人生是美与丑两个不同因素相互结合、相互融通的一个有机整体。没有纯粹的美,也没有纯粹的丑,二者在现实生活中从来相互渗透。但美是人生积极的、正的方面,丑是其消极的、负的方面,丑是对人生正常类型的歪曲;人性总是倾于高扬美而隐避丑,因此在人的现实生活这一有机整体中,美处于显现的地位,丑处于隐蔽的地位。这也就是现实的人一般都爱以美来掩饰丑的原因。而艺术家在创作以丑为题材的美的作品时,则深入人生现实的里层,发掘其中丑的因素以及美如何超越丑的过程,这就从现实生活中的丑转化到了艺术之美。

　　这里的关键有两点:一是艺术家的创造力——想象力。日常生活中的丑是与美对立的,给人以单纯的不愉快感。艺术家凭借自己的创造力——想象力,把人生中隐蔽的东西——丑,置于直观中,使之与显现的东西——美,合而成为一个有机的整体,让鉴赏者洞察到丑与美的错综交织,既能看到丑,又能从中体悟到美。艺术家的创造力——想象力,当然还表现在他从事此种审美处理时要强化人生中的某些方面,淡化其中另外一些方面,以及撇开普遍性(共性)、突出个体性等,艺术家所创造的艺术品之真实,比现实更真实。艺术家在从事审美处理时所表现的创造力——想象力,说明从现实生活之丑到艺术之美的转化,是人的自由本质——主体性即创造力的表现,此种转化正是我所强调的"美在自由"的美学观点的一个例证。

　　二是在于生活之丑转化为艺术之美所带给人的愉悦之感。现实生活中之丑给人的不愉快感("痛感")在转化为艺术之美以后所给人的愉悦之感,来自(1)鉴赏者对艺术品所表现的人生隐蔽方面与显现方面的有机整体的无尽深思与体悟。例如罗丹的作品《欧米哀尔》就是一个人生隐蔽方面之显现于直观的显隐一体的画面,鉴赏者通过显现的画面,可以深思、体悟到人生如何由年轻貌美到年老色衰的沧桑,从而产生一种"感叹"之情。这种通过画面之显现方面而深思、体悟到人生隐蔽方面的"感叹"之情,就是一种审美的愉悦。但此种愉悦不同于一般优美作品所带给人的愉悦,因为这里渗透着现实生活中的丑所带给人的不愉快感。英国美学史家李斯托威尔(Earlof Listowel)称生活之丑转化为艺术之美以后所给人的愉悦为"一种带有苦味的愉悦"。我认为罗丹的《欧米哀尔》所带给人的审美愉悦就是"一种带有苦味的愉悦"。这里更值得注意的是,此种审美愉悦是人生的一种自由之境。生活现实中的丑就是丑,给人以不愉快感,是对人的一种限制、束缚。但在此丑转化为艺术之美以后,鉴赏者则在丑与美合一、隐蔽与显现合一的"一体"之中,体悟到了一种彼此互不限隔、美丑相互渗透的自由。这一点也正可以说明我所讲的"美的自由"的含义。而且,"苦味的愉悦"更增加了和深化了人生自由之境的内涵。

由丑转化为艺术美所给人的愉悦之感,还可以来自(2)艺术家所创造的形式美。此种艺术作品,其题材虽丑,但艺术家在作审美处理时所用的形式,如画家所画的线条、色彩、构图,诗人所用的诗意语言,演员的演技,等等,则具有形式美,使鉴赏者感到愉悦。形式美虽是浅层次的美,但正如我在其他文章中已经论述过的那样,也表现了人的自由本质。而且,这里的形式美也不同于一般优美之形式美,因为此种形式美与丑的内容有机地联系在一起,所以鉴赏者对这种形式美所感到的审美愉悦也是带有苦味的。

# 二、化丑为喜

化丑为美的形式多种多样。化丑为喜是化丑为美的诸种形式之一,喜也是一种审美的愉悦。

对丑给人的不愉快感,如果以一种旷达的精神境界,采取一种戏谑、玩弄的优越姿态来对待,就会让人产生一种笑的愉悦之感,这样,丑就转化成了喜。例如讽刺喜剧往往把原本卑下、渺小的丑的现象先以高大、严肃的面貌出现,而经过戏剧过程之后,其结果是原来隐蔽在深层的丑之卑下、渺小、无意义突然显现于外,从而引起鉴赏者的笑。这种笑,出自鉴赏者的主体对丑的轻视。笑是让人从卑下、渺小的丑所带来的限制、束缚下获得解放的一种轻松——自由的感情,鉴赏者在笑中表现了自己的主体性,表现了自己高于喜剧人物的优越感或自信感甚是自大感。显然,喜剧之笑这种审美愉悦,也是"美在自由"的一个很好的说明。

滑稽是喜剧的一种类型。阿Q挨了人家的打,却以英雄的姿态来掩饰内心的孱弱,自我安慰说是儿子打老子。观众见了这种现象,觉得滑稽可笑。这里的笑既来自对反常现象(丑)的稀奇感,也来自对不公平现象(丑)的同情感,更主要地是来自作为主体的鉴赏者的主体性——人的自由本质:人只有在意识到和保持自己的主体性的前提下,才会同情阿Q的主体性遭到践踏的处境,才会体会到阿Q被打却不反抗(丑)之反常。这里的滑稽可笑,也是一种审美的愉悦感,它张扬了人的主体性、人的自由本质。

从总体上来看,喜剧在于把丑看成是新陈代谢的历史过程中即将死亡的东西:一度辉煌腾达的东西,转瞬间灰飞烟灭,显得滑稽可笑。人能以此种高远乐观的精神境界看待丑在历史进程中所必然给人的束缚、限制,那就意味着从束缚、限制中获得了解放,意味着从必然转化成了自由。

# 三、化丑为崇高

化丑为崇高是化丑为美的又一种形式。崇高不同于优美,但它也是一种给人带来愉悦之美的类型。崇高感是对无限性的崇敬、向往与追求。所谓"化丑为崇高",这里的"丑"是指有限,"崇高"是指无限。"化丑为崇高",其主要内涵是指有限追求无限,即超越自我的有限性,以达到无限。所以"化丑为崇高"也可以简单地、通俗地称之为"化有限为无限"。

人之不同于动物的一个重要特点,就是要实现自我,亦即不满足于自我的有限性,做一个卑微的动物,而有追求无限的本性。朗吉努斯(Casius Longinus,213—273)就说过:人天生就有"崇尚比我们自己更神圣的东西"的"热爱"与"渴望","不满足于人力所能及的整个宇宙",而"还要心骋思于八极之外"。所谓"人力所能及"者,就是指人力的有限性;所谓"八极之外"者,就是指的无极——无限性。朗吉努斯认为人性总是"努力向无限挣扎",这是崇高的风格。①

我以为"化丑为崇高"实现"努力向无限挣扎"。崇高的对象,不管是康德所说的"数学上的崇高"或者是他所谓"力学上的崇高",二者首先都是以其无限的巨大威力压倒有限的主体,使主体产生一种压抑、恐惧的不愉悦感。但正

———————
① 参见 Longinus,*On the Sublime*,Penguin Books,1965,第 146 页。

如康德所说,我们在从崇高中发觉到自我的有限性的同时,却又在我们的"理性能力"中发现另一种"非感性的衡量尺度"(实即无限性的"理性理念"),从而在与无限性"理念"相比之下,让自然界的每一件东西都显得渺小,这样,主体就在自己的内心中找到了一种胜过自然之不可测度性的优越感、自豪感。①这也就是说,崇高的东西激起了主体的反抗力,唤起了主体的理性主体性,从而肯定了主体的自由本质。主体对崇高对象的无限性的崇敬——赞叹,于是转化成了对主体自身无限性的自豪:主体由有限(受限制)转化成了无限(不受限制,即自由)。崇高之为崇高,不在于它引起我们的恐惧,而在于它在我们心中唤起了一种超越自然的力量,视一切世俗的东西(如财产、生命)为渺小不足道。总之,崇高之为崇高,不在崇高东西的本身,而在于它提升了我们的想象力,使心灵意识到自己超越自然之上的使命的崇高性。② 正是基于这个道理,康德更进而断言:我们人的有限性虽不能把握无限性整体,却意识到自己有实现把握无限性整体的使命,所以,"对于自然界的崇高感"不过是把"对自己自身的使命的崇敬","暗换给予了自然界的对象"。③ 康德所谓"自己自身的使命",其实就是朗吉努斯所谓"努力向无限挣扎"。

朗吉努斯和康德关于崇高的观点和论述告诉我们:崇高的精神是主体对客体的反抗力,是主体的"挣扎"。化有限为无限从而达到崇高的审美境界,不是靠做一个庄子的"蝴蝶梦"就可以达到的,而是从人生长期的痛苦("痛感")旅程中"挣扎"出来的。我在其他一些文章中每爱用黑格尔在《精神现象学》中所用的"磨炼"一词来描绘人生旅程的这一方面。所以化丑为崇高也可以说就是要经过"磨炼"。只有"磨炼"才能产生崇高、伟大。

化丑为崇高的另一内涵是化奇异为美,这里的"丑"是指奇异。崇高的东西往往具有奇异的形式。有些艺术品往往是因其具有奇异的成分而显示出气象雄伟的崇高品格。崇高的东西,因其无限性而不能为任何感官形式所把握(无限是看不见、摸不着的),它属于"理性的理念","理性的理念"不可能用任何感官形式恰当地表现,但是由于感官形式不能恰当地表现它(指"理性能

---

① 参见康德:《判断力批判》,第28节。
② 参见康德:《判断力批判》,第28节。
③ 参见康德:《判断力批判》,第27节。

力"所把握的"理性的理念"),它却如前面所说,由此而被"唤起"。① 人在企图表现无限时,而在现象领域中又找不到一个恰好能表现无限的有限性感性形象②。然而感性现象中却有一种奇异的东西能多少勉强地显示无限性的那种神妙莫测、高远幽深的情景,于是奇异就成了表现崇高的一般形式:奇异象征着崇高。哥特式的教堂建筑形式所营造的,就是一种幽深之境,把人的心灵引向崇高的无限性领域。屈原的《离骚》充满了奇异怪诞的形象,最能表现崇高的风格。

# 四、化丑为悲

丑有审美意义下的丑和伦理道德意义下的丑:前者的对立面是美;后者实际上是恶,与善相对。前面讲的几种"化丑为美"的类型,其中之所谓"丑",有时是指审美意义下的丑,有时是指伦理道德意义下的丑。下面我要讲的悲剧也是化丑为美的一个类型,但这里的丑,主要是指伦理道德意义下的丑,即恶,所谓"丑恶"。悲剧一般都是讲的伦理社会意义下善与恶的斗争,自然界本身谈不上有悲剧。悲剧从审美的角度看待恶:恶和恶造成的不幸和灾难就是丑。悲剧的效果是化丑为悲,从悲中得到一种审美的愉悦,这就是悲剧中的化丑为美。

如果说喜剧的审美情态是看到现象之卑下渺小和转瞬即逝而一笑置之,以显示人的旷达胸怀方面的自由本质,那么,悲剧的审美情态就是在个人能力所不能支配的巨大力量——"命运"面前,傲然挺立,迎接挑战,以显示人的英雄气概方面的自由本质。

人虽然有理性,有自由选择的能力,但人的有限性毕竟使他不可能完全支配外部必然性的巨大力量——"命运",于是造成了不幸和灾难,此种不幸和灾难的最终原因并非个人所选择的行动,而是"命运"。这就造成了此种不幸和灾难的悲剧性。

"悲"就悲在此种不幸和灾难本是由"命运"所造成的,却要由个人来承

---

① 参见康德:《判断力批判》,第23节。
② 参见 *G. W. F. Hegel Werke* 13,Suhrkamp Verlag,1986,第467页。

担，这就格外引起悲剧观众的怜悯、同情。此种怜悯、同情不同于一般日常生活中仅仅由于受难人与我同类之同类感而引起的怜悯、同情，而是由于悲剧作者在创造过程中所或隐或显地突出了"命运"的巨大压力而引起的。这也就是为什么观众在看完一场悲剧之后常常发出"天老爷不公"的感叹的原因。"天老爷"就是"命运"。此种感叹是对"恶丑"所造成的紧张情感的一种舒缓之情（柔情），它也是一种审美的愉悦，我称之为"悲悯"，是一种"悲的愉悦"。当然我们也可以在作为艺术品的悲剧以外的日常生活中，对某些个人所遭受的不幸和灾难，兴"天老爷不公"的感叹，但能兴此种感叹的人已多少算得是有点审美感的人了。

　　悲剧之"悲"还悲在，悲剧中的不幸和灾难让人感到剧中所展示（或隐或显地）的"命运"力量之巨大，从而自觉到个人之渺小，就像在崇高中所经历的情景一样。一般称此种感情为悲剧中之"恐惧感"。但这种恐惧不像在崇高的恐惧感中那样隐含着对无限性的崇敬、敬畏以至向往，而是隐含着对"恶丑"的"悲愤"之情。"悲愤"也是一种对"恶丑"所造成的紧张痛感的一种舒缓之情，也是一种"悲的愉悦"。

　　"悲悯"和"悲愤"不是令人沮丧、退缩，而是更激起人格的尊严感和独立自主感。这首先表现在一般悲剧主人公的英雄气概上。黑格尔说：当悲剧的英雄们受制于命运时，他们仍然表现出一种泰然自若（das einfache Beisichsein）的气度（das Gemuet），似乎在说："就这么回事"（Es ist so）！这样的主体始终忠于他自身；他放弃了被夺走的东西，但他所追求的目标不仅没有被离弃，而且它忍受着它们的失落，却没有由此丧己。"受制于命运的人，可以失去他的生命，却不能失去他的自由"（Der Mensch, vom Geschick unterjocht, kann sein Leber verlieren, die Freiheit nicht）。① 悲剧英雄的目的在"命运"面前失败了，但却因此而保持了他的主体性及其自由本质。当然这一点还表现在这类悲剧对观众所引起的赞叹与震撼上。此种赞叹与震撼是人的主体性之唤起与张扬，是"悲的愉悦"的最高峰。

　　悲剧之"悲"更在于，造成不幸和灾难的原因——"命运"不是表面的、个人的，因而不是一眼就可以看出的，而是社会性的，历史性的，甚至是植根于人

---

① *G. W. F. Hegel Werke* 13, Suhrkamp Verlag, 1986, 第 208—209 页。

性之深处的,显得有些高深莫测。悲剧因此而总是让人在痛感之余,沉重地思考着不幸与灾难的深层原因。观众在看完悲剧之后,往往会陷入长久的沉思中,就是这个道理。所谓"说不完的《红楼梦》",其实可以说是"思不尽的《红楼梦》":"说不完"的实际内涵,是对《红楼梦》悲剧中不幸和灾难的原因"思不尽"——"说不完"。此种不尽的沉思,既是理性的,又不完全是理性的,而是富有悲情的,可以称之为"悲思",它使人体悟到人生的严峻,从而使人的自我主体性的内涵更深刻、更丰实。悲剧促使人更加坚强。人的自由本质在这里主要表现为深沉、坚凝、悲壮,这种类型的"审美愉悦"和喜剧之让人哈哈大笑、一笑置之正好形成鲜明的对比。

## 五、各种化丑为美的目的都在于达到自由之境

丑的形态、审美的形态以及因化丑为美而达到的人的自由之境的形态,都是多种多样的。有多少形态的丑,就相应地有多少种化丑为美之后的审美形态,更进而相应地有多少种不同形态的自由之境。(优美的审美形态,其所表现的自由精神是舒畅、自在、恬静。但由于优美之美的审美形态比较单纯,没有什么冲突、阻碍、震荡以至深意,其给人带来的审美愉悦,不是"带有苦味愉悦",我没有把它归入"化丑为美"的系列来加以论述。在音乐中使用不协调的嘈杂音程,在绘画中把不协调的色调并列在一起,那有的是为了描绘人格中的冲突,有的是为了表现生活中的复杂性,等等,算不得是优美。)有限性之丑可以化为崇高的审美形态,其所表现的自由精神是对无限性的向往和追求。卑微之丑可以转化为喜剧的审美形态,其所带来的自由精神是旷达、自信、自大。伦理道德意义下的恶丑可以转化悲剧的审美形态,其所表现的自由精神是英雄气概。我这里讲的三种丑、美和自由的形态,只是一般性地举其大略而已。丑究有多少形态? 美究有多少形态? 美学家们多有论述;而相应的自由之境的形态,除了我上述的三种(喜剧之旷达、自信、自大,崇高之向往无限,悲剧之英雄气概)或加上优美所造成的舒畅、自在、恬静就是四种之外,则少有专门的论述。

黑格尔按照人的主体性和自由发展的程度之高低顺序,把喜剧列为艺术的最高峰。他认为喜剧把现实世界的一些旨趣都看成是偶然性的、无足轻重

的、可以由主体随意支配的东西，主体由此而成为"无限自信"的"主体性"，对失败满不在乎。这样的"主体性"破坏了"绝对真理"之显现于现实世界。主体之自主自信太虚浮了，自由变成了自大！艺术由此而终结，最后进入哲学概念——"绝对理念"的阶段，才达到最高的主体"绝对主体"——绝对自由。①黑格尔的这套理论已遭到西方现当代哲学的批判，他所崇尚的"绝对主体"之自由观太抽象了。实际上，黑格尔的主体性和自由之抽象，包括他的整个艺术体系所包含的各类艺术形态之自由境界，都是西方传统的主客二分思维的产物，因而都具有有限性。我以为还是我所主张的对万物不同而又相通之一体的领悟、玩味，才是最高的而又最具体的自由之境。关于这方面的较详细的论述，请参看拙文《审美意识的三重超越——再论美在自由》（《哲学分析》2011年第3期）。

　　化丑为美所达到的自由之境，显然包含有从道德境界提升到审美境界之意，特别是就其为化伦理道德意义下的"恶丑"为美而言。道德境界中的"应该"（应该从善去恶），虽出于自觉自愿，但仍带有强制性（自愿的强制性）。唯有进入审美的自由之境，才能自由地——自然而然地做道德境界中"应该"之事。此种审美的自由之境不言道德而自然合乎道德。所以我想，今天大家都爱谈论的美育问题，从根本上来讲，是一个提升道德境界为审美境界的问题，也就是一个化丑（"恶丑"）为美的问题。如果把美育理解为以美为手段，从而达到道德的目的，那就是把美降低为功利性的东西，有失美之真谛，也谈不上进入人生最高精神境界。道德境界中的丑与美、恶与善仍处于对立地位。单纯的道德是教人以善压恶，而不是化丑为美。不重精神境界的提高，而重道德说教，其结果如何，不言而喻。

---

① 参见 *G. W. F. Hegel Werke* 15，Suhrkamp Verlag，1986，第527—529页。

责任编辑:洪 琼

**图书在版编目(CIP)数据**

美在自由——中欧美学思想比较研究/张世英 著.
 -北京:人民出版社,2012.10
(欧洲文化丛书/高宣扬主编)
ISBN 978-7-01-011067-7

Ⅰ.①美… Ⅱ.①张… Ⅲ.①比较美学-研究-中国、欧洲 Ⅳ.①B83

中国版本图书馆 CIP 数据核字(2012)第 163648 号

**美在自由**
MEI ZAI ZIYOU
——中欧美学思想比较研究

张世英 著

人民出版社 出版发行
(100706 北京市东城区隆福寺街 99 号)

北京龙之冉印务有限公司印刷 新华书店经销

2012 年 10 月第 1 版 2012 年 10 月北京第 1 次印刷
开本:710 毫米×1000 毫米 1/16 印张:24.25
字数:400 千字 印数:0,001-3,000 册

ISBN 978-7-01-011067-7 定价:49.00 元

邮购地址 100706 北京市东城区隆福寺街 99 号
人民东方图书销售中心 电话 (010)65250042 65289539